新发展格局下贸易强国建设研究丛书

新发展格局下服务贸易高质量发展研究

何传添　等　著

科学出版社

北京

内 容 简 介

服务贸易高质量发展是加快中国贸易强国建设的重要一环。尽管目前中国服务贸易发展已经取得了一定进展和成效，但仍存在一些制约服务贸易高质量发展的问题。在此背景下，本书从理论和实践两方面对服务贸易高质量发展与贸易强国的互动关系展开论述。理论上，阐述建设贸易强国的背景、服务贸易起源及服务贸易高质量发展和建设贸易强国的理论关系。实践上，梳理全球整体和主要国家（地区）的服务贸易发展情况，概括改革开放以来中国服务贸易发展的主要成就、发展水平、政策措施、存在问题、投入效率和发展趋势，横向对比中国与世界其他国家（地区）服务贸易发展状况。在此基础上，总结中国新发展格局下服务贸易高质量发展的理念、目标、思路、机遇、挑战和必要性，提出实现服务贸易高质量发展的路径。

本书适合大学和科研机构的教学研究人员、经济学相关专业的研究生、有一定的经济学理论基础的高年级本科生、与贸易强国建设相关的政府部门人员，以及关注服务贸易高质量发展的企业界人士等读者参考阅读。

图书在版编目(CIP)数据

新发展格局下服务贸易高质量发展研究/何传添等著. —北京：科学出版社，2023.7

（新发展格局下贸易强国建设研究丛书）

ISBN 978-7-03-073160-9

Ⅰ. ①新… Ⅱ. ①何… Ⅲ. 服务贸易–贸易发展–研究–中国 Ⅳ. ①F752.68

中国版本图书馆 CIP 数据核字（2022）第 168338 号

责任编辑：陶　璇／责任校对：张亚丹

责任印制：张　伟／封面设计：无极书装

科学出版社 出版

北京东黄城根北街 16 号

邮政编码：100717

http://www.sciencep.com

北京建宏印刷有限公司 印刷

科学出版社发行 各地新华书店经销

*

2023 年 7 月第 一 版 开本：720×1000 1/16

2023 年 7 月第一次印刷 印张：22

字数：440 000

定价：236.00 元

（如有印装质量问题，我社负责调换）

新发展格局下贸易强国建设研究丛书

总　　序

党的十九大报告明确提出推进贸易强国建设的重要任务。在当今世界正经历百年未有之大变局的大背景下，新时代的中国正处于由富起来到强起来的过程中，一些重要矛盾和制约因素开始集中显现，建设贸易强国的紧迫性与重要性进一步凸显。新时代特别是在新发展格局下的贸易强国建设要突出重点，与时俱进地根据世界政治经济发展趋势和国家经济社会发展要求做出相应调整。

建设贸易强国是全面建设社会主义现代化国家的重要组成部分，也是一项艰巨复杂的系统工程。首先，建设贸易强国要求中国不断提高对外贸易的竞争力，提升国际贸易的质量效益，获得国际贸易中重要产品的定价权及贸易规则的制定权。其次，建设贸易强国需要形成强大国内市场，以创新驱动、高质量供给引领和创造新需求，加快构建以国内大循环为主体、国内国际双循环相互促进的新发展格局，重塑我国国际合作和竞争新优势。再次，构建新发展格局需要夯实基础支撑，推动产业体系适配、流通体系发展、进口出口协同，以及引进外资与对外投资协调等一系列有利因素的发展壮大。最后，建设贸易强国离不开实行高水平对外开放，需要中国建设更高水平的开放型经济新体制，推动共建“一带一路”高质量发展，积极参与全球治理体系改革和建设。

当下，中国已经是名副其实的贸易大国，但是国际贸易大而不强的问题仍然存在，与世界其他贸易强国相比仍有差距，制约中国国际贸易高质量发展的体制性障碍、结构性矛盾、政策性问题及科技创新力不足等问题亟待解决。尤其恰逢百年未有之大变局，全球经济增长乏力、贸易保护主义盛行、新冠疫情冲击及地缘政治动荡复杂等全球性问题叠加，这更加考验中国国际贸易创新发展的能力和水平。

要回答如何建设贸易强国这一中国经济社会发展面临的重大课题，就必须以习近平新时代中国特色社会主义思想为指导，坚持立足于中国的国情和发展实践，深入研究世界经济和中国发展的新情况及新问题，剖析中国国际贸易发展的产业基础、市场主体、外贸形势、市场布局、外贸结构、竞争优势及营商环境等基本情况，厘清推动贸易强国建设的理念、目标、思路与方法，探索新时代贸易大国迈向贸易强国的有效路径。这就是我们编辑出版“新发展格局下贸易强国建设研究丛书”的出发点。

需要说明的是，编辑出版“新发展格局下贸易强国建设研究丛书”是一项集体合作的事业，由于建设贸易强国问题的复杂性与相关研究资料的局限性，本丛书难免遗漏一些重要主题。加之团队的专业水平有限，对相关主题的资料整理、分析解读和政策建议也难免有所不足。凡此种种缺点，希望读者见谅。

“新发展格局下贸易强国建设研究丛书”的撰写得益于广东外语外贸大学国际经济贸易研究院、经济贸易学院与科研部的支持，同时要感谢科学出版社编辑的帮助。

广东外语外贸大学

“新发展格局下贸易强国建设研究丛书”编委会

2022 年 8 月 26 日

前　　言

2021 年是中国改革开放 43 周年，也是中国加入世界贸易组织（World Trade Organization，WTO）20 周年。在这 40 余年的开放进程中，中国既是多边贸易体制的受益者，也是多边贸易体制的坚定支持者及重要贡献者。

对中国自身发展而言，入世不仅扩大了服务贸易规模，提高了服务贸易的全球地位，也促进了服务贸易管理体制的改革创新，激发了市场主体的活力，释放了经济增长的潜力，推动了改革开放和社会经济的发展。更重要的是，入世意味着中国能够深入参与国际分工体系和国际产业链、供应链、价值链，为中国带来先进的技术及管理理念，推进产业结构的转型升级。

对多边贸易体制而言，入世为中国参与全球经济治理提供了更好的条件。当下，中国已经是世界第二大经济体、第一大货物贸易国、第一大外资吸收国、第二大服务贸易国，中国经济与全球经济在互相促进中实现了互利共赢，也深刻改变了世界经贸格局，增强了世界经济发展的稳定性和安全性。

党的十九大以来，中国开启了全面建设社会主义现代化国家新征程，高质量发展已经贯穿社会经济发展的方方面面，这要求中国从“贸易大国”向“贸易强国”进军。新发展格局下实现服务贸易高质量发展是加快贸易强国建设的重要一环，这要求我们要总结过去中国与世界主要服务贸易国家（地区）的发展经验，分析新发展格局下中国服务贸易发展面临的困难与挑战，探究指导新发展格局下建设服务贸易高质量发展的理论、方法与路径。因此，在理论上，本书阐述建设贸易强国的背景、服务贸易的起源及服务贸易高质量发展和建设贸易强国的理论关系。实践上，本书梳理全球整体和主要国家（地区）的服务贸易发展情况，概括改革开放以来中国服务贸易各细项发展的主要成就、发展水平、政策措施、存在问题、投入效率和发展趋势，横向对比中国与世界其他国家（地区）服务贸易发展状况，总结中国新发展格局下服务贸易高质量发展的理念、目标、思路、面临的机遇与挑战和必要性，提出实现服务贸易高质量发展的路径。

参与本书撰写的还有刘富先、关晓红和周少芳等老师，以及高峰、王凌峰、梁晓君和周燕萍等博士同学，特别感谢上述老师和同学的撰写、校对和编辑等工作。本书的完成还得益于代飘、阳倩、张钰、马紫盂、罗美君、林堉、余烁、廖志承、邹曙鸿、朱新纪等同学在收集原始资料和数据方面的辛勤劳动。同时，对科学出版社为本书出版付出的努力表示衷心的感谢。

本书是国家社会科学基金重点项目“建设更高水平开放型经济新体制研究”（21AZD064）的前期研究成果。书中如有遗漏和不当之处，还请读者见谅。

目　　录

第 1 章　贸易强国与服务贸易

1.1　贸易强国概述

1.1.1　贸易强国建设背景

入世 20 余年来，中国对外经贸发展成果丰硕：进出口总额高速增长、产品结构持续优化、对外开放水平和国际贸易地位稳步提升，中国成为名副其实的全球制造中心和世界经济发展的重要引擎。改革开放以来，中国从最初计划经济时期的贸易保护政策，逐步迈入贸易自由化发展阶段；入世，意味着中国正式融入世界经济体系，并在此基础上逐步形成了以高质量发展为导向、全面开放的贸易自由化政策；2008 年国际金融危机后，贸易保护主义抬头，WTO 陷入困境，“逆全球化”和贸易保护主义政治化趋势给中国对外贸易发展带来了严峻的挑战。因此，为更好应对日趋复杂的国内外经济环境和竞争态势，中国需要加快提升贸易质量，统筹贸易发展战略和贸易产业协调发展，推进贸易强国建设，构建全面开放新格局。

1. 改革开放以来中国对外经贸发展历程及特点

改革开放以来，中国历经了从探索贸易自由化到正式入世后履行贸易自由化承诺和享受贸易自由化成果的过程。入世 20 余年，中国准确把握住了国际分工发展的机遇，开辟了中国对外贸易的全新局面，逐步发展成为世界第一大贸易国和第二大消费市场。

1）1978~2000 年：改革探索与发展阶段

1978 年，中央召开了中共十一届三中全会。全会做出转移工作重心和改革开放的重大历史性决策，拉开了对内改革、对外开放的历史序幕，对外经贸进入改革探索与发展阶段。

改革开放以设立经济特区为突破口。1979 年 4 月，在中共中央工作会议上，广东省率先提出在毗邻港澳的深圳市、珠海市和重要侨乡——汕头市开办出口加工区的建议。1979 年 7 月，中共中央、国务院批复给予广东、福建两省更多自主权，发挥两省区位优势，扩大对外贸易，同时深圳、珠海获批试办出口特区。1980 年 8 月，全国人民代表大会常务委员会审议通过了《广东省经济特区条例》，同时批准建立四个经济特区（深圳、珠海、汕头、厦门）。1984 年中央决定开放 14 个港口城市，在这

14个城市设立经济技术开发区，实行经济特区的部分政策。1988年，海南经济特区成立，经济特区范围进一步扩大。经济特区的成立，使其成为当时中国吸引外资、引进技术、出口创汇、经济体制改革的主要平台，对外贸易发展面貌焕然一新。

改革开放后，我国逐步确立了“两头在外”的加工贸易生产模式，逐步下放对外贸易经营权，并推行出口企业收汇汇率“双轨制”；同时，为迎接国际产业转移浪潮，国家陆续出台了一系列鼓励出口的政策，引进资金技术和设备，加工贸易发展迅速，以“三来一补”①为主的企业出口方式，充分发挥了国内劳动力优势，大大增强了出口创汇的能力。据国家统计局数据，中国货物贸易进出口总额从1978年的355.04亿元增长至2000年的39 273.25亿元，增长约110倍，其中出口额从1978年的167.65亿元增长至2000年的20 634.44亿元，增长约122倍②。

1992年，中共十四大召开后，社会主义市场经济体制成为中国经济体制改革的目标。外贸管理体制和经营机制改革进一步深化，随着1994年《中华人民共和国对外贸易法》等一系列与改革开放规范化相关的政策法规陆续出台，有法可依的外贸管理与促进体系基本建立。国有对外贸易企业推行现代化、实业化、综合化的改革，培育了一批具有较强竞争力的对外贸易公司；进出口制度与出口退税制度不断完善，进一步减少了行政干预，降低了关税，增强了企业活力。随着改革的深入，外资企业以自身先进技术、资金和管理模式结合中国廉价劳动力，加上资源配置合理，迅速发展壮大，其进出口贸易占比持续上升，在加工贸易中尤其明显，促进了中国对外贸易主体结构进一步优化，1998年，外资企业贸易总额占比超过国有企业，达48.7%。

2）2001~2007年：贸易规模快速增长阶段

中国入世后随即对与WTO规则不符的法律、法规、规章展开全面清理，这是对“遵守规则、开放市场”承诺的充分落实。清理调整工作涉及部门包括中央部委和地方省市各级单位，涉及的法律法规、政策措施上千条，这些法律文件有的被废止，有的在重新修订后再次颁布。通过清理修订对外贸易法律法规、开放服务市场、降低关税、开放投资领域等举措，中国以全新的姿态开始融入世界经济体系，对外贸易发展进入了高速阶段。2001年至2007年，中国货物贸易总额年均增长率达25.77%，从刚入世的42 183.62亿元增长至166 924.07亿元，增长速度和货物贸易总规模前所未有，远超同期世界平均水平，中国也迅速成为世界贸易大国和名副其实的“世界工厂”，并在2007年成为世界第二大出口国。

贸易规模“爆炸”性扩张的同时，贸易结构也呈优化趋势：首先，货物贸易进出口结构逐步优化。技术密集型产品逐渐崭露头角，成为重要的贸易产品；其次，出口市场布局优化，市场分布呈现全球化趋势，非洲、南美洲市场迅速崛起，与亚

① 三来一补：即来料加工、来件装配、来样加工和补偿贸易。

② 如无特殊标记为其他货币单位（如美元），本书数据的货币单位均为人民币。

洲、北美洲市场一起构成中国对外贸易的主要市场；再次，出口主体多元化，民营企业出口占总出口比重逐步增大，出口主体多元化格局初见雏形；最后，服务贸易地位明显提升。在该阶段，中国服务贸易进出口总额在世界的排名有较大幅度提升，进入全球前十强。其中，运输服务和旅行服务是服务贸易的主要部分，电信、计算机和信息服务、金融服务成为增长亮点。

入世给中国经济发展带来了巨大机遇，是中国对外贸易发展历程的一座丰碑。世界市场的大门向中国进一步敞开，中国与各大经济体联系更加紧密，全球贸易发展也因中国的加入而更加生机勃勃。但是，中国对外贸易发展模式过于粗犷，取得的巨大成就主要源于贸易数量的增长而不是贸易质量的提升，以资源和环境换取出口额带来了很多问题，如资源消耗过度、环境污染严重、区域经济发展不平衡等，中国经济发展的可持续性受到质疑。同时，中国贸易顺差持续扩大，关税歧视、“双反调查”、特别条款等贸易摩擦日趋增多，成为历年遭受贸易摩擦最严重的国家之一。大量研究表明，中国入世初期出口产品质量整体呈下滑趋势，产品品质对外贸发展贡献率较小，对外贸易发展模式容易遭受贸易摩擦、需求变动、市场波动等外生冲击的影响。

3）2008~2012 年：调整转型阶段

2008 年，美国金融危机爆发并迅速波及全球，实体经济遭受严重冲击，面对金融市场波动、国际需求市场萎靡，中国对外贸易环境发生剧烈变化，靠出口数量扩张的对外贸易发展模式的弊端暴露无遗，沿海地区外向型企业多，对外依存度高，在金融危机期间损失尤为惨重。2008 年 11 月，国家发展和改革委员会（以下简称国家发改委）发布的外贸形势分析报告指出，“11 月份，我国外贸进出口总额 1898.9 亿美元，比上年同期（下同）下降 9%。其中出口 1149.9 亿美元，下降 2.2%；进口 749 亿美元，下降 17.9%。这是 2000 年以来进出口各项指标首次同时出现负增长”①。随着金融危机继续蔓延，2009 年成为中国入世以来对外贸易发展最艰难的一年，国际市场严重萎缩，根据商务部统计，“2009 年，中国进出口总额 22 072.2 亿美元，下降 13.9%。其中出口总额 12 016.6 亿美元，下降 16.0%；进口总额 10 055.6 亿美元，下降 11.2%”②。

针对 2008 年金融危机冲击下外贸三大指标全面下滑的局面，中国政府及时采取激励措施稳外需、促出口。一方面，完善出口退税制度，提高贸易便利化程度；另一方面，积极促进进口贸易，扩大内需，增加进口。各项调整政策初显成效，加上 2008 年第三季度世界主要经济体纷纷推出经济刺激计划，中国对外贸易局面得

① 《2008 年 11 月份外贸形势分析》，https://www.ndrc.gov.cn/fgsj/tjsj/jjmy/dwjmjztfx/200812/t20081216_1120814.html?code=&state=123[2022-01-15]。

② 《2009 年中国对外贸易发展情况》，http://zhs.mofcom.gov.cn/aarticle/Nocategory/201004/20100406888239.html[2022-01-15]。

到扭转，在 2008 年前三季度进出口总额持续负增长的情况下，第四季度转负为正，同比增长 9.2%。

在对外贸易指标大幅下滑的情况下，中国仍然取得了不俗成就，根据 WTO 数据统计，2009 年中国出口总额占全球比重为 9.6%，成为世界第一大出口国。此外，本阶段贸易结构持续优化，一般贸易出口量超过加工贸易，民营企业进出口贡献继续增大，服务贸易增长率超过货物贸易增长率。

4）2013 年至今：高质量发展阶段

随着中国对外开放进一步深化，中国经济对外贸易发展进入了“新常态”，出口规模、贸易结构和贸易地位均表现不俗，以往靠数量扩张的模式逐渐转型为高质量发展模式。2013 年，中央召开了划时代的十八届三中全会，全会通过了《中共中央关于全面深化改革若干重大问题的决定》，开创了我国改革开放的新局面，中国对外经贸发展开始进入新阶段。根据 WTO 秘书处初步统计数据，2013 年，中国货物进出口总额为 25.77 万亿元，其中出口额 13.69 万亿元，进口额 12.08 万亿元，成为世界第一货物贸易大国[①]，进出口总额首次超过美国并高出 1.55 万亿元，而在 2010 年，中国货物贸易总额还落后美国 1.67 万亿元。截至 2020 年，中国除 2016 年出现短暂回落外，一直保持世界货物贸易最大国地位，且多项贸易指标增速均高于世界平均水平。贸易规模持续保持优势的同时，贸易结构也得到了进一步优化。首先，中国服务贸易发展迅速，连续多年保持世界第二服务贸易大国的地位，且整体增速高于货物贸易。得益于互联网等现代信息技术的应用和普及，全球服务贸易发展后劲十足，也成为中国对外贸易发展有力的增长点。其次，全球价值链分工地位进一步提升，劳动密集型产品出口占比逐步降低，出口国内附加值率不断提升，出口产品在品牌价值和技术含量等方面的表现稳步提升，对外贸易高质量发展趋势明显。再次，出口主体多元化发展进入新阶段，民营经济首次成为中国最大的贸易主体。2019 年，民营企业进出口总额达 13.48 万亿元，同比增长 11.4%，占当年中国外贸总值的 42.7%。最后，市场多元化战略见效明显。中国与“一带一路”沿线国家贸易往来密切，进出口总额占中国进出口总额比重稳步提高。随着中国—东盟自由贸易区（China-ASEAN Free Trade Area，CAFTA）升级版的实施，中国与东盟国家的经贸合作越来越紧密。《区域全面经济伙伴关系协定》（Regional Comprehensive Economic Partnership，RCEP）于 2020 年启动，意味着中国对外贸易市场多元化进一步深化，市场结构稳定性进一步加强，中国迎来了经贸发展的历史性机遇。随着改革开放的全面深化，中国已经进入高水平开放的新阶段，这给中国对外贸易发展创造出了更辽阔的空间。

---

①《中国 2013 年成为世界第一货物贸易大国》，http://www.mofcom.gov.cn/article/ae/ai/201403/20140300504001.shtml[2022-01-20]。

2. 贸易强国的提出

1）贸易强国的学术渊源

由于贸易强国是一个中国色彩浓厚的概念，我们无法从国外学者的研究中梳理出一个清晰的理论体系。虽然经典贸易理论没有给出贸易强国的明确定义，但其理论体系为探索贸易强国的内涵提供了理论指导。重商主义、古典贸易理论、新古典贸易理论、新贸易理论和新新贸易理论等经典贸易理论都试图解释国际贸易产生的原因及参与国际贸易的国家福利增加问题，这些解释对如何定义和实现贸易强国都提供了重要理论依据。很多国际组织也从不同角度衡量一个国家或地区的贸易竞争实力，如世界经济论坛从 1979 年开始通过对一个国家或地区进行综合因素考评，对每个国家或地区的竞争力进行评判，并发布一年一度的《全球竞争力报告》，其中就包括对贸易竞争力的评价；世界银行发布的《营商环境报告》中，跨境贸易便利化程度是其重点考察的 11 项营商环境指标之一。这些对一个国家或地区贸易实力的评价，是贸易强国评价的重要参考。

国内学术界对贸易强国的探讨始于中国入世前后，这一阶段的探讨主要围绕着与贸易强国的差距和实现途径展开。王雪坤（2000）指出随着改革开放正进入新的阶段，应按照发展开放型经济的思想来全面考虑外贸发展问题。中国对外贸易不断向广度和深度拓展，其内涵已发生了质的变化，从国际地位上看，外贸地位要与中国经济实力相当，中国应从贸易大国迈向贸易强国之列。余芳东和寇建明（2001）等具体分析了中国与世界贸易强国的差距。刘宝荣和李健（2000）认为改革开放后，中国已经发展成一个贸易大国，但是与世界贸易强国相比，仍存在较大的现实差距，他们指出新的世纪里，中国的目标应当是从一个对外经贸大国发展成为对外经贸强国。陈华（2005）、曲如晓（2005）、陈飞翔和吴琅（2006）等探讨了实现贸易强国的必要性及途径。随着贸易强国上升为国家战略，学者对贸易强国主题的研究也越来越深入。裴长洪和刘洪愧（2017）通过对比各贸易强国，在世界经济多极化趋势下，揭示了各个贸易强国之间的共性和特性。莫兰琼（2017）指出贸易强国应具备在国际分工中处于高端环节、服务贸易竞争力强、拥有自主品牌、贸易条件良好等特性。李钢（2018）认为贸易强国一般指贸易规模位居世界前列、对外贸易竞争力强、贸易质量效益好、在国际市场拥有重要产品定价和经贸规则制定的话语权乃至主导权的国家。

2）贸易强国战略提出的“时间轴”

（1）初步描绘贸易强国愿景。2010 年 4 月，商务部国际贸易经济合作研究院公布的《后危机时代中国外贸发展战略研究》报告（以下简称战略报告），提出了“积极推进贸易强国进程，全方位培育中国国际竞争力，不断扩大国际影响力”的中国外贸发展新战略设想。战略报告提出，中国对外贸易发展要在未来 20 年实现“从大到强的转变”，即在 2020 年前巩固贸易大国地位，推动贸易强国进程；在

2030 年前后“初步实现贸易强国的目标”。“技术、品牌、质量、服务”可视为新形势下商务部推出的中国打造贸易强国的“撒手锏”，中国外贸由“大”转“强”的“路线图”已基本明朗[①]。

（2）明确推动贸易强国进程为中国对外经贸发展的指导思想。商务部于 2012 年 4 月印发《对外贸易发展“十二五”规划》（以下简称《规划》），《规划》提出“以邓小平理论和‘三个代表’重要思想为指导，以科学发展为主题，以加快转变外贸发展方式为主线，以‘稳增长、调结构、促平衡’为重点，培育外贸竞争新优势，提高外贸发展的质量和效益，增强外贸发展的协调性和可持续性，巩固贸易大国地位，推动贸易强国进程，努力为国民经济和社会发展作出更大贡献”[②]。《规划》同时提出了未来五年外贸发展的基本原则和发展目标。其中，发展目标主要包括稳增长促平衡取得实质进展、进出口商品结构进一步优化、发展空间布局更加完善、国际竞争力明显增强等四项；提出外贸发展的主要任务（包括六个方面，共计 17 项）为稳定外贸增长，调整贸易结构（出口产业和商品结构、经营主体结构、贸易方式结构），促进贸易平衡，优化空间布局（国际市场布局、国内区域布局），推进基地、平台和网络建设（转型升级基地、国际商务平台、国际营销网络），推动“走出去”带动贸易；提出外贸发展的八项主要保障措施，即完善外贸管理体制和政策、完善涉外财政税收政策、完善涉外金融政策、完善外贸法律法规体系、加强贸易摩擦应对工作、加强多边双边经贸合作、提高对外贸易便利化水平、加强外贸人才培养工作等[②]。

（3）提出贸易强国新目标。2015 年，党的十八届五中全会召开，全会审议通过了《中共中央关于制定国民经济和社会发展第十三个五年规划的建议》，提出了“加快对外贸易优化升级，从外贸大国迈向贸易强国”的新目标。全会还指出，“十三五”期间中国发展仍还有很大空间，面临重要战略机遇的同时也面临矛盾叠加、风险隐患增多的严峻挑战，离贸易强国的建设目标还有较大差距。

（4）贸易强国写入党的十九大报告。2017 年，党的十九大召开，习近平总书记在报告中强调“为把我国建设成为富强民主文明和谐美丽的社会主义现代化强国而奋斗”[③]，同时提出一系列新理念、新思想和新战略，主要包括：科教兴国战略、人才强国战略、创新驱动发展战略、乡村振兴战略、区域协调发展战略、可持续发展战略、军民融合发展战略、就业优先战略、健康中国战略、食品安全战略、人口

①《商务部部署贸易强国：20 年内实现由大变强》，http://www.ceweekly.cn/2014/0707/86292. shtml [2022-02-11]。

②《商务部关于印发〈对外贸易发展“十二五”规划〉的通知》，http://www.mofcom.gov.cn/aarticle/b/g/201208/20120808272988.html[2022-02-11]。

③《习近平：决胜全面建成小康社会 夺取新时代中国特色社会主义伟大胜利——在中国共产党第十九次全国代表大会上的报告》，http://www.gov.cn/zhuanti/2017-10/27/content_5234876.htm[2022-02-11]。

发展战略和国家安全战略等具体发展战略。在对外经贸发展方面，报告指出要推动形成全面开放新格局，提出“要以‘一带一路’建设为重点，坚持引进来和走出去并重，遵循共商共建共享原则，加强创新能力开放合作，形成陆海内外联动、东西双向互济的开放格局。拓展对外贸易，培育贸易新业态新模式，推进贸易强国建设。实行高水平的贸易和投资自由化便利化政策，全面实行准入前国民待遇加负面清单管理制度，大幅度放宽市场准入，扩大服务业对外开放，保护外商投资合法权益……加快培育国际经济合作和竞争新优势”①。这标志着党对新时代中国特色社会主义经济规律认识的进一步深化，也意味着党对新时代贸易强国建设认识的又一次升华。

（5）明确贸易强国建设“时间表”。基于中国已经成为贸易大国，商务部提出了建设经贸强国的“时间表”。2017 年 12 月全国商务工作会议召开，商务部党组书记、部长钟山表示，“新时代商务改革发展的奋斗目标是，努力提前建成经贸强国。具体将分三步走，即：2020 年前，进一步巩固经贸大国地位；2035 年前，基本建成经贸强国；2050 年前，全面建成经贸强国”②。

（6）贸易强国建设进程提速。2018 年全国商务工作会议召开，商务部党组书记、部长钟山在会上指出“2018 年我国商务运行稳中向好，高质量发展取得积极进展，贸易强国建设进程提速”“推进中美经贸磋商；大胆试大胆闯，推动海南全岛自贸试验区建设，赋予自贸试验区更大改革自主权”。钟山表示，2019 年要精心办好第二届中国国际进口博览会（以下简称进博会），加快自由贸易试验区（以下简称自贸试验区）和自由贸易港建设工作，持续推进商务改革发展“八大行动计划”，加快经贸强国建设，以优异成绩迎接新中国成立 70 周年③。

3. 新时代下建设贸易强国的紧迫性

入世后中国迅速成为贸易大国，但是离贸易强国仍有较大差距，其主要体现在出口产品创新能力不足、附加值不高、全球价值链参与地位偏低、服务贸易占比偏少等方面，导致对外贸易整体竞争力偏低、贸易地位提升空间较大。另外，近年来“逆全球化”和贸易保护主义政治化趋势导致国际贸易呈现更多不确定性，这给中国对外贸易发展带来了严峻的挑战。面对百年未有之大变局，我们应深刻认识建设贸易强国的紧迫性、加快适应中国经济发展新环境、顺应中国对外经贸发展新形势，推进贸易强国建设、推动形成全面开放新格局。

---

①《习近平：决胜全面建成小康社会 夺取新时代中国特色社会主义伟大胜利——在中国共产党第十九次全国代表大会上的报告》，http://www.gov.cn/zhuanti/2017-10/27/content_5234876.htm[2022-02-16]。

②《中国明确建立经贸强国“时间表”》，http://www.gov.cn/xinwen/2017-12/25/content_5250279.htm[2022-02-16]。

③《全国商务工作会议近日召开——我国贸易强国建设进程提速》，http://www.gov.cn/xinwen/2018-12/24/content_5351431.htm[2022-02-16]。

1）全球经济形势不确定性增大，对外贸易发展外部环境恶化

自 2008 年金融危机以来，全球政治经济形势发生深刻变化，全球经济增长不确定性显著增大，全球价值链分工方式也发生改变，制造业环节竞争更加激烈，“逆全球化”和贸易保护主义政治化趋势导致中国外贸发展面临更多挑战。尤其是 2020 年以来，新冠疫情的暴发给全球贸易带来沉重的打击，全球经济剧烈动荡，加上中美贸易战逐渐演变为全面对抗，全球经济贸易格局面临调整。因此，为了更好应对全球政治经济环境的不确定性，应加快贸易结构优化，提高贸易质量，加快推进贸易强国建设。

2）全球价值链重构趋势明显，对外贸易发展挑战与机遇并存

随着信息技术与制造业的融合发展，全球价值链重构趋势明显，部分发展中国家工业化水平显著提高，技术水平、研发创新能力大幅提升，这深刻改变了全球贸易竞争格局和价值链分工格局，部分新兴国家与发达国家的竞争进入了一些中高端制造领域，中国在全球价值链重构中面临重大历史机遇。同时，受金融危机、新冠疫情等外生冲击影响，世界经济持续低迷，发达国家开始转变经济发展战略，纷纷提出重振实体经济，如美国提出的“工业互联网”和“先进制造业国家战略”、德国提出的“工业 4.0”战略、英国提出的“英国工业 2050”、法国提出的“新工业法国”战略、韩国提出的“未来增长动力落实计划”等，一些中高端的制造产业开始回流，中国在这些领域初步形成的竞争力受到挑战。因此，为应对全球价值链重构及国际产业格局变化，中国需要在确保贸易规模的基础上，加快工业技术水平的提高，尤其要掌握关键技术，改善贸易质量，推进贸易强国建设。

3）服务贸易已成为全球贸易发展新动力

近年来，全球贸易格局演变出现新特征，全球服务贸易发展迅猛，成为全球贸易乃至全球经济发展的新动力。2020 年，习近平在中国国际服务贸易交易会（以下简称服贸会）全球服务贸易峰会上指出：“新一轮科技革命和产业变革孕育兴起，带动了数字技术强势崛起，促进了产业深度融合，引领了服务经济蓬勃发展。”①随着数字经济蓬勃发展，服务贸易的发展也体现出新的特征。第一，服务贸易不论是增长速度还是增长的稳定性都明显优于货物贸易；第二，服务贸易市场集中度高，前十大服务贸易出口国贸易额占全球的比重超过一半；第三，服务贸易竞争逐渐激烈，尤其是经贸规则制定等领域，各国博弈进入白热化阶段；第四，“产业数字化”“数字产业化”等服务贸易数字化新趋势大大提高了交易效率，也催生了很多新业态新模式，拓宽了服务贸易市场空间。这些新趋势、新特征不仅展示了服务贸易发展的巨大潜力和全球贸易发展的新动向，也意味着各国在服务贸易领域的

---

①《习近平在 2020 年中国国际服务贸易交易会全球服务贸易峰会上的致辞（全文）》，http://www.xinhuanet.com/politics/leaders/2020-09/04/c_1126454718.htm[2022-02-17]。

竞争将更加激烈。因此，加快服务贸易发展、积极参与服务贸易国际规则和标准的制定、提高中国在国际贸易中的话语权、在新形势下全面推进贸易强国建设显得尤为紧迫。

4. 建成贸易强国的现实意义

2018 年 6 月，习近平在中央外事工作会议上提出："当前，我国处于近代以来最好的发展时期，世界处于百年未有之大变局，两者同步交织、相互激荡。"①这是对世界格局演变、中国特色社会主义发展模式、全球化等时代形势做出的重大战略判断。2020 年新冠疫情加速了世界变局的演进，"逆全球化"、贸易保护主义、单边主义抬头，国际政治、经济、安全等格局都在发生深刻变化。目前，中国正处于实现中华民族伟大复兴的关键时期，经济发展已由高速增长阶段转向高质量发展阶段。当前形势下，加快贸易强国建设对构建国内国际双循环的新发展格局、转变经济发展方式、优化经济结构具有重大的现实意义。

1）贸易强国是社会主义现代化强国的重要体现

在 2017 年党的十九大报告中，习近平总书记提出"为把我国建设成为富强民主文明和谐美丽的社会主义现代化强国而奋斗"②。贸易强国作为现代化强国的重点内容之一，与制造强国、科技强国、质量强国、航天强国、网络强国、交通强国、海洋强国、文化强国、体育强国、教育强国、人才强国等共同构成了中国特色社会主义现代化强国体系。中国入世以来，对外经贸发展迅猛，成为中国社会经济发展的最主要动力之一，也是中国提升综合国力和国际影响力的重要见证。贸易强国不仅是中国对外经贸发展水平的体现，更是社会主义现代化强国建设的重要体现。

2）贸易强国建设是进一步提升中国国际经济地位的重要途径

入世初期，中国对外贸易发展经历了"爆炸"性增长阶段，货物贸易规模位居世界前列，但由于对外贸易发展模式过于粗犷，中国在取得巨大成绩的同时也付出了相当大的代价：国内，资源消耗过度、环境污染严重、经济结构失衡等，导致我们在可持续发展和环境修复等方面面临巨大的挑战；国际上，出口扩张导致贸易摩擦不断，关税歧视、"双反调查"、特别条款等贸易摩擦日趋增多，中国成为历年遭受贸易摩擦最严重的国家之一。外贸发展"大而不强"，贸易数量和贸易质量严重失衡，在早期参与国际经贸规则的制定时也不够主动，导致后期贸易活动中对贸易摩擦等贸易问题的应对明显滞后。经历对外贸易发展调整期后，中国对外经贸发展

---

①《习近平：努力开创中国特色大国外交新局面》，http://www. xinhuanet.com/politics/2018-06/23/c_1123025806.htm[2022-02-17]。

②《习近平：决胜全面建成小康社会 夺取新时代中国特色社会主义伟大胜利——在中国共产党第十九次全国代表大会上的报告》，http:// www.gov.cn/zhuanti/2017-10/27/content_5234876.htm[2022-02-11]。

进入高质量发展阶段，参与国际经济事务、国际经贸规则制定时也更加主动，国际经济地位和话语权明显提高。贸易强国作为社会主义现代化强国的重要内容，是进一步提升中国国际经济地位的重要途径。

3）贸易强国建设是中国经济高质量发展的重要保障

改革开放以来，中国国民经济蓬勃发展，国民收入不断提高，对外贸易规模屡创新高，但经济结构和对外贸易质量仍有待改善与提高。当前，中国对外贸易发展已经进入产业结构优化、发展模式转变、经济质量提升的高质量发展阶段，对外贸易作为中国经济发展的最重要动力之一，深刻反映着中国经济的转型升级，是推动中国经济高质量发展的重要保障。

4）贸易强国建设是构建新发展格局、培育国际竞争新优势的重要路径

当前，我国对外经贸环境正发生深刻的变化，国际上贸易摩擦频繁，国内经济下行压力加剧。传统对外贸易发展模式在复杂多变的国际经济环境下优势逐渐弱化，以出口规模促进经济发展的弊端开始显露，尤其是2008年国际金融危机、2020年新冠疫情等重大外生冲击，给全球贸易发展带来了沉重打击，而处于全球价值链中低端的中国尤为被动。加快推进贸易强国建设，不仅有利于全面实施创新驱动战略，推动货物贸易、服务贸易均衡发展，优化贸易结构，激活内需市场，拉动进口需求和促进外需增长，构建新发展格局；也有利于促进贸易与产业融合、双边投资和科技合作等多领域协同发展，拓展贸易新优势，形成货物、技术专利、品牌营销、商业模式、人才培养、产业体系等全方位的竞争新优势。因此，贸易强国建设是新时代、新背景下，转变经济发展内生动力，构建新发展格局，培育国际竞争新优势的重要路径。

5）贸易强国建设是构建人类命运共同体的重要践行

2015年9月，习近平提出："我们要继承和弘扬联合国宪章的宗旨和原则，构建以合作共赢为核心的新型国际关系，打造人类命运共同体。"①这是以习近平同志为核心的党中央结合国内外发展现状和复杂的发展形势，从谋求各国共同发展的角度，提出的倡议。2021年7月1日，习近平强调："必须高举和平、发展、合作、共赢旗帜，奉行独立自主的和平外交政策，坚持走和平发展道路，推动建设新型国际关系，推动构建人类命运共同体，推动共建'一带一路'高质量发展，推动历史车轮向着光明的目标前进。"②推动贸易强国建设，坚持以合作共赢为核心的新型国际关系，是全面深化改革开放的重要举措，是构建全面开放新格局、全面促进贸易和投资自由化便利化、构建人类命运共同体的重要践行。

---

①《习近平在第七十届联合国大会一般性辩论时的讲话（全文）》，http://www.xinhuanet.com/world/2015-09/29/c_1116703645.htm[2022-02-18]。

②《庆祝中国共产党成立100周年大会隆重举行 习近平发表重要讲话》，http://www.gov.cn/xinwen/2021-07/01/content_5621846.htm[2022-02-18]。

1.1.2　贸易强国的理论与实践内涵

经典国际贸易理论虽然没有对贸易强国的内涵给出明确定义，但随着全球化进程的加快，世界各经济体深度参与国际分工，生产要素充分流动，经济贸易关系更加紧密，一国的贸易地位不仅体现在贸易总量上，更体现在贸易质量上。因此，在追求贸易总量的同时，不断提升贸易质量成为一个国家提升贸易地位的主要途径，贸易强国的研究也逐渐进入学者的视野。

1. 贸易强国理论内涵

贸易强国正式被纳入党的十九大报告中，体现出贸易强国建设对社会主义强国建设的重要作用，而要实现贸易强国，就要充分理解贸易强国的内涵。虽然经典国际贸易理论没有给出贸易强国的明确定义，但其理论体系为探索贸易强国的内涵提供了理论上的指导。从经典贸易理论，如重商主义、古典贸易理论、新古典贸易理论、新贸易理论等经典理论中梳理暗含贸易强国理论的脉络，有利于明确贸易强国的含义和建设路径（王卉，2019）。

1）重商主义

传统贸易理论中出现贸易强国间接含义的表述可以追溯至重商主义时期。其中以《英国得自对外贸易的财富》（孟，1959）为主要代表，可以从中挖掘出不少与贸易强国相关的阐述。

（1）国际贸易效益。托马斯·孟提出的核心理论“贸易差额论”，即通过对外贸易可以增加一个国家的财富积累，积累的财富量可以衡量该国国际贸易经济效益水平的高低，如果出口至外国的货物比本国消费外国的货物多，财富流入就大于财富流出，本国将从对外贸易中获益，此时贸易差额将转化为货币差额。

（2）国际贸易人才。从事国际贸易必须具备一定的品质和才干，从业人员必须接受过国际贸易相关的专业培训。

（3）扩大国际贸易的途径。托马斯·孟介绍了扩大国际贸易的六大途径：一是提高产能，改善质量；二是改善质量的同时，降低生产成本，提高产品的国际竞争力；三是适度开放进口；四是丰富贸易模式；五是提高航运能力，发展渔业；六是提高自身工业和手工业水平，降低关税。这些途径暗含了贸易强国在高质量的产品、有竞争力的产品价格、优越的进出口政策、发达的物流业等方面的特征。

（4）货币、汇率与国际贸易。托马斯·孟指出，货币可以扩大贸易，而贸易可以促进货币的增加，一国应持有适量的货币，让多余货币参与到国际贸易中；同时确保货币在国内使用与国外兑换的稳定与公正，维护货币国际信用，这样才能进一步促进国际贸易的扩大。这暗含贸易强国在货币国际化、货币的国际地位、汇率的稳定性等方面的特征。

2）古典贸易理论

在古典贸易理论中也有关于贸易强国的间接表述，以亚当·斯密《国民财富的性质和原因的研究》为代表的著作中关于贸易强国的表述有如下三个方面。

（1）国际分工参与能力及地位。亚当·斯密倡导自由贸易政策，强调参与国际分工能获得不同程度的收益，并以英国为分析案例，剖析英国如何广泛参与国际分工、巩固贸易地位，这隐含了国际分工及在分工中所处的贸易地位对于评价贸易强国水平的重要作用。

（2）贸易强国的建设途径。亚当·斯密的相关论述也暗含了贸易强国建设途径的思想，并且对建设途径和衡量标准有较为全面的阐述：一是深化劳动分工可以提高劳动生产率；二是应持续维持资本积累。上述观点暗含了贸易强国建设的重要内涵。首先，加强劳动分工以提高劳动生产率意味着分工促进劳动生产率的提高，这一方面使产品更加物美价廉，更具竞争力，另一方面整体促进了工业制造业的进步，更强的加工制造能力让一国在国际贸易中更具竞争力，从而具备贸易强国建设的重要因素。其次，他在著作中分析了资本的本质及资本积累的途径。他强调一国在提高社会生产效率中、在国际贸易中积累资本，暗含了对外贸易、对外投资对于资本积累和贸易强国建设的重要性。

（3）自由贸易的思想。亚当·斯密在《国富论》第三篇“论不同国家中财富的不同发展”中分析了影响国家和民众富强的主要原因，其中以经济政策作为重点，提出自由贸易的经济政策有助于分工和财富积累；在《国富论》第四篇“论政治经济学体系”中对比了不同经济政策对于国家和民众财富积累的差异化影响，进一步论证了采取自由贸易的经济政策对财富积累和国家强盛的必要性。他强调自由贸易的经济政策，暗含了贸易自由化对财富积累和贸易强国建设的重要性。

古典贸易理论的另一位代表人物大卫·李嘉图在其代表作《政治经济学及赋税原理》中更是进一步明确自由贸易的重要性，他提出的“比较成本说”通过建立李嘉图模型，论证了两个国家通过国际分工和国际交换，都可以从中获益，但是其前提是政府不干涉国际贸易并实施自由贸易政策。他指出“在一个具有充分商业自由的体制下，每个国家把它的资本和劳动置于对自己最有利的用途”，这有着自由贸易条件下，优化资源配置，实现贸易强国的寓意。

3）新古典贸易理论

在新古典贸易理论代表人物贝蒂·俄林的著作《地区间贸易和国际贸易》中，有关生产要素的国际比较、商品和要素的流动方面也隐含了对贸易强国的相关讨论。

俄林在该著作第 16 章——国际资本与劳动力的流动中提到，资本和劳动力在国家间的流动能促进对外贸易的发展。资本的流动：有规模、有组织的资本流动常常伴随着跨国公司在世界范围内的投资并购、生产等经营活动，因此资本的流动伴随着商品及生产要素的流动。这一方面削弱了本国部分匮乏生产要素的限制，通过国际投资可以获得更多当地丰裕的生产要素；另一方面，国际投资能更好地打开当地市场，通过在当地设立分支公司，可以融入当地文化，了解当地消费者的偏好，从而扩宽贸易渠道。劳动力的流动：一国劳动力输出最直接的影响是将消费需求从劳动力输出国带到了劳动力输入国。正如著作中提到的“移民接收国常是移出国货物的最好市场”，劳动力到达接收国时依然保持着原来的生活、文化习惯和商品偏好，同时在融入当地工作及生活以后，能将这种对本国商品的浓郁“情感”带至当地，进一步扩大了移出国商品、文化在接收国的影响力，从而创造了贸易动力。因此，资本和劳动力的输出能力也代表着一国扩大对外贸易的能力，贸易强国应该具备这种扩大对外贸易的影响力，通过较高水平的国际投资和劳动力等生产要素的输出，促进对外贸易的发展，扩大国际贸易影响力，提高国际贸易地位。

4）新贸易理论

随着国际贸易的发展，新涌现出的一些贸易现象对传统贸易理论提出了挑战。赫尔普曼、克鲁格曼、波特等代表人物在他们的著作中提出具有解释力的新贸易理论，如产业内贸易论、竞争优势理论等，这些理论也蕴含着有关贸易强国的分析。

产业内贸易理论。赫尔普曼与克鲁格曼在其代表作《市场结构和对外贸易：报酬递增、不完全竞争和国际经济》中围绕着收益递增及不完全竞争问题，在国际贸易理论的基础上结合产业组织理论，对国际贸易问题，尤其是产业内贸易问题展开论述。传统贸易理论无法对产业内贸易问题进行解释，无法深入分析跨国公司和国际贸易福利等问题，赫尔普曼和克鲁格曼在该书中将差异产品、收益递增及不完全竞争引入贸易理论，这些问题的解释分析大为简化，国际贸易理论有了重大突破。随着全球贸易自由化，他们认为产业内贸易对一个国家的贸易福利越来越重要。“人们喜欢消费其多种多样的品种”（赫尔普曼和克鲁格曼，2009），消费者对产品的不同品种存在着不同的偏好，消费者需求的多样化使得国际贸易理论开始考虑同一产品生产部门差异化产品之间的贸易。“在国与国之间，存在着以相似要素比例生产的商品的交换。如果我们把要素比例相似的产品归为一个部门，我们就可发现大量部门内的双向贸易”（赫尔普曼和克鲁格曼，2009）。两国即使要素禀赋相似，仍然可以进行国际贸易，这是继新古典贸易理论之后对国际贸易理论的补充。“如果每一个国家都充分相似且报酬递增是重要的——一个使产业内贸易盛行的状态——那么稀缺的和丰裕的要素都从贸易中得益”（赫尔普曼和克鲁格曼，2009），由此可见，贸易强国应该具备发达的产业内贸易的特征。

国际竞争优势理论。迈克尔·波特在其著作《国家竞争优势》中指出，一个国家的贸易竞争优势不仅限于其自然资源、劳动力、利率、汇率，随着现代国际贸易模式的演变，产业创新和升级的能力、价值观、经济结构等都成为国家竞争优势的重要来源。波特在关于国家竞争力来源的系统阐述中，暗含了很多对贸易强国建设的解释，其中主要有高附加值产品出口占比、高竞争力企业的个数、技术创新能力、海外投资水平等。波特指出，一个国家的对外贸易处于顺差或者是平衡状态并不一定就具备竞争力；当其出口的是大量低成本和低附加值产品，而进口的是高附加值产品时，也不一定具备竞争力。相反，“理想的发展模式是，一个国家有能力出口高生产率的产品，并进口其国内生产率偏低的产品”（波特，2002）。这说明一个国家具备竞争力的重要特征是能出口高附加值、高技术含量、高生产率的产品。波特还认为，一个国家拥有少数高竞争力的企业不足以使该国在国际上具备较强竞争力，只有大量的高竞争力企业才能够形成竞争力集聚效应，在产业层面整体形成竞争力，从而提高国家的综合竞争力；单纯的生产要素上的比较优势不再能维持一个国家的竞争力，而利用生产要素的高效产出能力，即技术创新能力，对形成国家竞争力的影响越来越大；较高的海外投资水平意味着大量跨国企业的存在，跨国公司一方面贡献了较多的国际贸易量，另一方面要素流动成本较低，资源配置进一步得到优化，竞争力逐渐凸显。因此，一个国家要具备国际竞争力优势，应该有较高高附加值产品的出口占比、大量高竞争力企业、较强技术创新能力、较高海外投资水平等特征，这也是贸易强国建设的重要内容。

5）新新贸易理论

随着跨国企业成为国际贸易的主体，国际分工进一步深化，逐渐形成以企业为核心的世界贸易新格局。以梅里兹（Melitz）为代表的新新贸易理论学派，主要考察企业的国际经营活动对国际贸易的影响，其中以异质性企业贸易理论最为经典。异质性企业贸易理论从企业的异质性层面来解释国际贸易和投资现象，对跨国公司究竟应该直接出口还是对外投资进行了解释，把对国际贸易问题的研究从产业层面转移到了企业层面。Melitz（2003）认为在贸易自由化的背景下，企业进入新市场往往需要支付开拓新市场的营销管理、运输等固定费用，而能否负担得起这个固定费用成为企业做出进入新市场决策的关键，生产率高、规模大的企业往往能负担得起，从而偏向进入新市场；相比之下，生产率低、规模小的企业往往趋于保守而不轻易进入新市场。企业参与国际业务后，会逐渐淘汰部分低效率产品，以确保自身出口的持续性和竞争力，企业整体生产率和技术水平将进一步提高。类似竞争优势理论，当一个国家拥有众多高生产率企业，其整体生产率水平也将受益，且能通过大量差异化产品维持贸易顺差，从而在国际贸易中获利。另外，对外直接投资是企业开拓国外市场最有效率的方式。一方面，企业融入东道国文化被当地消费者所接纳；另一方面，企业直接在东道主国设立分支和合资机构，降低了贸易成本。对外投资以跨国企业为载体，有利于充分利用全球价值链上的优势节点和东道主国丰裕而廉价的生产要素，在促进本国经济的同时，也带动了东道主国的经济发展。因此，对外直接投资越多，越有利于对外贸易的发展。新新贸易理论中关于生产率、技术创新、对外投资等的观点蕴含着贸易强国建设中关于技术创新型企业和跨国企业的培育、对外直接投资规模的扩大等内容。

从理论内涵部分的梳理来看，贸易强国建设是一个复杂而庞大的系统工程，主要涵盖国际贸易人才培养、货币国际化进程、自由贸易政策制定、生产效率提升、技术创新企业培育、对外直接投资优化、服务贸易发展等内容。

2. 贸易强国实践内涵

前文主要从经典贸易理论引申出贸易强国的理论内涵，这里我们进一步梳理贸易强国的实践内涵。

1）关于贸易强国衡量标准的讨论

国内关于贸易强国衡量标准的讨论主要是从定性和定量两个角度展开的。

从定性来看，余芳东和寇建明（2001）提出贸易强国应具有经济实力强、对外贸易规模大、贸易竞争优势明显、对外开放度大等基本特征。汪毅夫（2005）指出贸易强国应具备的特征是：①贸易增长高质量化、高效率化；②掌握核心技术、品牌和销售话语权；③出口产品附加值高；④工业产品科技含量高；⑤出口企业具备较强国际竞争力；⑥反倾销应对能力强。郑宝银（2006）指出贸易强国的八项指标分别是：①贸易总额；②人均贸易额；③贸易竞争力（trade competitiveness，TC）指数；④主要产品的国际市场占有率；⑤国际分工地位；⑥出口商品结构；⑦企业的国际竞争力；⑧品牌竞争力。杨圣明（2011）提出贸易强国的标准为：①进出口贸易总额进入世界前五位；②贸易品的科技含量高，其中在货物贸易品中，以国际通用标准计量的高新科技产品进出口的比重达 60%以上；③现代服务贸易总额占世界的比重进入前五位；④跨国公司成为贸易经营的基本主体。赵蓓文（2013）从数量和质量两个方面给出了贸易强国应具备的特征，主要有：①数量方面——贸易规模和市场占有率、世界 500 强公司数、GDP 及人均 GDP；②质量方面——贸易结构、贸易效益、世界级品牌个数、国际话语权等。贾怀勤（2014）认为贸易强国应具备的主要标志有：服务贸易与货物贸易平衡发展、制造业服务能力强、掌握战略原料定价权、引进来与走出去水平高、贸易规则制定及谈判话语权强。张幼文（2016）提出了以“要素培育”为核心的贸易强国战略构想，其主要衡量指标包括人才集聚、产品设计、技术创新、管理优化、企业家队伍培养及跨国公司建设等方面，而张二震（2016）在此基础上补充了全球价值链分工中的地位这一指标。朱福林（2020a）认为衡量贸易强国应遵循三个基本面：首先，贸易规模与贸易结构是衡量贸易强国的基础；其次，贸易强国的衡量应是多层次基础性因素的集合；最后，生产率是衡量贸易强国的核心要素。可以看出，上述学者对于贸易强国的衡量基本都围绕着一国的综合贸易实力，同时突出了贸易效率和质量的重要性。

从定量来看，中国入世前后就有学者开始从定量的角度构建贸易强国指标体系。何新华和王玲（2000）选取以下指标对一国是否为贸易强国进行判断：①货物贸易、服务贸易总额位列全球前 20 强；②商品进出口频率位列全球前 20 强；③是 WTO、区域贸易组织成员。此外，他们通过进一步细化建立了一个简单的多指标综合评价体系对 13 个国家（地区）进行了分析和评价。裴长洪和刘洪愧（2017）认为贸易强国是一个国际对比的概念，既有共性，又有特性，并分别从共性和特性两个角度构建了包含 13 个大类的贸易强国的衡量指标体系。李钢（2018）根据对美、日、德等国的发展模式的研究，总结出贸易强国的基本特征，并构建了衡量贸易强国的指标体系，其中共计包括 110 个细分指标，主要涵盖经济基础、对外贸易水平、国际投资、创新能力、国际货币金融、营商环境和国际经贸规则等方面。姚枝仲（2019）基于贸易大国指数构建了一国出口、进口两个基础贸易强国指数，并加权求和得到一国总体贸易强国指数。

可以看出，贸易强国是一个覆盖面广、复杂且成体系的概念。从宏观层面看，贸易强国涉及一个国家的经济基础、贸易规模、贸易结构、技术水平、金融环境、营商环境、经贸地位等；从微观层面看，贸易强国覆盖面更广，不仅包括经济、贸易、创新、国际投资等总量及人均指标，也包括高生产率产品、高附加值产品、服务贸易出口占比等指标。随着全球经济、政治、科技等的发展及国际贸易格局的演变，更多新的因素也将被纳入进来，共同构成贸易强国的综合衡量体系。

2）贸易强国的国际比较

美国、德国、日本是世界公认的贸易强国，通过对世界典型贸易强国的发展模式及经历进行分析，可以更好地理解贸易强国的内涵，并从中获取贸易强国建设的启示。

（1）美国。美国通过调整产业结构、优化贸易条件、培育跨国公司体系、主导国际贸易规则等路径进行贸易强国建设。第二次世界大战（以下简称二战）结束以来，美国凭借着对外贸易积累了大量财富并形成了完善的工业体系，经济实力至今仍稳居世界首位。强大的工业生产能力和国际影响力，为美国贸易强国建设奠定了坚实的基础。具体来讲，有以下几点。

主导世界贸易规则，稳固国际贸易地位。二战以后，以美国为中心的世界格局形成。一方面，美国确立了以美元为中心的国际货币体系；另一方面，美国主导成立了国际货币基金组织、世界银行、关税和贸易总协定（WTO 的前身，以下简称关贸总协定），是世界贸易规则的主导者。20 世纪 60 年代起面临日本崛起、中东石油危机、欧元区建立等挑战，美国凭借强大的技术创新能力，通过签订区域贸易协定、刺激出口、提高出口质量等措施，进一步巩固了国际贸易地位。

培育跨国公司体系，构建全球经营网络。二战后，美国开始培育跨国公司体系，并通过跨国公司逐步建立起全球销售网络和生产网络。通过销售网络进一步扩大出口，提高市场占有率；通过生产网络，获取廉价的能源和生产原材料。1950 年，美国跨国公司在海外的分支机构达 7417 家；1957 年，美国跨国公司在国外分支机构的资产占全部公司资产的比重达到了 5.3%；1966 年，美国海外研究开发的支出达到了 526 亿美元，占美国该项支出总额的 6.5%（郑伟民和黄苏，1998）。通过跨国公司全球经营网络，美国降低了贸易成本，比较优势进一步扩大，进而逐步实现产业升级。

优化贸易结构，提高贸易强国建设质量。二战初期，依靠适宜的气候环境和发达的农业科技，农产品贸易成为美国对外贸易的主要部分。随着各国完成战后重建，实现经济复苏，生产生活资料供给能力提高，美国农产品贸易逐渐萎缩。美国开始把出口重点转向工业制造业，并凭借着战争时期积累的工业生产能力及技术迅速成为世界制造品出口额最大的国家，制造业的绝对优势成为美国加快贸易强国建设的重要因素。20 世纪七八十年代，欧洲各国、日本等经济体蓬勃发展，美国不断加强在服务贸易领域的发展，贸易结构进一步优化。直至今日，美国仍在服务贸易领域维持着巨大的顺差优势。

（2）德国。德国在贸易强国建设中，一方面坚持自由贸易政策，另一方面也重视政府的适度干预，并围绕着提高出口和贸易利益制定了一系列外交政策，坚持多边合作，互利共赢，与以美国为首的发达国家建立平等的贸易合作伙伴关系，同时也积极与第三世界国家进行贸易往来。因此，德国制定的一系列贸易政策，为其贸易强国建设打下了坚实的基础。另外，德国的工业制造业实力强劲，成为德国贸易强国建设一张闪亮的“名片”。德国十分重视工业制造在社会经济发展中的地位，重视研发投入和人才培养，工业制造品享誉全球，大量的高端工业产品出口，成为德国贸易强国建设的核心力量。

（3）日本。二战后，日本积极实施“贸易立国”和“技术立国”的发展战略，出台了一系列出口鼓励政策，促进产业转型升级，对外贸易迅速增长。在鼓励技术引进的同时，重视自身的研发创新能力，培育了大批闻名世界的高科技工业企业，这些企业的精细化生产管理模式更是他国企业争相效仿的榜样。除了对外贸易战略，日本跨国公司对外投资的带动效应也十分明显。日本崛起后，在亚洲长期是经济的领头羊，通过对亚洲发展中国家的投资，一方面充分利用了当地的自然资源和劳动力，另一方面也深刻影响着其他国家的对外贸易发展能力，开拓了国际市场。这样日本不仅突破了自身资源匮乏的限制，通过对外投资实现了对外贸易的高速发展，同时也缓解了直接出口造成大量贸易顺差而招致的贸易摩擦。

3. 贸易内生增长与贸易强国

1）贸易内生增长

实现贸易内生型增长是开放经济的客观要求和中国经济发展的现实所需，是实现贸易强国的重要路径。

贸易内生型增长是一国以现代社会新理念、新技术、新管理和其他技能等为主要手段，推动国际贸易的增长，并带动本国生产效率的提高，同时助推贸易强国建设。其内涵主要体现在：一方面，一国通过技术进步等手段扩大国际市场规模，可以成为本国经济持续增长的动力；另一方面，国际贸易的经济收益也为技术创新提供了经济上的可能性，进而为技术创新中规模经济的形成创造条件，外贸和技术创新由此将步入相互促进的良性循环的轨道之中。

在开放经济条件下，强调转变外贸增长方式既是长远战略也是现实所需。一方面，它是基于完善开放型经济体系的客观要求。在全球化时代的开放经济条件下，贸易与经济增长有着密切的关系，贸易的前提、贸易形态和贸易可能产生的效应都会深刻地影响各国的经济增长与福利水平。20 世纪 90 年代初，东亚一些发展中国家依靠大量廉价的劳动力和投资扩张，来实现其产品对全球市场的拓展带动的经济增长。这种粗放式、外延式的贸易增长方式被实践证明是难以持久的，会导致经济陷于停滞（Krugman，1994）。与此同时，美国以信息技术和经济全球化为基础，转变政府职能，创新外贸增长方式，使美国获得了较好的国际竞争优势。另一方面，随着外贸规模的迅速增长，不少外贸方面深层次的矛盾和问题逐步暴露，集中反映在外贸增长方式存在问题，导致外贸出现"贫困化增长"和越来越多的国际摩擦。这些矛盾和问题表明，调整外贸战略和转变外贸增长方式，不仅对中国经济的健康发展有着重要的意义，而且对于中国的贸易强国建设至关重要。

开放经济下我们要实现外贸内生型增长，一方面，只有更加密切与其他国家的贸易联系，在"双赢"的基础上，才能实现外贸增长；另一方面，只有中国贸易体制运转高效、贸易增长方式科学、产业结构有竞争力且具备可持续发展的潜力，才能实现真正的、持久的内生型增长，实现贸易内生增长与贸易强国建设的良性互动。

2）中国特色社会主义贸易强国

贸易强国是全面建成社会主义现代化强国的重要内容，实现贸易强国意味着对外贸易实现高质量增长、意味着对外贸易结构进一步优化、意味着国内国际双循环进入新的阶段、意味着综合国力和国际影响力大大加强，是中国实现"两个一百年"奋斗目标、实现中华民族伟大复兴的中国梦的必经之路，贸易强国体现着中国特色社会主义现代化建设的成果。

党的十九大报告强调"推动形成全面开放新格局。……要以'一带一路'建设为重点，坚持引进来和走出去并重……形成陆海内外联动、东西双向互济的开放格局。……拓展对外贸易，培育贸易新业态新模式，推进贸易强国建设。[①]"这是党对新时代中国特色社会主义经济规律认识的进一步深化，是贸易强国对于社会主义强国建设重要意义的进一步深化。因此，贸易强国具有鲜明的中国特色社会主义内涵。

① 《习近平：决胜全面建成小康社会 夺取新时代中国特色社会主义伟大胜利——在中国共产党第十九次全国代表大会上的报告》，https://www.gov.cn/zhuanti/2017-10/27/content_5234876.htm[2022-02-18]。

1.2　服务贸易与强国建设

1.2.1　服务贸易与货物贸易

服务贸易的发展起源于货物贸易，与货物贸易共同构成当今全球贸易体系。服务贸易作为中国对外贸易发展的重要内容，加快推进服务贸易发展需要充分认识服务贸易的重要性，深刻了解服务贸易与货物贸易的依存关系。

1. 服务贸易与货物贸易相互依存

与货物贸易不同，服务贸易具有形态更加丰富、交易方式更为多样等特点，其构成的服务贸易体系更加复杂。服务贸易与货物贸易由于不同的贸易属性和发展特点，在不同时空维度表现出来的关系也不尽相同。长期来看，服务贸易与货物贸易关系错综复杂，相互依存的同时也展现出相互制约的特征，两者共同构成世界贸易体系。

服务贸易与货物贸易相互依存。服务贸易的发展最初起源于货物贸易，货物贸易在发展过程中衍生了很多服务贸易的需求，如随着货物贸易的繁荣和国际分工的深入，大量实物商品的空间移动需求直接导致了专业的运输服务的兴起与发展；世界各国贸易往来日益频繁伴随着大量的信息流，对专业的通信服务需求也越来越大；货物贸易作为一种商务活动，也促进了货币支付等金融服务和法律、会计咨询等商业服务的发展。此外，生产性服务业作为服务贸易与货物贸易交织的主要环节，随着制造业逐渐信息化、智能化，生产性服务业的发展大大促进了货物贸易优势的发挥和竞争力的提升。一方面，生产性服务业推动制造业高技术化和高附加值化，另一方面，高效多样的运输服务、便捷的通信服务、技术咨询服务、金融服务都是货物贸易发展的重要条件，直接决定了商品品质、时效等价值体现。可以看出，货物贸易与服务贸易相互交织在一起，互相促进，互相依存。

2. 服务贸易、货物贸易高质量发展与贸易强国建设

随着国际贸易的发展，服务贸易对世界经济发展的贡献越来越大，尤其是受到新冠疫情冲击，全球经济陷入低迷，货物贸易发展受阻，而服务贸易领域涌现的新业态、新模式，成为国际贸易发展的亮点。服务贸易蓬勃发展，成为贸易强国建设越来越重要的内容。

货物贸易是国际贸易的基础。在当今全球跨境贸易中，货物贸易量大约是服务

贸易的三倍，货物贸易是贸易强国建设的基础。虽然，大部分发达国家服务业经济贡献大于制造业，甚至，部分发达国家服务业在其 GDP 中的份额远超制造业，但是制造业仍是一个国家经济发展和对外贸易中的根基。受金融危机、新冠疫情等外生冲击影响，世界经济持续低迷，发达国家纷纷实施“再工业化”和“制造业回归”等振兴实业的战略，如美国提出的“工业互联网”和“先进制造业国家战略”、德国提出的“工业 4.0”战略等。可见，以制造业，尤其是以高端制造业为核心的高质量贸易经济体系是一国经济的基础。目前世界主要贸易强国，如美国、英国、日本、德国等，不仅拥有完善的工业体系，占据了全球价值链的高端位置，更重要的是拥有高水平的服务业体系，一方面服务业为制造业提供强大的技术、科研、运输、信息、金融、商业等服务支撑，另一方面服务本身也已作为独立的贸易产品进入世界市场。

因此，应持续深化供给侧结构性改革，形成以创新为核心竞争力的高端制造产业，加快服务业开放，打造服务业产品优势，统筹货物贸易、服务贸易高质量发展；积极适应中国经济发展形势，强化应对错综复杂的国际政治经济环境的能力、发挥中国超大规模经济体优势，共创贸易强国建设新格局。

1.2.2 服务贸易与贸易强国

1. 服务贸易是贸易强国建设的短板

改革开放以来，中国对外开放水平不断提高，外贸规模不断发展壮大，贸易自由化进程加快，中国贸易大国的地位逐渐稳固。随着对外贸易进入高质量发展阶段，对外贸易短板逐渐暴露，其中比较突出的就是服务贸易和货物贸易的发展失衡问题。目前，虽然中国服务贸易规模不断扩大，但长期处于贸易逆差，服务贸易综合竞争力较弱，是贸易强国建设的主要短板。改革开放以来，中国服务贸易规模逐渐扩大，并在一定时期内稳定增长，保持顺差。随着入世以后市场进一步对外开放，服务贸易进出口呈现分化趋势，特别是 2011 年以来，出口增速乏力，进口增速强劲，逆差规模不断扩大。直到 2020 年，由于新冠疫情冲击等多重因素影响，贸易逆差形势稍有好转。

从现代经济发展规律可以看出，服务业经济是工业经济发展的必然趋势。目前，中国正在进入服务业快速发展的阶段，服务业在国民经济发展中发挥着越来越重要的作用，服务业增加值占 GDP 比重已经超过一半。虽然在体量上不论是服务业产值还是服务贸易进出口总额都具有相当大的规模，但是从国际竞争力来看，一方面，相比欧美发达国家服务业占经济总量的 75%~80%，中国仍有较大的追赶空间；另一方面，欧美发达国家凭借资本、技术创新、教育研发等领域的比较优势，形成了服务贸易的核心竞争力，中国则基本处于服务贸易价值链中低端位置，竞争力羸弱。

当前，中国服务贸易发展受到诸多制约，这使得服务贸易成为贸易强国建设的“短板”，主要体现在以下几个方面。一是中国服务业发展体系建设滞后，服务贸易数据统计体系有待进一步完善。中国服务业发展起步较晚，发展速度较快，科技革命尤其是目前数字经济发展背景下，出现了很多服务业新业态和新模式，国家与地方服务贸易统计上存在“两张皮”问题①，地方发展水平参差不齐，地方统计部门难以运用科学系统的方法统计服务贸易数据，更遑论进行严谨的数据考核，增加了国家对服务贸易发展进行统筹规划的难度。二是服务贸易产业协调统筹问题。服务贸易涵盖众多服务贸易产业，涉及种类繁多，隶属的管理部门相对独立，统筹协调的难度大，服务贸易产业协同发展乏力，在一定程度上限制了服务贸易的发展。三是相比货物贸易，服务贸易也存在服务领域开放程度较低、服务业基础较差、地区发展不平衡及整体发展较滞后等问题。

可见，虽然中国服务贸易发展迅速，前景广阔，但是起步晚，基础差，导致中国服务贸易仍存在发展不平衡、体系建设滞后、服务行业统筹发展乏力、服务产品竞争力较弱等问题，这些是贸易强国建设中的“短板”。

2. 服务贸易高质量发展是迈向贸易强国的必然要求

党的十九届五中全会指出，要以推动高质量发展为主题，把质量问题摆在更突出的位置。服务贸易高质量发展是经济高质量发展的重要内容，是对外经贸发展转型的关键。目前，高质量发展是中国现阶段经济发展的主题，与贸易强国建设的目标相呼应。服务高质量发展要求既重视数量的增长，也在乎质量的提高，以对外贸易结构优化作为核心内容，涵盖制造业、服务业等多个产业。随着新兴信息技术的普及，产业信息化、信息产业化趋势明显，跨产业的融合升级已经成为常态化发展模式，服务贸易高质量发展的方向与思路越来越清晰。

近年来，全球贸易格局演变出现新特征，服务贸易大有赶超货物贸易的势头。据中国商务部与 WTO 2019 年联合发布的《2019 年世界贸易报告（中文版）》数据，从 2005 年到 2017 年，全球服务贸易增长速度超过货物贸易。尤其在新冠疫情的冲击下，服务贸易与货物贸易的发展可谓是冰火两重天。中国作为货物贸易大国和服务贸易大国，货物贸易常年保持较大顺差，是中国社会经济发展最重要的经济动力之一。然而，服务贸易常年逆差并持续扩大，一方面展示了服务贸易出口的巨大空间，另一方面也反映出中国服务贸易国际竞争力较弱的现实。

---

①《建设贸易强国须补上服务贸易“短板”》，http://www.ce.cn/culture/gd/201806/21/t20180621_29483395.shtml[2022-02-20]。

针对中国贸易发展存在结构不合理、核心竞争力较弱、创新能力较低等问题，自提出贸易强国战略以来，如何提升产业国际竞争力，实现对外贸易高质量发展及全球价值链地位的攀升，已经成为中国贸易发展的重点。习近平指出"要加快从贸易大国走向贸易强国，巩固外贸传统优势，培育竞争新优势，拓展外贸发展空间，积极扩大进口"（习近平，2017）。服务贸易对经济的贡献已越来越受到世界各国的关注，中国也应顺应发展潮流，加快推进服务贸易发展，补齐对外贸易发展"短板"。提高对外经贸发展水平，推进贸易强国建设，货物贸易是基础，服务贸易是关键。因此，要求货物贸易和服务贸易齐头并进，两者缺一不可。

3. 服务贸易对推进贸易强国建设及高质量发展的重要意义

当前，经济全球化和信息科技革命深化明显，服务贸易成为各国对外经贸发展的前沿阵地和新形势下各国竞争的聚焦点，越来越成为国家经济竞争力的重要体现。服务贸易发展对促进中国社会经济转型升级、平稳发展，实现贸易强国和经济社会高质量发展具有重要意义。

服务贸易发展对于贸易强国建设具有重要意义。当前，货物贸易是贸易强国建设的基础和重点。但是，服务贸易是贸易强国建设的关键与核心（李俊，2018）。首先，货物贸易约占世界跨境贸易的 3/4，服务贸易仅占世界跨境贸易的 1/4。然而，将服务贸易发展水平作为衡量一国是否为贸易强国的核心标准，越来越受到业界的认可。我们不难发现，许多欧美发达经济体是贸易大国的同时也是贸易强国，而这些国家都具备一个明显的特征，那就是强大的服务贸易竞争力。比如，美国服务业占全球服务贸易经济规模的 25%，服务业出口占世界服务业总出口的 15%，还有德国、日本等国的服务业占其本国 GDP 的比重远高于发展中国家。"十三五"期间，中国服务业占 GDP 的比重也不断提高，2015 年超过 50%，2020 年达到 54.5%，连续多年占据当年 GDP 总量的一半以上。伴随着数字经济的发展，服务业新业态、新内涵对社会经济和人们的生活方式产生了深刻影响，对贸易强国建设起着巨大的推动作用。其次，服务贸易的发展有利于推动制造业发展升级。数字产业化、产业数字化对制造业尤其是高端制造业产生了深刻的影响，信息技术和通信技术大大增加了制造业产品的服务增加值，服务业产品融入制造业产品提高了产品附加值，降低了产品生产协调管理成本，促进了制造业产品国际竞争力的提升，加快了制造业在国际贸易网络中的升级。德国、日本是传统的制造业强国，其制造业产品以高品质著称，而强大的工业制造能力背后，正是一个完善的生产性服务体系作为支撑，包括技术、科研、运输、信息、金融、商业等。当前，随着信息时代的到来，数字经济与制造业进行深度融合，制造业朝着智能化、精细化、信息化的方向发展，这都离不开知识性技术服务的支持。最后，服务贸易的创新发展有利于推进培育新业态新模式，推进更深层次的产业融合发展。在高质量发展背景下，服务贸易综合带动作用明显，服务业创新发展也促进了人们消费需求的升级，为社会经济注入了充足的活力。

2019 年 11 月 28 日，中共中央、国务院印发《关于推进贸易高质量发展的指导意见》（以下简称《意见》）。《意见》提出要加快创新驱动，培育贸易竞争新优势；优化贸易结构，提高贸易发展质量和效益；促进均衡协调，推动贸易可持续发展；培育新业态，增添贸易发展新动能；建设平台体系，发挥对贸易的支撑作用；深化改革开放，营造法治化国际化便利化贸易环境。在这些具体的发展方向中，特别强调要“大力发展服务贸易。深化服务贸易领域改革和开放，持续推进服务贸易创新发展试点，完善促进服务贸易发展的管理体制和政策体系。加快数字贸易发展。推进文化、数字服务、中医药服务等领域特色服务出口基地建设。完善技术进出口管理制度，建立健全技术贸易促进体系。探索跨境服务贸易负面清单管理制度。加强服务贸易国际合作，打造‘中国服务’国家品牌”①。服务贸易发展是以习近平同志为核心的党中央深化贸易高质量发展内涵提出的重要指示。服务贸易作为优化贸易结构、培育贸易新优势和提高贸易质量和效益的重要内容，对实现经济社会高质量发展具有重要意义。

1.3　马克思主义服务贸易理论

1.3.1　服务贸易的内涵与发展

1. 服务贸易起源与发展

二战以后，各国经济迅速恢复，国际贸易恢复繁荣，服务贸易的发展迅速引起各界的广泛关注。追溯“服务贸易”的提法，在 20 世纪 70 年代初期，“服务贸易”就出现在经济合作与发展组织（Organization for Economic Co-operation and Development，OECD）的研究报告、美国贸易法律政策文件中，随后“服务贸易”逐渐成为国际贸易中的高频词。由于服务贸易与货物贸易相比存在形态、交易方式等方面的巨大不同，学者围绕着服务贸易的定义展开了激烈的讨论。

服务贸易概念最早源于学者对“服务”本身的讨论，希尔（T. P. Hill）在 1977 年提出“服务”的概念，他认为服务可以定义为隶属于某一经济单位的个人或物品状况发生变化，这种变化是由其他经济单位实施的，并事先得到了该个人或经济单位的同意，即一个经济单位为另一个经济单位的利益执行某些活动。“无论服务的

① 《中共中央 国务院关于推进贸易高质量发展的指导意见》，http://www.gov.cn/xinwen/2019-11/28/content_5456796.htm[2022-02-20]。

生产者做什么，都会直接影响消费者，从而改变后者的状况。”杨圣明（1999）关于服务概念的阐述受到理论界的认可。但是由于服务贸易的复杂性，学者对服务贸易的定义却存在不同的解释，其中主要的代表人物有巴格瓦蒂（J. N. Bhagwatti）、桑普森（G. Sampson）和斯内普（R. Snape）等，他们基于希尔关于“服务”的定义，以物理上的接近与否对服务进行了分类。其中，巴格瓦蒂对服务贸易进行的分类如下：消费者和生产者都不移动、生产者移动到消费者国、消费者移动到生产者国、两者移动至其他国家。桑普森和斯内普对服务贸易的分类也类似，只是拓展了服务消费者的多重属性。他们关于服务贸易的定义与分类为后来学者、科研机构和国际组织关于服务贸易的定义奠定了基础，很多都是基于他们的分类进行的解释。

在国内，汪尧田和周汉民（1992）将服务贸易区分为狭义与广义两种，前者指在国家之间发生的无形服务的流动，而后者既包括无形的服务，也包括有形的服务。薛荣久（1993）认为服务贸易是国家之间相互提供的作为劳动活动的特殊使用价值。杨圣明（1999）则认为服务贸易是国家之间服务业的贸易往来。

国际组织中，联合国贸易与发展会议（以下简称联合国贸发会议）从实际过境角度定义了服务贸易的四种交付方式：①商品贸易中服务的过境；②货币（资本）过境；③人员过境；④信息过境。可见，虽然学者对服务贸易的看法有所差异，但基本都是围绕着服务贸易的特征和分类展开分析的。

2. GATS 对服务贸易的定义及分类

《服务贸易总协定》（General Agreement on Trade in Service，GATS）于 1995 年 1 月 1 日正式生效，将服务贸易归纳为四种交易模式（表 1.1）。

表 1.1 GATS 中服务贸易的交易模式及定义

交易模式	定义
跨境交付	自一成员境内向任何其他成员境内提供服务
境外消费	在一成员境内向任何其他成员的服务消费者提供服务
商业存在	一成员的服务提供者在另一成员境内设立商业机构或专业机构，为后者境内的消费者提供服务
自然人流动	一成员的服务提供者以自然人身份进入另一成员的境内提供服务

与货物贸易相比，服务贸易的属性显得更加复杂多样。比如，服务贸易标的的无形性、交易过程中生产和消费的同步性、服务产品的非标准性、服务贸易交易的复杂性、贸易保护的隐蔽性等，都是服务贸易难以被清晰分类的阻碍因素。目前，受到广泛认可的是 GATS 对于服务贸易的分类，它将服务贸易部门分为 12 个大类，超过百个小类（表 1.2）。

表 1.2　GATS 服务部门分类表

1. 商业服务	专业服务	法律服务；会计、审计和簿记服务；税务服务；建筑服务；工程服务；综合的工程服务；城市规划和土地建筑服务；内科和牙科服务；兽医服务；助产士、护士、理疗师和医务辅助人员提供的服务；其他
	计算机和有关服务	有关计算机硬件安装的咨询服务；软件安装服务；数据处理服务；数据库服务；其他
	研究和发展服务	自然科学的研究和发展服务；社会科学和人文学科的研究和发展服务；跨学科的研究和发展服务
	不动产服务	有关自己的或租赁财产的不动产服务；在收费或合同基础上的不动产服务
	不配备技师的租赁或出租服务	涉及船只；涉及航空器；涉及其他运输工具；涉及其他机器和设备；其他
	其他商业服务	广告服务；市场调研和民意测验服务；管理咨询服务；有关管理咨询的服务；技术检验和分析服务；从属农业、狩猎业和林业的服务；从属渔业的服务；从属采矿业的服务；从属制造业的服务；从属能源分配的服务；安置和提供人员服务；调查和安全服务；有关的科学和技术咨询服务；设备的保养和修理（不包括海运船只、航空器或其他运输设备）；建筑物清扫服务；摄影服务；包装服务；出版、印刷；会议服务；其他
2. 通信服务	邮政服务	
	信使服务	
	电信服务	话音电话服务；包交换数据传送服务；电路交换数据传送服务；电传服务；电报服务；传真服务；私人出租线路服务；电子邮件；话音邮件；联机信息和数据库检索；电子数据交换（electronic data interchange，EDI）；增强/增值的产值服务，包括存储和转发，存储和检索；编码和协议转换；联机信息和/或数据处理（包括交易处理）；其他
	音像服务	电影和录像带的制作和发行服务；电影放映服务；无线电广播和电视服务；无线电和电视传输服务；录音；其他
	其他	
3. 建筑和相关的工程服务	建筑物的一般建筑工作	
	土木工程的一般建筑工作	
	安装和组装工作	
	建筑物竣工和修整工作	
	其他	

续表

4. 经销服务	代理商的服务	
	批发业服务	
	零售业服务	
	特许权授予	
	其他	
5. 教育服务	初等教育服务	
	中等教育服务	
	高等教育服务	
	成人教育服务	
	其他教育服务	
6. 环境服务	污水服务	
	废料处理服务	
	卫生和类似服务	
	其他	
7. 金融服务	所有保险和与保险相关的服务	人寿、事故和健康保险服务；非人寿保险服务；再保险和转分保；保险辅助服务（包括经纪业和代理行服务）
	银行业务和其他金融服务（保险除外）	接受公众存款和其他应偿还基金；一切种类的租赁服务，特别包括消费信贷、抵押信贷代理经营和商业交易融资；金融租赁；一切付款和现金转递服务；担保和承诺；在交易所或场外交易市场或在其他地方作为自己或客户的账户代理进行的部分交易（略）；参与所有种类证券的发行，包括作为代理商进行包销和销售新发行证券（不论是公开还是私下进行）并提供与证券发行相关的服务；货币经纪业；资产管理，如现金或有价证券管理，所有形式的集体投资管理，养恤金基金管理，保管和信托服务；金融资产包括证券、衍生物产品和其他可转让票据的结算和清算服务；对本表“计算机和有关服务”类列出的所有活动提供咨询和其他辅助金融服务，包括信用查询和分析、投资和有价证券研究和咨询、对收购及公司重组和战略提出建议；由其他金融的服务提供者提供和转让金融信息、金融数据处理和相关软件
	其他	
8. 保健和社会服务	医院服务	
	其他人类卫生服务活动	
	社会服务	
	其他	

续表

9. 旅游业和与旅行相关的服务	旅馆与餐馆（提供饮食服务）	
	旅行社和旅行社经营者服务	
	导游服务	
	其他	
10. 娱乐、文化和体育服务（音像服务除外）	娱乐服务（包括剧团、现场乐团和马戏场服务）	
	通讯社服务	
	图书馆、档案馆、博物馆和其他文化服务	
	体育和其他娱乐服务	
	其他	
11. 运输服务	海运服务	客运；货运；配备船员的船只租赁；船只的保养和修理；推和拖服务；海运支助性服务
	内陆水道运输	客运；货运；配备船员的船只租赁；船只的保养和修理；推和拖服务；内陆水道运输支助性服务
	空运服务	客运；货运；配备机组人员的航空器的租赁；航空器的保养和修理；空运支助性服务
	空间运输服务	
	铁路运输服务	客运；货运；推和拖服务；铁路运输设备的保养和修理；铁路运输服务的支助性服务
	公路运输服务	客运；货运；配有驾驶员的商业货运车出租；公路运输设备的保养和修理；公路运输服务的支助性服务
	管道运输服务	燃料运输；其他货物运输
	所有运输形式的辅助服务	货物装卸服务；储存和仓储服务；货运代理行服务；其他
	其他运输服务	
12. 别处未包括的其他服务		

3. 经典国际贸易理论与服务贸易

随着服务贸易的蓬勃发展，其对全球贸易的贡献越来越大，逐渐成为世界经济增长的重要引擎。商务部与 WTO 于 2019 年 11 月 6 日在第二届进博会上共同发布的《2019

年世界贸易报告（中文版）》显示，到 2040 年服务贸易占全球贸易的比重可能增长 50%。

关于经典经济理论是否适用于当今经济的问题，刘巍（2012）提出经济学家将复杂经济要素抽象为几个重要的条件，并将它们视为问题分析的逻辑起点，类似于数学上的充分必要条件，接下来的逻辑推理和经济分析都受制于这些“前提假设”，经济学理论的起源和发展过程几乎都是基于不同的“前提假设”而展开讨论的，由此也形成了多样化的理论学派。因此，在运用经典经济理论时，需要考虑理论的适用性，基于“前提假设”修正理论模型。

早期，传统国际贸易理论基本围绕着货物贸易展开研究，而对服务贸易能否与货物贸易一样用经典国际贸易理论来解释，学术界进行了激烈讨论。杨圣明等（2017）认为比较成本论、相互需求论和资源禀赋论是引起争论的重点，发现不同理论对服务贸易的解释都存在一定问题，提出解释服务贸易的理论模型需要进行适当修改，才能合理运用。总的来说，针对经典国际贸易理论对服务贸易的解释是否适用的问题，主要观点有以下三种。

第一种认为经典国际贸易理论不适用于服务贸易。1979 年，R. 迪克和 H. 迪克最早尝试用经典国际贸易理论解释服务贸易问题，运用“显示性比较优势（revealed comparative advantage，RCA）法”检验得出比较优势并不影响服务贸易模式。1985 年，桑普森和斯奈普认为服务贸易的生产与消费通常同时进行，由于服务贸易不可储存的特性，服务贸易往往伴随着要素的流动，这与要素禀赋理论基本假设不符，质疑了国际贸易理论对服务贸易的解释能力。1988 年，费克特库蒂（G. Feketekuty）指出由于服务贸易不同于货物贸易的特殊属性，如劳动服务不能储存的属性，生产和消费必须同时进行；服务贸易的交易是劳动活动与货币的交换，不同于货物贸易中货物与货币的交换；服务贸易在各国的贸易统计中并没有统一标准。因此，国际贸易理论不适用于服务贸易。

第二种认为经典国际贸易理论适用于服务贸易。有不少学者认为服务贸易与货物贸易在交易本质上是相同的，经典国际贸易理论也适用于服务贸易。比如，萨皮尔、卢兹、拉尔、理查德·库伯等，他们主要通过实证分析得出，要素禀赋理论在贸易模式上，对货物贸易与服务贸易的解释并无差异，认为经典国际贸易理论对服务贸易同样具有适用性。

第三种认为经典国际贸易理论经过适当修正也适用于服务贸易。这种观点一方面认为经典国际贸易理论适用于服务贸易，另一方面也承认如上文提到的理论模型缺陷，通过修正“前提假设”，理论解释能力将大大提高。其代表人物迪尔多夫，在 1985 年率先通过修正模型提高了比较优势理论对服务贸易的解释能力，同时也指出了比较优势理论对解释服务贸易存在的局限性，通过调整约束条件，修正赫克歇尔–俄林–萨缪尔森（Heckscher-Ohlin-Samuelson，H-O-S）模型，可将比较优势理论对服务贸易解释模型一般化。

1.3.2　马克思主义服务贸易理论论述

1. 马克思主义国际贸易理论体系

马克思一生著述丰硕，其学说涉及政治、经济、哲学、社会等领域。他虽然没有关于国际贸易理论的著作，但是他对国际分工、世界市场、国际价值、贸易政策、关税与国际贸易成本、资本国际流动等的基本观点散见于他的诸多著作中，共同构成了马克思主义国际贸易理论体系。国内学者薛荣久（2013）、杨圣明等（2017）和李翀（2006）等系统梳理了马克思主义国际贸易理论，本章的整理也得益于他们的成果。全面理解、深刻学习马克思主义国际贸易理论，对准确把握中国特色社会主义发展规律，推进贸易强国建设，具有重要的理论与现实意义，这里我们主要介绍国际分工理论、世界市场理论、国际价值理论、国际贸易政策。

1）国际分工理论

马克思虽然没有明确定义国际分工，但是从多角度阐述了国际分工的根源、历史意义。他指出社会形态与经济发展到一定程度会基于不同自然条件因素和经济发展因素形成多种分工。在马克思和恩格斯（1960）看来，“各民族之间的相互关系取决于每一个民族的生产力、分工和内部交往的发展程度。……这个原理是公认的。……然而，不仅一个民族与其他民族的关系，而且一个民族本身的整个内部结构都取决于它的生产以及内部和外部交往的发展程度。……一个民族的生产力发展水平，最明显地表现在该民族分工的发展程度上”。所以，各国自身生产力水平、社会分工等情况决定了各国之间的分工情况，也影响了各国之间的经贸关系，国际分工是国际贸易的基础。社会分工能提高社会生产力，国际分工能提高整个世界的生产效率，参与分工的国家或地区都能从中获益，从而推动世界经济的发展，但是旧的分工模式，容易造成贫富差距。因此，要充分挖掘要素禀赋潜能，不断提高自身贸易竞争力。

2）世界市场理论

马克思在《政治经济学批判》序言中指出“我考察资产阶级经济制度是按照以下的顺序：资本、土地所有制、雇佣劳动；国家、对外贸易、世界市场”。可见马克思十分重视世界市场，在马克思看来，世界市场和国际分工是辩证存在的，狭义的世界市场是基于国际分工而形成的，而广义的世界市场是基于国际分工情况下，发展为世界规模的资产阶级经济社会的整体。资本主义发展到一定阶段，随着资本积累和生产力的提高，其追求利益的本性和扩张的需求必然导致突破国界限制，开拓国际市场，同时获取更廉价的生产资料和劳动力。随着各国经济贸易日益繁荣，世界市场包含的内容越来越丰富，依托多样的交易方式，共同形成了集商品、服务、金融等市场的资产阶级经济社会整体。正如马克思和恩格斯（1995）指出的“大工业便把世界各国人民互相联系起来，把所有地方性的小市场联合成为一个世界市场，到处为文明和进步做好了准备，使各文明国家发生的一切必然影响到其余各国”。可见，世界市场大大促进了世界经济的发展，世界各国政治、经济、文化、技术等领域往来密切，同时也进一步带动了国际贸易和国际分工的发展与深化。

3）国际价值理论

国际价值理论作为马克思主义国际贸易理论体系的一个重要部分，在《资本论》中有较为全面的阐述。马克思认为，商品价值是商品交换的依据，在世界范围内，由于各国自然资源条件、社会生产力不同，所以生产商品的价值也不同。当商品进入世界市场，此时交换的依据将发生改变，国际价值成为各国之间商品交换的依据，即商品在国际上所需要的社会必要劳动时间。马克思和恩格斯（1971）还提到，国际价值的衡量是由“世界劳动的平均单位”所决定的。由此可见，国际价值的形成是由不同国家在世界市场中的国际贸易活动形成的，单个国家的平均劳动时间不能决定国际价值。由于世界市场的商品交换同样遵循价值规律，类似国际分工，整体上交换双方都能获益，但是由于各国生产率的差异获益是不平衡的。正如马克思在《资本论》（第一卷）中所说，“价值规律在国际上的应用，还会由于下述情况而发生更大的变化：只要生产率较高的国家没有因竞争而被迫把它们的商品的出售价格降低到和商品的价值相等的程度，生产效率较高的国民劳动在世界市场上也被算作强度较大的劳动”。

2. 马克思对服务贸易的论述

服务贸易在马克思所生活的时代还很不发达，服务贸易通常附属于货物贸易而存在，“服务”作为商品的属性并没有充分体现，因此马克思对服务贸易的论述并不多。王克玲教授在1985年指出了对马克思劳动价值论传统理解的偏误，她认为产生这种偏误主要是由于对马克思初期关于商品的定义存在固化印象，没有跟踪马克思在《资本论》的其他卷中对商品定义的拓展。在拓展中，马克思将劳动力、位移和劳务也纳入其中。可见，马克思对商品的定义是明确且具有开拓性的，在马克思看来，“服务”是一种富有商品特性的劳动产品。

近年来，全球贸易格局演变出现新特征、新趋势，全球服务贸易发展迅猛，成为全球贸易乃至全球经济发展的新动力，在部分国家，服务贸易对经济的贡献甚至超过了货物贸易。这些新特征、新趋势不仅展示了服务贸易发展的巨大潜力和全球贸易发展的新动向，也意味着各国在服务贸易领域的竞争将更加激烈。因此，正确认识和把握马克思关于服务的系列论述，具有十分重要的理论意义和实践意义。

1）马克思对服务的理解

在《资本论》第一卷第一篇中，马克思对商品的概念进行了理论概括，认为“商品首先是一个外界的对象，一个靠自己的属性来满足人的某种需要的物”，随后，马克思对商品的概念进行了进一步拓展。马克思在《资本论》第一卷第二篇中提到“要从商品的使用上取得价值，我们的货币所有者就必须幸运地在流通领域内即在市场上发现这样一种商品，它的使用价值本身具有成为价值源泉的特殊属性，因此，它的实际使用本身就是劳动的物化，从而是价值的创造。货币所有者在市场上找到了这种特殊商品，这就是劳动能力或劳动力”，可见，马克思在这个阶段赋予了劳动力商品的属性，此时商品概念的范围有所扩大。商品不仅是一个个物质实体，也可以包括劳动力，而劳动力可以以一种无形的形态存在，表现出来的是劳动者的“体力和智力的总和”，即有形“商品”（物）和无形“商品”（服务）都属于商品的范畴。在这里，马克思通过扩展商品的属性范围，引出了无形“商品”或“服务”同样具有商品的一般属性。

明确了服务的商品属性以后，马克思在《资本论》中进一步对服务的一般化商品属性进行论述。他认为服务作为商品的一种，也具有消费的特性——“在消费品中，除了以商品形式存在的消费品以外，还包括一定量的以服务形式存在的消费品”。马克思指出：“服务这个名词，一般地说，不过是指这种劳动所提供的特殊使用价值，就像其他一切商品也提供自己的特殊使用价值一样；但是，这种劳动的特殊使用价值在这里取得了‘服务’这个特殊名称，是因为劳动不是作为物，而是作为活动提供服务的。”“某些服务，或者说，作为某些活动或劳动的结果的使用价值，体现为商品，相反，其他一些服务却不留下任何可以捉摸的、同提供这些服务的人分开存在的结果。”在马克思看来，服务具有商品属性，正如他所说的：“由于这种劳动的使用价值，由于这种劳动以自己的物质规定性给自己的买者和消费者提供服务。……对于提供这些服务的生产者来说，服务就是商品。……服务有一定的使用价值（想象的或现实的）和一定的交换价值。”

2）马克思对服务产品的国际价值的理解

虽然传统国际贸易理论对服务贸易问题的解释颇具争议，而且马克思对于服务贸易也没有明确的阐述，但是马克思的国际价值理论中关于服务及服务贸易的拓展部分，对国际服务贸易问题的理论研究意义重大，主要体现在以下几个方面。

服务产品的价值体现。国际贸易活动中，商品交换的本质是商品价值的交换。马克思生活的年代正值工业革命全面颠覆社会生产方式的时期，机器大大提高了生产效率，随着生产效率的提高，劳动力也逐渐从可物化的生产领域向非物化生产领域转移，服务产品主要源于非物化的生产劳动。服务产品的价值凝结了非物化劳动时间，服务属性的产品价值包含了劳动的价值。

服务产品的价值衡量。服务产品的国际价值衡量与国际生产价格密不可分。服务贸易的国际生产价格在激烈的国际市场竞争中形成，以平均化的国际利润为前提。马克思在《资本论》第三卷中生动描绘了威尼斯商人时代的利润追逐场景，“如果威尼斯的商品在亚历山大里亚得到的利润大于在塞浦路斯、君士坦丁堡或特拉比曾德得到的利润，那么，威尼斯人就会把更多的资本投入对亚历山大里亚的贸易，而把相应的资本从其他市场的贸易中抽出”。从服务贸易的发展趋势来看，服务产品本身的贸易自由化、服务业资本国际流动的自由化及劳动力自由化都在不断地加强，因此，服务中所含的价值更加容易转化为国际价格，并在国际市场供求关系中得以体现。

服务产品的国际交换规律。商品的国际交换价值是由国际社会必要劳动时间来决定的，不看国别价值，而是依照国际价值决定，同时通过比较国际成本和国际市场供求关系来衡量商品的价格。同样，服务产品在国际供需市场中也应该遵守等价交换的原则和客观存在的国际价值规律。

与货物产品不同，从服务贸易的发展态势来看，服务业国际利润平均化在影响各国资本有机构成的同时，也带来了不同的服务业劳动生产率。这种存在差异的社会化生产使得服务产品国际价值规律发挥作用的同时，也给后进国家带来了剥削。但是，不能因为这个问题而忽视服务贸易的发展。不能简单将受国际剥削程度与利润率直接等同。即使受国际剥削的影响，一国服务业也能获得高额的利润率。

3. 习近平对服务贸易的论述

习近平关于服务贸易的相关论述意蕴深刻，高瞻远瞩。2017 年 6 月，习近平提出：“放眼世界，我们面对的是百年未有之大变局。”①随着全球政治、经济等格局发生深刻变化，国际贸易发展进入深度调整阶段，在新的历史背景下，习近平对服务贸易的重要论述是中国贸易高质量发展理论体系的重要组成部分，在培育贸易竞争新优势、提高贸易发展质量和效率、推动贸易可持续发展、增添贸易发展新动能等方面内涵丰富、意蕴深远。

1）推进对外贸易平衡发展，打造服务贸易产品优势

2013 年是中国进入对外贸易高质量发展的开局之年，对外贸易发展开始进入新的阶段。2013 年 9 月，习近平强调：“我们将继续坚持稳定出口和扩大进口并重，强化贸易政策和产业政策协调，加快服务业开放步伐，推动对外贸易平衡发展，更好融入全球价值链。”②“要努力扩大数量、更要讲质量，大胆探索、与时俱进，积极扩大服务业开放，加快新议题谈判。”③这是习近平立足于全面促进对外贸易

①《习近平接见二〇一七年度驻外使节工作会议与会使节并发表重要讲话》，http://politics.people.com.cn/n1/2017/1229/c1024-29734952.html[2022-02-21]。

②《习近平在 G20 第八次峰会就贸易等议题发表讲话》，http://www.gov.cn/ldhd/2013-09/06/content_2483042.htm[2022-02-21]。

③《习近平：加快实施自由贸易区战略 加快构建开放型经济新体制》，http://www.xinhuanet.com//politics/2014-12/06/c_1113546075.htm[2022-02-21]。

高质量发展的历史形势上，做出加快推进服务业发展、扩大服务业对外开放的重要指示；是立足于中国对外贸易发展“大而不强”的现实情况做出的改善贸易结构、推进贸易平衡发展的重要判断；是推进贸易大国走向贸易强国的战略部署。2018 年 4 月 13 日，习近平正式宣布：“党中央决定支持海南全岛建设自由贸易试验区，支持海南逐步探索、稳步推进中国特色自由贸易港建设，分步骤、分阶段建立自由贸易港政策和制度体系。”“海南要坚决贯彻新发展理念，建设现代化经济体系，在推动经济高质量发展方面走在全国前列。”“要重点发展旅游、互联网、医疗健康、金融、会展等现代服务业，加快服务贸易创新发展，形成以服务型经济为主的产业结构。”[①]通过打造具有竞争优势的服务贸易产业，提高服务贸易创新水平，将海南的服务贸易发展成为中国服务贸易的“名片”。这是加快自贸试验区建设，丰富对外贸易合作内容，建设具有竞争力的现代服务产业的重要指导，同时明确了加强贸易产品新优势、构建贸易发展新体系、加快贸易强国建设的任务。

2）推进贸易高质量发展，加快贸易强国建设

贸易高质量发展是贸易强国的重要体现。当前，中国服务贸易规模空前、结构持续优化、出口竞争力持续增强。习近平在党的十九大报告中提出：“贯彻新发展理念，建设现代化经济体系。”“拓展对外贸易，培育贸易新业态新模式，推进贸易强国建设。”“扩大服务业对外开放”。[②]贸易强国的提出标志着党和国家将贸易强国正式确定为社会主义现代化建设的重要内容，贸易强国成为重要的国家战略，是进一步推动形成全面开放新格局的重要内容。2019 年 11 月 28 日印发的《意见》第十一条提出：深化服务贸易领域改革开放，推进服务贸易创新发展试点……加强服务贸易国际合作，打造“中国服务”国家品牌。[③]这是以习近平同志为核心的党中央基于国内外复杂多变的形势做出的重大决策部署。大力发展服务贸易，是加快贸易强国建设和全面推进改革开放的重要举措。

3）服务贸易：“共创、共享”

随着全球化的深入，服务贸易逐渐成为国际经贸合作的重要内容。2019 年 5 月，习近平指出“服务贸易发展前景广阔、潜力巨大，我们应该抓住机遇，携手开创‘全球服务、互惠共享’的美好未来”“中国愿同各国深化服务贸易投资合作，促进贸易和投资自由化便利化，推动经济全球化朝着更加开放、包容、普惠、平衡、共赢的

① 《习近平出席庆祝海南建省办经济特区 30 周年大会并发表重要讲话》，http://www.gov.cn/xinwen/2018-04/13/content_5282295.htm[2022-02-21]。

② 《习近平：决胜全面建成小康社会 夺取新时代中国特色社会主义伟大胜利——在中国共产党第十九次全国代表大会上的报告》，http://www.gov.cn/zhuanti/2017- 10/27/content_5234876.htm[2022-02-22]。

③ 《中共中央国务院 关于推进贸易高质量发展的指导意见》，http://ydyl.people.com.cn/n1/2019/1129/c411837-31481002.html[2022-02-22]。

方向发展”[①]。可见，习近平对于深化国际服务贸易领域投资与合作明确了中国的态度，也提倡世界各国“凝聚共识”，齐心协力推动服务贸易繁荣发展，推动构建人类命运共同体。2020 年 9 月，习近平提出“共同营造开放包容的合作环境”“共同激活创新引领的合作动能”和“共同开创互利共赢的合作局面”[②]三大倡议，同时指出“中国将坚定不移扩大对外开放”“顺应数字化、网络化、智能化发展趋势，共同致力于消除‘数字鸿沟’，助推服务贸易数字化进程”[②]。可见，随着社会生产力和分工的进一步发展，产业数据化、信息化、智能化趋势明显，新产业的服务价值特征更加凸显。持续深化改革，加快服务领域对外开放，推进服务贸易国际合作是优化国内经济发展格局、遵循世界经济发展规律、顺应国际贸易发展趋势的应有之义，这是习近平关于服务贸易相关论述的重要内容。

2020 年，新冠疫情给世界人民的生命安全造成了巨大的威胁，给世界经济发展带来了严重的冲击，国际货物贸易发展严重受挫。2021 年 9 月，习近平提出“携手抗疫、共克时艰”，同时强调了服务贸易发展的重要性。他指出：“服务贸易是国际贸易的重要组成部分和国际经贸合作的重要领域，在构建新发展格局中具有重要作用。”“我们愿同各方一道，坚持开放合作、互利共赢，共享服务贸易发展机遇，共促世界经济复苏和增长。”[③]新形势下，全力发展服务贸易是破解世界经济、国际贸易和投资面临困境的重要途径。习近平关于服务贸易发展的系列论述意蕴深刻，明确了中国对外贸易发展的方向，展示了中国对外开放的决心，为加快推动服务贸易高质量发展、数字化发展，为加快推进贸易大国向贸易强国的转变提供了指导思想，具有重要的理论意义和实践意义。

1.4 数字经济、数字贸易和数字服务贸易

1.4.1 数字经济

1. 数字经济的兴起与发展

随着电子计算机的问世与信息技术的飞速发展，人类社会因为数字化发生了翻天覆地的变化。一方面，信息技术、互联网的普及使得人们的通信方式更加便捷，

---

①《习近平向 2019 年中国国际服务贸易交易会致贺信》，http://www.gov.cn/xinwen/2019-05/28/content_5395375.htm[2022-02-22]。

②《习近平在 2020 年中国国际服务贸易交易会全球服务贸易峰会上的致辞（全文）》，http://www.gov.cn/xinwen/2020-09/04/content_5540728.htm[2022-02-22]。

③《习近平在 2021 年中国国际服务贸易交易会全球服务贸易峰会上的致辞（全文）》，http://www.gov.cn/xinwen/2021-09/02/content_5635041.htm[2022-02-22]。

大大改变了人们的生活方式；另一方面，数字变革使得市场经济模式发生了彻底的变化，传统落后的生产方式加速淘汰，经济效益大大提高，数字化对社会经济发展展现出了巨大潜力，人们随之步入数字经济时代。

随着 20 世纪 90 年代互联网的普及，数字经济作为依托信息技术和互联网的一种新型经济模式，开始受到人们的关注。加拿大学者塔普斯科特（D. Tapscott）在其出版于 1995 年的《数字经济：网络智能时代的希望与危险》（The Digital Economy: Promise and Peril in the Age of Networked Intelligence）一书中第一次提及"数字经济"概念，他提出信息以字节的形式储存，以二进制代码数字 0 和 1 来表示，并将信息储存、传播于电脑和网络中的新经济形式称为数字经济（Tapscott，1995）。他虽然没有明确给出数字经济的定义，但是其用数字经济描述互联网技术出现之后的各种新经济形式，为人们理解数字经济概念奠定了基础。他认为数字经济通过信息技术、互联网络系统连接全球知识信息，改变了人们的生产方式，促进了社会财富的积累。作为数字经济领域研究的领路人，塔普斯科特被中国媒体称为"数字经济之父"。

20 世纪 90 年代，美国经济呈现"两高两低"①的特征，这在当时世界各经济体中表现非常抢眼。经济高速增长中呈现出多样化的特征，以现代信息通信技术（information and communication technology，ICT）作为新生产要素驱动经济发展最为突出。1998 年，美国商务部发布报告《新兴数字经济》②，指出在互联网增长的推动下，信息技术的进步有助于创造比预期更健康的经济；政府数据的直接证据表明，信息技术投资大幅提高了许多非信息技术行业的生产力，虽然信息技术的全面经济影响尚未得到精确的评估，但其影响是重大的；信息技术行业的增长速度是整体经济的两倍多——这一趋势很可能会继续下去；信息技术投资现在占所有业务设备投资的 45%以上；信息技术产品价格的下降降低了整体通货膨胀率。这无一不揭示了信息技术对经济增长的重要性，这也是美国政府对数字经济进行的首次官方解读。基于当时美国经济发展的特征，这份报告对于数字经济的解读更偏向于当时兴起的电子商务。随后，美国商务部分别在 1999 年和 2000 年，连续发布了《新兴数字经济Ⅱ》③和《数字经济 2000》④，数字经济理念开始被社会广泛接受。

① 两高两低：高经济增长率、高生产增长率和低失业率、低通货膨胀率。

② The Emerging Digital Economy, https://govinfo.library.unt.edu/ecommerce/EDEreprt.pdf[2022-02-23]。

③ The Emerging Digital Economy Ⅱ, https://www.commerce.gov/sites/default/files/migrated/reports/ede2report_0.pdf[2022-02-23]。

④ Digital Economy 2000, https://www.commerce.gov/sites/default/files/migrated/reports/digital_0.pdf[2022-02-23]。

2. 数字经济的内涵

数字经济是伴随着信息技术发展、互联网普及而出现的新概念，自“数字经济”第一次出现在塔普斯科特的著作中，数字经济就吸引了国内外诸多研究机构和学者的关注。迄今为止，人们虽然对其定义还没有完全达成共识，但是，随着数字经济研究成果的不断涌现，学者纷纷从不同角度提出数字经济的定义，数字经济的内涵越来越清晰。

从 20 世纪末开始，各国政府及国际组织对数字经济的研究逐渐增多。早期，以美国为代表的数字经济发展主要以电子商务的形态表现出来。1998 年美国商务部连续数年发布关于数字经济的研究报告，1999~2001 年，美国统计局也陆续发布研究报告解读数字经济，进一步指出数字经济包括网络基础设施、电子商务、电子化企业及网络交易。①1997 年，日本通产省提出数字经济的概念，主要强调了数字经济在无人、财、物移动情况下的实现形式和电子手段完成合同签订等交易过程。类似以电子商务作为数字经济主要内容的还有英国等。Rumana 和 Richard（2018）指出，“数字部门”是数字经济的核心部门，即生产基础数字产品和服务的 ICT 部门。他们认为，数字经济是指经济产出主要或仅来自数字商品或服务的商业模式，“数字化经济”是指在经济领域广泛使用 ICT 的新型经济形态。OECD 是最早研究数字经济的国际组织，从 20 世纪 90 年代开始，“数字经济”便频繁出现在其研究报告等文件中。以 2014 年为例，OECD 将数字经济视为一种广义数字技术集群，从生态系统视角对数字经济的范围进行了界定：数字经济是一个由数字技术驱动的、在经济社会领域发生持续数字化转型的生态系统，该生态系统至少包括大数据、物联网、人工智能和区块链（经济合作与发展组织，2015）。2016 年，二十国集团（group of 20，G20）领导人峰会通过了《二十国集团数字经济发展与合作倡议》，其对数字经济的解读是：“以使用数字化的知识和信息作为关键生产要素、以现代信息网络作为重要载体、以信息通信技术的有效使用作为效率提升和经济结构优化的重要推动力的一系列经济活动。”②该倡议对于数字经济的定义涵盖了数字化生产要素、信息网络载体和 ICT，强调了数字经济活动中经济效率提升和经济结构优化的特点，引起了各界的共鸣。自 2017 年起，中国信息通信研究院每年发布《中国数字经济发展白皮书》。2021 年发布的《中国数字经济发展白皮书》③，将数字

① Measuring Electronic Business, https://cdn.cocodoc.com/cocodoc-form-pdf/pdf/305985-fillable-measuring-electronic-business-thomas-l-mesenbourg-form-census.pdf[2022-02-18]。

②《二十国集团数字经济发展与合作倡议》，http://www.g20chn.org/hywj/dncgwj/201609/t20160920_3474.html[2022-02-23]。

③《中国数字经济发展白皮书》，http://www.caict.ac.cn/kxyj/qwfb/bps/202104/P020210424737615413306.pdf[2022-02-23]。

经济定义为："数字经济是以数字化的知识和信息作为关键生产要素，以数字技术为核心驱动力量，以现代信息网络为重要载体，通过数字技术与实体经济深度融合，不断提高经济社会的数字化、网络化、智能化水平，加速重构经济发展与治理模式的新型经济形态"，并将数字经济分为数字产业化、产业数字化、数字化治理、数据价值化四个部分。根据 2021 年国家统计局发布的《数字经济及其核心产业统计分类（2021）》，数字经济是指"以数据资源作为关键生产要素、以现代信息网络作为重要载体、以 ICT 的有效使用作为效率提升和经济结构优化的重要推动力的一系列经济活动"。在各国政府及国际组织的研究推动下，数字经济理念得到了有力的推广，数字经济与人们的工作生活相融交织，不可分割，数字经济的内涵也越来越清晰。

国内外学术界对数字经济也展开了激烈的讨论，主要包括数字经济的定义、特征、与经济发展的互动关系等。

从基于信息技术与互联网的新经济形式、数字经济涵盖范围及定义看，Lane（1999）指出"数字经济"是基于互联网和通信技术的融合产生的信息和技术，并由此带来的电子商务和组织变革。他通过构建模型展示了基于互联网、计算机、通信技术的数字经济在社会经济发展过程中的广泛运用和强大驱动力。美国统计局发布的研究报告提出数字经济的三个主要组成部分：基础设施，包括硬件、软件、电信网络、支持服务和用于电子商务的人力资本等；电子商务流程，包括电子邮件功能、员工自动化系统、培训、信息共享、视频会议、招聘和远程办公等；电子商务交易，主要指基于互联网平台的网上销售。Beomsoo（2002）认为数字经济是一种所有商品和服务都是数字化的特殊经济，并开发出了虚拟现场探索数字经济在现实商业世界的表现。Miller 和 Wilsdon（2001）进一步扩大了数字经济内涵范畴，指出数字经济不仅局限于技术融合，更是一场技术革命，一场改变人们生活、生产方式的革命，一场创新的革命；同时提出数字经济将以持续发展作为经济的驱动力。这无疑大大拓宽了人们对数字经济理解的思路，从单纯的技术进步和电子商务发展，上升到了宏观的经济形态变化。何枭吟（2005）认为数字经济是以知识为基础，在数字技术的催化作用下，制造领域、管理领域和流通领域以数字化形式表现出的一种新的经济形态。李长江（2017）认为数字经济是主要基于数字技术进行生产的经济形态，强调数字经济的本质特征是数字技术在全社会生产方式中的运用，包括用数字化设备进行生产活动，也包括数字技术与资本、劳动等生活要素的广泛结合。裴长洪等（2018）指出数据信息及 ICT 对于生产率提高具有决定性作用，通过渗透进其他产业形成了"互联网＋"，强调数字经济融入各行各业，且对生产率的提高提供了强大的驱动力。许宪春和张美慧（2020）认为数字经济是现代化数字技术与国民经济运行各方面密切结合的产物，强调了数字化技术、数字化平台及数字基础设施对于数字经济的支撑作用；同时指出数字经济包括数字化赋权基础设施（digital enabling infrastructure）、数字化媒体（digital media）、电子商务（E-commerce）、数字经济交易产品（digital economy trading product）四个主要部分。

从对数字经济特征分析的角度看，Zimmerman（2000）从数字经济结构、流程、产品、基础设施和服务四个方面的特征讨论了数字经济发展对社会经济的价值创造作用。何枭吟（2005）指出数字经济不同于农业经济、工业经济等传统经济形态，主要有数字化、虚拟化、网络化、模块化、分子化等特征。裴长洪等（2018）指出了数字经济的四大主要特征：规模经济、范围经济、交易成本下降和“创造性毁灭”。

随着数字技术及数字基础设施的发展，数字经济与社会经济的交融更加深化。从最初以电子商务的形式体现，到各行各业数字化的趋势，数字经济作为一种新兴经济形态，正不断催生着数字化新产业，同时也加速了其他产业的数字化演变。数字经济与社会经济深度交融，深刻地影响着各行各业的发展，成为驱动经济发展的重要引擎。经济增长方面，Choi 和 Yi（2009）实证检验了以互联网技术为主的数字技术发展对经济增长的重要贡献。张于喆（2018）认为数字经济以数字化的知识和信息为关键生产要素，作为一种新经济形态，主要包括信息技术产业与基于信息技术催生的新业态和新模式，以及建立在信息技术支撑和应用上的传统产业。高质量发展方面，赵涛等（2020）认为数字经济与城市高质量发展息息相关，他们的实证研究表明数字经济可以显著激发城市创业活跃度，进而促进城市释放高质量发展红利。类似的研究还有荆文君和孙宝文（2019）、刘淑春（2019）等。数字金融方面，张勋等（2019）考察了在互联网革命和数字经济推动下中国数字金融对经济包容性增长的影响，他们认为中国数字金融改善了农村居民的创业行为，促进了创业机会的均等化。类似的结论还有钱海章等（2020）、谢绚丽等（2018）。国际贸易与投资方面，东道主国数字经济发展水平对于出口国出口效率的提升具有积极作用（范鑫，2020），且东道主国数字经济发展水平能通过“贸易成本效应”和“制度质量效应”促进外商投资规模（齐俊妍和任奕达，2020）。

3. 数字经济的衡量

除了对数字经济内涵的经济效应展开研究以外，目前，国际组织、政府机构及国内外学者也纷纷对数字经济的衡量展开了研究。从已有的研究成果看，由于数字经济的内涵尚未有统一的标准，数字经济的衡量也存在多方面的差异。根据现有对数字经济进行测算的文献来看，数字经济测算研究可以分为两个部分：一是以 ICT 发展水平为核心的测算；二是以数字经济发展水平为核心的测算。

早期，人们对数字经济的研究主要集中在 ICT 的发展上，基于 ICT 构建的数字经济衡量指标是该阶段数字经济测算的主要研究内容。美国学者马克卢普（F. Machlup）最早基于信息技术提出了知识产业的概念，并建立了知识产业的评价体系，将知识产业分为研究与开发、各种层次的教育、通信和媒体、信息设备、信息服务五个层次。通过利用最终产品法，他研究发现知识产业不仅对美国经济增长具有巨大的驱动力，而且发展势头优于工、农业。1965 年，日本学者小松崎清介构建了包括信息量、信息装备率、通信主体水平及信息系数四个主要指标的信息化指数模型，四个主要指标下还包括多个二级指标：人均年使用函件数、人均年通话次数、每百人每天报纸发行数、每万人书店数、每百人电话拥有量等，这是早期衡量 ICT 水平较为全面的指标体系。20 世纪 90 年代中后期，随着国际电信联盟（International Telecommunication Union，ITU）陆续构建并发布了系列用于测算不同国家（地区）ICT 水平的指标体系，主要采用 ICT 指标衡量数字经济的研究便有了重要参照（表 1.3）。

表 1.3　1995~2007 年国际电信联盟 ICT 指标体系

总指标	一级指标	二级指标
ICT 指数（1995 年）	电话线	每百人拥有电话线数、数字交换的电话线数
	蜂窝式电话用户数	蜂窝式电话用户数、蜂窝式电话在七国集团中的分布
	ISDN[①]	每千人 ISDN 用户数、ISDN 用户数在七国集团中的分布
	有线电视	有线电视用户数、有线电视住户占比
	计算机	每百人电脑拥有量、每十万人互联网主机拥有量
	光纤	光缆长度年增长数
数字接入（2003 年）	基础设施	固定电话拥有率、移动电话拥有率
	支付能力	互联网接入费用在人均收入中占比
	知识	成人识字率，综合的初级、中级和高级学校入学水平
	质量	人均国际互联网带宽
	使用	每百人宽带用户数、每百人互联网用户数
数字机遇（2003 年）	机遇	移动电话网覆盖率、互联网使用费在人均收入中占比、移动电话费在人均收入中占比
	基础设施	家庭固定电话拥有率、家庭计算机拥有率、家庭互联网接入比率、移动电话拥有率、移动互联网普及率
数字机遇（2003 年）	使用	互联网普及率、固定宽带用户占互联网用户总数的比重、移动宽带用户占互联网用户总数的比重
ICT 发展指数（2007 年）	ICT 接入	每百人固定电话线长、移动电话用户数、每一用户国际互联网带宽、计算机拥有率、家庭接入互联网比重
	ICT 应用	每百人互联网用户数、每百人固定互联网用户数、每百人移动互联网用户数
	ICT 技能	成人识字率、初中毛入学率、高中毛入学率

2008 年，国家发改委编制了《国民经济和社会发展信息化“十一五”规划》并首次引入国家统计局制定的信息化发展指数（informatization development index，IDI）指标体系。国家统计局于 2011 年对该指标体系进行了补充优化，制定了信息

① 综合业务数字网（integrated services digital network，ISDN）。

化发展指数（Ⅱ），并将其应用于"十二五"国家信息化规划。信息化发展指数（Ⅱ）保持了对信息化发展指数（Ⅰ）的良性衔接，最大限度地保持了信息化测评体系的稳定性和可比性。信息化发展指数（Ⅱ）主要包括五个一级指数：基础设施指数、产业技术指数、应用消费指数、知识支撑指数、发展效果指数，指数权重采用平均赋权法获得（表 1.4）。

表 1.4　信息化发展指数（Ⅱ）指标体系

总指数	一级指数	二级指标
信息化发展指数（Ⅱ）	基础设施指数（22%）	电话拥有率（部/百人） 电视机拥有率（台/百人） 计算机拥有率（台/百人）
	产业技术指数（17%）	人均电信业产值（元/人） 每百万人发明专利申请量（个/百万人）
	应用消费指数（21%）	互联网普及率（户/百人） 人均信息消费额（元/人）
	知识支撑指数（19%）	信息产业从业人数占比重（%） 教育指数 国内：成人识字率 × 2/3 + 平均受教育年限 × 1/3 国外：成人识字率 × 2/3 + 综合入学率 × 1/3
	发展效果指数（21%）	信息产业增加值占比（%） 信息产业研发经费占比（%）

资料来源：国家统计局统计科学研究所信息化统计评价研究组

在国内的相关研究中，以 ICT 发展水平为核心的测算，也呈现出由简到繁的研究趋势，从单一的信息技术指标［如张家平等（2018）］，到构建综合性的指标体系［如张雪玲和吴明（2018）］，主要涉及的信息技术基础指标包括：固定及移动电话普及率、计算机及互联网普及率、光缆线路指标、交换机容量指标、互联网容量指标、信息产业业务量及从业人员指标等。

国内外研究机构和学者对数字经济发展水平的测算分为两种：一种是直接测算法，即根据数字经济定义，在定义范围内直接统计出数字经济的规模；另一种是指标体系法，即通过构建含多个指标的衡量体系，测算和对比不同国家（地区）数字经济的发展水平。具体来看，20 世纪 90 年代末，美国就开始对数字经济规模展开了测算，1998 年美国最早发布数字经济研究报告，考察了信息技术尤其是电子商务对美国经济发展的影响，并指出美国在 1977~1998 年期间信息技术部门产出增长率高于其他部门，其增加值占 GDP 的比重达 8.2%（Henry et al.，2016）。通过产业发展测算核定数字经济的还有马克卢普（F. Machlup）、波拉特（M. V. Porat）等。在国内，康铁祥（2008）最早以增加值核算框架测算数字经济规模（数字经济总规

模 = 数字产业部门总增加值 + 数字辅助活动创造的增加值)，认为 2002 年中国数字经济总规模占 GDP 比重为 8.85%，剔除数字辅助活动部分后，数字产业部门增加值占 GDP 比重仅为 4.78%。

通过构建综合指标体系衡量数字经济发展水平，可以用于数字经济发展评价和地区间对比，也广泛用于经济问题的实证研究。因此，指标体系法是数字经济测算的重要方法。

2015 年，OECD 从投资智能化基础设施、赋权社会、发挥创新能力、促进经济增长与增加就业岗位四个方面构建了数字经济指标体系。该指标体系采用的指标涵盖广泛、可比性强，是各国研究机构研究数字经济的重要参考（表 1.5）。

表 1.5　OECD 数字经济指标体系

一级指标	二级指标	一级指标	二级指标
投资智能化基础设施	宽带普及率 移动数据通信 互联网发展 开发更高速度 网络连接价格 ICT 设备及应用 跨境电子商务 感知安全和隐私威胁 完善网络安全和隐私的证据基础	发挥创新能力	ICT 与研发 ICT 行业创新 电子商务 发挥微观数据的潜力 ICT 专利 ICT 设计 ICT 商标 知识扩散
赋权社会	互联网用户 在线行为 用户复杂性 数字原住民 儿童在线 教育中的 ICT 工作场所 ICT 技能 内容无边界 电子政府应用 ICT 和健康	促进经济增长与增加就业岗位	ICT 投资 ICT 经营动态 ICT 附加值 信息产业劳动生产率 衡量通信服务质量 电子商务 ICT 人力资本 ICT 工作岗位与 ICT 行业工作岗位 贸易竞争与全球价值链

欧洲联盟（European Union，EU，以下简称欧盟）基于 ICT 发展水平情况发布了数字经济与社会指数（digital economy and society index，DESI），该指数是主要根据欧盟各国宽带接入、人力资本等 5 个一级指标（含 12 个二级指标）构建的数字经济发展水平测算指标体系，结合了 ICT 对社会经济的影响，便于欧盟成员国之间数字经济水平的比较，是欧盟成员数字经济发展对比的重要依据（表 1.6）。

表 1.6　欧盟 DESI 指标体系[①]

一级指标	二级指标
宽带接入	固定宽带；移动宽带；速率；可支付能力
人力资本	基本能力和使用情况；高级技能及发展
互联网应用	内容；交流；交易
数字技术应用	企业数字化；电子商务
公共服务数字化程度	电子政务

国内也有诸多机构在其研究报告中提出数字经济发展水平指标体系，赛迪顾问股份有限公司在其 2017 年发布的研究报告《2017 中国数字经济指数（DEDI）》[②]中将数字经济定义为“以数字技术为重要内容的一系列经济活动的总和”。同时，构建了 DEDI 指标体系（表 1.7）。

同年，中国信息通信研究院发布《中国数字经济发展白皮书（2017 年）》，提出数字经济指数（digital economy index，DEI），DEI 是基于与数字经济发展周期波动相关的经济发展指标统计合成的。它主要包括先行指标、一致指标和滞后指标。通过构建景气指数，DEI 同时捕捉了数字经济历史变化规律、当期运行情况、未来变化趋势三个维度的信息，为准确反映当前数字经济发展水平，科学预测未来发展趋势提供了重要参考（表 1.8）。

表 1.7　DEDI 指标体系

一级指数	二级指数	一级指数	二级指数
基础型数字经济	电子信息制造业规模 信息传输业规模 软件和信息技术服务业规模 互联网普及率 固定宽带签约用户平均下载速率 移动电话普及率	资源型数字经济	上市大数据企业数 数据交易中心数量 政府数据开放水平 移动互联网接入流量 移动宽带用户数 固定互联网宽带接入时长 固定宽带用户数
技术型数字经济	高技术产业研发人员折合全时当量 高技术产业研发经费内部支出 高技术产业专利情况 高技术产业技术获取与技术改造支出	融合型数字经济	农业互联网平台数 电子商务交易活动企业占比 两化融合国家级示范企业数 数字化研发设计工具普及率 关键工序数控化率 智能制造就绪率

① DESI: Digital Economy and Society Index, http://dlearn.eu/wp-content/uploads/2016/05/Alexander-Mateus_DESI-INDEX.pdf[2022-03-18]。

② DEDI 为 digital economic development index (数字经济指数)的缩写。

续表

一级指数	二级指数	一级指数	二级指数
服务型数字经济	即时通信——微信用户分布 旅游——携程用户分布 生活服务——新美大用户分布 网上购物——网络零售额 互联网金融——支付宝用户分布 娱乐——爱奇艺用户分布 教育——中小学互联网接入率 互联网医疗——平安好医生用户分布 出行——滴滴出行用户分布 政务——中国各地区.gov.cn 域名分布		

资料来源：《2017 中国数字经济指数（DEDI）》

表 1.8　中国信息通信研究院 DEI 指标分类

先行指标	一致指标	滞后指标
大数据投融资 云计算服务市场规模 物联网终端用户数 移动互联网接入流量 移动宽带用户数 固定宽带接入时长 固定宽带用户数 固定资产投资完成额	ICT 主营业务收入 ICT 综合价格指数 互联网投融资 电子信息产业进出口总额 电子商务规模 互联网服务市场规模 （含网络约租车服务规模、网络视频日均点播、微信月度活跃用户数、搜索引擎市场规模、电子支付业务量）	第一产业增加值 工业增加值 第三产业增加值 信息消费规模
	“互联网 +”协同制造 “互联网 +”智慧能源 “互联网 +”普惠金融 “互联网 +”高效物流	

资料来源：《中国数字经济发展白皮书（2017 年）》

从上述数字经济衡量方法的梳理来看，随着数字经济体系中信息技术水平大幅提高、数字经济基础设施越来越完善、数字化覆盖部门越来越多、涉及行业越来越广，数字经济定义的边界也越来越宽泛，因而对数字经济的衡量也更加复杂。从狭义的信息技术产业、由数字工具生产的数字产品和服务，拓展到数字化驱动产业升级的经济效应，数字经济的衡量指标体系也更加丰富。从单一的信息技术指标，扩展为以 ICT、数字经济产业发展、行业数字化发展等指标综合衡量的指标体系。虽然中国关于数字经济的研究起步较晚，但是中国数字经济发展速度快、体量大、前景广阔，数字经济研究也逐渐走向前列。与国际上多个数字经济指标体系相比，中国现有的指标体系时效性强、衡量维度全面、创新性强，为中国数字经济的理论研究与实践提供了重要的参考。

1.4.2 数字贸易、数字服务贸易

1. 数字贸易的兴起与发展

数字经济的一个重要的特点就是服务作为商品在交易市场中占比越来越高，经济形态呈现动态化发展趋势。数字化催生的服务商品在生产端和消费端的需求越来越多，在生产端，"数字化生产原料""数字化生产工艺"等大大提高了生产效率，在消费端，数字化产品大大丰富了消费者的消费选择。在国际市场上，伴随着数字经济的发展，数字化产品、服务化产品使国际贸易呈现出很多新特征。

ICT 推动社会经济发展步入数字经济时代，诸多行业发生数字化变革。随着国际贸易呈现出高度数字化发展趋势，人类社会正迈入以数字贸易为核心的第四次全球化浪潮[①]。一是贸易方式数字化，ICT 等数字技术改变了人们的沟通、交易方式，催生了如电子商务平台等数据化、虚拟化的交易场所，大大降低了国际贸易的交易成本；二是贸易产品数字化，作为数字经济时代的显著特征，产业数字化（更多有形贸易产品"数字化"）、数字产业化（催生更多"数字化"新兴贸易产品）趋势越发凸显，数据的便捷跨境流动和新型数字化产业的国际化发展给数字产品、服务的国际贸易带来了无限可能，这是对传统贸易的一场颠覆性变革。尤其是 2020 年初新冠疫情暴发后，各国严防严控疫情扩散，进一步导致国际贸易尤其是货物贸易受到重挫，而数字贸易因其无接触式线上活动的特点展现出了巨大的活力。

数字贸易相对传统贸易展现出巨大发展潜力，是全球贸易重要的驱动力，"数字红利"前景广阔，各国政府纷纷出台支持政策。2019 年 11 月 28 日，中共中央、国务院发布《意见》，明确提出要"加快数字贸易发展"[②]。2021 年 10 月，商务部等 24 个部门联合发布《"十四五"服务贸易发展规划》，该规划提出要"顺应经济社会数字化发展新趋势，抢抓数字经济和数字贸易发展机遇"[③]。

数字贸易作为一种新型的贸易形态，发展速度快，其贸易方式、贸易产品形态等方面皆不同于传统贸易，又深刻影响着传统贸易，但其在带来巨大发展机遇的同

---

①《数字贸易发展与影响白皮书（2019）》，http://www.caict.ac.cn/kxyj/qwfb/bps/201912/t20191226_272659.htm[2022-02-24]。

②《中共中央 国务院关于推进贸易高质量发展的指导意见》，http://www.gov.cn/xinwen/2019-11/28/content_5456796.htm[2022-02-24]。

③《"十四五"服务贸易发展规划》，http://images.mofcom.gov.cn/fms/202110/20211019171846831.pdf[2022-02-24]。

时，也面临着数字安全和贸易规则不适应等问题。如何基于数字经济发展的大背景，准确把握数字贸易的发展动态，受到各界的广泛关注，是国际贸易的重要课题。

2. 数字贸易、数字服务贸易内涵

数字贸易最早起源于数字经济萌芽时期，依托 ICT 而兴起的电子商务是数字经济最初的表现形态，在电子商务向跨境电商拓展的过程中，数字贸易逐渐崭露头角。数字贸易基于数字技术发展，起源于跨境电子商务的新概念，是一种新兴贸易模式。在 ICT、互联网的推动下，数字贸易呈现出爆炸式的增长态势，据美国国际贸易委员会（United States International Trade Commission，USITC）数据，2016 年全球电子商务交易总额约为 27.7 万亿美元，相比 2012 年的 19.2 万亿美元，增长了 44%（Coffin et al.，2017）。数字贸易对于世界各国，尤其是主要贸易大国的经济增长驱动作用越来越明显，这吸引了广泛的关注，国内外研究机构、学者纷纷从不同角度提出数字贸易的定义，但是，对数字贸易的定义仍未达成共识。

美国最早开始对数字贸易进行探索。2013 年，USITC 率先提出数字贸易的定义为“通过互联网提供的产品和服务中的商业活动”，并提出数字贸易主要包括数字内容、社交媒体、搜索引擎及其他数字产品和服务四个部分，同时也指出了数字贸易中潜在的挑战（Stamps et al.，2013）。2014 年，USITC 进一步拓展了数字贸易的定义：“互联网和互联网技术在订购、生产或交付产品及服务过程中发挥重要作用的国内外贸易。”这一定义拓展了数字贸易的商业范围，强调了数字贸易对更多行业的影响（Stamps et al.，2014）。2017 年，美国贸易代表办公室（Office of the United States Trade Representative，USTR）指出数字贸易是一个广泛的概念，它不仅包括互联网上的产品销售和服务供给，还包括全球价值链数据流、智能制造相关服务及各类平台和应用，同时强调了数字化在企业日常经营中的普遍性和数字技术在竞争中的普遍性[①]。美国对数字贸易的定义，经历了一个从狭义到相对广义的过程，这也为其他国际组织、学者提供了理论参考。2017 年 3 月，OECD 发布报告《衡量数字贸易：走向一个概念框架》（Measuring Digital Trade：Towards a Conceptual Framework），该报告详细分析了数字贸易的概念，同时基于货物贸易和服务贸易的传统分法，以及数字贸易的数字属性，将数字贸易分为了三个维度：贸易属性（包括数字订购、支持平台和数字交付）、交易对象（包括货物、服务和信息）和参与者（包括企业、消费者、政府）。在该框架下，数字贸易既包括货物贸易和服务贸易，同时也涵盖了跨境的信息和数据流动[②]，学术界对此认可度较高。2020 年 3 月，

① Key Barriers to Digital Trade, https://ustr.gov/about-us/policy-offices/press-office/fact-sheets/2017/march/key-barriers-digital-trade#[2022-05-25]。

② Measuring Digital Trade: Towards a Conceptual Framework, https://unctad.org/system/files/non-official-document/dtl_eWeek2017c04-oecd_en.pdf[2022-02-25]。

OECD、WTO和国际货币基金组织三个国际组织联合发布《关于衡量数字贸易的手册》（Handbook on Measuring Digital Trade），该手册在其他研究成果的基础上，将数字贸易定义为所有以数字订购或数字交付的贸易，即数字贸易可以分为两个部分：数字订购和数字交付。该报告同时也强调了数字中介平台（digital intermediation platform）的重要性，并指出数字中介平台的定义包括：多个买家、买家直接无障碍沟通；中介平台对所销售商品或服务不拥有经济所有权[①]。OECD、WTO和国际货币基金组织从数字经济背景出发，较为全面地考虑了数字贸易的数字属性，从交易构成等方面多维度分析了数字贸易的概念，是各国学者主要参考的依据之一。

数字贸易也吸引了国内诸多学者的关注，熊励等（2011）将数字贸易定义为“基于互联网平台、以数字技术为手段、为供需双方提供交易所需的数字化信息的贸易”。马述忠等（2018）借鉴G20对数字经济的解读，将数字贸易定义为“以现代信息网络为载体，通过使用ICT实现实体货物、数字产品与服务、数字化知识与信息的高效交换，进而促使消费互联网转型为产业互联网并实现制造业智能化的新型贸易活动”。另外，贾怀勤（2019）、周念利和陈寰琦（2018，2020）、孙杰（2020）、李钢和张琦（2020）等学者分别从数字贸易规则、数字贸易概念、数字贸易发展策略等角度对中国数字贸易展开了研究。从研究机构看，2018年11月，国务院发展研究中心在《数字贸易国际规则：美国动向与我国策略》一文中将数字贸易定义为“以互联网为传输通道、以数据跨境流动为交换手段、以电子支付为主要结算方式，开展商品和服务交付的新型贸易形态”。2019年12月，中国信息通信研究院发布《数字贸易发展与影响白皮书（2019）》，认为数字贸易包括基于ICT的货物贸易和基于信息通信网络的数字服务贸易，同时强调，认识数字贸易的深刻内涵需要从如下几方面加强理解：贸易方式的数字化与贸易对象的数字化、数字贸易起源于国际分工和数字经济发展、数字贸易涉及的多个层次产品（货物产品、数字产品、服务贸易产品及“数字赋能服务”等新兴产业）、数字贸易对现有国际贸易规则的不适应[②]。2020年10月，商务部国际贸易经济合作研究院发布《中国数字贸易发展报告2020》，该报告将数字贸易定义为依托信息网络和数字技术，在跨境研发、生产、交易、消费活动中产生的，能够以数字订购或数字交付方式实现的货物贸易、服务贸易和跨境数据流动贸易的总和。可以看出，关于数字贸易的聚焦点主要集中在三个方面：数字贸易的数字化属性、订购交付的网络化特征、交易标的多样化趋势。另外，随着信息技术的飞速发展，更多基于数字技术的数字贸易新业态也将被

① Handbook on Measuring Digital Trade, https://www.oecd.org/sdd/its/Handbook-on-Measuring-Digital-Trade-Version-1.pdf[2022-02-25]。

② 《数字贸易发展与影响白皮书（2019）》，http://www.caict.ac.cn/kxyj/qwfb/bps/201912/P020191226585408287738.pdf[2022-02-26]。

纳入考虑。可以预见，在未来的一段较长时间内，关于数字贸易的研究仍可能围绕上述几个要点动态式展开。

数字服务贸易与数字贸易类似，目前尚无统一的定义。在为数不多的关于数字服务贸易概念的文献中，数字服务贸易与数字贸易在数字技术基础、数字交易性质等方面并无显著区别，那么两者到底是等同关系还是包含关系？就目前关于数字服务贸易的观点梳理来看，2017 年 10 月，OECD 将数字服务贸易定义为通过信息通信网络（电子图书、软件、数据和数据库服务等）进行跨境传输交付的贸易（OECD, 2017）。王拓（2019）在对 OECD 关于数字服务贸易定义的解读中指出，数字服务贸易可以从狭义的角度理解为服务贸易的数字化形式，如旅游、教育和医疗等领域的数字化；从广义角度理解，数字服务贸易是指在其狭义的基础上加上新型数字服务内容，如搜索引擎、云提供的数字服务和数据跨境流动的服务等。在本书中，我们更倾向中国信息通信研究院关于数字服务贸易的观点。2019 年，中国信息通信研究院在《数字贸易发展与影响白皮书（2019）》中也有类似的提法："数字贸易……还包括通过信息通信网络（语音和数据网络等）传输的数字服务贸易，如数据、数字产品、数字化服务等贸易。"显然，中国信息通信研究院更偏向将数字服务贸易归为数字贸易的一部分，同时将数字服务贸易视为数字贸易的一个聚焦点。

第 2 章　全球服务贸易发展

2.1　全球服务贸易规则的诞生及管理

2.1.1　GATS 的签署

1994 年 4 月，GATS 正式签署后，在网络信息技术和经济全球化的推动下，世界经济和全球贸易快速增长。其中，服务贸易特别是新兴国家的服务贸易也迅速发展。

1. 服务贸易规则的起源及发展

国际服务贸易的产生是基于货物贸易的发展，它能够给货物贸易提供服务，特别是国际货物运输服务。因此，最早关于服务贸易的国际条约或协定主要集中在国际运输部门，其中包括 1929 年在华沙订立的《统一国际航空运输某些规则的公约》、1944 年在芝加哥订立的《国际航班过境协定》《国际航空运输协定》《国际民用航空公约》、1956 年在日内瓦订立的《国际公路货物运输合同公约》、1970 年在伯尔尼订立的《铁路货物运输国际公约》等。上述若干公约和协定都为服务贸易的发展奠定了坚实的基础。

国际货物贸易及相关服务业的迅速发展使得欧洲部分国家开始商谈并签订一系列关于服务贸易的多边国际条约或协定。1950 年 9 月，欧洲经济合作组织成员国缔结了多边结算协议《欧洲支付协定》，其中规定提供贷款给有困难的成员国，同时接受了《无形贸易自由化法案》。紧接着，在 1955 年明确规定各成员国对外国直接投资实行自由化承担责任。而后在 1959 年，该法案得到了进一步的补充和完善。

1960 年，OECD 在谈到其发展宗旨时明确表示接受欧洲经济合作组织成员国提出的《资本移动自由化法案》和《无形贸易自由化法案》。由于 OECD 成员国除了欧洲国家外还包括其他国家，早期推动服务贸易自由化的国家就不仅限于欧洲，还扩展到了世界各国和地区。

2. 服务贸易规则的制定与完善

随着二战的结束，世界经济的区域一体化和贸易集团化特征进一步显现，各经济集团在服务贸易方面也表现不凡，若干区域集团协议相继达成，其中包括 1957 年的《建立欧洲经济共同体条约》、1973 年的《建立加勒比共同体和共同市场条约》、

1975 年的《建立西非国家经济共同体条约》、1983 年的《建立中非国家经济共同体条约》，以及 1992 年的《北美自由贸易协定》等，上述若干条约和协定的达成一定程度上使得各区域在服务贸易一体化方面取得了突破性的进展。

自 1981 年成为世界第一大服务出口国后，美国成为服务贸易自由化最积极的倡导者。美国倡导服务贸易自由化的举措包括：一是在关贸总协定乌拉圭回合谈判中，将服务贸易作为新的磋商内容；二是在双边关系上，以对等互惠原则为前提，就确定目标领域（金融、信息等）和目标对象（日本、欧盟等）来进行谈判。

在 1982 年关贸总协定东京回合谈判时，服务业最发达的美国为了推行服务贸易的全面自由化，积极提倡进行服务贸易谈判，但因各国未响应而告终。等到乌拉圭回合一开始，美国就将知识产权、服务贸易和与贸易相关的投资措施等问题作为新的议题提出。

关贸总协定乌拉圭回合谈判的中期，发展中国家为了取得发达国家在货物贸易方面的让步，在服务贸易谈判中做出了一定程度的妥协，使服务贸易在如何纳入关贸总协定多边贸易体系问题上有了突破性进展，即采用“双轨制”的谈判方式将服务贸易与货物贸易并列作为议题，由各国就电信、金融、旅游、建筑、专业人员服务等方面展开具体谈判。

1986 年 9 月乌拉圭回合的部长级会议在埃斯特角城达成一致，同意将服务贸易列入乌拉圭回合多边贸易谈判议程，拉开了服务贸易首次多边谈判的序幕。

3. GATS 的达成

乌拉圭回合服务贸易谈判大致分为四个阶段。

第一阶段是指从 1986 年 10 月 27 日到 1988 年 12 月中期审议前。1986 年 9 月在乌拉圭埃斯特角城举行的部长级会议，正式宣布开始新一轮多边贸易谈判（乌拉圭回合谈判）。此次谈判的议题除了传统的货物贸易外，还包括“服务贸易”、“与贸易有关的知识产权”及“与贸易有关的投资措施”。埃斯特角部长宣言为服务贸易谈判制定的目标是：这一领域的谈判应旨在制定处理服务贸易的多边原则和规则的框架，包括对各个部门制定可能的规则，以便在透明和逐步自由化的条件下扩大服务贸易，并以此作为促进所有贸易伙伴的经济增长和发展中国家发展的一种手段。这种框架应尊重适用服务业的各国法律和规章的政策目标，并应考虑有关国际组织的工作。另外，该宣言还规定了在贸易谈判委员会下设立一个与货物贸易谈判组平行的服务贸易谈判组。服务贸易谈判的主要内容包括：服务贸易的定义、发展、壁垒及适用的一般性原则，服务贸易协定的范围，以及现行国际规则与协定等。

第二阶段是指从中期审议到 1990 年 6 月。在 1988 年 12 月加拿大蒙特利尔举行的中期审议会上，为加速谈判，各国在一定程度上搁置了对服务贸易定义、范围、统计等方面的争议，将谈判重点转向市场准入、国民待遇、最惠国待遇、透明度、发展中国家的更多参与、国内规章、逐步自由化，以及例外和保障条款等原则在服务部门的运用方面。1989 年 4 月，服务贸易谈判组决定就以下部门进行谈判：旅游、建筑、通信、金融和专业服务、交通运输等，正式进入“部门测试”阶段。在 1990 年 1 月 16 日至 19 日的会议上，服务贸易谈判组提出在 1990 年 7 月之前就以下问题达成协议：关贸总协定的定义、框架、统计、其他国际协议和规定的作用、自由化机制、发展中国家的更多参与、协议制度问题等。

第三阶段是指从 1990 年 7 月到 1993 年 12 月。这一阶段的重点主要是从 GATS 框架内容的基本明朗到最终达成 GATS。从 1990 年 6 月开始，服务贸易谈判在两个层次同时展开：一是有关协定框架，二是各部门的谈判。1990 年 7 月，服务贸易谈判组拟就了“服务贸易总协定多边框架协议草案”（以下简称 GATS 草案）。同年 12 月 3 日到 12 月 7 日，在布鲁塞尔部长级会议上服务贸易谈判组修订了 GATS 草案，其中包含基础电信、内陆水运、公路运输、空运、海运、出版、视听、广播、录音、劳动力流动等部门的草案附件。经过进一步谈判，在 1991 年底形成了 GATS 草案，该草案包括 6 个部分 35 个条款和 5 个附件，规定了最惠国待遇、国民待遇、市场准入、透明度、发展中国家更多参与、争端解决等重要条款，基本上确定了 GATS 的结构框架。1992 年 1 月至 3 月，谈判组集中谈判了初步承诺开价单，其中包括对最惠国待遇义务的例外安排加以审批、确立今后谈判的步骤、规定在特殊服务部门使用最惠国待遇的方式、澄清和评价各成员已经提出的初步承诺开价单等。经过各成员的磋商谈判，GATS 草案进一步修改。1993 年 12 月 5 日，贸易谈判委员会在搁置了数项短时间内难以解决的具体服务部门谈判后，最终通过了 GATS。

第四阶段是指 GATS 的最终签署阶段。1994 年 4 月，各成员方在摩洛哥马拉喀什正式签署了 GATS。GATS 的最终文本包括 6 个部分 29 个条款和 8 个附件，其作为乌拉圭回合一揽子协议的重要组成部分和 WTO 对国际贸易秩序的管辖依据之一，于 1995 年 1 月与 WTO 同时生效。这标志着国际服务贸易规则的成熟和统一。

尽管仍有几个具体服务部门的协议尚待进一步磋商谈判，但 GATS 作为多边贸易体制下规范国际服务贸易的框架性法律文件，它的出现是服务贸易自由化进程中的一个里程碑。服务贸易规则的制定和形成，不仅有利于服务贸易自由化，也有利于服务贸易合理、正常、有序和持续地发展，从而带动全球经济的增长。

2.1.2　全球服务贸易的管理

管理全球服务贸易的机构很多，如 WTO、联合国国际贸易法委员会及联合国贸发会议等。本节不具体介绍管理某一个具体服务部门的机构及其管理措施，如管理国际运输的主要措施、管理国际旅游的主要措施、管理国际金融的主要措施、管理服务外包的主要措施、管理国际劳工的主要措施等。在这里重点介绍 WTO 对全球服务贸易的管理。

WTO 的法律框架主要包括：与贸易有关的知识产权协议；有关货物贸易的法律规则；有关 WTO 本身的法律规则；争端解决机制；有关服务贸易的协议；贸易政策审议机制；诸边协议。

WTO 管理服务贸易的主要措施及活动包括：作为贸易谈判的场所；审议和监督各成员的贸易政策；制定、管理和执行贸易规则，尤其是管理和执行共同构成 WTO 的多边及诸边贸易协定；通过技术援助和培训项目帮助发展中国家和地区制定贸易政策；解决贸易争端；与其他国际组织合作（何传添和杨励，2015）。

WTO 制定、管理和执行的服务贸易规则主要体现在 GATS 中。GATS 是世界服务贸易的基本规则，适用范围除了为实现政府职能所提供的服务以外，包括任何部门的服务。GATS 从八个方面管理全球服务贸易：明确互惠贸易原则、明确规定 WTO 管理服务贸易的宗旨及适用范围、明确服务贸易谈判及服务贸易渐进自由化规则、明确划分服务贸易部门（种类）、明确规定国际服务贸易的基本规则、建立服务贸易协商制度和争端解决机制、进行服务贸易统计并对会员提供技术支持，以及协调与其他国际组织的关系等。

2.2　全球服务贸易发展状况

2.2.1　服务贸易发展的概况

WTO 年度报告的数据显示，2000 年到 2020 年，全球服务贸易总额已从 1 521 980 亿美元增长到了 4 984 187 亿美元，年均增长速度超过 6%，远高于同期世界经济的增长速度 4.71%。2000~2020 年，全球服务贸易的发展呈现出如下的特征和趋势。

1. 21 世纪以来到国际金融危机（2000~2008 年）

从 2000~2008 年的全球服务贸易总额数据可知，2000~2008 年全球服务贸易呈现持续而稳定的增长趋势，并且增长速度在这一时期内总体上呈现出不断加快的特征。

2. 国际金融危机以来（2008~2020 年）

从 2008~2020 年的全球服务贸易总额数据可知，由于受到 2008 年美国次贷危机的影响，全球经济下行，服务贸易也相应受到影响，2008~2009 年全球服务贸易总额大幅下降，在之后的一段时间内呈现出总体上波动上升的趋势，如图 2.1 所示。

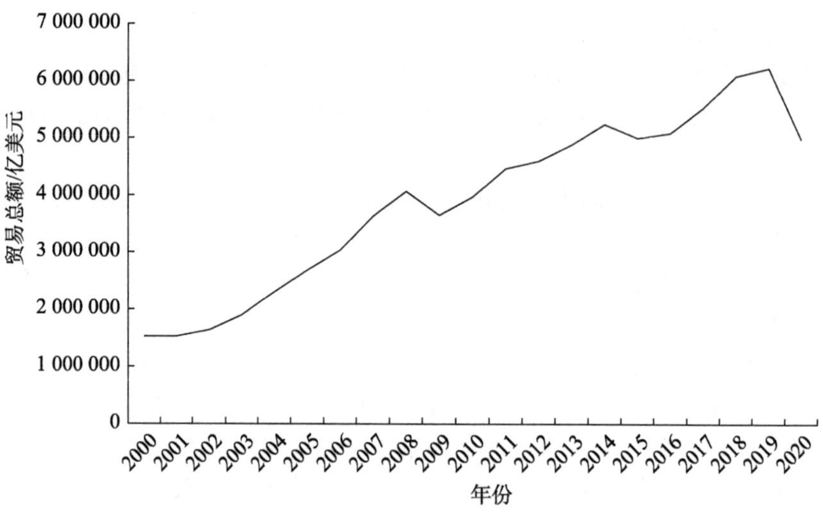

图 2.1　2000~2020 年全球服务贸易总额增长趋势

资料来源：联合国贸发会议数据库

2.2.2　服务贸易与货物贸易同步增长

1. 受经济发展影响较大

世界各国及地区的服务贸易增长受其经济发展的影响较大。2000~2020 年新兴国家经济的快速发展直接推动了其服务贸易的大发展，20 年间印度的服务贸易总额增长了约 9 倍，中国也增长了约 9 倍，韩国增长了约 2 倍。美国和英国等国家在这 20 年间经济稳步增长，其服务贸易也得到了相应发展。2020 年美国服务贸易总额达到 11 659.44 亿美元，较 2000 年增长了约 1.3 倍，占本国国际贸易总额的比重从 2000 年的 24.92%上升到了 30.37%；英国服务贸易总额 2020 年达到 5471.87 亿美元，较 2000 年增长了约 1.5 倍，如表 2.1 所示。

表 2.1　世界部分国家服务贸易发展概况

国家	项目	2000 年	2005 年	2010 年	2015 年	2020 年
美国	服务贸易总额/亿美元	5 086.82	6 907.12	1 018.497	12 661.17	11 659.44
	占本国国际贸易总额比重	24.92%	26.23%	31.36%	33.16%	30.37%
	占世界服务贸易总额比重	16.73%	13.03%	12.96%	12.80%	
	服务贸易出口额/亿美元	2891.41	3 784.87	5 820.41	7 683.62	7 056.43
英国	服务贸易总额/亿美元	2195.33	4 292.76	4 802.55	6 064.35	5471.87
	占本国国际贸易总额比重		47.80%	47.69%	55.34%	52.71%

续表

国家	项目	2000 年	2005 年	2010 年	2015 年	2020 年
英国	占世界服务贸易总额比重	7.22%	8.10%	6.11%	6.13%	
	服务贸易出口额/亿美元	1 201.50	2 470.90	2 888.27	3 729.14	3 424.39
日本	服务贸易总额/亿美元		2 410.59	2 991.18	3 412.24	3 448.18
	占本国国际贸易总额比重		21.70%	20.43%	26.80%	27.03%
	占世界服务贸易总额比重		4.55%	3.81%	3.45%	
	服务贸易出口额/亿美元		1 020.29	1 344.14	1 626.37	1 602.87
印度	服务贸易总额/亿美元	358.73	1 128.15	2 319.96	2 798.45	3 571.78
	占本国国际贸易总额比重	38.20%	46.52%	40.24%	42.27%	52.21%
	占世界服务贸易总额比重	1.18%	2.13%	2.95%	2.83%	
	服务贸易出口额/亿美元	166.85	521.79	1 170.68	1 562.78	2 032.53
韩国	服务贸易总额/亿美元	651.17	1 105.91	1 798.70	2 096.23	1 902.10
	占本国国际贸易总额比重	19.57%	20.27%	20.17%	21.76%	19.41%
	占世界服务贸易总额比重	2.14%	2.09%	2.29%	2.12%	
	服务贸易出口额/亿美元	315.40	507.30	829.48	974.98	872.74
中国	服务贸易总额/亿美元	664.61	1 624.39	3 717.40	6 541.75	6 617.17
	占本国国际贸易总额比重	14.01%	11.42%	12.50%	16.55%	14.24%
	占世界服务贸易总额比重	2.19%	3.06%	4.73%	6.61%	
	服务贸易出口额/亿美元	304.31	784.69	1 783.39	2 186.34	280.62

资料来源：联合国贸发会议数据库

2. 与货物贸易保持同步增长

2000~2020 年世界服务贸易的发展随着世界经济整体走势的变化而波动。近年来世界经济及国际贸易对全球服务贸易的影响越来越大，特别是 2008 年金融危机后，全球服务贸易与世界贸易、世界经济增长波动完全同步，全球服务贸易发展置身于世界经济中已不能独善其身，受世界经济和贸易波动制约较大。与此同时，近 20 年来世界服务贸易总额与世界货物贸易总额基本保持同步增长，且波动的协同性高。2000~2020 年，有 15 年两者的增长波动同步，仅有 5 年的增长波动同步不明显，如图 2.2 所示。由于世界服务贸易总额与世界货物贸易总额基本保持同步增长，20 年间世界服务贸易总额占世界贸易总额的比重保持在 25%~30%的水平，如图 2.3 所示。

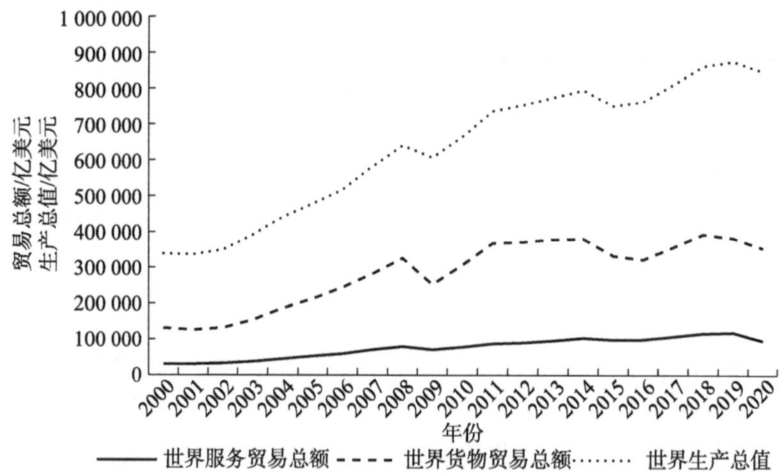

图 2.2 生产总值、货物贸易额和服务贸易额比较图

资料来源：联合国贸发会议数据库

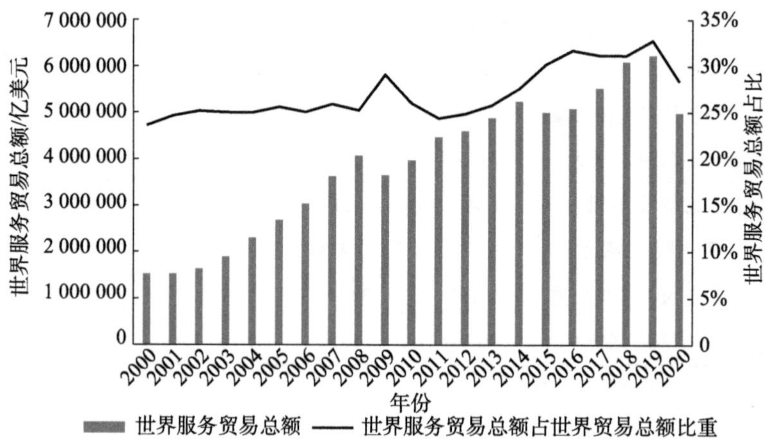

图 2.3 2000~2020 年世界服务贸易总额及其占世界贸易总额的比重

资料来源：联合国贸发会议数据库

2.3 全球服务贸易发展特征

2.3.1 全球各区域发展不平衡

1. 欧洲是服务贸易发展主要区域

世界服务贸易主要集中在欧洲，北美洲，亚洲的中国、日本、韩国、印度、新加坡等地区。如表 2.2 所示，2020 年，欧洲服务贸易总额为 47 392.22 亿美元，占

世界服务贸易总额的 49.03%，接近一半。其中欧洲服务出口额占世界服务出口额的 50.41%，服务进口额占世界服务进口额的 47.57%。目前，世界服务贸易的 85%左右集中在发达国家和亚洲新兴经济体，欧洲则保持服务贸易额最大的地位。

表 2.2　2020 年世界各地区及部分国家服务贸易总额及进出口情况

地区及部分国家	总额/亿美元	占世界服务贸易总额比重	进口额/亿美元	占世界服务进口额比重	出口额/亿美元	占世界服务出口额比重
欧洲	47 392.22	49.03%	22 265.65	47.57%	25 126.56	50.41%
北美洲	13 445.56	13.91%	5 523.67	11.80%	7 921.90	15.89%
美国	11 659.44	12.06%	4 603.01	9.83%	7 056.43	14.16%
南美洲	1 627.03	1.68%	1 026.12	2.19%	600.91	1.21%
亚洲	29 604.87	30.63%	15 503.21	33.12%	14 101.65	28.29%
中日印韩新	21 080.13	21.81%	10 840.46	23.16%	10 239.67	20.54%
大洋洲	1 163.96	1.20%	536.98	1.15%	626.98	1.26%
非洲	2 254.98	2.33%	1 428.16	3.05%	826.82	1.66%
世界	96 650.30	100.00%	46 808.43	100.00%	49 841.87	100.00%

资料来源：联合国贸发会议数据库

注：中日印韩新指中国、日本、印度、韩国、新加坡；本表数据经过舍入修约

2. 北美洲服务贸易占重要地位

2020 年世界服务贸易进出口额中北美洲也占有重要地位。2020 年，北美洲服务贸易总额为 13 445.56 亿美元，占世界服务贸易总额的 13.91%。其中北美洲服务出口额占世界服务出口额的 15.89%，服务进口额占世界服务进口额的 11.80%，如表 2.2 所示。北美洲服务贸易在世界服务贸易中占有重要地位。

3. 亚洲新兴经济体服务贸易快速发展

随着发展中国家经济的发展，特别是新兴经济体的崛起，其服务贸易也得到了迅速发展。2000 年以来中国、印度、新加坡等的服务贸易都得到了快速增长。2020 年亚洲服务贸易总额为 29 604.87 亿美元，占世界服务贸易总额的 30.63%，仅次于欧洲。其中亚洲服务出口额占世界服务出口额的 28.29%，服务进口额占世界服务进口额的 33.12%，如表 2.2 所示。亚洲新兴经济体服务贸易发展快速，但是服务贸易发展的地区和国别不平衡性将在较长时间内存在，且差距将越来越大。

4. 非洲、南美洲服务贸易发展缓慢

由于科技、经济及服务业发展的不平衡，世界各国的服务贸易水平及在国际服

务市场上的竞争实力相差悬殊，服务贸易发展的地区和国别不平衡性突出。世界各区域之间发展不平衡，非洲、南美洲服务贸易发展缓慢。2020 年非洲服务贸易总额为 2254.98 亿美元，占世界服务贸易总额的 2.33%，其中服务出口额占世界服务出口额的 1.66%，服务进口额占世界服务进口额的 3.05%。南美洲服务贸易总额为 1627.03 亿美元，占世界服务贸易总额的 1.68%。其中服务出口额占世界服务出口额的 1.21%，服务进口额占世界服务进口额的 2.19%，如表 2.2 所示。

2.3.2 服务贸易细项发展差异大

1. 服务贸易细项发展不平衡

21 世纪以来，随着网络信息的广泛应用和国际需求结构的变化，服务贸易细项之间的发展差异也越来越大。总的来说，出现如下几方面的态势。

1）旅行和运输服务增长缓慢

运输和旅行服务等传统细项增长缓慢。随着服务贸易全球市场的迅速扩展，在服务业的行业划分越来越细的同时，行业之间发展的速度差异也越来越明显。这种差异表现在运输和旅行服务等传统细项增长趋缓。2000 年至 2020 年的 20 年间，随着全球服务贸易的快速发展，虽然运输服务和旅行服务仍在增长，但增速已放缓。2020 年世界运输和旅行服务贸易总额分别是 1 825 735 亿美元和 1 102 360 亿美元，比 2000 年分别只增长了约 1.4 倍和 0.2 倍，它们占世界服务贸易总额的比重分别下降了 6.3 和 18.8 个百分点，如表 2.3 所示。

具体到各区域来看，2000 年至 2020 年：欧盟国家的运输服务贸易总额从 1058 亿美元增加到 6547 亿美元，旅行服务贸易总额从 3904 亿美元增加到 5424 亿美元；北美的运输服务贸易总额从 1300 亿美元增加到 1569 亿美元，旅行服务贸易总额从 2056 亿美元增加到 2503 亿美元；南美洲的运输服务贸易总额从 250 亿美元减少到 24 亿美元，旅行服务贸易总额从 342 亿美元减少到 24 亿美元；非洲的运输服务贸易总额从 226 亿美元增加到 750 亿美元，旅行服务贸易总额从 228 亿美元增加到 487 亿美元，如表 2.4 所示。

2）金融服务和知识产权使用费服务等细项发展迅速

随着网络信息技术的广泛应用和全球金融市场的快速发展，世界服务贸易中的计算机和信息服务及金融服务等细项发展迅速。2020 年世界金融服务的贸易总额达到 8181.23 亿美元，比 2005 年的 2921.19 亿美元增长了 1.8 倍，占世界服务贸易的比重由 2005 年的 6.85%提高到 2020 年的 8.55%；2020 年世界计算机和信息服务的贸易总额达到 11 134.01 亿美元，比 2005 年增长了 4.98 倍，占世界服务贸易总额的比重由 2005 年的 4.36%提高到 2020 年的 11.64%；知识产权使用费服务占世界服务贸易总额的比重由 2005 年的 5.62%提高到 2019 年的 11.64%。

表 2.3　2000~2020 年世界总服务、运输和旅行服务细项发展情况

年份	总服务				运输服务				旅行服务			
	出口额/亿美元	进口额/亿美元	TC 指数	贸易总额/亿美元	出口额/亿美元	进口额/亿美元	贸易总额/亿美元	TC 指数	出口额/亿美元	进口额/亿美元	贸易总额/亿美元	TC 指数
2000	1 521 980	1 519 390	0.00	3 041 370	346 370	419 220	765 590	–0.10	476 820	441 170	917 990	0.04
2001	1 525 110	1 537 830	0.00	3 062 940	339 180	410 580	749 760	–0.10	467 300	432 990	900 290	0.04
2002	1 634 070	1 623 060	0.00	3 257 130	354 710	416 640	771 350	–0.08	487 180	455 910	943 090	0.03
2003	1 896 590	1 862 700	0.01	3 759 290	400 810	478 320	879 130	–0.09	544 630	510 310	1 054 940	0.03
2004	2 302 350	2 228 720	0.02	4 531 070	502 010	599 070	1 101 080	–0.09	649 990	600 000	1 249 990	0.04
2005	2 677 472	2 623 472	0.01	5 300 944	576 293	688 174	1 264 467	–0.09	689 957	653 641	1 343 598	0.03
2006	3 027 184	2 957 657	0.01	5 984 842	647 958	774 611	1 422 568	–0.09	754 264	702 028	1 456 293	0.04
2007	3 615 654	3 494 955	0.02	7 110 608	778 453	932 040	1 710 493	–0.09	872 680	809 379	1 682 059	0.04
2008	4 050 710	3 962 696	0.01	8 013 406	902 794	1 070 770	1 973 564	–0.09	961 696	879 711	1 841 407	0.04
2009	3 626 636	3 546 713	0.01	7 173 349	708 966	845 080	1 554 046	–0.09	882 726	807 800	1 690 526	0.04
2010	3 966 015	3 894 901	0.01	7 860 915	827 855	993 969	1 821 824	–0.09	951 516	876 272	1 827 789	0.04
2011	4 465 465	4 347 461	0.01	8 812 926	903 396	1 131 949	2 035 345	–0.11	1 065 257	966 470	2 031 727	0.05
2012	4 595 907	4 492 843	0.01	9 088 750	917 467	1 165 379	2 082 846	–0.12	1 105 505	1 018 468	2 123 973	0.04
2013	4 894 165	4 745 791	0.02	9 639 956	948 163	1 178 439	2 126 602	–0.11	1 195 449	1 094 612	2 290 061	0.04
2014	5 244 590	5 141 111	0.01	10 385 700	998 410	1 180 742	2 179 152	–0.08	1 248 415	1 244 921	2 493 336	0.00
2015	5 002 189	4 889 715	0.01	9 891 904	902 034	1 065 724	1 967 758	–0.08	1 200 703	1 184 729	2 385 432	0.01
2016	5 088 429	4 911 571	0.02	9 999 999	867 442	1 017 376	1 884 818	–0.08	1 228 968	1 210 922	2 439 890	0.01
2017	5 523 856	5 303 582	0.02	10 827 438	950 920	1 112 487	2 063 408	–0.08	1 323 606	1 294 085	2 617 691	0.01
2018	6 026 729	5 707 507	0.03	11 734 236	1 037 473	1 229 112	2 266 585	–0.08	1 427 670	1 394 674	2 822 344	0.01
2019	6 144 034	5 826 335	0.03	11 970 369	1 028 827	1 206 721	2 235 548	–0.08	1 442 136	1 389 963	2 832 099	0.02
2020	4 984 187	4 680 843	0.03	9 665 031	829 806	995 929	1 825 735	–0.10	548 207	554 153	1 102 360	0.04

资料来源：联合国贸发会议数据库

表 2.4　世界主要地区服务贸易细项的发展变化情况

项目		欧盟国家		北美		亚洲新兴经济体		南美洲		非洲	
		2000 年	2020 年	2000 年	2020 年	2000 年	2020 年	2000 年	2020 年	2000 年	2020 年
服务贸易总量		12 673	37 345	5 998	13 446	3 336		901	79.48	705	2 081.15
运输服务	贸易总额/亿美元	1 058	6 547	1 300	1 569	1 032		250	24	226	750
	占世界该项服务贸易总额比重	13.82%		16.98%		13.48%		3.27%		2.95%	
旅行服务	贸易总额/亿美元	3 904	5 424	2 056	2503	898		342	24	228	487
	占世界该项服务贸易总额比重	42.56%		22.41%		9.79%		3.73%		2.49%	
电信服务	贸易总额/亿美元	292		144	89.11	62		25	0.39	12	39.29
	占世界该项服务贸易总额比重	44.85%	48.70%	22.12%		9.52%		3.84%		1.84%	
建筑服务	贸易总额/亿美元	272	448.90	34	25.40	49	511.65	5	2	6	20.75
	占世界该项服务贸易总额比重	51.42%	27.90%	6.43%	1.58%	9.26%	31.80%	0.95%	0.12%	1.13%	1.29%
保险和养老金服务	贸易总额/亿美元	204	920.55	229	222.16	81		27	30	24	15.73
	占世界该项服务贸易总额比重	30.40%		34.13%	12.66%	12.07%		4.02%		3.58%	
金融服务	贸易总额/亿美元	686	3 148	364	1544	121		20	35	4	20
	占世界该项服务贸易总额比重	48.07%		25.51%		8.48%		1.40%		0.28%	
计算机和信息服务	贸易总额/亿美元	369	5265	165	71	63		18	80	2	10
	占世界该项服务贸易总额比重	48.55%		21.71%		8.29%		2.37%		0.26%	
知识产权使用费服务	贸易总额/亿美元	527		749		135		32		10	
	占世界该项服务贸易总额比重	29.33%	54.50%	41.68%		7.51%		1.78%		0.56%	
个人、文化和娱乐服务	贸易总额/亿美元	139		34		2		6		0.02	
	占世界该项服务贸易总额比重	55%		13.45%		0.79%		2.37%		0.01%	
其他商业服务	贸易总额/亿美元	3136	11257	900	3 546	793		97	21	44	498
	占世界该项服务贸易总额比重	52.76%		15.14%		13.34%		1.63%		0.74%	

资料来源：联合国贸发会议数据库

注：由于版面限制和数据缺失等原因，本表格中的数据未统一保留两位小数

2. 区域服务贸易细项发展差异大

从区域的发展来看：欧盟国家的金融服务贸易总额从 2000 年的 686 亿美元增加到 2020 年的 3148 亿美元，计算机和信息服务贸易总额从 2020 年的 369 亿美元增加到 5265 亿美元，其他商业服务从 2020 年的 3136 亿美元增加到 11 257 亿美元；北美的金融服务贸易总额从 2000 年的 364 亿美元增加到 2020 年的 1544 亿美元，计算机和信息服务贸易总额从 2020 年的 165 亿美元减少到 71 亿美元，其他商业服务从 2020 年的 900 亿美元增加到 3546 亿美元；南美洲的金融服务贸易总额从 2000 年的 20 亿美元增加到 2020 年的 35 亿美元，计算机和信息服务贸易总额从 2020 年的 18 亿美元增加到 80 亿美元，其他商业服务从 2020 年的 97 亿美元减少到 21 亿美元；非洲的金融服务贸易总额从 2000 年的 4 亿美元增加到 2020 年的 20 亿美元，计算机和信息服务贸易总额从 2000 年的 2 亿美元增加到 10 亿美元，其他商业服务从 2020 年的 44 亿美元增加到 498 亿美元，如表 2.4 所示。

2.3.3 服务贸易细项区域发展变化明显

1. 传统细项向发展中国家转移，现代细项在发达国家强化

20 世纪 90 年代以来服务业的国际化和跨国转移成为世界经济贸易发展的重要特征，因此全球服务贸易在区域之间的转移也出现了新的特征和趋势（周少芳，2014）。

第一，运输服务和旅行服务等细项逐渐由欧美发达国家向新兴国家转移。2020 年与 2000 年相比，欧盟和北美的运输服务与旅行服务贸易总和占全球服务贸易的比重分别下降了 5.44 个百分点及 8.26 个百分点。第二，建筑服务等劳动密集型细项由欧盟国家向有劳动力比较优势的亚洲和非洲转移。2000 年欧盟建筑服务贸易总额占世界建筑服务贸易总额的比重达到 51.42%，到 2020 年下降到只有约 27.90%，而亚洲新兴经济体 2020 年这一占比为 31.80%。第三，保险服务在北美国家占比进一步下降。2000 年北美保险和养老金服务占世界该项服务贸易总额的比重为 34.13%，到 2020 年这一占比下降到 12.66%。第四，电信服务及知识产权使用费服务等细项在欧盟强化。2000 年欧盟此两细项占对应世界该项服务贸易总额的比重分别为 44.85%和 29.33%，到 2020 年分别提高到 48.70%和 54.50%，如表 2.4 所示。

从各国发展的情况来看，欧美发达国家的资金和知识密集型等优势细项的竞争力得到进一步加强。2000 年美国金融服务的贸易总额只有 330.53 亿美元，TC 指数为 0.34，2019 年增加到 1760.48 亿美元，其 TC 指数达到 0.54，竞争优势在不断加强；2000 年美国知识产权使用费服务的贸易总额有 684.14 亿美元，TC 指数为 0.51，2019 年增加到 1601.34 亿美元，其 TC 指数达到 0.47，同样具有很强的竞争力，如表 2.5 所示。2000 年英国金融服务的贸易总额只有 244.08 亿美元，TC 指数为 0.66，

2019 年增加到 1052.63 亿美元，其 TC 指数达到 0.53，竞争优势略有下降；2000 年英国知识产权使用费服务的贸易总额有 147.79 亿美元，TC 指数为 0.10，2019 年增加到 422.11 亿美元，其 TC 指数达到 0.20，可见其竞争力在不断增强，如表 2.6 所示。

表 2.5 美国 2000~2019 年金融服务和知识产权使用费服务进出口情况

年份	金融服务					知识产权使用费服务				
	出口额/亿美元	进口额/亿美元	贸易总额/亿美元	TC 指数	RCA 指数	出口额/亿美元	进口额/亿美元	贸易总额/亿美元	TC 指数	RCA 指数
2000	221.17	109.36	330.53	0.34	1.19	518.08	166.06	684.14	0.51	2.97
2001	218.99	101.57	320.56	0.37	1.28	494.89	166.61	661.50	0.50	3.00
2002	244.96	89.63	334.59	0.46	1.40	538.59	194.93	733.52	0.47	3.12
2003	278.40	89.48	367.88	0.51	1.49	568.13	192.59	760.72	0.49	3.15
2004	363.89	111.56	475.45	0.53	1.59	670.94	236.91	907.85	0.48	3.18
2005	474.05	219.71	693.76	0.37	1.47	644.66	241.27	885.93	0.46	2.67
2006	565.22	270.05	835.27	0.35	1.45	709.99	230.76	940.75	0.51	2.76
2007	739.80	337.68	1077.48	0.37	1.48	844.98	246.15	1091.13	0.55	2.85
2008	798.97	295.19	1094.16	0.46	1.58	896.72	277.64	1174.36	0.53	2.84
2009	738.44	249.00	987.44	0.50	1.54	857.3	294.21	1151.51	0.49	2.63
2010	865.12	272.15	1137.27	0.52	1.64	949.68	311.16	1260.84	0.51	2.62
2011	1010.77	303.12	1313.89	0.54	1.68	1070.53	329.11	1399.64	0.53	2.65
2012	1054.19	287.36	1341.55	0.57	1.69	1078.69	350.61	1429.30	0.51	2.56
2013	1097.94	292.84	1390.78	0.58	1.67	1138.24	352.95	1491.19	0.53	2.54
2014	1199.33	327.70	1527.03	0.57	1.75	1163.8	375.62	1539.42	0.51	2.44
2015	1149.51	325.94	1475.45	0.56	1.63	1111.51	351.78	1463.29	0.52	2.21
2016	1147.62	326.72	1474.34	0.56	1.64	1129.81	419.74	1549.55	0.46	2.16
2017	1280.35	366.49	1646.84	0.55	1.75	1181.47	444.05	1625.52	0.45	2.10
2018	1324.20	392.49	1716.69	0.54	1.78	1188.75	439.33	1628.08	0.46	2.05
2019	1356.98	403.50	1760.48	0.54	1.83	1174.01	427.33	1601.34	0.47	2.01

资料来源：联合国贸发会议数据库

表 2.6 英国 2000~2019 金融服务和知识产权使用费服务进出口情况

年份	金融服务					知识产权使用费服务				
	出口额/亿美元	进口额/亿美元	贸易总额/亿美元	TC 指数	RCA 指数	出口额/亿美元	进口额/亿美元	贸易总额/亿美元	TC 指数	RCA 指数
2000	202.43	41.65	244.08	0.66	2.63	81.54	66.26	147.79	0.10	1.12
2001	198.99	43.83	242.83	0.64	2.71	81.67	64.69	146.36	0.12	1.15
2002	202.36	48.29	250.65	0.61	2.50	86.72	69.08	155.80	0.11	1.08
2003	285.69	66.50	352.20	0.62	2.84	100.80	78.53	179.34	0.12	1.04

续表

年份	金融服务					知识产权使用费服务				
	出口额/亿美元	进口额/亿美元	贸易总额/亿美元	TC指数	RCA指数	出口额/亿美元	进口额/亿美元	贸易总额/亿美元	TC指数	RCA指数
2004	371.40	72.91	444.30	0.67	2.82	117.80	91.67	209.47	0.12	0.97
2005	551.98	125.15	677.13	0.63	2.62	142.62	96.02	238.64	0.20	0.91
2006	688.37	148.04	836.41	0.65	2.62	144.75	95.88	240.63	0.20	0.84
2007	949.19	182.98	1132.18	0.68	2.79	160.53	87.58	248.11	0.29	0.80
2008	862.68	190.77	1053.45	0.64	2.84	143.08	102.07	245.14	0.17	0.76
2009	737.38	137.12	874.50	0.69	2.86	137.95	97.83	235.78	0.17	0.78
2010	751.43	134.55	885.98	0.70	2.88	141.86	101.61	243.47	0.17	0.79
2011	891.48	155.37	1046.85	0.70	2.87	148.41	110.36	258.77	0.15	0.71
2012	843.51	140.40	983.91	0.71	2.73	134.56	97.37	231.93	0.16	0.64
2013	859.42	169.12	1028.55	0.67	2.58	176.77	107.04	283.81	0.25	0.78
2014	824.12	187.52	1011.63	0.63	2.32	198.85	121.83	320.69	0.24	0.80
2015	796.86	199.42	996.28	0.60	2.33	207.09	129.30	336.39	0.23	0.85
2016	763.72	189.23	952.95	0.60	2.35	191.73	118.34	310.07	0.24	0.79
2017	765.21	184.43	949.64	0.61	2.32	228.04	122.67	350.71	0.30	0.90
2018	843.49	227.04	1070.52	0.58	2.40	263.11	144.89	408.00	0.29	0.96
2019	803.07	249.56	1052.63	0.53	2.28	252.74	169.37	422.11	0.20	0.91

资料来源：联合国贸发会议数据库

2. 文化贸易优势在欧美提升，信息服务优势在亚洲凸显

在经济和贸易发展的过程中，各国根据自身的发展优势，不断强化本国服务贸易的优势项目，从而形成了目前全球服务贸易复杂和激烈的竞争格局。特别是在网络信息时代极为发达的今天，文化时时刻刻都具有独特的渗透力，为了扩大其文化的国际影响力，发达国家都在大力发展文化产业和国际文化贸易。个人、文化和娱乐服务等细项在欧盟和北美国家的优势越来越明显。如表 2.4、表 2.5 和表 2.6 所示，2000 年个人、文化和娱乐服务在欧盟和北美的贸易总额占世界该项服务贸易总额比重之和为 68.45%，到 2019 年这一指标已经达到 78.50%。

与此同时，数据显示，亚洲新兴经济体的计算机和信息服务得到快速发展，竞争力得到明显提高。2000 年亚洲新兴国家的计算机和信息服务占世界该项服务贸易总额的比重只有 0.11%，到 2020 年大幅度提高到 0.67%。2019 年印度计算机和信息服务的贸易总额为 704 亿美元，其出口额达到 620 亿美元，TC 指数为 0.76，国际竞争优势极强。2000 年至 2020 年，中国的计算机和信息服务贸易额从 6 亿美元增长到 920 亿美元。这些数据显示亚洲新兴经济体已经发展成为计算机和信息服

务的大国和强国。

2.4 主要经济体服务贸易发展概况

如表 2.7 所示，2011 年世界服务贸易进出口总额排名前 10 位的国家分别是美国、德国、英国、法国、中国、日本、印度、新加坡、意大利、瑞士。如表 2.8 所示，2019 年世界服务贸易进出口总额排名前 10 位的国家分别是美国、中国、德国、英国、爱尔兰、法国、荷兰、日本、新加坡和印度。据此可见服务贸易的发展主要还是集中在发达国家，但是亚洲国家近几年也在不断赶超，发展势头强劲。

表 2.7 2011 年世界服务贸易进出口总额前 10 位国家

位次	国家	总额/亿美元	占比
1	美国	11 028.54	13.28%
2	德国	5 534.65	6.67%
3	英国	5 366.52	6.46%
4	法国	4 497.84	5.42%
5	中国	4 488.91	5.41%
6	日本	3 165.53	3.81%
7	印度	2 638.17	3.18%
8	新加坡	2 372.14	2.86%
9	意大利	2 314.30	2.79%
10	瑞士	2 261.94	2.72%

资料来源：联合国贸发会议数据库

表 2.8 2019 年世界服务贸易进出口总额前 10 位国家

位次	国家	总额/亿美元	占比
1	美国	14 674.18	15.18%
2	中国	7 850.44	8.12%
3	德国	7 276.03	7.53%
4	英国	6 750.44	6.98%
5	爱尔兰	5 793.29	5.99%
6	法国	5 639.51	5.83%
7	荷兰	5 410.19	5.60%
8	日本	4 287.93	4.44%
9	新加坡	4 253.81	4.40%
10	印度	3 941.91	4.08%

资料来源：联合国贸发会议数据库

2.5　世界服务贸易发展对中国的启示

2.5.1　国内学者对全球服务贸易发展的研究

目前世界经济形势仍然严峻，全球经济复苏的趋缓导致货物贸易增长乏力，因此调整经济结构、推动现代服务业发展与服务贸易出口成为世界各国提升国际地位、实现经济复苏和发展目标的重要路径。中国正处于经济发展方式转变的关键时期，面对复杂多变的国际经济形势，中国如何根据国际服务贸易的发展特点选择一条适合自身国情的服务贸易发展道路显得至关重要。为此，许多学者加强了对世界服务贸易的发展特征和趋势等相关课题的研究。

近年来国内学者从不同的视角探讨了世界服务贸易的发展速度、结构特征、地区分布及贸易方式等问题。郑吉昌和朱旭光（2009）阐述了全球服务产业转移的趋势后认为，随着全球服务产业转移，服务贸易成为全球产业链竞争的关键，服务外包成为新兴国家进入全球分工体系的重要路径。梁瑞和黄玉丽（2010）认为，随着国际服务贸易特别是新兴国家服务贸易的快速增长，服务外包成为新的服务贸易内容，商业存在成为最主要的服务贸易方式。陆燕（2011）分析了 2000~2010 年世界服务贸易的相关数据后认为，近年来全球服务贸易结构趋向高级化，地区发展不平衡持续存在，贸易壁垒仍繁多复杂。张莉（2011）总结了金融危机后世界主要国家支持服务贸易发展的政策后认为，国际服务贸易发展呈现出其领域将进一步拓宽、发展中国家的地位将不断提升等特征。李为人和刘绍坚（2012）剖析了金融危机对国际服务贸易领域的影响，认为危机对不同服务领域影响不同，离岸服务外包将在曲折中发展等。夏天然和陈宪（2015）认为服务贸易逐渐成为国际贸易的重要组成部分与各个国家竞争的重心。杨晨等（2017）基于亚太各国间的双边服务贸易数据，使用社会网络分析方法，通过实证分析了国际服务贸易格局的网络特征及决定因素。这些研究成果对我们了解世界和中国的服务贸易发展现状及制定中国的服务贸易发展对策等有重要参考意义（周少芳，2014）。

从现有文献的研究成果来看，其多为全球整体层面的定性分析，缺少对世界服务贸易细类项目发展变化的研究，总的来说缺乏全面性和较系统的总结。由此，本书利用 2000~2020 年 WTO 的服务贸易相关统计数据，从整体与细项两个层面探讨世界服务贸易发展特征和趋势，并在此基础上就如何优化中国服务贸易结构和提升其竞争力提出粗略见解。

2.5.2　世界服务贸易发展状况

世界服务贸易各区域发展不平衡，欧洲是服务贸易发展主要区域，北美服务贸易占重要地位，亚洲新兴经济体服务贸易快速发展，非洲、南美洲服务贸易发展缓慢。同时，世界服务贸易细项发展不平衡，旅行和运输服务增长缓慢，金融和商业服务发展迅速，区域服务贸易细项发展差异大。世界服务贸易与货物贸易基本保持同步增长，且波动的协同性高。其中发达国家占主导地位，新兴国家发展势头良好。

此外，全球服务贸易的结构特征正在逐渐发展变化：传统细项向发展中国家转移，现代细项在发达国家强化；文化贸易优势在欧美提升，信息服务优势在亚洲凸显。

2.5.3 对中国服务贸易发展的启示

国内许多学者研究后认为，科技研发及人力资本投入等不足是造成中国服务贸易结构不合理及竞争力较低的客观原因，也将成为制约中国现代服务业和服务贸易发展的主要因素。因此要加快中国服务贸易的发展、提升中国服务贸易的竞争力，就必须加大现代服务业的科技研发及人力资本等投入。但是，在目前中国资金少、人才有限而且分散的情况下，应在发展服务贸易的政策和措施上，紧跟全球技术、世界需求和服务贸易的发展趋势，重点扶持特色优势项目的发展。

第一，要优先开放发展金融业。金融是现代经济的核心，是社会资源配置的枢纽，是推动科技创新的重要杠杆。目前国家要集中资金和人才，把最精华的力量放在较有基础的金融业和信息业等现代服务业领域中，予以大力发展；要强化金融在现代服务业中的核心地位，加快中国金融业对民营资本开放，促进金融服务的快速发展。

第二，要集中力量发展文化产业。中国有悠久的历史，有大量华人华侨，要发挥现有的文化产业的比较优势，培育发展影视、出版和版权转让等特色文化产业及产品；要鼓励国内民营资本发展文化产业，并强化竞争机制，不断改善文化产业发展环境。

第三，要加速培养服务业特色品牌及其企业的竞争优势。要积极推进金融、保险、影视、出版等现代服务业企业上市，通过资本市场优化现代服务业产业结构，改变服务企业经营机制，建立现代企业制度；要集中资源打造国际特色品牌，培植服务企业的竞争优势；要通过战略性贸易政策把有特色优势的服务行业培育成战略贸易型产业，积极拓展国际市场。

第四，要着力发展语联网和语言服务产业。语联网是实现快速无障碍中外沟通的多语智慧网络，是通过对资源、技术和服务能力的有机整合来满足对外交流的需求。由于中文和英语等语言的巨大差异，为增强中国与世界各国的沟通和交流，应大力发展以语联网为核心的语言服务产业（周少芳，2014）。

第 3 章　中国服务贸易发展的概况

3.1　服务贸易发展历程

中国服务贸易发展经历了缓慢开启、快速成长和不断壮大的渐进过程，并对中国对外开放与经济社会发展发挥了重要作用。本节以改革开放、入世、党的十九大等重要节点为分界，系统总结梳理从 1949 年新中国成立至今的中国服务贸易发展 70 多年历程。

3.1.1　改革开放前的服务贸易发展受限

1. 服务业的发展严重受限

中国在建国初期为了开启工业化进程，建立中国重工业的雏形，建立了计划经济体制。然而，由于该时期恶劣的国际环境、落后的经济实力及严峻的外部安全形势，该时期的工业化战略忽略了客观国情和经济规律，降低了经济发展的效率。

首先，国家高度计划的经济管理体制和对外体制扭曲了市场，降低了经济效率，制约了经济发展活力，不利于经济贸易增长。1949 年 9 月 29 日，中国人民政治协商会议第一届全体会议通过的《中国人民政治协商会议共同纲领》规定“实行对外贸易的管制，并采用保护贸易政策”，明确提出了对贸易方面实行国家管控和限制。1949 年至 1952 年，中国按照“三年准备、十年建设”的思路，部署向社会主义过渡的各项工作，并以“国防第一，稳定市场第二，其他（带投资性的支出）第三”的财经工作方针规划服务业发展。

其次，实体产业落后导致服务业发展十分落后。在新中国成立后的相当长一段时间里，中国产业结构单一，生产水平低下，1949 年，农业产值占当年社会总产值的比重达到 58.5%。随着经济和社会的发展，中国的产业结构慢慢有了改善。

1951 年至 1955 年，国民经济恢复迅速、增长稳定，但根据 1953 年提出的“过渡时期总路线”的指导内容，过渡时期的主要任务是“逐步实现国家的社会主义工业化，并逐步实现国家对农业、手工业和资本主义工商业的社会主义改造”。1953 年至 1957 年在党中央的直接领导下，“第一个五年计划”的制定与实施标志着系统建设社会主义的开始，该计划确认了“集中力量进行工业化建设、加快推进各经济领域的社会主义改造”两大任务。1977 年，农业总产值在社会总产值中的比重降至 20.87%。从 1958 年到 1978 年，中国国民经济生产以工业和农业的计划生产为主，同时大力推广由列宁提出的、斯大林发展的“重工业赶超战略”，将国家的现代化与工业化画等号，而服务业被划分为“非生产部门”。在这种情况下，中国服务业发展受到严重抑制，同时这一发展阶段的居民总体收入仍然处于较低水平，服务业几乎成为“工农业部门”的附庸，其发展仅限于商业、交通运输业等不可或缺的行业。

最后，改革开放前的理论和思想限制了服务业的发展。当时普遍重视重工业的发展，1977 年工业与建筑业比重上升至 62.5%和 7.7%。服务业被认为是不创造价值的非生产部门，只有生产领域与基本生活领域的服务业被允许发展，消费性服务业、生产性服务业和研发性服务业的发展落后。同时，部分服务部门，如金融、电信、运输、商业流通等由国家进行管控，远不能满足人民的需求。数据统计表明，服务业产值在中国社会总产值的比重由 1949 年的 19.6%下降至 1977 年的 17.8%。

2. 服务贸易规模十分有限

受经济体制和思想、国际环境、产业结构等诸多因素影响，服务贸易的行业规模与服务领域十分有限。一方面，服务贸易领域有限，仅有运输服务和技术服务等少数几个保障经济运行的服务部门开展服务贸易；另一方面，服务贸易伙伴国和服务贸易规模有限，仅与苏联、捷克等社会主义国家开展服务贸易，且服务贸易规模都不大。因规模小且不被重视，服务贸易的统计数据很少，只有国际铁路货运、旅游、银行有不完整的行业统计数据。

3.1.2 改革开放后服务贸易快速发展

1978 年的改革开放对中国服务贸易的发展发挥了重要的推动作用。航空运输和酒店行业是中国首批对外开放的服务产业，极大方便了海外华侨来华投资办厂和探亲旅行。然而，由于当时社会物资、技术、外汇和资金的短缺，对外开放的主要目的是创汇及弥补国内物资不足等，对外开放领域主要是货物贸易。

改革开放初期，服务业整体消费比重不高，产业基础较弱，只在旅游服务、餐饮服务等少数服务业领域对外开放，服务业整体开放落后于制造业，处于对外开放初级阶段。同时，由于金融和电信等服务部门性质敏感、发展较为滞后，只有旅游业、房地产业和餐饮服务业等领域对外资的限制相对宽松，中国对在服务业中引入外资较为谨慎，大多采取合同制。得益于改革开放，旅游公共服务设施的建设数量大大增加，吸引了大量外资的进入。

1978 年，中国实行改革开放的新决策，1979 年颁布《中华人民共和国中外合资经营企业法》，逐渐放宽市场准入限制，积极引进外资。1987 年，国家计划委员会（现为国家发改委）颁发了《指导吸收外商投资方向暂行规定》，明确了外商投资方向和领域，引导外资流入制造产业。同时，由于对服务业发展认识不足，服务业开放水平并不高，但旅游服务、餐饮服务等领域对外资限制相对放松，导致 20 世纪 80 年代外资主要进入宾馆建设、旅游服务等行业，出现外资推动服务业发展的第一次高潮，该时期服务业利用外资总额达总利用外资额的 1/3。不容忽视的是，虽然该阶段中国服务业仍处于较低的开放水平，但政府已经逐渐意识到服务业发展的重要性，这为之后扩展服务业开放的深度和广度奠定了基础。

邓小平 1992 年在深圳发表的南方谈话引发了全国范围内对于市场经济的极大关注，同年召开的党的十四大会议上，中共中央提出建立社会主义市场经济体制的目标。同时，世界产业结构调整提高了服务业对经济发展的重要性，国内改革开放和国际服务贸易新趋势推动中国加大服务业开放，在国内表现为深化服务业体制改革，在国际表现为参与服务贸易协议谈判并最终接受 GATS。第一部《中华人民共和国对外贸易法》在 1994 年颁布，服务贸易首次单列成章，与货物贸易、技术贸易并列，成为中国对外贸易三大基本内容之一（朱福林，2020b）。

3.1.3　入世后中国服务贸易发展日益国际化

2001 年中国入世，这标志着中国进一步深化改革开放，也有力推动了中国服务贸易的发展。入世后，中国对服务贸易中的境外消费和跨境服务方面的限制大大减少，服务贸易的开放深度和宽度不断增加，开放水平显著提高。具体而言，中国承诺逐步开放 GATS 涉及的 12 个大类中的 9 大类和近 100 个小类。其中，金融服务、通信服务、旅游服务、运输服务和分销服务是重点开放的部门，占服务部门总数的 62.5%，承诺开放的程度也接近发达国家水平。同时，中国逐步完善与服务贸易相关的法规，颁布新的《外商投资产业指导目录》，继续扩大服务业开放水平。

入世后中国服务贸易迅速增长，对外开放水平持续上升，服务业利用外资水平明显提升。具体而言，根据 WTO 数据统计，中国服务贸易出口全球排名由 2001 年的第 12 名上升至 2015 年的第 3 名，服务贸易进口全球排名由 2001 年的第 10 名上升至 2015 年的第 2 名。同时，服务业直接利用外资比重明显提升，服务业利用外资比重由 2001 年的 23.85%持续增长，2013 年服务业利用外资占比首次过半，达 52.3%，2016 年服务业利用外资占比达 70.3%。

对外开放推动了服务业的快速增长，提高了服务技术含量，调整优化了服务产业结构，提升了服务出口能力。但是由于中国服务贸易的基础较差，加之入世初期服务贸易的外商直接投资过度集中在房地产等利润空间较大的传统服务业，无法有效推动服务业的知识含量的提升和服务贸易的发展。

在 WTO 给中国提供的为期五年的过渡期中，中国不断推动改革与开放的步伐，尤其在服务业的开放方面取得许多突破。2006 年之后，除个别特殊领域之外，中国在入世谈判中所做出的服务业开放的承诺已全部履行到位，扩大开放的领域除了覆盖金融保险、零售业、房地产等外资进入较多的行业，在通信、会展、旅游、国际货运代理、商务服务等以往开放程度不高的行业也有所涉及。根据《中国的对外贸易》白皮书，截至 2010 年，中国入世的所有承诺全部履行完毕。在中国入世后的十年间，随着服务业开放程度的提高，外商投资渐渐转向服务业，进一步促进了服务贸易的增长。但值得注意的是，与发达国家相比，中国服务贸易在商业存在和自然人流动方面仍存在着诸多限制。

党的十七大后，中国服务贸易进一步扩大开放范围，提升开放质量，颁布了一系列文件。2007 年，《国务院关于加快发展服务业的若干意见》提出了进一步推动服务业开放的战略任务和要求。2010 年，财政部、国家税务总局、商务部联合发布《关于示范城市离岸服务外包业务免征营业税的通知》，为服务外包提供优惠政策，促进服务外包发展。2011 年，废止了《外商投资产业指导目录（2007 年修订）》，同时发布了《外商投资产业指导目录（2011 年修订）》，增加了鼓励类条目，减少了限制类和禁止类条目。

党的十八届三中全会通过了《中共中央关于全面深化改革若干重大问题的决定》，提出构建开放型经济新体制，推动金融、教育与医疗等服务业领域开放，放宽建筑设计、会计审计与电子商务等服务业的外资准入限制。2013 年，中国首个自贸试验区——上海自贸试验区成立，为以服务业为主导的开放进一步提供了现实条件。2015 年 3 月，国家发改委与商务部联合公布《外商投资产业指导目录（2015 年修订）》，放宽了对外商投资房地产的限制，删除了全部的限制类条款。2015 年 5 月，国务院在北京市开展服务业扩大开放综合试点，对文化、金融和医疗等领域推出一系列开放举措。2016 年 2 月，国务院批复同意上海和天津等 15 个省市（区域）开展服务贸易创新发展试点，2016 年 10 月 1 日，实行服务业“备案制+负面清单”管理模式。2017 年 7 月 28 日起，施行《外商投资产业指导目录（2017 年修订）》，积极主动扩大开放，提出外商投资准入负面清单、删除内外资一致的限制性措施。2017 年 8 月，《国务院关于促进外资增长若干措施的通知》发布，减少对外资准入的限制，进一步放宽 12 个领域的外资准入。

3.1.4　新时期服务贸易迈入高质量发展阶段

党的十九大以来，中国服务业对外开放步伐进一步加快。2017 年 10 月，十九大报告强调“推动形成全面开放新格局”“中国开放的大门不会关闭，只会越开越大”“中国坚持对外开放的基本国策，坚持打开国门搞建设”“实行高水平的贸易和投资自由化便利化政策，全面实行准入前国民待遇加负面清单管理制度，大幅度放宽市场准入，扩大服务业对外开放，保护外商投资合法权益”“赋予自由贸易试验区更大改革自主权，探索建设自由贸易港。创新对外投资方式，促进国际产能合作，形成面向全球的贸易、投融资、生产、服务网络，加快培育国际经济合作和竞争新优势”①。

新时期服务贸易开放主要集中于金融业市场准入：大幅放宽金融业的外资投资比例限制，放宽证券、基金和期货公司的投资比例至 51%，并在 3 年后取消限制；取消对中资银行和金融资产管理公司的外资持股限制；放宽外资设立人身保险业务的外方持股比例，鼓励已进入中国的外资保险公司进入健康、养老等业务领域，优化保险领域准入政策。

2018 年 4 月 13 日，习近平正式宣布：“党中央决定支持海南全岛建设自由贸易试验区，支持海南逐步探索、稳步推进中国特色自由贸易港建设，分步骤、分阶段建立自由贸易港政策和制度体系。”② 2018 年 6 月 1 日，国务院发布《深化服务贸易创新发展试点总体方案》，新增北京、河北雄安新区两个试点地区。2019 年 3 月 15 日通过《中华人民共和国外商投资法》，在法律上规定了中国对外商投资实行准入前国民待遇加负面清单管理制度。

在 2020 年服贸会上习近平宣布：“为更好发挥北京在中国服务业开放中的引领作用，我们将支持北京打造国家服务业扩大开放综合示范区，加大先行先试力度，探索更多可复制可推广经验。”此外，习近平还在会上提出：“设立以科技创新、服务业开放、数字经济为主要特征的自由贸易试验区，构建京津冀协同发展的高水平开放平台，带动形成更高层次改革开放新格局。”③ 2020 年 8 月，国务院进一步将深化服务贸易创新发展试点范围扩大到全国 28 个地区，2021 年 7 月商务部发布《海

---

①《习近平：决胜全面建成小康社会 夺取新时代中国特色社会主义伟大胜利——在中国共产党第十九次全国代表大会上的报告》，http://www.gov.cn/zhuanti/2017-10/27/content_5234876.htm[2022-03-01]。

②《习近平：在庆祝海南建省办经济特区 30 周年大会上的讲话》，http://www.xinhuanet.com/politics/2018-04/13/c_1122680495.htm[2022-03-01]。

③《习近平在 2020 年中国国际服务贸易交易会全球服务贸易峰会上的致辞（全文）》，http://www.gov.cn/xinwen/2020-09/04/content_5540728.htm[2022-03-01]。

南自由贸易港跨境服务贸易特别管理措施（负面清单）（2021年版）》，其中明确列出了针对境外服务提供者的11个门类共70项特别管理措施。

3.2 服务贸易主要细项的入世承诺及其发展

3.2.1 银行及证券业与金融服务

1. 入世承诺及履行情况

1）银行业

中国银行业入世承诺主要包括地域限制、客户对象限制、设立外资金融机构的许可条件、总资产要求四大方面。地域限制方面：①入世时取消外汇业务的地域限制；②入世时开放深圳、上海、大连、天津的人民币业务；③入世后一年内，开放广州、珠海、青岛、南京、武汉的人民币业务；④入世后两年内，开放济南、福州、成都、重庆的人民币业务；⑤入世后三年内，开放昆明、北京、厦门的人民币业务；⑥入世后四年内，开放汕头、宁波、沈阳、西安的人民币业务；⑦入世后五年内，取消人民币业务所有地域限制。

客户对象限制方面：①入世时取消外资银行在中国境内开展外汇业务的客户对象限制；②两年内，放开人民币的批发业务；③五年内，放开人民币的零售业务。

设立外资金融机构的许可条件方面：入世时，中国金融服务部门进行经营的批准标准不包括经济需求测试或营业许可的数量限制。

总资产要求方面：申请从事人民币业务的外国金融机构需在中国营业三年，且申请前连续两年盈利。

截至2021年，中国已全面放开外汇业务，人民币业务的客户对象已放开至中资企业；取消了外资银行在中国经营人民币业务的地域限制；将外资单一持股中资银行的比例上限从15%提至20%，减少了外资银行分行营运资金的要求；大型国有商业银行也都进行了股份制改革。外资银行的竞争在一定程度上激发了市场的活力，且并未引发系统性风险。

2）证券业

中国证券业入世承诺包括：允许外资以设立合资公司的方式从事国内证券投资基金管理业务，持股比例最高可达33%，且在入世后三年内外资持股比例上限可升至49%；入世三年内，合资公司可以承销A股、承销并交易B股和H股及政府与公司债券，入世后外国证券机构可不通过中国中介直接交易B股。

截至2021年，中国已经全部履行入世承诺，越来越多的外资证券和基金公司获得了合格境外机构投资者资格，部分公司外资持股比例已超过1/3，并负责政府与公司债券的承销和交易。

2. 金融服务贸易发展情况

整体上，中国金融服务贸易①发展迅速，如图 3.1 所示。金融服务进出口总额由 2005 年②的 24.96 亿元增长为 2020 年的 513.32 亿元，年平均增长率为 22.33%，在 2014 年达到峰值 581.79 亿元。出口额由 2005 年的 11.90 亿元增长为 2020 年的 294.36 亿元，年平均增长率为 23.85%，在 2020 年达到峰值。进口额由 2005 年的 13.06 亿元增长为 2020 年的 218.96 亿元，年平均增长率为 20.68%，并在 2014 年达到峰值 303.46 亿元。此外，金融服务贸易逆差逐渐缩小，在 2011 年短暂出现顺差后，于 2016 年结束长期逆差变为顺差，其中 2006 年金融服务贸易逆差达到峰值 59.00 亿元，2017 年金融服务贸易顺差达到峰值 140.25 亿元。

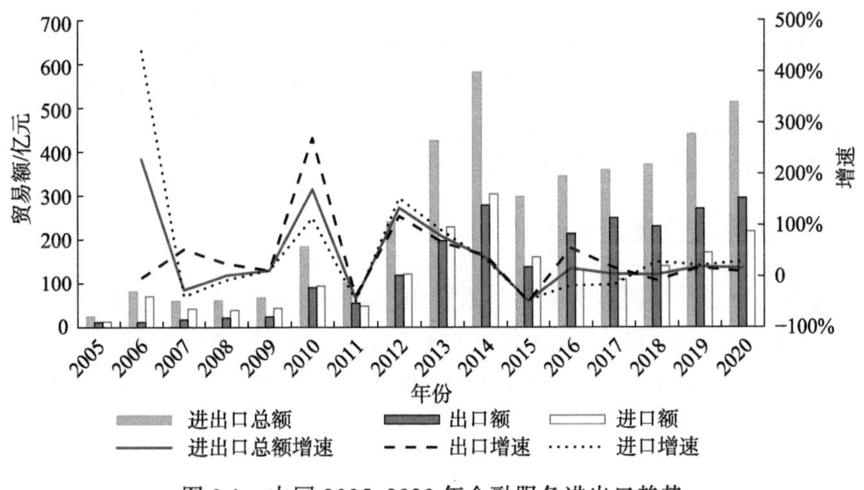

图 3.1　中国 2005~2020 年金融服务进出口趋势

资料来源：WTO

3.2.2　保险业与保险服务

1. 入世承诺及履行情况

中国保险业入世承诺主要包括地域范围、业务范围、外资保险企业的形式和股比限制、国民待遇四大方面。地域范围方面：自入世时起，允许外资保险公司在上

① 金融服务贸易虽然以银行及证券业为主，还涉及客账代理经营公司等其他企业，但是中国在统计金融服务贸易时并未公布银行及证券业的服务贸易额，因此本书使用的中国金融服务统计的数据可能高于银行及证券业的服务贸易额。

② 考虑到数据可得性问题，选择 2005 年和 2020 年作为对比年份。

海、广州、佛山、深圳和大连开展业务；两年内扩展到北京、成都、重庆、福州、苏州、厦门、宁波、沈阳、武汉和天津；在三年内，放开外资保险公司地域限制。

业务范围方面：自入世时起，作为分支机构、合资公司或外国独资子公司的外资保险公司可为人寿保险和非人寿保险提供再保险服务，而不受地域或数量的限制。

外资保险企业的形式和股比限制方面：自入世时起，允许外国寿险公司设立合资公司，外资可占 50%；承诺自入世时起，允许外国非寿险公司设立分公司或合资企业，外资可占 51%；入世后两年内，允许外国非寿险公司设立外资独资子公司。

国民待遇方面：自入世时起，外国保险机构要就非寿险、个人事故和健康险的基本风险的所有业务向一家指定的中国再保险公司进行 20%的分保；入世后 4 年，不要求任何强制分保。

在实际开放进程中，中国已有多家中外合资保险公司，世界重量级的保险公司已基本进入中国市场。2002 年 1 月 15 日，中意人寿保险有限公司在广州成立，这是中国入世后首家批准成立的中外合资保险公司。截至 2009 年底，共有 52 家外国保险公司在华设立了 291 家营业性机构。同时，国内监管制度也在加快与国际监管标准接轨，几大国有大型保险公司改制上市，增强了公司偿付能力。三家海外上市保险公司市场份额超过了整个市场的一半。

2. 保险服务贸易发展情况

保险服务贸易是中国服务贸易的重要组成部分，且发展较为迅猛，如图 3.2 所示。保险服务进出口总额由 2005 年的 634.78 亿元增长为 2020 年的 1227.38 亿元，年平均增长率为 4.49%，且在 2014 年达到峰值 1660.29 亿元。中国国内保险业起

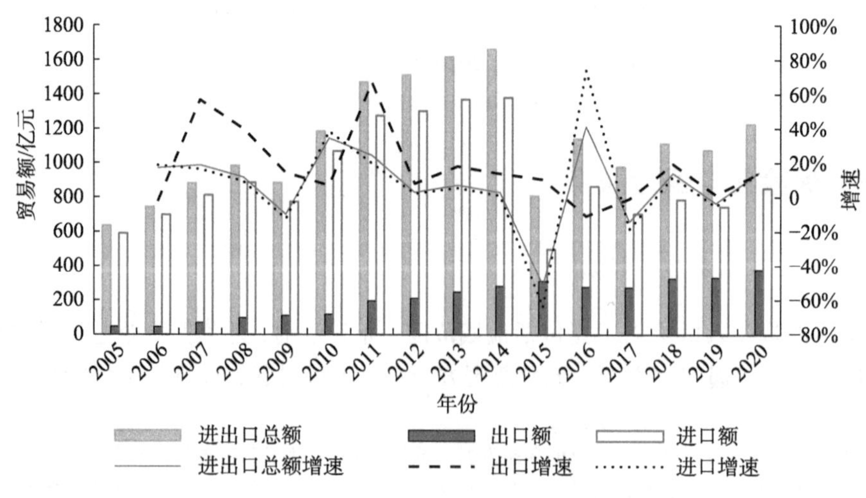

图 3.2 中国 2005~2020 年保险服务进出口趋势

资料来源：WTO

步较晚，但发展速度很快。保险服务出口额由 2005 年的 45.00 亿元增长为 2020 年的 375.95 亿元，年平均增长率为 15.20%，增长速度远高于保险服务进口。与此同时，保险服务进口额由 2005 年的 589.77 亿元增长为 2020 年的 815.43 亿元，年平均增长率为 2.18%，并在 2014 年达到峰值 1379.31 亿元。

此外，中国保险服务贸易逆差呈先上升后下降趋势，但整体上仍存在较大的贸易逆差。具体而言，保险服务贸易逆差由 2005 年的 544.76 亿元增加至 2013 年的峰值 1120.75 亿元，随后贸易逆差大幅下降，2020 年中国保险服务贸易逆差为 475.47 亿元，相较峰值的 1120.75 亿元，下降了约 57.58%。

3.2.3　运输业与运输服务

1. 入世承诺及履行情况

中国运输业入世承诺主要是允许国外投资者投资运输业。具体而言：对于公路运输，分别在一年和三年内允许外资占合资企业多数股份及全资拥有子公司；对于铁路运输，分别在三年与六年内允许外资占合资企业多数股份和全资拥有子公司；对于海上运输，允许开展国际海上货运与客运业务（如航班、散货和不定航线货船），外资占少数的合资企业还可以使用中国国籍进行经营注册；对于货运代理，分别在一年和四年内允许外资占合资企业多数股份与全资拥有子公司，合资企业经营一年以后，在双方注册资本均已到位后可以建立分支机构，外国货运代理公司在其第一家合资公司经营满五年后可以建立第二家合资公司，且在入世两年内，此项要求将减至两年。

在承诺履行上，目前外国投资者可以与中国企业合资设立道路运输企业。但是由于铁路行业改革严重滞后，铁路运输开放缓慢，价格和调度制度十分严格，外资基本没有进入铁路公司，也未参与铁路运输。

2. 运输服务贸易发展情况

运输服务贸易是中国服务贸易的重要组成部分，2020 年运输服务进出口总额大约占当年服务进出口总额的 1/4。运输服务进出口总额由 2005 年的 5394.53 亿元增长为 2020 年的 10 505.28 亿元，年平均增长率为 4.54%，如图 3.3 所示。中国国内运输服务近年来发展较好，运输服务出口额由 2005 年的 1263.69 亿元增长为 2020 年的 3974.61 亿元，年平均增长率为 7.94%，增长动力充足。与此同时，运输服务进口额由 2005 年的 2330.84 亿元增长为 2020 年的 6530.67 亿元，年平均增长率为 7.11%，并在 2018 年达到峰值 766.04 亿元，此后运输服务进口额逐年下降。

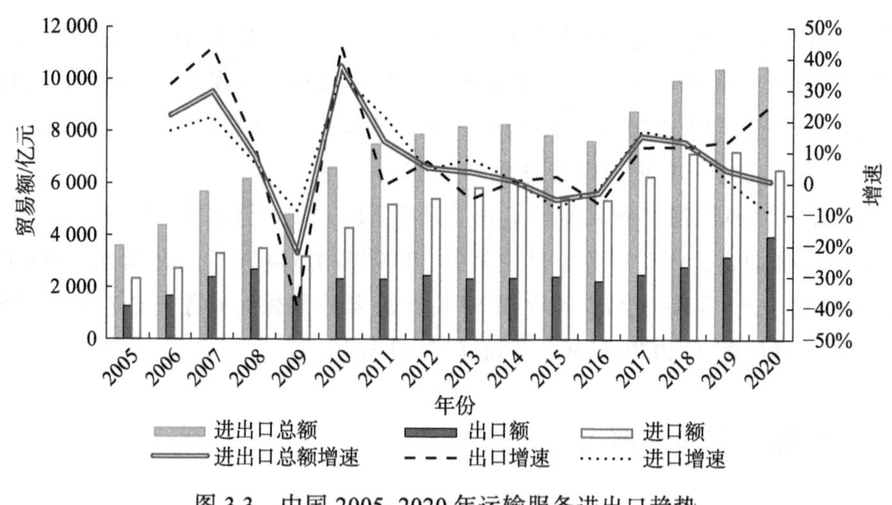

图 3.3 中国 2005~2020 年运输服务进出口趋势

资料来源：WTO

中国整体上运输服务贸易逆差仍处在较高水平，呈先上升后下降趋势。具体而言，运输服务贸易逆差由 2005 年的 1067.14 亿元增加至 2018 年的峰值 4366.84 亿元，随后贸易逆差大幅下降，2020 年中国运输服务贸易逆差为 2556.06 亿元，相较峰值下降了约 41.47%。

3.2.4 旅游业与旅行服务

1. 入世承诺及履行情况

中国旅游业入世承诺主要包括饭店和餐馆及旅行社。在饭店和餐馆开放上，允许饭店和餐馆可以由外资控股，四年内解除准入限制，实现外商独资。在旅行社开放上，允许满足条件的外商在中国政府指定的旅游度假区和北京、上海、广州、西安以合资旅行社和旅游经营者的形式提供服务，并在入世三年内，允许外资在合资企业中占多数股权，入世六年内，允许成立外资独资子公司，并取消对地域和设立分支机构的管制，但合资旅行社不得经营中国公民出境旅游业务。

在履行入世承诺方面，中国全面开放酒店行业，希尔顿、喜来登、万豪等大型国际饭店集团基本进入中国市场。同时，在 2003 年 12 月首家由外方控股的旅游企业——中旅途易旅游有限公司成立，在 2003 年 7 月首家外商独资旅行社——日航国际旅行社（中国）有限公司成立。此外，中国还鼓励优质中外合资旅游公司拓展海外业务。

2. 旅行服务贸易发展情况

旅游业是中国服务业中具有竞争优势的少数行业之一，近年来发展速度较快，来华旅游的外国游客数和中国出境游人数显著提升。如图 3.4 所示，旅行服务进出口总额由 2005 年的 4182.28 亿元上升至 2019 年的 19 702.83 亿元，年平均增幅 11.71%。旅行服务出口额 2005 年至 2019 年的年平均增长率为 1.18%。旅行服务进口额由 2005 年的 1782.44 亿元增加为 2019 年的 17 322.41 亿元，年平均增长率为 17.64%。此外，由于 2020 年新冠疫情的冲击，旅行服务贸易遭受巨大冲击：2020 年旅行服务进出口总额为 10 228.76 亿元，同比下降 48.08%；旅行服务出口额为 1177.18 亿元，同比下降 50.55%；旅行服务进口额为 9051.58 亿元，同比下降 47.75%。

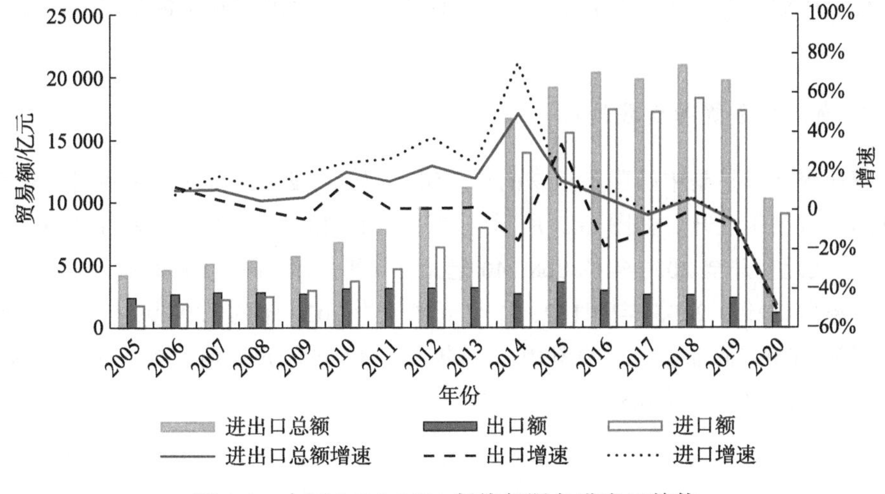

图 3.4　中国 2005~2020 年旅行服务进出口趋势

资料来源：WTO

2005~2009 年中国旅行服务贸易保持顺差，在 2009 年中国旅行服务贸易首次出现 275.06 亿元逆差后，中国旅行服务贸易逆差逐年扩大，并于 2018 年达到峰值 15 708.41 亿元。

3.2.5　商业与商业服务

1. 入世承诺及履行情况

中国商业入世承诺包括佣金代理服务、批发服务（不包括盐及烟草）和零售服务（不包括烟草）两大方面。佣金代理和批发服务方面：入世后一年内，外商在中国可设立合资企业，从事除图书、报纸、杂志、药品、农药、农膜、化肥、成品油、原油之外所有的进口与国内产品的佣金代理及批发服务；入世后两年内，允许外资拥有多数股权，取消地域限制和数量限制；入世后三年内，取消所有地域限制、数量限制和股比限制，但对于化肥、成品油、原油在加入后五年内取消限制。

零售服务方面：允许外国服务商从事除图书、报纸、杂志、药品、农药、农膜、成品油、化肥以外的所有产品的零售；入世后一年内，可零售图书、报纸、杂志；入世后三年内，可零售药品、农药、农膜、成品油；入世后五年内，可零售化肥。

为完成入世承诺，中国实施了《外商投资商业领域管理办法》，外商投资的零售企业经批准后可以开设店铺，中小型外商投资零售企业可以直接由当地商务主管部门审批。商业服务在地域方面完全开放，超出了对 WTO 的承诺。与此同时还进行了产业改革，民间资本慢慢壮大，外资的进入对国内商业企业并未造成较大冲击。

2. 商业服务贸易发展情况

商业服务贸易是中国服务贸易的重要组成部分，发展速度快，占中国服务贸易总额的比重逐年上升。如图 3.5 所示，2005 年商业服务进出口总额由 2005 年的 2976.16 亿元上升至 2020 年的 8686.40 亿元，年平均增幅约为 7.40%。与此同时，商业服务出口额由 2005 年的 1628.31 亿元增长为 2020 年的 5203.99 亿元，年平均增长率为 8.05%，商业服务进口额由 2005 年的 1347.85 亿元增加为 2020 年的 3482.40 亿元，年平均增长率为 6.53%。

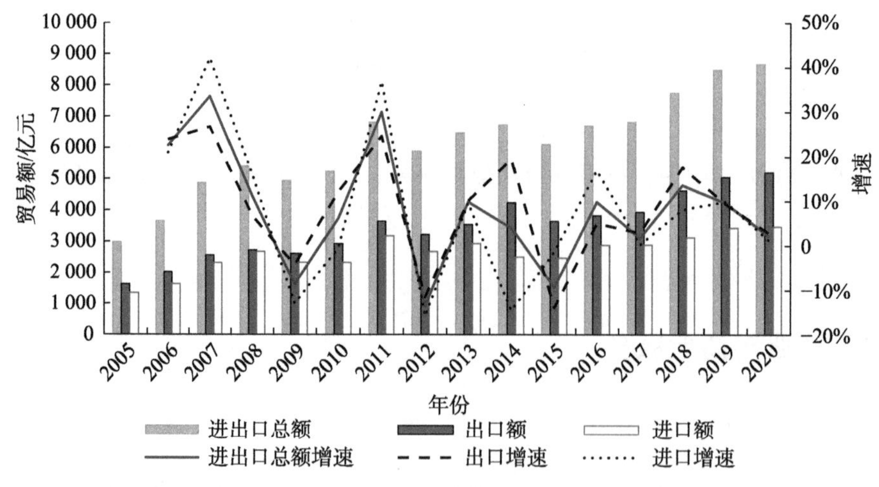

图 3.5　中国 2005~2020 年商业服务进出口趋势

资料来源：WTO

商业服务贸易是中国服务贸易顺差部门，服务贸易顺差整体上呈扩大趋势。商业服务贸易顺差由 2005 年的 280.46 亿元上升至 2020 年的 1721.59 亿元，年平均增幅约为 12.86%，并于 2014 年达到峰值 1729.55 亿元。

3.2.6　电信和信息服务业与电信、计算机和信息服务

1. 入世承诺及履行情况

中国电信和信息服务业入世承诺包括电信业与信息服务业开放。电信业的入世承诺包括在入世一年内逐步放开基础电信服务（传呼服务）、增值电信服务、移动话音和数据服务等的限制。

在基础电信服务和增值电信服务上，自入世之日起，允许外商在上海、广州、北京设立合资企业，持股比例在 30%以内。入世一年之内，在成都、重庆、大连、福州、杭州、南京、宁波、青岛、沈阳、深圳、厦门、西安、太原和武汉等城市，外资所占股份可增加至 49%。入世后两年内，将取消地域限制，但外资持股不得超过 50%。

在移动话音和数据服务上，自入世之日起，外国投资者可以在上海、广州和北京设立合资企业，并在这些城市内及三者之间开展业务，但是外资所占股份最高限额为 25%。入世后一年内推广至部分其他城市，外资持股比例上限增加到 35%。入世后三年内，外资持股比例上限增加至 49%。入世后五年内，取消地域限制。

国内和国际服务上，入世三年内，允许外国投资者在上海、广州和北京设立合资企业，并在这些城市内及三者之间提供服务，且外资持股比例不超过 25%。入世五年内，外资持股比例上限增加到 35%，并推广到部分其他城市。入世六年内，取消地域限制，外资持股比例上限增加到 49%。

目前大量外资涌入增值电信服务行业、移动话音和数据服务行业。中国四大电信运营商都已在海外上市，并吸引了大量外资。中国电信服务行业的传统垄断格局被打破，基本建立了有序竞争的国内通信市场。

2. 电信、计算机和信息服务贸易发展情况

电信和信息服务业是中国具有比较优势的服务贸易行业，近几年呈现蓬勃发展趋势，如图 3.6 所示。电信、计算机和信息服务进出口总额由 2005 年的 372.62 亿元上升至 2020 年的 6345.90 亿元，年平均增幅约为 20.80%。同时，电信、计算机和信息服务出口额由 2005 年的 190.49 亿元上升至 2020 年的 4071.93 亿元，年平均增幅约为 22.65%；电信、计算机和信息服务进口额由 2005 年的 182.13 亿元上升至 2020 年的 2273.97 亿元，年平均增幅约为 18.33%。

此外，电信和信息服务行业是中国保持贸易顺差的服务行业之一，且服务贸易顺差整体呈扩大趋势。2005 年电信、计算机和信息服务贸易顺差为 8.36 亿元，2020 年贸易顺差达到了 1797.96 亿元，在 2019 年达到峰值 1860.44 亿元。

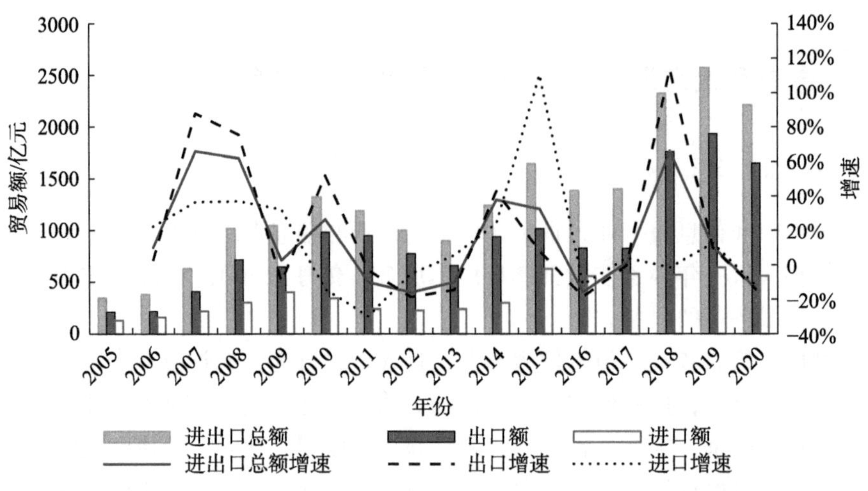

图 3.6 中国 2005~2020 年电信、计算机和信息服务进出口趋势

资料来源：WTO

3.2.7 建筑业与建筑服务

1. 入世承诺及履行情况

中国建筑业入世承诺包括：外商在中国只能设立合资企业，允许外资拥有多数股权；入世三年内，允许设立外商独资企业，但只能承揽四种项目（①全部由外商投资或赠款建设的项目；②中国利用国际金融组织贷款并由国际招标授予的项目；③外商投资占工程建设总额不少于 50%的中外联合建设项目，如果外资占比少于 50%，但因技术困难而不能由中国建筑企业独立实施的中外联合建筑项目；④由中国投资、但中国建筑企业难以独立实施的建设项目，经省政府批准，可由中外建筑企业联合承揽）。

建筑业是中国开放较早、外资进入较多的领域。在建筑业，中国已经全面提前履行承诺，中国的建筑及其相关服务业的过渡期已经于 2004 年 12 月 11 日结束，包括建筑设计服务、工程服务、集中工程和城市规划服务在内的专业服务过渡期已于 2006 年 12 月 11 日结束，建筑企业间的竞争将加强。但是国外企业可承接的项目类型少，且主要感兴趣的是中国的大型建设项目，对国内普通建设项目兴趣不大。

2. 建筑服务贸易发展情况

建筑业是中国国民经济的支柱产业，也是中国服务贸易出口的重点行业。随着“一带一路”服务贸易合作的加强，越来越多的中国企业沿着“一带一路”走出去为他国建设基础设施，有效推动了中国建筑服务贸易发展。如图 3.7 所示，建筑服务进出口总额由 2005 年的 345.06 亿元上升至 2020 年的 2212.85 亿元，年平均增幅 13.19%。同时，建筑服务出口额由 2005 年的 212.41 亿元上升至 2020 年的 1650.64 亿元，年平均增幅约为 14.65%；进口额由 2005 年的 132.65 亿元上升至 2020 年的 562.21 亿元，年平均增幅约为 10.11%。

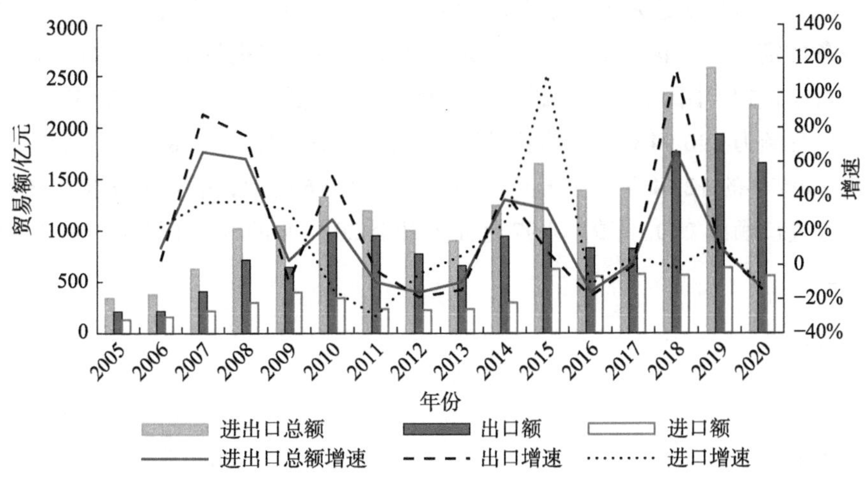

图 3.7　中国 2005~2020 年建筑服务进出口趋势

资料来源：WTO

此外，建筑业也是中国保持贸易顺差的服务行业之一，服务贸易顺差整体呈增长态势，由 2005 年的 79.76 亿元上升至 2020 年的 1088.43 亿元，并于 2019 年达到峰值 1291.26 亿元。

3.2.8　文化业与文化服务

1. 入世承诺及履行情况

中国文化业入世承诺主要包括广告和影视音像两个部门。在广告业上，中国承诺，在入世后两年允许外资在合资公司占据多数股权，在入世后四年允许建立外商独资子公司。在影视音像业上，中国承诺自加入时起，允许每年以利润分成的形式进口 20 部外国电影，允许外国服务提供商建设和/或改造电影院，但外资比例不超过 49%，并允许外商以合作企业的形式分销除电影外的音像产品。

在入世承诺的履行上，除履行上述承诺外，2004 年还允许外商投资电影制作，但外资占比不得超过 49%。2004 年 10 月中旬，华纳兄弟娱乐公司、中国电影集团公司和横店集团控股有限公司三方在商务部批准下，成立了中国首家合资影业公司

“中影华纳横店影视公司”，标志着外资进入电影制作、销售等领域。然而，由于广播行业的严格监管，外资企业并没有形成强大的竞争力。

2. 文化服务贸易发展情况

在经济全球化快速发展的今天，随着全球经济水平的提高，世界各国对文化产品及服务的需求也逐渐提高，这为中国文化贸易的发展提供了良好的机遇。如图3.8所示，2005年中国文化服务进出口总额为23.58亿元，而到了2020年，文化服务进出口总额为296.94亿元，增长了近12倍，年平均增速为18.40%。文化服务出口额由2005年的12.61亿元上升至2020年的207.46亿元，年平均增速为20.53%；文化服务进口额由2005年的10.97亿元上升至2020年的89.48亿元，年平均增速为15.02%。

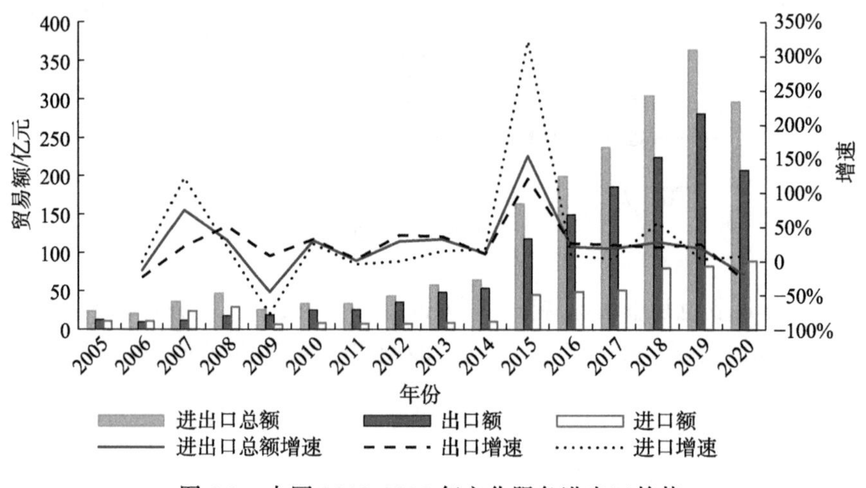

图 3.8　中国 2005~2020 年文化服务进出口趋势

资料来源：WTO

此外，文化服务贸易顺差整体呈扩大趋势，2005 年文化服务贸易顺差为 1.64 亿元，之后逐渐变为逆差，2020年文化服务贸易顺差为117.98亿元。

3.3　服务贸易发展政策与措施

改革开放 40 年来，尤其是党的十八大以后，中国进一步加大了服务业开放和服务贸易发展的力度，积极推动服务业创新发展、强化发展规划、健全政策体系、搭建发展促进平台，把中国服务业开放和服务贸易发展推向更高水平。

3.3.1　推进服务贸易发展的政策措施

1. 推进服务产业创新发展

改革开放以来，中国服务业规模日益壮大，综合实力不断增强，质量效益大幅提升，新产业、新业态层出不穷。目前中国已经基本形成了一个完整的服务产业体系。服务产业的创新发展离不开中国政府采取的一系列积极措施。

1992 年 6 月国务院发布《关于加快发展第三产业的决定》，指出加快发展第三产业的目标是：争取用 10 年左右或更长一些时间，逐步建立起适合中国国情的社会主义统一市场体系、城乡社会化综合服务体系和社会保障体系。同年 11 月，国务院召开全国加快第三产业发展工作会议，并讨论了《全国第三产业发展规划基本思路》。以上举措基本明确了大力发展服务产业的重大战略意义，界定了第三产业发展的目标、重点和指导原则，并提出了加快第三产业发展的主要政策措施，提高了全社会对加快发展第三产业对全国发展具有重要战略意义的认识，结束了长期以来中国经济发展忽略服务产业发展的历史。自此以后，加快推动服务产业的发展，优化服务产业在国民经济中的比重，成为政府宏观经济调控的重要任务。

1994 年实施的分税制改革为地方政府扶持服务产业发展注入强劲动力。分税制改革是一次对中央和地方政府间税收分配制度及税收结构进行的一次较大规模的调整，标志着中国的财政体制由计划经济向市场经济改革迈出了实质性的一步。这次分税制改革将来自工业产品的大部分增值税和全部消费税划归中央，而将来自服务业的税种划归地方。这种中央和地方政府财权的重新调整，刺激了地方政府重新分配工业和服务业的发展资源，使地方经济发展政策开始向服务产业倾斜，促进了服务产业发展。

2002 年国务院办公厅转发《国家计委关于“十五”期间加快发展服务业若干政策措施的意见》。该文件是自 1992 年国务院做出《关于加快发展第三产业的决定》以来，第二次专门就服务业发展下发的政策文件，是为促进服务业发展发布的又一个重要文件。该文件提出了优化服务业行业结构、扩大服务业就业规模、加快企业改革和重组、放宽服务业市场准入、有步骤地扩大对外开放、推进部分服务领域的产业化、促进后勤服务的社会化、鼓励中心城市“退二进三”、加快服务业人才培养、多渠道增加服务业投入、扩大城乡居民的服务消费、加强服务业的组织领导等涉及 12 个方面的一系列政策措施。这些政策措施强化了对交通运输、商贸流通、餐饮、公共事业和农业服务的重组改制，推进了连锁经营、特许经营、物流配送、代理制、多式联运与电子商务等组织形式和服务方式的发展。该文件对于加快中国服务业发展、促进国民经济持续快速健康发展、提高国际竞争力具有重大意义。

2007 年国务院发布《国务院关于加快发展服务业的若干意见》。首先，明确了服务业工作的指导思想和方向；其次，提出服务业发展的主要目标是到 2020 年，基本实现经济结构向以服务经济为主的转变，服务业增加值占 GDP 的比重超过 50%，服务业结构显著优化，就业容量显著增加，公共服务均等化程度显著提高，市场竞争力显著增强，总体发展水平基本与全面建成小康社会的要求相适应；最后，明确了优化服务业发展结构、调整服务业发展布局、积极发展农村服务业、提高服务业对外开放水平等四个主要任务。

2012 年党的十八大报告从推进供给侧结构性改革、建设现代化经济体系的高度，对文化产业、人力资本服务等领域做出了重要论述。在党的十八大之后，党中央、国务院高度重视服务业尤其是现代服务业的发展，先后出台了《国务院关于加快科技服务业发展的若干意见》《国务院关于加快发展现代保险服务业的若干意见》《国务院关于促进健康服务业发展的若干意见》和《国务院关于加快发展养老服务业的若干意见》等一系列推动服务业发展的政策文件。2017 年国家发改委发布《服务业创新发展大纲（2017—2025 年）》，根据该大纲的具体内容，能够概括出“一个核心”和“三个重点”。一个核心是构建服务业持续健康发展的体制机制和软环境；三个重点分别是放松管制、促进竞争，扩大开放、融入全球及完善机制、提高标准。

2. 强化服务贸易发展规划

截至 2021 年 11 月，中国共制定了“十一五”“十二五”“十三五”“十四五”四个时期的服务贸易发展五年规划和《“十四五”商务发展规划》。商务部服务贸易和商贸服务业司在每次规划发布后均就规划内容进行了解读，主要内容如下。

1）服务贸易发展“十一五”规划纲要

《服务贸易发展“十一五”规划纲要》是中国服务贸易领域的第一个发展规划。该发展规划总结了中国服务贸易发展的实际情况，即规模迅速扩大、国际地位不断提升、全面发展格局初步形成，但也存在市场过度集中、发展结构不平衡等问题。

该发展规划纲要明确了“十一五”时期中国发展服务贸易的指导思想，并提出了三条总体要求：第一，坚持从实际出发，遵循服务贸易发展规律；第二，坚持科学发展观，统筹兼顾总量增长与结构优化；第三，坚持市场化取向，加强政府宏观指导。

该发展规划纲要对服务贸易发展目标进行了细化和分解。一是服务贸易规模显著扩大。到 2010 年服务贸易进出口总额由“十五”期末的 1571 亿美元达到 4000 亿美元，年均增速超过 20%；“十五”期末，中国服务贸易出口占中国外贸出口总额的比重为 8.9%，占世界服务贸易出口总额的比重为 3.1%，“十一五”期间要力争提高服务贸易出口在中国对外贸易出口总额中的比重，在世界服务贸易出口总额的比重稳步提高。二是服务贸易结构不断优化。2010 年，运输、旅游等传统劳动密集型服务出口继续扩大，占中国服务贸易出口总额的比重力争下降到 60%以下，提高通信、保险、金融、计算机信息服务、专有权使用费和特许费、咨询、广告等新兴资本和技术密集型服务占中国服务贸易出口总额的比重。三是服务贸易领域更加开放格局基本形成。通过利用外资，通信、保险、金融、计算机信息服务和商业领域的经营服务水平明显提高，国际服务外包承接业务量明显增加。四是国际服务贸易市场开拓能力大幅提升。服务贸易“走出去”产生明显成效，境外采购、分销、研发、远洋运输、物流、金融、保险、旅游等服务机构数量显著增加，形成 1~2 个境外中资服务企业集群或服务贸易合作区，对外承包工程与劳务合作的规模和水平继续提高。

为了实现“十一五”期间服务贸易的发展目标，该规划纲要提出了如下六点工作内容：第一，构建服务贸易发展管理体系；第二，建立和完善服务贸易统计体系；第三，建立服务贸易发展促进体系；第四，继续积极稳妥扩大服务业开放；第五，分类指导，重点促进服务贸易发展；第六，采取服务贸易发展的保障措施。

2）服务贸易发展“十二五”规划纲要

商务部立足于中国服务贸易发展实际，于 2011 年 9 月 27 日发布了《服务贸易发展“十二五”规划纲要》，系统地规划了中国“十二五”时期服务贸易的发展，全面部署了总体目标、战略任务和重点领域，并提出了明确的政策举措和政策保障措施。

《服务贸易发展“十二五”规划纲要》提出了五个发展目标：第一是扩大贸易规模，在 2015 年实现服务贸易进出口总额达到 6000 亿美元；第二是优化贸易结构，在 2015 年实现包括通信服务、金融服务、文化服务等知识和技术密集、高附加值的服务贸易占服务贸易出口的比重超过 45%，进一步扩大劳务合作、运输服务、旅游服务等出口规模；第三是提升对外开放水平，扩大通信服务、金融服务和商业服务等行业企业规模，提高经营水平，带动、培育并壮大国内产业；第四是增强国际竞争力，扩大运输、旅游、金融、通信、劳务合作与对外承包工程等服务行业出口贸易规模，培养一批拥有自主知识产权和知名品牌的重点企业，培育一批具有国际资质和品牌的服务外包企业，提升开拓国际市场的能力；第五是协调服务贸易区域发展，实施区域差异化发展战略，充分发挥东部、中部和西部地区的比较优势，发挥服务贸易发展较快区域的辐射带动作用，构建有活力、有特色和协调的服务贸易区域发展格局。

为确保“十二五”时期服务贸易发展目标顺利实现，该规划纲要提出了七项战略任务。第一是推动重点行业服务出口；第二是扩大服务领域对外开放；第三是加快服务贸易企业“走出去”步伐；第四是培育具有较强国际竞争力的服务贸易企业；第五是推进服务贸易领域自主创新；第六是促进服务贸易区域协调发展；第七是加快发展与战略性新兴产业相配套的服务贸易。同时，提出了八项保障措施，包括健全法规体系、创新扶持政策、保护知识产权、构建促进体系、强化管理机制、完善统计体系、优化贸易环境、培育行业协会。

此外，根据世界服务贸易发展趋势，按照“突出重点、明确目标、统筹安排”的原则，该规划纲要选择了 30 个领域作为“十二五”时期的发展重点，既包括旅游、建筑服务等具有比较优势的传统领域，也涵盖了咨询、计算机和信息服务等符合国际服务贸易发展趋势的新兴领域。通过优先发展这些重点领域，带动中国服务业和服务贸易全面协调发展。

3）服务贸易发展“十三五”规划

《服务贸易发展“十三五”规划》的编制贯彻了国务院关于服务贸易发展的重要部署，深入总结了“十二五”期间中国服务贸易发展的成就和不足，立足于中国对外贸易发展实际，准确预判了“十三五”时期中国服务贸易将迎来全面发展的黄金期，为推动服务贸易迈向新台阶做出了整体规划。

该规划以创新、协调、绿色、开放、共享新发展理念为统领，突出在“十三五”时期继续推进服务贸易供给侧结构性改革，突出服务贸易创新发展，突出服务贸易与货物贸易、对外投资和服务业的联动发展，突出服务贸易重要领域的引领作用。明确提出要夯实服务贸易产业基础，完善促进服务贸易体制机制、政策框架、发展模式和促进体系，提升服务贸易开放程度和便利化水平，扩大服务贸易规模、优化服务进出口结构，打造服务贸易国际竞争新优势。

《服务贸易发展“十三五”规划》提出了“十三五”时期服务贸易发展的目标：进一步巩固服务贸易大国地位，加快建设服务贸易强国；实现服务贸易年均增速高于全球平均水平；高附加值的服务出口比重持续上升，巩固具有出口优势的服务部门。同时，为确保发展目标顺利实现，发展规划围绕服务贸易创新发展，提出了完善发展体制、优化行业结构、壮大市场主体、培植创新动力、扩大开放合作和健全监管体系六大任务。

为细化各项工作任务，优化行业布局，发展规划列出了物流运输服务、旅游服务、建筑与工程服务、金融服务、信息通信服务、知识产权服务、商务服务及国际服务外包等 12 大类、共计 24 个服务贸易部门作为服务贸易发展的重要领域。

4）“十四五”商务发展规划

《“十四五”商务发展规划》从商务工作的“三个重要”的新定位出发，以立足新发展阶段、贯彻新发展理念、构建新发展格局、推动商务高质量发展为主线贯穿全篇，对“十四五”时期商务高质量发展做出系统谋划和总体安排。其中，对创新发展服务贸易提出了五点规划。

第一，深耕重点领域，打造“中国服务”品牌。第二，优化服务进出口结构，扩大生产性服务的进口，扩大传统服务出口规模，推动知识密集型服务的出口，健全技术贸易促进体系，支持成熟产业化技术出口。第三，加速服务外包转型升级，探索服务外包新模式，积极开展研发、设计、维修、咨询等服务部门的外包，发展离岸外包，优化服务外包示范城市布局。第四，推动数字贸易发展，建立完善促进数字贸易发展的政策。第五，完善服务贸易发展机制，建立健全跨境服务贸易负面清单管理制度，推进国家服务贸易创新发展示范区建设，支持建设地方性服务贸易境外促进中心，完善服务贸易统计监测体系。

5）“十四五”服务贸易发展规划

《“十四五”服务贸易发展规划》阐明了“十四五”时期中国服务贸易发展的方向、目标和任务，明确了“十四五”时期的政府工作重点，引导市场主体行为。

发展规划体现了四个重要特点。第一，“三新一高”的主题主线贯穿其中。分析了“十四五”时期服务贸易发展的新形势、新问题和新任务，明确了服务贸易发展的重点路径与任务，促进国内国际双循环，实现高质量发展。第二，改革开放的引领作用更加突出。发展规划的首个重点任务专章是“深化服务贸易改革开放”，从放宽服务领域市场准入、提高跨境服务贸易开放水平及打造高水平改革开放平台等三个方面进行了重点阐述。第三，将数字贸易列入服务贸易发展规划，明确提出了四类数字贸易的类型，为未来数字贸易发展指明了方向与路径，同时还提出发挥服务贸易对绿色转型的促进作用。第四，设置了 12 个专栏阐述“十四五”时期实施规划的有效手段，包括推动传统服务贸易转型、促进新兴服务贸易发展、构建服务贸易创新发展平台和示范区。

发展规划采用定性和定量表述相结合的方式，从服务贸易规模、服务贸易结构、服务贸易竞争实力及制度环境四个方面设置了六项预期性目标，且考虑了服务贸易面临的较大外部不确定性，因此并未明确设定服务贸易发展的总量目标和年增长目标，而专注于服务贸易发展质量和效益。

3. 健全促进服务贸易发展的政策体系

1）加强服务产业和服务贸易立法

20 世纪 80 年代以来，中国先后在服务业和服务贸易方面进行立法，颁布了《中华人民共和国民法通则》《中华人民共和国对外贸易法》《中华人民共和国商业银行法》和《中华人民共和国海商法》等多部法律，建立了服务贸易规则体系的基本框架。这些法律的制定和实施在遵守中国所加入的国际公约的基础上，基本参考了大陆法与英美法的相关规定。

中国在入世之前，就已经初步形成了由法律、行政法规、规章及地方性法规构成的多层次的涉外服务贸易法律体系。该法律体系以《中华人民共和国对外贸易法》为核心，涵盖投资、金融、保险、电信、法律服务、海运、工程承包、咨询等一系列服务领域。在金融服务业方面，有《中华人民共和国中国人民银行法》《中华人民共和国商业银行法》和《中华人民共和国外资金融机构管理条例》等法律法规；在保险服务业方面，有《中华人民共和国保险法》和《上海外资保险机构暂行管理办法》等法律法规；在运输服务业方面，有《中华人民共和国海商法》《国际船舶代理管理规定》《中华人民共和国民用航空法》等法律法规；在旅游服务业方面，有《旅行社管理条例》和《旅行社条例实施细则》等法律法规；在建筑工程服务业方面，有《中华人民共和国建筑法》和《在中国境内承包工程的外国企业资质管理暂行办法》等法律法规；在广告服务业方面，有《中华人民共和国广告法》等法律法规，除此之外，国务院还颁布了《广告管理条例》；在专业服务业方面，有《中华人民共和国律师法》和《中华人民共和国注册会计师法》等法律法规。

中国在入世之后，为实现入世承诺，需加快中国服务业法律法规的完善工作，于是开始了大规模的国内服务业法律法规的制定、修改和废除。2004 年，《中华人民共和国对外贸易法》的修订版对服务贸易内容做出了更详细的补充。

2）建立服务贸易协调管理体制机制

服务贸易涉及旅游、运输、金融、保险、文化、教育、通信、建筑等诸多部门，因此要加强整体协调，推动建立各部门密切配合、中央和地方互动、政府与企业紧密联系的全国服务贸易协调管理机制。要加强宏观规划、调查统计、市场促进、政策协调、对外谈判等工作。

2015 年 8 月，建立了国务院服务贸易发展部际联席会议制度，目的是推进全国范围内对服务贸易工作的宏观指导，促进各部门间的协调配合，加快服务贸易的发展，这是服务贸易各工作部门间协调机制不断健全的重要标志。该联席会议制度由 39 个部门及单位组成，承担研究推动服务贸易发展的政策措施、协调各部门服务进出口政策、统筹服务业对外开放、将服务业对外开放与促进服务进出口有机结合、推进服务贸易便利化和自由化等职能。

3）完善畅通服务贸易政策支持体系

首先，为了强化服务贸易发展顶层设计，国务院出台了《关于加快发展服务贸易的若干意见》《关于促进服务外包产业加快发展的意见》《关于加快发展对外文化贸易的意见》等一系列政策法规。其次，为了加强对服务进出口领域的支持引导，国家印发了《鼓励进口服务目录》《服务出口重点领域指导目录》《服务外包产业重点发展领域指导目录》，为出台和落实支持政策提供相关依据。再次，国务院批准设立服务贸易创新发展引导基金，逐步建立服务贸易促进政策和公共服务体系，扩大金融和财税系统对服务贸易发展支持的范围与领域。最后，商务部也在服务出口税收、服务外包监管等方面进一步推动完善服务贸易支持政策，与服务贸易重点伙伴，特别是“一带一路”沿线国家，建立政府间合作机制，营造公开透明、互惠互利的服务贸易国际合作环境，推动企业之间的国际合作。

4）优化服务贸易统计监测体系

完善优化服务贸易统计工作一直是促进服务贸易发展的重要内容。商务部与国家统计局会定期发布和修订《国际服务贸易统计制度》。近年来，国务院和商务部等服务贸易主管部门为完善服务贸易统计监测管理信息系统，采取了一系列有效措施。一方面，优化统计监测系统功能。加快业务系统整合、推进部门间数据互通、完善系统在服务贸易统计监测分析和政策支持等方面的公共服务功能。另一方面，提高数据采集质量。加快服务贸易企业数据直报工作，加快服务贸易重点监测企业联系制度的建立，推进服务贸易统计纳入国家统计局统计执法；完善服务贸易统计体系，提高服务进出口数据的及时性、准确性、细分性和全面性，发布外国附属机构服务贸易（foreign affiliates trade in service，FATS）统计数据，并开展留学、境外就医等重点服务贸易领域的抽样调查。经过多年努力，中国服务贸易统计制度不断完善，服务贸易数据的统计与发布更加制度化和透明化。

4. 开展服务贸易创新试点

2016 年 2 月，为给全国服务贸易创新发展积累经验，国务院批准在天津、上海等 15 个地区开展服务贸易创新发展试点，在管理体制、促进机制、政策体系和监管模式方面重点试行，探索完善服务贸易管理体制，扩大服务业双向开放力度，培育服务贸易市场主体，创新服务贸易发展模式，提升服务贸易便利化水平，优化服务贸易支持政策，健全服务贸易统计体系，创新事中事后监管举措。经过两年试验，形成了 29 条可在全国范围内复制推广的经验。

2018 年 6 月，国务院印发《深化服务贸易创新发展试点总体方案》，在 2016 年 15 个服务贸易试点的基础上，新增北京和河北雄安新区，还将南京江北新区、哈尔滨新区试点范围扩大到南京市和哈尔滨市全市范围。试点地区主要任务为：进一步完善管理体制、扩大对外开放、培育市场主体、创新发展模式、提升便利化水平、完善政策体系、健全统计体系、创新监管模式，以及探索服务贸易发展新机制、新模式、新路径。此外，同年还认定了 13 个首批国家文化出口基地。

2020 年 8 月，商务部印发《全面深化服务贸易创新发展试点总体方案》，提出将全面探索完善管理体制、扩大对外开放、提升便利水平、创新发展模式、健全促进体系、优化政策体系、完善监管模式、健全统计体系，要求做好全面深化服务贸易创新发展试点工作，促进对外贸易结构优化和高质量发展。

5. 搭建服务贸易促进平台

以高质量共建“一带一路”为重点，深化服务贸易对外交流与合作，中国积极搭建并强化服务贸易发展促进平台，建立了一批国家级、国际性和综合性的服务贸易平台，如服贸会、中国进出口商品交易会（旧称中国出口商品交易会，俗称广交会）和进博会等，形成了中国专业展会交易平台体系。同时，打造服务贸易境外促进平台，先后成立了上海服务贸易海外促进中心（布鲁塞尔）、杭州英国文化创意产业交流中心等一批服务贸易境外促进平台。打造“中国服务”国家品牌，拓展贸易、投融资、生产服务网络，创新对外投资方式，推动中国技术、中国标准、中国服务走出去。接下来主要介绍中国三大国家级服务贸易平台。

一是服贸会。为提高中国服务贸易的国际竞争力，2012 年在北京举办首届中国（北京）国际服务贸易交易会（以下简称“京交会”），并于 2019 年更名为服贸会，截至 2021 年，服贸会已成功举办七届。服贸会是全世界服务贸易领域的首个，也是规模最大的综合性展会，是中国服务贸易领域的龙头展会，涵盖了运输、旅行、建筑、保险、金融等 12 大服务贸易领域，并形成了以京交会为领头羊，含中国（上海）国际技术进出口交易会、中国国际软件和信息服务交易会、中国国际服务外包交易博览会、中国（深圳）国际文化产业博览交易会、中国（香港）国际服务贸易洽谈会等专业类展会的服务贸易交易平台体系，通过平台促进服务贸易的发展。服贸会也与广交会、进博会一起成为中国对外开放的三大展会平台。

中国政府高度重视服贸会，习近平明确提出将服贸会打造成为中国服务贸易领域龙头展会。在 2021 年服贸会全球服务贸易峰会上，习近平发表视频致辞，指出：“服务贸易是国际贸易的重要组成部分和国际经贸合作的重要领域，在构建新发展格局中具有重要作用。”①

服贸会具有较大影响力，WTO、联合国贸发会议、世界知识产权组织和国际贸易中心等重要国际组织均是其永久支持单位或合作单位。自举办以来，已有超过 14 位国外政要、400 余位国际组织负责人出席会议，100 多个境外国家（地区）前往办展办会，百万余人次客商洽谈合作。

服贸会以成为全球最有影响力的服务贸易国际一流展会为目标，致力于为各国政府、国际组织、服务贸易企业搭建高水平的展示交流新平台，为全球各界知名人士提供研讨服务贸易发展热点、共谋服务贸易长远发展的国际性论坛。未来，中国政府将进一步推动服贸会发展，将其打造成为全球服务贸易的风向标和晴雨表，为促进全球服务贸易发展起到积极作用。

二是广交会。广交会，被誉为“中国第一展”。1957 年春季，广交会在广州创办，从此每年于春秋两季在广州举办，是中国目前规模最大、历史最长、商品种类最全、参会买家最多且分布最广、信誉最好、成交效果最佳的综合性国际贸易平台，有中国外贸“风向标”和“晴雨表”的美誉，被视为中国对外贸易的窗口、缩

① 《习近平在 2021 年中国国际服务贸易交易会全球服务贸易峰会上的致辞（全文）》，http://www.news.cn/politics/leaders/2021-09/02/c_1127822209.htm[2022-03-02]。

影和标志。截至 2019 年第 126 届，广交会累计到会境外采购商约 899 万人，累计出口成交额约 97 448.21 亿元。表 3.1 选取了广交会部分年份的成交额，如下所示。

表 3.1　广交会部分年份的成交额统计（单位：亿元）

年份	成交额		全年成交额
	春季	秋季	
1957	4	17	21
1960	31	26	57
1965	80	106	186
1970	99	125	225
1975	245	279	524
1980	290	384	675
1985	756	911	1 667
1990	2 705	2 724	5 428
1995	9 012	7 199	16 211
2000	11 302	12 376	23 678
2005	23 944	24 108	48 053
2010	23 219	—	—
2015	17 474	16 823	34 297
2019	20 509	20 204	40 714

资料来源：广交会官网

注：本表数据经过舍入修约

广交会作为中国首个对外开放的窗口，是中国与世界相连接的重要纽带。在新中国成立初期，国内百废待兴，各项建设所需的工业设备和稀缺生产资料要依靠进口，因此急需外汇。为冲破封锁，开辟与世界交流的渠道，继 1956 年中国出口商品展览会成功召开后，中央政府在 1957 年 4 月批准创办广交会。在第一届广交会上，13 家专业外贸总公司组织交易团参展，有 1 万多种展示商品，来自 19 个国家（地区）的 1223 位采购商参会。此后，广交会迅速成长，不断拓宽中国的对外贸易渠道，极大地刺激了中国的出口创汇，为国家经济建设做出了很大贡献；同时，广交会还创新性地使用了对外贸易部（现为商务部对外贸易司）和广东省双领导的模式，明确了其促进外贸出口、服务国家经济建设的宗旨，形成了样本交易与展示研讨相结合的贸易模式。

改革开放后，国家放宽了对外贸的限制，让生产企业、外资企业和各类新兴企业都能在广交会上参展交易，破除了过往外贸行业的垄断，形成了百花齐放的大经贸格局，广交会开始蓬勃发展。在此背景下，广交会坚持贯彻“市场多元化、以质取胜、科技兴贸和大经贸发展战略”，多次改革办会机制和内部体制，同时不断优化参展商品、结构及主体，对组展方式进行改革，为广交会进一步的发展奠定了基础、储备了力量。自 2007 年 4 月第 101 届开始，俗称广交会的中国出口商品交易会更名为中国进出口商品交易会，由单一出口变为进出口双向平台。为了给参展商和采购商提供更优质的服务，广交会开展了合作伙伴计划，推进与世界各个国家和地区的工商组织及航空公司的合作。截至 2021 年 9 月中国已经通过广交会同世界超过一百家工商机构签订了合作协议和备忘录，覆盖亚洲、欧洲、北美洲、南美洲、非洲和大洋洲。

在全球新冠疫情的影响下，国际贸易遭受严重打击，面对挑战，广交会立刻调整，在网上连续举办了三届。其中，2021 年的第 129 届广交会共有 2.6 万家企业在线上平台参展，线上平台提供产品展示、直播营销、在线洽谈等服务，吸引了来自 227 个国家（地区）的采购商报名观展，此次的采购商来源地是历史上分布最广的一次。广交会在线上成功举办，为中国乃至世界的国际贸易发展开创了新的道路，为线上线下融合发展打下了坚实的基础，充分发挥了全方位对外开放平台的作用，为稳定外贸外资基础市场做出了积极贡献，也向世界展示了中国扩大开放，努力维护国际产业链、供应链安全的坚定决心。

广交会作为中国重要的贸易发展促进平台，联通着国内国际两个市场，是国内国际双循环的关键点，在新发展格局的构建中具有不可替代的地位。为了在更高层次上运用两个市场、两种资源，更好地展示中国产品升级最高水平、产业发展和经济发展最新成果，广交会也在不断推动着体制机制和商务模式创新，进一步提高平台的专业化、信息化、市场化和国际化水平，推动展览会议融合、内贸外贸融合、线上线下融合，充分发挥广交会全方位对外开放平台作用。

三是进博会。举办进博会是中国着眼推进新一轮高水平对外开放做出的一项重大决策，是中国主动向世界开放市场的重大举措。经过近几年的发展，进博会已经成为集国际采购、投资促进、人文交流和开放合作为一体的重要平台，成为世界共享的公共产品。

进博会是世界上第一个以进口为主题的国家级展会，出席嘉宾多、影响力大，国家主席习近平连续出席三届进博会开幕式，并发表主旨演讲，国际组织代表、外国政要均出席开幕式并致辞，充分体现了进博会的影响力。同时，进博会规模大、展示水平高。每届进博会展览面积将近 40 万平方米，参展企业超过 3800 余家，来自近 200 个国家（地区），其中连续参展的世界 500 强企业数量超过 250 家，不乏金融、物流和文化旅游等服务贸易领域顶尖企业，到会专业采购商超过 50 万名。2020 年进博会意向成交额达到 5009.04 亿元，较上届增长 2.1%。在全球新冠疫情的影响下，2020 年第三届进博会贸易投资对接会采取线上线下结合方式举办，为 674 家参展商、1351 家采购商提供专业服务，达成合作意向 861 项。

作为重要的服务贸易促进平台，进博会通过聚集世界知名厂商和中小企业，产生了显著的经济效益。首先，进博会促进了国家之间的文化交流，进博会专门设置多个国家馆用以展示国家形象和国家特色产品，增进了不同国家民众的相互了解。其次，进博会扩展了国内商品生产企业与服务提供商的发展空间，通过聚集世界先进的产品、技术和服务，激励国内厂商和服务提供商相互借鉴与学习，加强产品创新和技术研发能力。再次，进博会促进了中国服务贸易发展。进博会专门设置了服务贸易展区，覆盖服务外包、文化贸易、创意设计等诸多服务，直接拉动跨境服务贸易发展。最后，进博会改善了要素配置水平，优化了投资结构。进博会汇集国内外技术、资本等高端生产要素，推动智慧交通、智能制造、高端服务等深度融合，提升中国吸引外资能力，推动产业升级。

3.3.2　促进服务贸易高水平开放的政策措施

1. 中国服务业开放历程

1）入世前的有限开放

在 20 世纪 80 年代，中国仅有少数服务部门，如旅游设施和饮食服务部门对外国投资开放。20 世纪 90 年代以来，特别是从 1992 年起，中国加快了服务领域开放速度，在服务领域的对外开放是中国全面开放格局初步形成的重要标志。此后，交通运输、房地产、信息咨询、广告制作等部门开始引进外国投资，金融、保险、零售等部门尝试创立外商投资企业，与此同时邮电通信部门也逐渐对外开放。然而，由于服务业涉及邮电和金融重要敏感领域，且入世前的国内相关法律尚不健全，管理滞后，中国在引进国外投资方面非常谨慎，总体上采用合资或合作的方式，对一些部门的外资比例进行了很大限制。

中国全程参与了关贸总协定的“乌拉圭回合”谈判，并参加了 GATS 的制定。1990 年 5 月 4 日，中国与印度、喀麦隆、埃及、肯尼亚、尼日利亚和坦桑尼亚等发展中国家共同将“亚非提案”递交服务贸易谈判组，这对 GATS 的文本结构产生了重大影响。1990 年末，服务贸易谈判进入市场准入初步承诺的谈判阶段。按照谈判的规则，成为 GATS 的成员的前提条件是提出开放本国服务市场初步承诺开价单。中国分别在 1991 年、1992 年、1997 年先后提交初步承诺开价单，涉及 14 项服务，包括专业服务（如会计、律师等）、计算机及其相关服务、广告、近海石油服务、陆上石油服务、建筑、房地产、城市规划、银行、保险、旅游、远洋运输、空运、陆运等。

1995 年 2 月，中国进一步扩大了服务贸易外商投资范围，银行业、保险业、会计和审计服务、医疗保险服务、石油业服务等都允许外资的进入。1995 年 6 月，国家计划委员会（现为国家发改委）颁布的《外商投资产业指导目录》鼓励外商投资科技信息咨询、精密仪器设备维修、售后服务、地方铁路、桥梁、民用机场的建设与管理等相关服务业领域。1996 年 3 月，中国政府颁布了第九个“五年计划”，许多地区积极鼓励外商进入基础设施、信息设施等领域，并提高了零售业、连锁业、批发业和物资供销业外商投资试点的开放度。

金融服务是中国服务业对外开放的重要部分，截至 2000 年，中国已批准在 23 个城市和 1 个省设立外资金融机构的营业机构，允许 184 家外资银行在华设立营业机构，并批准开展针对外资企业和外国个人的人民币业务。允许外资在 11 个城市开展商业零售业务，同时还允许外国会计师事务所发展成员所，并在 19 个城市设立代表机构。

2）入世后大幅提高服务贸易开放水平

中国政府在入世议定书——《中华人民共和国加入议定书》里承诺将全面、逐步地开放服务业市场。中国在服务贸易领域的开放承诺涉及 GATS 12 个服务大类中的 10 个、160 个子类中的 100 个，占服务领域类别总数的 62.5%，已接近发达国家开放水平。在 2002 年公布的服务贸易开放减让表的 33 个项目中，银行、保险、证券等部门的限制被进一步放宽；电信、视听服务、燃气、热力、供水与排水等部门被列为开放领域；同时，专业服务领域，如商业分销服务、会计、审计、法律等被给予了很高水平的开放。随着入世过渡时期结束，除了涉及国家安全和国计民生的重要及敏感行业外，在服务业领域中对外资关于地域、股权和业务范围的限制逐渐被取消。

为积极参与区域和次区域自由贸易协定，适应区域经济一体化的发展趋势，2002 年中国与东盟签署了《中国—东盟全面经济合作框架协议》，2003 年内地与香港、澳门特区政府分别签署了内地与香港、澳门《关于建立更紧密经贸关系的安排》（Closer Economic Partnership Arrangement，CEPA）。在多边和双边自由贸易协定中，服务贸易自由化是重要内容，特别是 CEPA，其中的服务贸易自由化色彩更加鲜明。2014 年 7 月，粤澳合作联席会议在澳门举行，会议提出在 2014 年底前“率先基本实现粤澳服务贸易自由化”。同年 12 月，《内地与澳门 CEPA 关于内地在广东与澳门基本实现服务贸易自由化的协议》和《内地与香港 CEPA 关于内地在广东与香港基本实现服务贸易自由化的协议》成功签署。2015 年 11 月，内地与香港、澳门分别在 CEPA 的基础上签订了服务贸易专项协议，象征着内地与港澳的服务贸易开放合作水平迈上了新台阶。除此之外，中国与韩国、日本在信息产业、人力资源开发与合作等服务贸易领域也签订了专项协议。

3）党的十八大后高水平开放

（1）自贸试验区。党的十八大后，中国建立了一系列服务业开放试验平台，进一步扩大了服务业开放程度。2013 年 8 月以来，经国务院批准的上海自贸试验区、广东自贸试验区、天津自贸试验区、福建自贸试验区等共计 21 个自贸试验区相继成立（截至 2021 年底）（表 3.2），目的是尝试建立中国经济改革开放的一个新领域，并在试验区域实行政府职能转变、金融制度、贸易服务、外商投资和税收政策等改革措施。

表 3.2　自贸试验区

自贸试验区	片区范围	战略目标
		第一批自贸试验区
上海	上海外高桥保税区、外高桥保税物流园区、洋山保税港区、上海浦东机场综合保税区	在转变政府职能的基础上探索推进新型贸易业态，创新贸易监管方式，稳步推动资本项目可兑换和金融服务业对外开放范围的扩大，努力营造适宜投资的国际化、法治化营商环境，为我国深入改革和对外开放探索新方法、积累新经验
		第二批自贸试验区
广东	广州南沙新区片区、深圳前海蛇口片区、珠海横琴新区片区	针对粤港澳地区的经济合作展开探索，在投资、贸易、法治环境方面进行创新，努力增强本区域经济的竞争优势，以辐射带动其他自贸试验区，积极打造“粤港澳深度合作示范区”与“21 世纪海上丝绸之路重要枢纽和全国新一轮改革开放先行地”
天津	天津港东疆片区、天津机场片区、滨海新区中心商务片区	主要以“京津冀协同发展高水平对外开放平台”和“面向世界的高水平自由贸易园区”为战略目标，力争在三年至五年内建设为“高端产业集聚、金融服务完善、法治环境规范、监管高效便捷”的国际一流自贸试验区，引领促进京津冀地区和我国整体经济转型的发展
福建	平潭片区、厦门片区、福州片区	立足两岸，充分利用区位优势，推进同台湾地区的经济往来便利化进程，建设“深化两岸经济合作示范区”和“21 世纪海上丝绸之路核心区”，在未来不仅要创新与国际标准和规则接轨的经济体制，持续增强闽台地区经贸合作关联度，同时还要推进与海上丝绸之路沿线国家的交流与合作
		第三批自贸试验区
四川	成都天府新区片区、成都青白江铁路港片区、川南临港片区	把握内陆地区的经济发展的区位优势，积极构建“内陆开放型经济高地”，促进西部地区的持续开发和长江经济带的协同发展。努力建设成为“西部门户城市开发开放引领区”“内陆开放战略支撑带先导区”“国际开放通道枢纽区”“内陆开放型经济新高地”“内陆与沿海沿边沿江协同开放示范区”
重庆	两江片区、西永片区、果园港片区	作为西部地区重要的门户城市之一，配合中央关于促进西部地区持续开放的部署，努力建设“‘一带一路’和长江经济带互联互通重要枢纽”及“西部大开发开放战略重要支点”。在未来建设成高标准高水平的国际物流枢纽和口岸高地，服务于“一带一路”和长江经济带的协同发展，推动西部大开发计划的深入实施
河南	郑州片区、开封片区、洛阳片区	地处贯通南北、连接东西的核心位置，因此将着力打造现代化的综合交通枢纽和物流体系，通过高水平的自由贸易园区建设辐射带动东西部地区、南北方的经济发展，推动全方位开放新格局的形成
陕西	中心片区、西安国际港务区片区、杨凌示范区片区	配合中央要求建设成一个投资环境开放、贸易便捷、监管有效、法治完善的高水平、国际化自由贸易园区，加强与“一带一路”沿线国家的经济交流与合作，持续推进西部大开发计划

续表

自贸试验区	片区范围	战略目标
辽宁	大连片区、沈阳片区、营口片区	构建产业集聚、监管有力、创新高效的高水平自贸园区，积极推动东北地区的经济结构调整和转型，促进东北老工业基地整体竞争力和对外开放水平的提升
浙江	舟山离岛片区、舟山岛北部片区、舟山岛南部片区	在自贸试验区探索创新规则体制，努力提高以油品为核心的大宗商品的全球配置能力，积极构建“东部地区重要海上开放门户示范区”“国际大宗商品贸易自由化先导区”“具有国际影响力的资源配置基地”
湖北	武汉片区、襄阳片区、宜昌片区	在未来要建立成与国际投资贸易规则体系相对接、高端产业集聚、创新创业活跃的自由贸易园区，服务于中部地区崛起战略和长江经济带的发展，打造“中部有序承接产业转移示范区”及“战略性新兴产业和高技术产业集聚区”
第四批自贸试验区		
海南	海南全岛	以建设“全面深化改革开放试验区”“国家生态文明试验区”“国际旅游消费中心”“国家重大战略服务保障区”为战略目标，构建开放型经济新体制和开放型生态型服务型产业体系，打造“面向太平洋和印度洋的重要对外开放门户”
第五批自贸试验区		
山东	济南片区、青岛片区、烟台片区	配合中央增强经济社会发展创新力、转变经济发展方式、建设海洋强国的战略部署，推进新旧发展动能接续转换，高质量发展海洋经济，探索中日韩三国地方经济合作，形成“对外开放新高地”
江苏	南京片区、苏州片区、连云港片区	把握“一带一路”交汇点的区位优势，推动全方位高水平对外开放，深化产业结构调整，实施创新驱动发展战略，构建“开放型经济发展先行区”“实体经济创新发展和产业转型升级示范区”
广西	南宁片区、钦州港片区、崇左片区	发挥与东盟国家陆海相邻的区位优势，建设“西南中南西北出海口、面向东盟的国际陆海贸易新通道”，形成21世纪海上丝绸之路和丝绸之路经济带有机衔接的重要门户，打造“西南中南地区开放发展新的战略支点”，推动新时代西部大开发新格局的形成
河北	雄安片区、正定片区、曹妃甸片区、大兴机场片区	以“服务京津冀协同发展”和“高质量建设雄安新区”为战略目标，积极承接北京非首都功能疏解和京津科技成果转化，构建“国际商贸物流重要枢纽”“新型工业化基地”“全球创新高地”“开放发展先行区”
云南	昆明片区、红河片区、德宏片区	立足沿边和跨境的区位优势，创新沿边经济发展新模式，打造“‘一带一路’和长江经济带互联互通的重要通道”，建设“连接南亚东南亚大通道的重要节点”，形成我国面向南亚东南亚辐射中心、开放前沿
黑龙江	哈尔滨片区、黑河片区、绥芬河片区	建设营商环境优良、产业聚集、监管有力的高标准自贸试验区，推动东北全方位振兴，建成“向北开放重要窗口”。深化产业结构调整，打造对俄罗斯及东北亚区域合作的中心枢纽

续表

自贸试验区	片区范围	战略目标
		第六批自贸试验区
北京	科技创新片区、国际商务服务片区、高端产业片区	深入实施创新驱动发展、推动京津冀协同发展战略等要求，助力建设具有全球影响力的科技创新中心，加快打造服务业扩大开放先行区、数字经济试验区，着力构建京津冀协同发展的高水平对外开放平台
湖南	长沙片区、岳阳片区、郴州片区	加快建设制造强国、实施中部崛起战略，发挥东部沿海地区和中西部地区过渡带、长江经济带与沿海开放经济带结合部的区位优势，着力打造世界级先进制造业集群、联通长江经济带和粤港澳大湾区的国际投资贸易走廊、中非经贸深度合作先行区与内陆开放新高地
安徽	合肥片区、芜湖片区、蚌埠片区	实施创新驱动发展、推动长三角区域一体化发展战略等要求，发挥在推进"一带一路"建设和长江经济带发展中的重要节点作用，推动科技创新和实体经济发展深度融合，加快推进科技创新策源地建设、先进制造业和战略性新兴产业集聚发展，形成内陆开放新高地

（2）粤港澳大湾区。2019 年 2 月 18 日，中共中央、国务院印发《粤港澳大湾区发展规划纲要》，标志着粤港澳大湾区建设正式起航。根据纲要要求：要强化广东作为改革开放先行示范区的重要作用，突出广东科技、创新和现代服务业的特点；突出香港在金融、航运和贸易三大领域的国际中心地位；推进澳门作为世界旅游休闲中心的建设力度；重点推进基础设施互联互通、提升市场一体化水平、打造国际科技创新中心、统筹现代产业体系、构建宜居都市圈、培育国际合作新优势、加快建设重大合作平台等领域。

（3）长江三角洲区域一体化。2019 年 12 月 1 日，中共中央、国务院印发了《长江三角洲区域一体化发展规划纲要》，对长江三角洲地区一体化发展做出具体指导。该纲要提出将长江三角洲地区打造为全国发展强劲活跃增长极、高质量发展样板区、率先基本实现现代化引领区、区域一体化发展示范区和新时代改革开放新高地。长江三角洲地区作为我国经济发展最活跃、开放程度最高、创新能力最强的区域之一，强化区域一体化发展意义重大，是引领全国高质量发展、完善我国改革开放空间布局、打造我国发展强劲活跃增长极的重大战略举措。

（4）北京服务业开放。2015 年 5 月，国务院发布《关于北京市服务业扩大开放综合试点总体方案的批复》（国函〔2015〕81 号），对北京市服务业扩大开放综合试点做出工作安排，针对科学技术、文化教育、金融服务、商务旅游、健康医疗等服务部门的进一步开放提出一系列具体措施，以期形成可在全国范围内推广和复制的服务业开放的经验。

（5）海南自由贸易港。2018 年 4 月，习近平主席在博鳌亚洲论坛上宣布了一系列扩大金融业开放的措施[①]，同时在庆祝海南建省办经济特区 30 周年大会上明确表示党中央决定支持海南全岛建设自由贸易试验区，支持海南逐步探索、稳步推进中国特色自由贸易港建设，分步骤、分阶段建立自由贸易港政策和制度体系[②]。

2. 粤港澳合作区建设

1）横琴粤澳深度合作区

2009 年横琴新区设立，2015 年广东自贸试验区珠海横琴新区片区正式挂牌，是粤港澳大湾区的服务贸易重要的合作平台，重点发展科技创新、特色金融、医疗健康、跨境商贸、文旅会展、专业服务等服务产业贸易。

横琴粤澳深度合作区实施范围为横琴岛“一线”和“二线”之间的海关监管区域，设立横琴粤澳深度合作区的主要目的之一是促进中国澳门经济适度多元发展。通过畅通规则制度衔接与改革，在商事登记改革、司法改革、金融创新等领域先行先试，实现与中国澳门在协调机制、产业项目、政策对接、基础设施和营商环境等方面的多项突破，尤其要在数据跨境自由流动方面实现突破创新。

在内地与横琴粤澳深度合作区的自然人流动方面，珠海与中国澳门海关实施“合作查验，一次放行”的通关查验新模式，提供 7×24 小时全天候通关服务等一系列服务便利化措施；在金融服务合作上，设立粤澳跨境金融合作（珠海）示范区，中国澳门大西洋银行股份有限公司广东自贸试验区横琴分行等 18 家符合条件的中国澳门金融企业入驻；在文化旅游服务合作上，建设了横琴国际休闲旅游岛、珠海长隆国际海洋度假区、创新方狮门娱乐天地、珠海横琴国家地理探险家中心等一批文化旅游项目。

2）前海深港现代服务业合作区

前海深港现代服务业合作区（以下简称前海合作区）位于深圳市西部的前海湾畔、蛇口西侧、珠江口伶仃洋东岸，处于粤港澳大湾区的核心位置，2010 年 8 月 26 日由国务院批复成立。《前海深港现代服务业合作区总体发展规划》利用前海合作区毗邻中国香港的区位优势，将其定位为深港合作先导区、体制机制创新区、现代服务业聚集区和结构调整引领区。2021 年 9 月 6 日，中共中央、国务院印发《全面深化前海深港现代服务业合作区改革开放方案》，进一步扩展了前海合作区的发展空间，将前海合作区总面积由 14.92 平方公里扩展至 120.56 平方公里，计划将前海合作区打造成粤港澳大湾区全面深化改革创新试验平台和建设成高水平对外开放门户枢纽。

---

① 《习近平在博鳌亚洲论坛 2018 年年会开幕式上的主旨演讲》，http://www.xinhuanet.com/politics/2018-04/10/c_1122659873.htm[2022-03-01]。

② 《习近平：在庆祝海南建省办经济特区 30 周年大会上的讲话》，https://baijiahao.baidu.com/s?id=1597654975466786982&wfr=spider&for=pc[2022-03-01]。

前海合作区具有三大核心优势。首先是三区叠加优势。前海合作区实现了“合作区+自贸试验区+保税港区”的三区叠加模式，既享受全国自贸试验区共享的政策，也享受前海合作区自身的优惠政策，推动实现了更高水平的简政放权、金融服务开放、投资与贸易便利化。其次是区域联动优势。根据《前海深港现代服务业合作区总体发展规划》，深圳蛇口港、会展新城、机场和宝安中心区等多个区域将连成一个整体，整合了西部港区资源，有利于国际性枢纽港口建设及不同区域形成优势互补、产业联动发展新格局。最后是深港合作优势。前海合作区附近分布了两个世界级的港口和机场，通过继续全面深化改革，深港将形成更加紧密的经济合作关系，有利于整合深港高端要素，推动粤港澳大湾区发展。

在功能定位上，前海合作区作为全面深化改革创新试验平台，旨在从四个方面开展尝试。首先是推动现代服务业创新发展，开展标准化试点示范，联动建设国际贸易组合港，加快绿色智慧供应链发展，并探索研究国际船舶登记和配套制度改革；其次是加快科技发展体制机制改革创新，促进港澳和内地创新链对接联通，建设高端人才基地，推动引领产业创新的基础研究成果转化，加快建设现代海洋服务业聚集区，建设国家版权创新发展基地；再次是打造国际一流营商环境，研究制定前海合作区投资者保护条例，推动以信用体系为基础的市场化改革创新，推动与港澳跨境政务服务便利化，为港澳青年在前海合作区学习、工作、生活提供便利，实施更开放的全球人才吸引管理制度；最后是创新合作区治理模式，推动以法定机构承载部分政府区域治理职能的体制机制创新，探索允许符合条件的港澳和外籍人士担任前海合作区法定机构职务，探索符合条件的市场主体承接公共管理和服务职能。

同时，前海合作区作为高水平对外开放门户枢纽，将在四个方面实现突破。首先是深化与港澳服务贸易自由化，支持对港澳扩大服务领域对接，深化与港澳规则对接，引进港澳及国际知名大学开展高水平合作办学、支持港澳医疗机构集聚发展，推动对接港澳游艇出入境、活动监管和人员货物通关等开放措施；其次是扩大金融业开放，支持将国家扩大金融业对外开放的政策措施落地实施，先行先试与中国香港金融市场互联互通、人民币跨境使用及外汇管理便利化等开放新举措，支持国际保险机构在前海合作区发展，探索跨境贸易金融和国际支付清算新体制，支持中国香港交易所前海联合交易中心依法合规开展大宗商品现货交易；再次是提高法律事务对外开放水平，建设国际法律服务中心和国际商事争议解决中心，探索完善前海合作区内适用中国香港法律和选用中国香港作仲裁地解决民商事案件的机制，支持和鼓励外国及港澳律师事务所设立代表机构，支持前海法院探索扩大涉外商事案件受案范围，建设诉讼、调解、仲裁既相互独立又衔接配合的国际区际商事争议争端解决平台；最后是高水平参与国际合作，健全投资保险、政策性担保、涉外法律服务等海外投资保障机制，发展中国特色新型智库，建设粤港澳研究基地，支持深圳机场口岸建设整车进口口岸，打造国际一流系列会展品牌，积极承办主场外交活动。

3. 金融业等领域的开放措施

1）金融业的开放措施

金融开放是指一国或地区通过法律法规等对金融要素跨境流动、金融参与主体在跨境市场准入和活动等方面的管制程度。它是一个双向的概念，既包括一国或地区对来自他国或地区的金融要素流动、金融主体活动的管制，也包括一国或地区金融主体和金融要素在他国或地区进行活动所受到的限制。从历史进程来看，我国金融业开放先后经历了试点先行期、加速开放期、发展调整期、开放新时期四个阶段（陈卫东，2019）。

在整个经济改革领域中，金融业改革是最为复杂且影响面最大的领域。经过四十多年的发展，我国金融调控和宏观审慎管理框架逐步完善，金融机构改革不断深化，利率汇率市场化改革和人民币国际化步伐稳步推进，基本构建起开放、公平、高效、稳健的金融体系（易纲，2018）。近年来，中国人民银行、中国银行保险监督管理委员会、中国证券监督管理委员会等部门遵循金融开放的基本原则，出台了多项政策措施，进一步积极推进金融业对外开放。本节系统梳理了2017~2021年关于金融业开放的政策措施（表3.3）。

表 3.3　2017~2021 年关于金融业开放的政策措施

时间	名称	解读
2017 年 1 月 11 日	《中国人民银行关于全口径跨境融资宏观审慎管理有关事宜的通知》	为完善跨境融资宏观审慎管理框架，进一步扩大了企业和金融机构的跨境融资空间，降低了实体经济的融资成本，有利于拓宽企业和金融机构的融资渠道，在审慎经营理念的基础上提高了跨境融资的自主性和境外资金利用效率，符合现阶段监管层面“扩流入”的政策导向
2017 年 3 月 10 日	《中国银监会办公厅关于外资银行开展部分业务有关事项的通知》	支持外资银行与母行开展跨境业务协作，广泛参与我国金融市场并提供金融服务，为“走出去”企业在境外发债、上市、并购等提供综合配套金融服务，允许在华外资法人银行依法对境内银行业金融机构开展股权投资
2017 年 3 月 30 日	《五部门关于金融支持制造强国建设的指导意见》	内容：①支持“走出去”企业以境外资产和股权等权益为抵押获得贷款，提高企业融资能力；②支持制造业企业开展外汇资金池、跨境双向人民币资金池业务，支持制造业企业在全口径跨境融资宏观审慎管理政策框架下进行跨境融资；③支持符合条件的境内制造业企业利用境外市场发行股票、债券和资产证券化产品

续表

时间	名称	解读
2017 年 7 月 4 日	《中国人民银行公告〔2017〕第 7 号》	公告就信用评级机构在银行间债券市场开展信用评级业务的有关事宜做出了规定，在推动银行间债券市场对外开放、促进信用评级行业健康发展方面具有积极意义
2018 年 1 月 5 日	《关于进一步完善人民币跨境业务政策促进贸易投资便利化的通知》	通知进一步优化和完善了人民币跨境政策，满足市场合理需求。通知的实施有利于进一步提高贸易投资便利化，有利于提升金融机构服务实体经济、服务“一带一路”建设的能力，有利于我国推进更深层次更高水平的对外开放
2018 年 3 月 1 日	《上市公司创业投资基金股东减持股份的特别规定》	对涉及对外投资的创业投资基金股份减持给予政策支持，有利于促进更多涉及对外投资的中小企业和高新技术企业的资本形成
2018 年 3 月 19 日	《中国人民银行公告〔2018〕第 7 号》	公告就设立外商投资支付机构的有关事宜做出了规定，在推动形成支付服务市场全面开放新格局方面具有积极意义
2019 年 11 月 29 日	《外资保险公司管理条例实施细则》	进一步落实保险业最新开放举措要求，将外资人身险公司外方股比放宽至 51%。此外，还放宽了外资保险公司准入条件，不再对“经营年限 30 年”“代表机构”等相关事项做出规定
2020 年 5 月 15 日	《关于金融支持粤港澳大湾区建设的意见》（银发〔2020〕95 号）	主要内容：①促进粤港澳大湾区跨境贸易和投融资便利化；②扩大金融业对外开放；③促进金融市场和金融基础设施互联互通；④提升粤港澳大湾区金融服务创新水平；⑤切实防范跨境金融风险。有利于进一步深化内地与港澳之间的金融合作，提高粤港澳大湾区的金融服务水平
2021 年 3 月 30 日	《中国人民银行　中国银行保险监督管理委员会　中国证券监督管理委员会　国家外汇管理局关于金融支持海南全面深化改革开放的意见》（银发〔2021〕84 号）	主要内容：①提升人民币可兑换水平，支持跨境贸易投资自由化便利化；②完善海南金融市场体系；③扩大海南金融业对外开放；④加强金融产品和服务创新；⑤提升金融服务水平；⑥加强金融监管，防范化解金融风险。该意见一方面有助于补齐海南金融短板，另一方面对全国示范作用明显
2021 年 12 月 3 日	《中国银保监会办公厅关于明确保险中介市场对外开放有关措施的通知》（银保监办发〔2021〕128 号）	通知支持符合要求的外资保险中介企业进入中国市场，这是保险业对外开放的重大举措，有利于保险业的健康有序发展

2）通信业的开放措施

随着互联网、物联网、云计算、大数据等技术加快发展，通信业内涵不断丰富，从传统电信业务、互联网服务延伸到物联网服务等新业态。自入世以来，中国积极履行入世承诺，向外资开放了固定通信、移动通信、数据通信等主要的基础电信业务。同时，以中国电信、中国移动、中国联通、中兴、华为等为主体的全球知名通信企业，已经成为中国通信业对外投资的主力军。

通信业对外开放的快速发展与国家的政策息息相关，随着一系列政策的出台及机制的调整，中国正积极稳妥推进通信业服务的对外开放，本节梳理了 2016~2021 年关于通信业开放的政策措施（表 3.4）。

表 3.4　2016~2021 年关于通信业开放的政策措施

时间	名称	解读
2016 年 6 月 30 日	《工业和信息化部关于港澳服务提供者在内地开展电信业务有关问题的通告》	明确了港澳服务提供者在内地经营增值电信业务的范围、股比限制及申报流程等，为港澳资本进入中国电信市场提供了便利
2017 年 3 月 30 日	《云计算发展三年行动计划（2017-2019 年）》	支持云计算企业“走出去”拓展国际市场。鼓励企业充分吸收利用包括开源技术在内的国际化资源，支持企业加大在国际云计算产业、标准、开源组织中的参与力度
2017 年 11 月 27 日	《国务院关于深化“互联网+先进制造业”发展工业互联网的指导意见》	指导意见确定的主要任务是：打造网络、平台、安全三大体系，推进大型企业继承创新和中小企业应用普及两类应用，构筑产业、生态、国际化三大支撑七项任务（简称“工业互联网发展 323 行动”）。要求重点突出以下几项工作：①网络基础方面；②平台体系方面；③安全保障方面；④融合应用方面
2018 年 6 月 28 日	《自由贸易试验区外商投资准入特别管理措施（负面清单）（2018 年版）》	取消禁止外商投资互联网上服务营业场所的规定
2019 年 6 月 30 日	《外商投资准入特别管理措施（负面清单）（2019 年版）》	取消国内多方通信、存储转发、呼叫中心三项业务对外资的限制
2019 年 6 月 30 日	《鼓励外商投资产业目录（2019 年版）》	在电子产业方面，新增 5G 核心元组件、集成电路用刻蚀机、芯片封装设备、云计算设备等条目
2020 年 12 月 31 日	《海南自由贸易港外商投资准入特别管理措施（负面清单）（2020 年版）》	扩大增值电信业务开放，取消在线数据处理与交易处理业务外资准入限制；允许实体注册、服务设施在海南自由贸易港的企业面向自由贸易港全域和国际开展互联网数据中心、内容分发网络等业务
2021 年 9 月 18 日	《外商投资准入特别管理措施（负面清单）（2021 年版）》	取消外商投资卫星电视广播地面接收设施及关键件生产的限制

3）关于技术开放与知识产权保护的措施

随着经济开放程度的加强和全球化水平的提高，技术要素也逐步被纳入开放经济体系中。此外，自 1967 年世界知识产权组织成立以来，知识产权逐渐引起了国际上的广泛关注，尤其是 1995 年 1 月 WTO 成立及《与贸易有关的知识产权协定》正式生效以来，知识产权保护在国际贸易中的地位日益凸显。

当前，中国经济结构已进入重要转型期，随着我国坚定不移推进新一轮的改革开放，国内竞争与国际竞争齐头并进，如何在激烈的竞争环境中促进创新是中国面临的一大问题。鉴于此，中国高度重视技术开放与知识产权保护。近几年，国务院、科学技术部、国家知识产权局等相关部门颁布一系列政策措施的主要考量就是实施创新驱动战略、加快建设创新型国家（表 3.5、表 3.6）。

表 3.5　2017~2021 年关于技术开放的政策措施

时间	名称	解读
2017 年 4 月 24 日	《“十三五”国家技术创新工程规划》	推动建立外商投资创新平台，明确提出“鼓励外资研发机构在我国建立拥有核心技术的全球创新型研发中心和创新基地，参与国家创新体系建设”
2017 年 6 月 22 日	《国家重点研发计划管理暂行办法》	国家重点研发计划整合了原有的 973 计划、863 计划、国家科技支撑计划、国际科技合作与交流专项，国家发改委、工信部管理的产业技术研发资金，以及有关部门管理的公益性行业科研专项等内容，主要针对事关国计民生的农业、能源资源、生态环境、健康等领域中需要长期演进的重大社会公益性研究等
2017 年 9 月 26 日	《国务院关于印发国家技术转移体系建设方案的通知》	主要内容：加强国内外技术转移机构对接，创新合作机制，形成技术双向转移通道；鼓励企业开展国际技术转移；引导企业建立国际化技术经营公司、海外研发中心，与国外技术转移机构、产业孵化机构、创业投资机构开展合作；开展多种形式的国际技术转移活动，与技术转移国际组织建立常态化交流机制，围绕特色产业领域为企业技术转移搭建展示交流平台
2018 年 5 月 28 日	《关于技术市场发展的若干意见》	强调发展壮大技术市场人才队伍，联合国内外知名技术转移机构，推动成立技术经理人、技术经纪人行业组织，加强对从业人员的管理和服务，吸引社会资本设立相关奖项
2020 年 6 月 4 日	《科技部办公厅关于加快推动国家科技成果转移转化示范区建设发展的通知》	提出高水平建设国际技术转移中心，发展技术贸易，促进技术进口来源多元化，扩大技术进出口

续表

时间	名称	解读
2020年10月7日	《国家科学技术奖励条例》(国务院令第731号第三次修订)	设立中华人民共和国国际科学技术合作奖,鼓励对中国科技事业做出贡献的外国人或外国组织
2021年7月16日	《国务院办公厅关于完善科技成果评价机制的指导意见》	健全完善科技成果分类评价体系，并鼓励引入国际同行评议
2021年12月24日	《中华人民共和国科学技术进步法》(2021年修订)	鼓励高校等科研机构、企事业单位参与国际科技交流活动，建立国际科技创新合作平台，提供国际科技服务；鼓励在华外资企业、外籍科学技术人员等承担和参与科学技术计划项目；完善境外科学技术人员参与国家科学技术计划项目的机制

表3.6　2016~2021年关于知识产权保护的政策措施

时间	名称	解读
2016年11月29日	《关于严格专利保护的若干意见》	意见中有几大亮点：一是体现专利大保护理念；二是积极履行事中事后监管职责；三是加大打击专利侵权假冒力度；四是提高专利执法办案效率；五是有效推进调查取证工作；六是加强授权确权维权协调；七是拓宽专利保护公益服务渠道；八是共建专利保护社会治理机制
2016年12月30日	《“十三五”国家知识产权保护和运用规划》	规划提出了七个方面的重点工作，其中两项涉及知识产权保护。一是完善知识产权法律制度，加快知识产权法律法规建设；二是提升知识产权保护水平，发挥知识产权司法保护作用，强化知识产权刑事保护，加强知识产权行政执法体系建设，强化进出口贸易知识产权保护，强化传统优势领域知识产权保护，加强新领域新业态知识产权保护，加强民生领域知识产权保护
2017年6月27日	《专利优先审查管理办法》	主要内容：①扩展优先审查的适用范围；②完善优先审查的适用条件；③简化优先审查的办理手续；④优化优先审查的处理程序
2017年9月18日	《外商投资企业知识产权保护行动方案》	方案提出11项工作任务，明确了相关部门的职责分工，要求严厉打击侵犯商业秘密、专利权、植物新品种权、恶意抢注商标和“傍名牌”，以及互联网领域侵权盗版等违法犯罪行为，强化进出口和寄递等重点环节监管，重点查办一批情节严重、影响恶劣的侵权假冒犯罪案件，有效保护权利人利益
2018年1月23日	《2018年全国专利事业发展战略推进计划》	计划主要包括九项工作任务：一是深化知识产权领域改革；二是完善知识产权法规政策；三是强化知识产权创造质量；四是强化知识产权运用效益；五是强化知识产权保护水平；六是强化知识产权服务能力；七是专利助力区域协同发展；八是专利引领产业升级；九是专利推动对外开放

续表

时间	名称	解读
2019 年 11 月 24 日	《关于强化知识产权保护的意见》	主要内容：积极开展海外巡讲活动，举办圆桌会，与相关国家和组织加强知识产权保护合作交流。探索在重要国际展会设立专题展区，开展中国知识产权保护成就海外巡展。充分发挥知识产权制度对促进共建“一带一路”的重要作用，支持共建国家加强能力建设，推动其共享专利、植物新品种审查结果。充分利用各类多双边对话合作机制，加强知识产权保护交流合作与磋商谈判
2020 年 6 月 30 日	《十五部门关于进一步促进服务型制造发展的指导意见》	主要内容：推进设计成果转化应用，加大知识产权保护力度，完善工业设计人才职业发展通道，构建设计发展良好生态；支持设计等服务创新成果申请专利，加大知识产权保护力度；不断推进知识产权等无形资产及应收账款、仓单等动产质押贷款业务发展
2021 年 10 月 28 日	《国务院关于印发“十四五”国家知识产权保护和运用规划的通知》	主要内容：一是全面加强知识产权保护，激发全社会创新活力；二是提高知识产权转移转化成效，支撑实体经济创新发展；三是构建便民利民知识产权服务体系，促进创新成果更好惠及人民；四是推进知识产权国际合作，服务开放型经济发展；五是推进知识产权人才和文化建设，夯实事业发展基础

3.4　服务贸易国际竞争力水平

3.4.1　服务贸易竞争力测度指标

1. 国际市场占有率

国际市场占有率衡量的是一个国家或地区某种产品的出口总额占世界同类产品出口总额的比例。该指标是衡量一个国家或地区在开放条件下国际竞争力的重要指标。某产业或产品国际市场占有率的计算公式为

$$M_i = X_i / X_w$$

其中，M_i 为一国或地区 i 产业的国际市场占有率；X_i 为一国或地区 i 产业的出口额；X_w 为全世界 i 产业的出口总额。一般来说，一国或地区某产品的国际市场占有率越高，产品的国际竞争力越强，反之则越弱。

在研究中我们通常根据国际市场占有率的高低，将其分为四种情况：国际市场占有率大于等于 10%，表明具有很强的国际竞争力；国际市场占有率在 5%和 10%之间，表明具有较强的国际竞争力；国际市场占有率在 1%和 5%（含 5%）之间，

表明国际竞争力一般；国际市场占有率小于等于 1%，表明竞争力很弱。

2. RCA 指数

RCA 指数是由美国经济学家贝拉 · 巴拉撒于 1965 年量化部分国家国际贸易比较优势时采用的一种计算方法，可以反映一个国家或地区某一产业贸易的比较优势。RCA 指数旨在定量地描述一个国家内各个产业的相对出口表现，是衡量一国产业在国际市场竞争力具有较强说服力的指标。

具体而言，RCA 指数由一国某产业的出口额占该国出口总额的比重与世界贸易中该产业的出口总额占世界出口总额的比重之商表示。使用相对量运算剔除了国家出口总额波动和世界贸易总额波动的影响，可以较好地反映一个国家或地区某一产业的出口与世界平均出口水平的相对情况。RCA 指数的计算公式如下：

$$\mathrm{RCA}_{ij}=\left(X_{ij}/X_{i}\right)/\left(W_{j}/W\right)$$

其中，RCA_{ij} 为 i 国 j 产业的 RCA 指数；X_{ij} 为 i 国 j 产业的出口额；X_i 为 i 国的出口总额；W_j 为世界 j 产业的出口总额；W 为世界出口总额。

一般而言，RCA 值越高代表一国国际贸易竞争力越高，反之越弱。此外，RCA 值大于等于 2.5 表示一国某产业存在极强的比较优势；RCA 值在 1.25（含 1.25）和 2.5 之间表示该国的该产业在国际市场上具有较强的比较优势，具有一定的国际竞争力；RCA 值在 0.8（含 0.8）和 1.25 之间表示某产业在一国在国际市场上具有中度的比较优势；RCA 值小于 0.8 说明该国该产业在国际市场上表现出明显的比较劣势，国际竞争力相对较弱。

3. TC 指数

TC 指数是一国某产业的净出口额与该产业贸易总额的比率。TC 指数的计算公式如下：

$$\mathrm{TC}_{ij}=\left(X_{ij}-M_{ij}\right)/\left(X_{ij}+M_{ij}\right)$$

其中，TC_{ij} 为 TC 指数；X_{ij} 为 i 国 j 产业的出口额；M_{ij} 为 i 国 j 产业的进口额。

TC 指数取值范围为(–1,1)，TC 指数越高表明该国国际贸易竞争力越强。根据 TC 指数的大小，我们将其分为四种情况。当 TC 指数大于等于 0.3 时，表明 i 国 j 产业具有较强的优势；当 TC 指数在 0.15（含 0.15）和 0.3 之间时，说明 i 国 j 产业在国际市场上具有一定的优势；当 TC 指数在–0.1（含–0.1）和–0.3 之间时，说明 i 国 j 产业服务在国际市场上处于一定的劣势；当 TC 指数小于等于–0.3 时，说明 i 国 j 产业在国际市场上具有明显的劣势。

3.4.2 服务贸易竞争力测度结果

1. 国际市场占有率

全球服务贸易市场份额主要集中于发达国家，尤其是美国，其服务贸易国际市场占有率常年保持在 10%以上，具有很强的竞争力。虽然中国服务贸易在近年来发展迅速，服务贸易的国际市场占有率已经有了较大的提高（2020 年中国服务贸易国际市场占有率已经达到了 5.69%，相较于 2005 年的 3.85%，提升了约 48%），但是和发达国家相比，中国服务贸易的国际市场占有率仍不算太高，而且具体到服务贸易的各个细分项目，中国服务贸易的国际市场占有率还比较低，且存在结构不合理等问题。

中国服务贸易国际市场占有率在较长时期内保持稳定，具体表现为中国服务贸易国际市场占有率在 2006 年首次突破 4%后，长期保持在 4.45%附近，即使在国际金融危机时期，中国服务贸易的国际市场占有率依旧保持稳定，表现出中国的服务贸易发展具有较强的韧性。同时，2020 年新冠疫情暴发后，中国服务贸易国际市场占有率首次突破 5%，达到近 15 年来的峰值 5.69%，如图 3.9 所示。

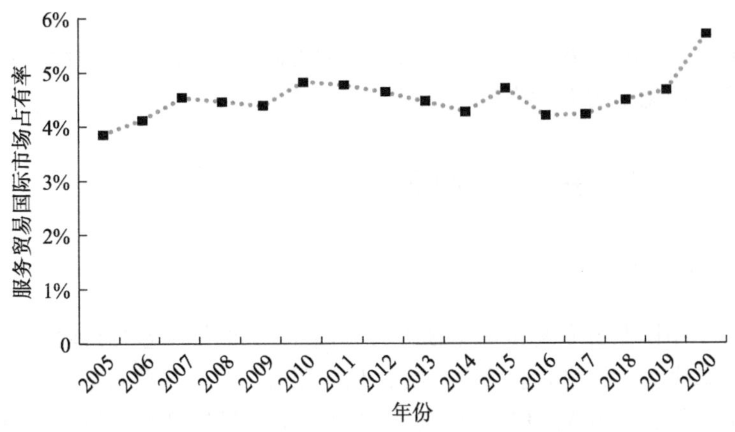

图 3.9　中国 2005~2020 年服务贸易国际市场占有率

资料来源：WTO

对中国服务贸易国际市场占有率的分析说明，在整体上，中国服务贸易国际市场规模已经实现了由一般到较强的历史性跨越，但是相比较美国等发达国家还存在较大差距。

2. TC 指数

TC 指数是对国际竞争力分析时比较常用的测度指标之一，目前已成为衡量一国（地区）贸易竞争力状况的重要指标。中国服务贸易的 TC 指数呈现先下降后上升趋势，整体上服务贸易竞争力较弱，如图 3.10 所示。具体而言，2005~2008 年，中国服务贸易的 TC 指数保持在 0.011 左右，贸易竞争力较弱。在 2009 年之后，中国服务贸易的 TC 指数由正转负，且不断下降，TC 指数由 2009 年的–0.051 下降至 2016 年的低谷–0.371，随后有所回升，2020 年中国服务贸易的 TC 指数为–0.152。

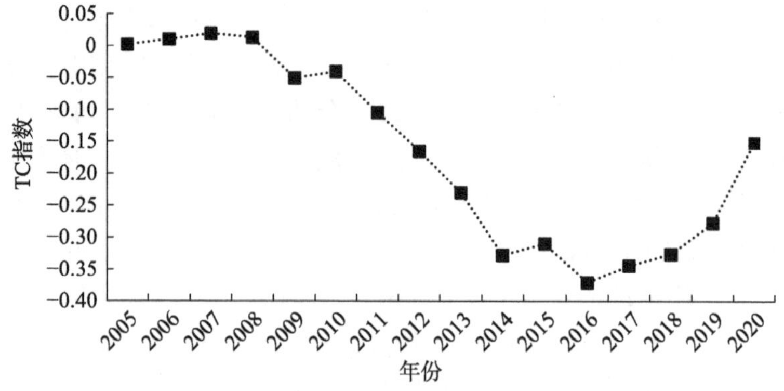

图 3.10　中国 2005~2020 年服务贸易 TC 指数

资料来源：WTO

整体上看，中国服务贸易的国际竞争力较为薄弱，但随着中国经济发展水平的提高，服务贸易竞争力有所提高。

3.4.3　服务贸易竞争力细项测度结果

1. 国际市场占有率

2020 年，中国服务贸易国际市场占有率高于 5%的细项包括运输，建筑，电信、计算机和信息服务，其他商业服务及货物相关服务，表明这些行业具有较强的国际市场竞争力。同时，金融服务，个人、文化和娱乐服务等国际市场占有率均低于 2%，表明这些行业的国际市场竞争力较弱，如表 3.7 所示。

此外，从发展趋势看，运输，建筑，电信、计算机和信息服务发展较为迅猛。运输服务国际市场占有率由 2005 年的 3.67%上升至 2020 年的 7.13%，电信、计算机和信息服务的国际市场占有率由 2005 年的 2.40%上升至 2020 年的 8.40%。建筑服务贸易发展最为迅速，2005 年建筑服务国际市场占有率为 9.46%，此后波动上升，2020 年建筑服务国际市场占有率达 28.20%，相比 2005 年增长近两倍。知识产权使用费服务，个人、文化和娱乐服务等也得到了一定发展。知识产权使用费服务的国际市场占有率由 2005 年的 0.12%上升至 2020 年的 2.13%，个人、文化和娱乐服务国际市场占有率由 2005 年的 0.49%上升至 2020 年的 1.67%。

然而，旅行和货物相关服务国际市场占有率有所下降。旅行服务国际市场占有率由 2005 年的 5.34%下降为 2020 年的 3.36%。货物相关服务国际市场占有率出现了较大幅度下降，由 2005 年的 21.29%下降至 2020 年的 12.79%。

2. RCA 指数

可以发现，2020 年，中国建筑服务的 RCA 指数在 2.5 以上，表明建筑行业具有极强的比较优势，如表 3.8 所示。运输，电信、计算机和信息服务及货物相关服务的 RCA 指数在 1.25 和 2.5 之间，表明这三个行业具有较强的比较优势；其他商业服务的 RCA 指数在 0.8 和 1.25 之间，表明其他商业服务行业竞争力处于中度水平；旅行服务，保险和养老金服务，金融服务，知识产权使用费服务，个人、文化和娱乐服务的 RCA 指数均小于 0.8，表明这五类细项处于明显的竞争劣势。

从发展趋势看，2005~2020 年，运输、建筑、电信、计算机和信息服务这三个行业国际竞争力得到了较大提升。具体而言：运输行业 RCA 指数由 2005 年的 0.95 上升至 2020 年的 1.25，由具有中度比较优势发展变为具有较强比较优势；电信、计算机和信息服务行业 RCA 指数由 2005 年的 0.62 上升至 2020 年的 1.48，由处于明显的竞争劣势发展为具有较强比较优势；建筑行业 RCA 指数由 2005 年的 2.45 上升至 2020 年的 4.96，由具有较强比较优势发展为具有极强比较优势。同时，保险和养老金服务，金融服务，知识产权使用费服务，个人、文化和娱乐服务这四个行业 RCA 指数均有所提升，但仍处于竞争劣势地位。

此外，旅行、其他商业服务和货物相关服务这三个行业的 RCA 指数出现下降。具体而言：旅行行业 RCA 指数由 2005 年的 1.38 下降为 2020 年的 0.59，由具有较强比较优势变为处于明显竞争劣势；其他商业服务 RCA 指数由 2005 年的 1.44 下降为 2020 年的 1.01，由具有较强比较优势变为具有中度比较优势；货物相关服务 RCA 指数由 2005 年的 5.52 下降为 2020 年的 2.25，由具有极强比较优势变为具有较强比较优势。

3. TC 指数

在 2020 年，中国的建筑服务和货物相关服务的 TC 指数在 0.3 以上，表明这两个行业具有较强的比较优势，金融服务，电信、计算机和信息服务，以及其他商业服务的 TC 指数在 0.15 和 0.3 之间，表明这三个行业具有比较优势，如表 3.9 所示。运输行业的 TC 指数在–0.1 和–0.3 之间，表明运输行业处于比较劣势。旅行服务，保险和养老金服务，知识产权使用费服务，个人、文化和娱乐服务的 TC 指数均小于–0.3，表明这几个行业处于明显的比较劣势。

表 3.7　中国 2005~2020 年服务贸易细项的国际市场占有率

服务类别	2005 年	2006 年	2007 年	2008 年	2009 年	2010 年	2011 年	2012 年	2013 年	2014 年	2015 年	2016 年	2017 年	2018 年	2019 年	2020 年
运输服务	3.67%	4.14%	5.14%	4.81%	3.82%	4.63%	4.35%	4.65%	4.29%	4.03%	4.49%	4.11%	4.11%	4.26%	4.61%	7.13%
旅行服务	5.34%	5.43%	5.16%	4.58%	4.87%	5.13%	4.70%	4.68%	4.47%	3.61%	4.97%	3.77%	3.04%	2.87%	2.48%	3.36%
建筑服务	9.46%	6.65%	9.99%	12.39%	12.31%	19.10%	17.21%	13.97%	11.88%	15.08%	18.15%	15.07%	13.48%	24.05%	26.48%	28.20%
保险和养老金服务	1.13%	0.90%	1.32%	1.46%	1.69%	1.90%	2.80%	3.08%	3.36%	3.53%	4.35%	3.41%	3.25%	3.68%	3.63%	4.06%
金融服务	0.07%	0.06%	0.07%	0.09%	0.11%	0.38%	0.21%	0.46%	0.72%	0.96%	0.49%	0.72%	0.77%	0.68%	0.76%	0.79%
知识产权使用费服务	0.12%	0.15%	0.21%	0.29%	0.23%	0.39%	0.31%	0.42%	0.33%	0.20%	0.32%	0.33%	1.25%	1.34%	1.57%	2.13%
电信、计算机和信息服务	2.40%	3.15%	3.96%	3.38%	3.43%	3.83%	4.16%	4.59%	4.33%	4.42%	5.31%	5.33%	5.09%	7.48%	7.92%	8.40%
其他商业服务	5.56%	5.75%	6.33%	5.59%	5.80%	5.94%	6.71%	5.76%	5.89%	6.16%	5.49%	5.16%	4.83%	5.27%	5.33%	5.73%
个人、文化和娱乐服务	0.49%	0.44%	0.92%	1.01%	0.25%	0.27%	0.24%	0.23%	0.26%	0.28%	1.16%	1.16%	1.04%	1.58%	1.43%	1.67%
别处未提及的政府服务	1.07%	1.08%	0.96%	1.13%	1.61%	1.56%	1.12%	1.41%	1.79%	1.50%	1.56%	1.85%	2.51%	2.41%	2.10%	3.71%
货物相关服务	21.29%	19.94%	23.03%	19.99%	19.99%	21.32%	19.84%	19.01%	15.58%	12.64%	14.51%	13.56%	12.50%	11.13%	13.05%	12.79%

资料来源：WTO

表 3.8 中国 2005~2020 年服务贸易细项的 RCA 指数

服务类别	2005 年	2006 年	2007 年	2008 年	2009 年	2010 年	2011 年	2012 年	2013 年	2014 年	2015 年	2016 年	2017 年	2018 年	2019 年	2020 年
运输服务	0.95	1.01	1.13	1.08	0.87	0.96	0.91	1.00	0.96	0.94	0.96	0.98	0.97	0.95	0.99	1.25
旅行服务	1.38	1.32	1.14	1.03	1.11	1.06	0.99	1.01	1.00	0.85	1.06	0.90	0.72	0.64	0.53	0.59
建筑服务	2.45	1.61	2.21	2.78	2.81	3.96	3.61	3.02	2.66	3.54	3.86	3.59	3.20	5.36	5.68	4.96
保险和养老金服务	0.29	0.22	0.29	0.33	0.39	0.39	0.59	0.67	0.75	0.83	0.93	0.81	0.77	0.82	0.78	0.71
金融服务	0.02	0.01	0.02	0.02	0.03	0.08	0.04	0.10	0.16	0.23	0.10	0.17	0.18	0.15	0.16	0.14
知识产权使用费服务	0.03	0.04	0.05	0.07	0.05	0.08	0.06	0.09	0.07	0.05	0.07	0.08	0.30	0.30	0.34	0.37
电信、计算机和信息服务	0.62	0.77	0.87	0.76	0.78	0.79	0.87	0.99	0.97	1.04	1.13	1.27	1.21	1.67	1.70	1.48
其他商业服务	1.44	1.40	1.40	1.26	1.32	1.23	1.41	1.25	1.32	1.44	1.17	1.23	1.15	1.17	1.14	1.01
个人、文化和娱乐服务	0.13	0.11	0.20	0.22	0.06	0.06	0.05	0.05	0.06	0.07	0.25	0.28	0.25	0.35	0.31	0.29
别处未提及的政府服务	0.28	0.26	0.21	0.25	0.37	0.32	0.24	0.31	0.40	0.35	0.33	0.44	0.59	0.54	0.45	0.65
货物相关服务	5.52	4.84	5.09	4.49	4.56	4.42	4.16	4.11	3.49	2.96	3.09	3.23	2.96	2.48	2.80	2.25

资料来源：WTO

表 3.9　中国 2005~2020 年服务贸易细项的 TC 指数

服务类别	2005 年	2006 年	2007 年	2008 年	2009 年	2010 年	2011 年	2012 年	2013 年	2014 年	2015 年	2016 年	2017 年	2018 年	2019 年	2020 年
运输服务	–0.30	–0.24	–0.16	–0.13	–0.33	–0.30	–0.39	–0.38	–0.43	–0.43	–0.39	–0.41	–0.43	–0.44	–0.39	–0.24
旅行服务	0.15	0.17	0.11	0.06	–0.05	–0.09	–0.20	–0.34	–0.43	–0.68	–0.62	–0.71	–0.74	–0.75	–0.76	–0.77
建筑服务	0.23	0.15	0.30	0.41	0.23	0.48	0.60	0.54	0.47	0.52	0.24	0.20	0.17	0.51	0.50	0.49
保险和养老金服务	–0.86	–0.88	–0.84	–0.80	–0.75	–0.80	–0.73	–0.72	–0.69	–0.66	–0.23	–0.52	–0.44	–0.41	–0.39	–0.39
金融服务	–0.05	–0.72	–0.41	–0.28	–0.29	–0.02	0.06	–0.01	–0.07	–0.04	–0.07	0.24	0.39	0.24	0.23	0.15
知识产权使用费服务	–0.94	–0.94	–0.92	–0.90	–0.93	–0.88	–0.90	–0.89	–0.92	–0.94	–0.91	–0.91	–0.71	–0.73	–0.68	–0.62
电信、计算机和信息服务	0.02	0.19	0.25	0.25	0.27	0.44	0.47	0.49	0.38	0.30	0.37	0.34	0.17	0.33	0.33	0.28
其他商业服务	0.09	0.11	0.05	0.01	0.06	0.11	0.07	0.09	0.09	0.26	0.19	0.14	0.15	0.19	0.19	0.20
个人、文化和娱乐服务	–0.07	0.06	0.35	0.24	–0.48	–0.50	–0.53	–0.64	–0.68	–0.67	–0.45	–0.50	–0.57	–0.47	–0.54	–0.40
别处未提及的政府服务	–0.11	0.07	–0.22	–0.16	0.06	–0.09	–0.17	–0.02	0.02	–0.32	–0.41	–0.41	–0.34	–0.44	–0.41	–0.17
货物相关服务	1.00	1.00	1.00	1.00	0.99	0.99	0.99	0.99	0.99	0.99	0.88	0.83	0.81	0.80	0.76	0.73

资料来源：WTO

从发展趋势看，建筑服务，电信、计算机和信息服务，金融服务，其他商业服务四个行业竞争力在近年来有较大提升。具体而言：建筑服务的 TC 指数由 2005 年的 0.23 上升至 2020 年的 0.49；电信、计算机和信息服务行业的 TC 指数由 2005 年的 0.02 上升至 2020 年的 0.28；金融服务行业的 TC 指数由 2005 年的–0.05 上升为 2020 年的 0.15；其他商业服务的 TC 指数由 2005 年的 0.09 上升至 2020 年的 0.20。同时，保险和养老金服务、知识产权使用费服务的 TC 指数虽然有所上升，但仍处于明显的比较劣势。

此外，旅行服务，个人、文化和娱乐服务，货物相关服务这三个行业竞争力近年来有所下降。具体而言：旅行服务的 TC 指数由 2005 年的 0.15 下降为 2020 年的–0.77；个人、文化和娱乐服务的 TC 指数由 2005 年的–0.07 下降至–0.40；货物相关服务的 TC 指数由 2005 年的 1.00 下降至 2020 年的 0.73。

第 4 章　中国服务贸易细项国际竞争力水平

现代产业体系以高科技含量、高附加值、低能耗、可持续发展的产业群为核心，以技术、人力资源、知识、资本等为支撑，其基本特征是以内生增长为动力发展产业。现代服务业特别是生产性服务业成为产业竞争力的基础，是一国（地区）产业竞争力的关键，发展现代服务业对提高一国（地区）的产业竞争力有着重要意义。加快现代服务业的发展，对中国的现代产业体系的构建，以及国际竞争力、产业竞争力和自主创新能力的提高有着重要意义。

本章通过国际市场占有率、TC 指数、RCA 指数三个指标来分析中国服务贸易细项国际竞争力水平情况。

4.1　金融服务贸易

4.1.1　金融服务贸易发展概况

金融服务贸易是服务贸易的重要组成部分，在国民经济发展中发挥着重要作用。2001 年中国入世后加快了金融服务贸易领域开放的步伐，金融服务贸易虽然有了不小的发展，规模不断增加，但是由于起步晚，其竞争力还较弱，在规模和国际市场份额方面都还处于弱势地位。

1. 规模不断增长，增速起伏不定

图 4.1 显示了 2000~2020 年中国金融服务贸易出口总额、进口总额及贸易差额的变化情况。从图 4.1 中可以看出，中国金融服务贸易出口总额和进口总额总体规模呈不断增长态势。2016 年后各年均实现贸易顺差，虽然贸易差额呈波动态势，但总体保持顺差。

进出口总额及差额方面，2000~2005 年为中国入世的过渡期，金融服务贸易规模较小。2006 年后，贸易规模迅速增长。可以看出入世后，中国积极开放本国金融市场，实现了金融服务贸易的发展。

2000~2019 年，中国的金融服务进出口总额整体上不断增加，从 2000 年的 14.49 亿元增加到 2019 年的 454.82 亿元。2019 年中国金融服务进出口总额高于韩国的 51.15 亿美元，但低于美国的 1760.48 亿美元、英国的 1052.63 亿美元、德国的 392.9 亿美元、印度的 71.02 亿美元。同时，2000~2019 年中国金融服务贸易顺差和逆差交替出现，除了 2001 年、2011 年、2016~2019 年为顺差外，其他年份都处于逆差状态。2000 年存在 1.63 亿元的贸易逆差，2019 年实现顺差，达到 102.67 亿元。

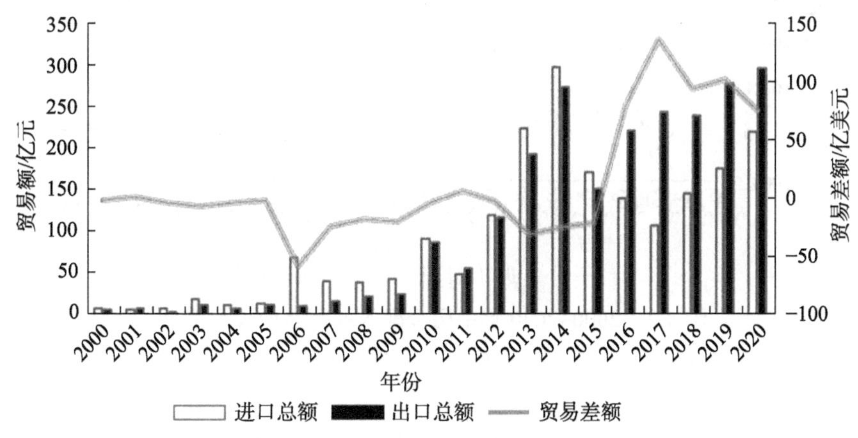

图 4.1　2000~2020 年中国金融服务贸易发展情况

资料来源：WTO

出口总额方面，2000 年中国金融服务出口总额只有 6.44 亿元，到 2019 年增长至 278.73 亿元，增长了约 42 倍。虽然出口总额整体上呈增长态势，但 2019 年中国的金融服务出口总额在全球市场上占比仅为 0.75%。2019 年中国金融服务的出口总额与美国相差甚远，竞争力较弱。

进口总额方面，中国金融服务进口总额也整体上呈增长态势。2000 年进口总额为 8.07 亿元，而 2019 年已经上升到 176.06 亿元。

从增长速度上看，2000~2020 年中国金融服务贸易增长率情况如图 4.2 所示。2000~2020 年中国金融服务贸易的进口增长率和出口增长率起伏不定。从进口增长率看，2001 年的增长率为–20.98%，2001 年中国入世后，金融服务贸易领域加快了开放的步伐，规模不断增加，2002 年的增长率达到了 16.68%，2006 年达到峰值 459.00%，2019 年则回落到了 16.21%。从出口增长率看，2001 年的增长率达到了 27.24%，2010 年达到峰值 273.46%，而 2020 年回落到了 9.32%。

2. 占比先增后降，发展潜力大

2000~2020 年中国金融服务贸易在总体服务贸易中的比重情况如图 4.3 所示。数据显示，中国金融服务贸易在总体服务贸易中的比重呈现先增长后降低的态势。2000 年占比为 0.26%，此后波动增长，2014 年达到峰值 1.45%，2019 年又降为 0.81%。这说明中国金融服务贸易规模虽然在不断增长，但与所有服务贸易行业相比，竞争力不强。

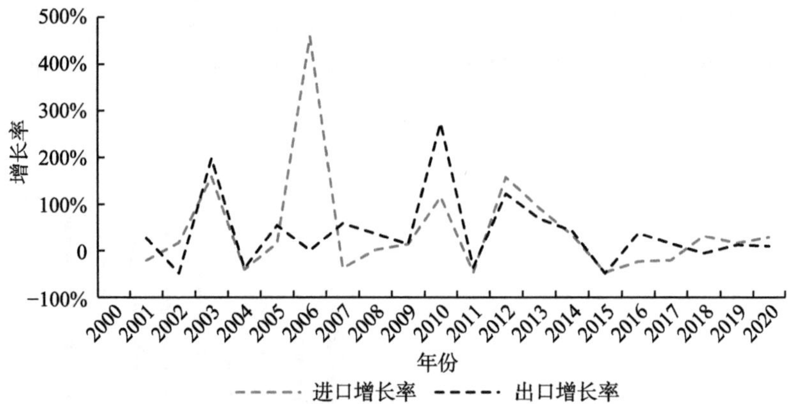

图 4.2　2000~2020 年中国金融服务贸易增长率情况

资料来源：WTO

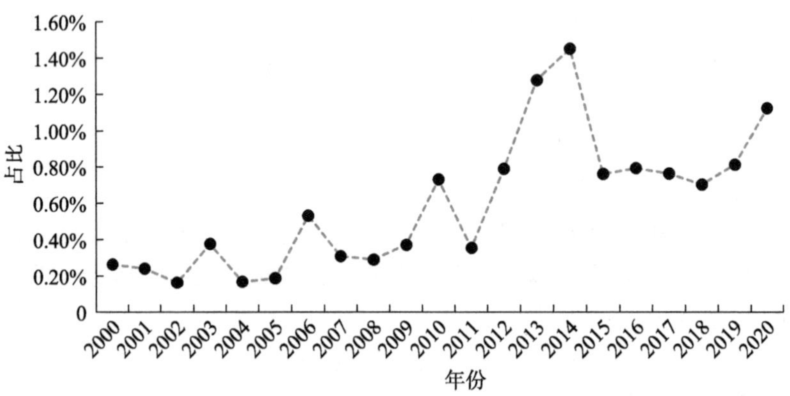

图 4.3　2000~2020 年中国金融服务贸易占总体服务贸易比重变化情况

资料来源：WTO

3. 国际市场占有率较低

中国的金融服务贸易发展缓慢，2000~2019 年的国际市场占有率变化不明显。虽然中国的金融服务贸易在近年来有所发展，金融服务贸易的国际市场占有率有了一些提高，但是竞争力弱。2000 年中国金融服务贸易的国际市场占有率为 0.08%，2019 年这一数据上升为 0.75%。相较于发达国家，中国金融服务贸易的国际市场占有率低于英国、美国和德国等国家。

4. 开放度呈现先增后减趋势

中国金融服务进出口总额与 GDP 之比可以在一定程度上反映出金融服务贸易的开放度。本节根据 2000~2020 年的相关经济数据，计算出了 2000~2020 年中国金融服务贸易开放度（表 4.1 和图 4.4）。数据显示，2000 年以来，中国金融服务贸易开放度整体上呈先增后减趋势。2000 年中国金融服务贸易开放度只有 0.01%，2014 年达到峰值 0.09%，2019 年又下降到 0.04%。总体而言，中国金融服务贸易发展较晚，市场化程度不高，竞争力水平较低。

表 4.1　2000~2020 年中国金融服务贸易开放度水平

年份	金融服务进出口总额/亿元	开放度	年份	金融服务进出口总额/亿元	开放度
2000	14.51	0.01%	2011	105.51	0.02%
2001	14.57	0.01%	2012	238.23	0.04%
2002	11.66	0.01%	2013	417.39	0.07%
2003	31.83	0.02%	2014	573.00	0.09%
2004	19.21	0.01%	2015	323.15	0.05%
2005	24.68	0.01%	2016	362.44	0.05%
2006	80.98	0.04%	2017	351.10	0.04%
2007	58.19	0.02%	2018	387.25	0.04%
2008	60.30	0.02%	2019	454.79	0.04%
2009	68.03	0.02%	2020	517.22	0.05%
2010	179.96	0.04%			

资料来源：WTO

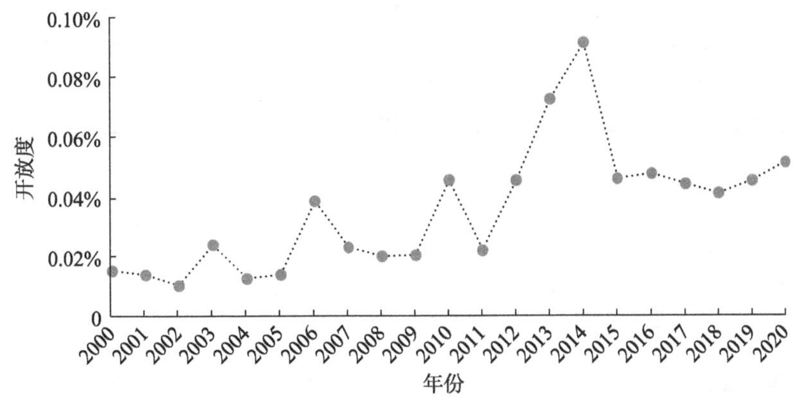

图 4.4　2000~2020 年中国金融服务贸易开放度水平变化趋势图

资料来源：WTO

4.1.2　金融服务贸易国际竞争力水平

1. 国际市场占有率

表 4.2 和图 4.5 显示了 2000~2019 年中国金融服务贸易的国际市场占有率及与世界部分国家金融服务贸易国际市场占有率的对比情况。数据显示，金融服务贸易

市场份额主要集中于发达国家，尤其是英国和美国。

表 4.2　2000~2019 年中国金融服务贸易国际市场占有率国际比较

年份	中国	德国	韩国	美国	印度	英国
2000	0.08%	3.63%	0.72%	19.88%	0.28%	20.74%
2001	0.11%	3.46%	0.57%	16.45%	0.33%	21.28%
2002	0.05%	3.47%	0.70%	20.05%	0.60%	20.25%
2003	0.13%	3.33%	0.58%	17.44%	0.31%	23.77%
2004	0.06%	3.43%	0.71%	20.58%	0.22%	24.21%
2005	0.06%	7.59%	0.34%	4.45%	0.50%	24.14%
2006	0.05%	6.75%	0.48%	7.15%	0.84%	24.60%
2007	0.06%	6.29%	0.57%	8.98%	0.93%	26.01%
2008	0.08%	7.03%	0.57%	8.10%	1.13%	22.82%
2009	0.11%	7.95%	0.48%	5.98%	1.09%	22.20%
2010	0.37%	5.98%	0.46%	7.68%	1.63%	20.96%
2011	0.20%	6.28%	0.43%	6.86%	1.50%	21.39%
2012	0.45%	5.98%	0.44%	7.34%	1.28%	20.14%
2013	0.71%	5.90%	0.29%	4.90%	1.42%	19.17%
2014	0.96%	5.44%	0.30%	5.54%	1.19%	17.37%
2015	0.51%	5.12%	0.36%	6.99%	1.17%	17.41%
2016	0.71%	5.03%	0.39%	7.79%	1.12%	16.78%
2017	0.76%	4.95%	0.46%	9.32%	0.92%	15.75%
2018	0.67%	4.77%	0.55%	11.58%	1.05%	16.27%
2019	0.75%	4.94%	0.56%	11.43%	0.93%	15.43%

资料来源：WTO

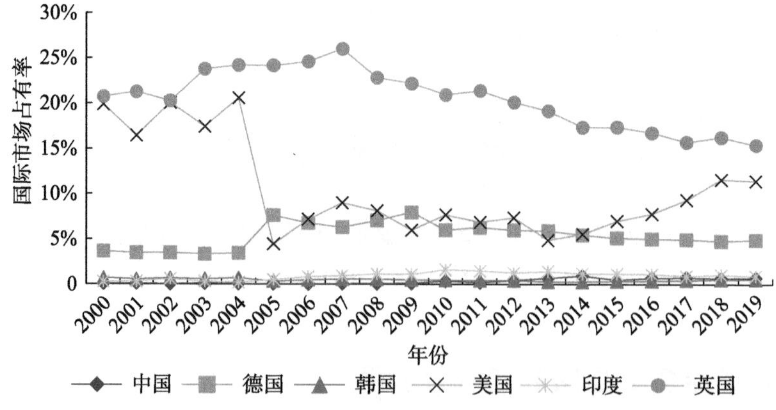

图 4.5　2000~2019 年中国金融服务贸易国际市场占有率趋势的国际比较

资料来源：WTO

英国长期处于领先地位，其金融服务贸易国际市场占有率常年保持在 10%以上，具有很强的竞争力。2007 年以后，英国金融服务贸易的国际市场占有率开始下降，但到 2019 年依然处于领先地位。美国的国际市场占有率则在 2004 年达到峰值 20.58%后一度下降到 2005 年的 4.45%，并于 2019 年回升到 11.43%。德国的金融服务贸易国际市场占有率在 2009 年达到峰值 7.95%，随后开始回落，并表现平稳，2019 年达到 4.94%，说明德国的金融服务贸易具有较强的竞争力。

即使与中国人口相近的印度相比，2000~2019 年中国金融服务贸易的国际市场占有率也低于印度，与中国的经济体量不匹配。与韩国相比，2000~2011 年，韩国金融服务贸易的国际市场占有率比中国高，但在 2012~2019 年，中国金融服务贸易的国际市场占有率反超韩国。

2. TC 指数

TC 指数是国际竞争力分析时常用的测度指标之一，目前已成为衡量一国（地区）产品贸易竞争力状况的重要指标。

表 4.3 和图 4.6 显示了 2000~2019 年中国金融服务贸易的 TC 指数及与世界部分国家金融服务贸易 TC 指数的对比情况。数据表明，中国的金融服务贸易近年来虽然取得了一些发展，但是与欧美发达国家相比，竞争优势仍然薄弱。中国金融服务贸易的整体 TC 指数呈现“V”形发展趋势，竞争力先下降后上升，整体上金融服务贸易竞争力较弱。

表 4.3　2000~2019 年中国金融服务贸易 TC 指数国际比较

年份	中国	德国	韩国	美国	印度	英国
2000	–0.11	0.28	0.57	0.34	–0.64	0.66
2001	0.13	0.18	0.73	0.37	–0.71	0.64
2002	–0.28	0.24	0.82	0.46	–0.41	0.61
2003	–0.21	0.25	0.75	0.51	–0.14	0.62
2004	–0.19	0.19	0.79	0.53	–0.40	0.67
2005	–0.05	0.43	0.53	0.37	0.14	0.63
2006	–0.72	0.37	0.34	0.35	0.09	0.65
2007	–0.41	0.32	0.20	0.37	0.02	0.68
2008	–0.28	0.36	0.11	0.46	0.10	0.64
2009	–0.29	0.38	–0.22	0.50	–0.02	0.69
2010	–0.02	0.29	–0.08	0.52	–0.08	0.70
2011	0.06	0.26	–0.06	0.54	–0.14	0.70
2012	–0.01	0.29	–0.11	0.57	0.00	0.71
2013	–0.07	0.25	–0.23	0.58	0.04	0.67
2014	–0.04	0.22	–0.10	0.57	0.16	0.63
2015	–0.06	0.26	–0.02	0.56	0.26	0.60
2016	0.22	0.26	0.02	0.56	0.01	0.60
2017	0.39	0.34	0.07	0.55	–0.13	0.61
2018	0.24	0.32	0.17	0.54	0.15	0.58
2019	0.23	0.31	0.15	0.54	0.36	0.53

资料来源：WTO

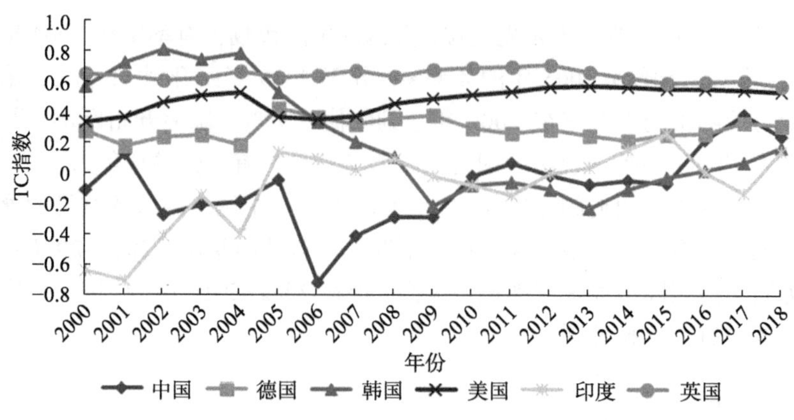

图 4.6　2000~2018 年中国金融服务贸易 TC 指数趋势的国际比较

资料来源：WTO

具体而言，2000~2015 年，中国金融服务贸易的 TC 指数除了 2001 年的 0.13 和 2011 年的 0.06，其他年份都是负值，贸易竞争力较弱。2006 年，中国金融服务贸易的 TC 指数达到最低点–0.72 后开始反弹并稳定增长。在 2016 年，中国金融服务贸易的 TC 指数由负转正。整体上看，中国金融服务贸易国际竞争力较为薄弱，但随着中国经济发展水平的提高，中国金融服务贸易竞争力有所提高。

英国金融服务贸易的 TC 指数从 2000~2017 年一直表现平稳，稳定在 0.60~0.71，但 2018 年下降到 0.58，2019 年进一步下降到 0.53。除了在 2001~2004 年被韩国短暂超越外，英国金融服务贸易的 TC 指数一直处于领先地位。

美国金融服务贸易的 TC 指数变化呈现四个阶段的特点。2000~2004 年，美国金融服务贸易的 TC 指数是不断增加的，2004 年达到 0.53。2005~2006 年，美国金融服务贸易的 TC 指数出现下降，2006 年下降到 0.35。2007~2013 年，美国金融服务贸易的 TC 指数又开始上升，从 2007 年的 0.37 上升到 2013 年的 0.58。2014 年，美国金融服务贸易的 TC 指数开始下降，从 2013 年的 0.58 下降到 2019 年的 0.54。数据显示，美国金融服务贸易的竞争力也比较强。

德国金融服务贸易的 TC 指数在 2000~2004 年较为平稳，稳定在 0.18~0.28。2005 年到达峰值 0.43。2006~2019 年表现平稳，稳定在 0.22~0.38。

就韩国而言，2000~2004 年，韩国金融服务贸易的 TC 指数整体上是不断增长的，并且 2001~2004 年的值均高于 0.70，具有较强的竞争力。但从 2005 年开始，TC 指数就开始下降，并于 2009~2015 年保持负值。这从侧面说明，2008 年爆发的国际金融危机对韩国有巨大的影响。2016 年，韩国金融服务贸易的 TC 指数开始增长，并于 2019 年恢复到 0.15。

2000~2004 年，印度金融服务贸易的 TC 指数一直都是负值。2005~2008 年开始增长为正值，但数值仍不高，随后于 2009 年又转为负值，并持续到 2011 年。

2012 年又开始变为正值，但数值仍然不高。2019 年达到 0.36，增幅较大。

3. RCA 指数

表 4.4 和图 4.7 显示了 2000~2019 年中国金融服务贸易的 RCA 指数及与世界部分国家金融服务贸易的 RCA 指数对比情况。

表 4.4　2000~2019 年中国金融服务贸易的 RCA 指数国际比较

年份	中国	德国	韩国	美国	印度	英国
2000	0.04	0.67	0.35	1.19	0.26	2.63
2001	0.05	0.60	0.29	1.28	0.29	2.71
2002	0.02	0.55	0.37	1.40	0.50	2.50
2003	0.05	0.51	0.32	1.49	0.24	2.84
2004	0.02	0.54	0.36	1.59	0.13	2.82
2005	0.02	1.22	0.18	1.47	0.26	2.62
2006	0.02	1.09	0.26	1.45	0.37	2.62
2007	0.02	1.05	0.29	1.48	0.39	2.79
2008	0.02	1.17	0.25	1.58	0.43	2.84
2009	0.03	1.27	0.24	1.54	0.43	2.86
2010	0.08	1.05	0.22	1.64	0.55	2.88
2011	0.05	1.12	0.21	1.68	0.48	2.87
2012	0.10	1.09	0.20	1.69	0.40	2.73
2013	0.17	1.06	0.14	1.67	0.47	2.58
2014	0.23	0.95	0.14	1.75	0.40	2.32
2015	0.12	0.91	0.18	1.63	0.37	2.33
2016	0.17	0.88	0.21	1.64	0.35	2.35
2017	0.18	0.86	0.28	1.75	0.28	2.32
2018	0.15	0.84	0.34	1.78	0.31	2.40
2019	0.16	0.89	0.34	1.83	0.27	2.28

资料来源：WTO

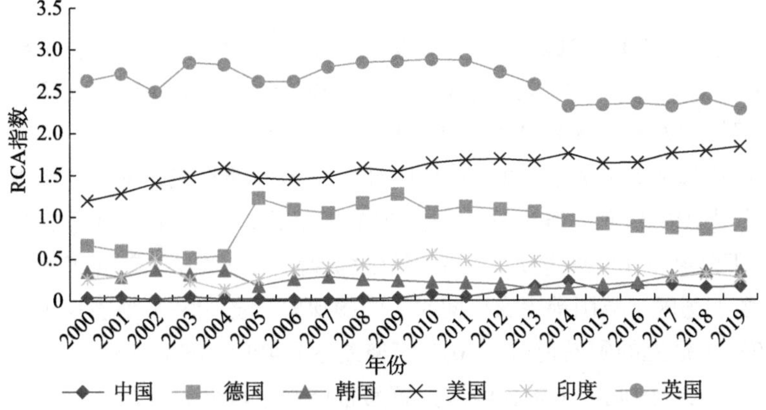

图 4.7　2000~2019 年中国金融服务贸易 RCA 指数趋势的国际比较

资料来源：WTO

英国金融服务贸易的 RCA 指数从 2000~2019 年一直表现平稳，稳定在 2.28~2.88，在所有发达国家间也保持领先地位，这说明英国的金融服务贸易具有很强的竞争力。

美国金融服务贸易的RCA指数从2000~2019年一直表现平稳，稳定在1.19~ 1.83，这说明美国的金融服务贸易具有较强的竞争力。

德国的金融服务贸易 RCA 指数在 2000~2004 年变化不大，数值在 0.51~0.67。2005 年，其 RCA 指数增长到 1.22。2006~2019 年则表现平稳，稳定在 0.84~1.27。

就韩国而言，2000~2019 年，韩国金融服务贸易的 RCA 指数表现平稳，稳定在 0.14~0.37，从 RCA 指数来看，韩国金融服务贸易竞争力也较弱。

2000~2019 年，印度金融服务贸易的 RCA 指数表现平稳，稳定在 0.13~0.55，竞争力也较弱。

中国金融服务贸易的RCA指数在2000~2019年也表现平稳，稳定在0.02~0.23，竞争力在参与比较的国家中最弱。

4.2 保险服务贸易

4.2.1 保险服务贸易发展概况

保险服务贸易是现代服务贸易的重要组成部分，在服务贸易的发展中有着重要的推动作用。但中国的保险服务贸易长期处于逆差状态，在国际市场上还处于较低的发展水平。

1. 规模先增后减，贸易逆差逐步减少

图 4.8 显示了 2000~2020 年中国保险服务出口总额、进口总额及贸易差额的情况。从图中可以看出，中国保险服务出口总额和进口总额的整体规模呈先增大后减小态势，贸易逆差也呈现先增加后减小趋势。

进出口总额及差额方面，2000~2019 年，中国的保险服务贸易总额先增加后减少。2000 年中国的保险服务贸易总额为 213.56 亿元，2014 年增加到 1635.21 亿元，2019 年又下降到 1108.94 亿元。2019 年中国保险服务贸易总额高于韩国、印度，但低于美国、德国、英国等国家。同时，中国保险服务贸易长期表现为逆差。2000 年存在 195.71 亿元的贸易逆差，2013 年逆差达到峰值 1098.46 亿元，2019 年缩小到 427.55 亿元。因此，中国保险服务贸易整体水平较低，在国际上竞争力水平也较低。

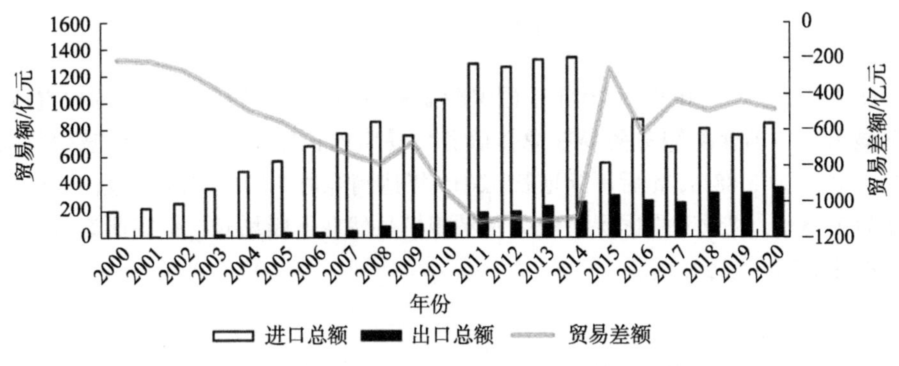

图 4.8　2000~2020 年中国保险服务贸易发展情况

资料来源：WTO

出口总额方面，2000 年中国保险服务出口总额只有 8.9 亿元，到 2019 年增至 340.70 亿元，增长了约 37 倍。虽然出口总额每年都在增加，但 2019 年中国的保险服务出口总额在全球市场上所占比重仅为 3.5%。2019 年中国保险服务的出口总额低于英美等国，竞争力弱。

进口总额方面，中国保险服务进口总额也呈现先增长后减少的态势。2000 年进口总额规模不大，为 204.63 亿元，2014 年上升到峰值的 1358.47 亿元，而 2019 年又下降到 768.24 亿元。

从增长速度上看，图 4.9 显示了 2000~2020 年的中国保险服务贸易增长率情况。2000~2020 年中国保险服务的进口增长率和出口增长率呈现起伏不定的特征。从进口增长率来看，2001 年为 9.69%，2016 年达到峰值的 46.83%，2019 年出现负值，增长率为−9.44%。从出口增长率来看，2001 年的增长率达到 110.57%，而 2019 年回落到了−3.09%。

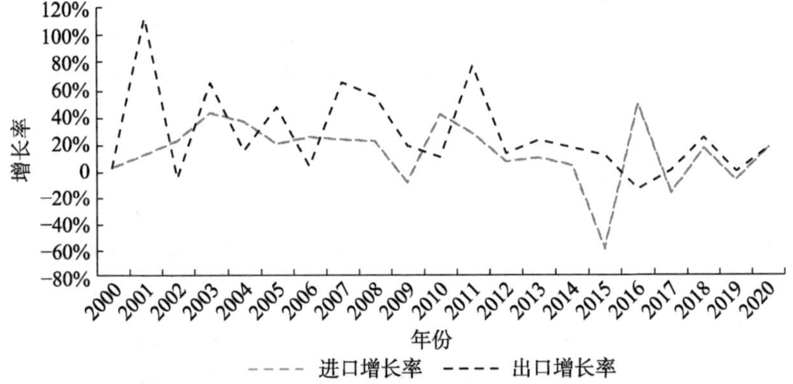

图 4.9　2000~2020 年中国保险服务贸易增长率情况

资料来源：WTO

2. 占比先增后减，发展潜力大

图 4.10 显示了 2000~2020 年中国保险服务贸易在总体服务贸易中的比重情况。数据显示，中国保险服务贸易在总体服务贸易中的比重呈现先增加后减少特征。2000 年占比为 3.88%，此后不断增长，2011 年达到峰值 5.07%，随后开始下降，2019 年降为 1.98%。这说明中国保险服务贸易规模虽然在不断增长，但在所有服务贸易中所占的份额在减少。

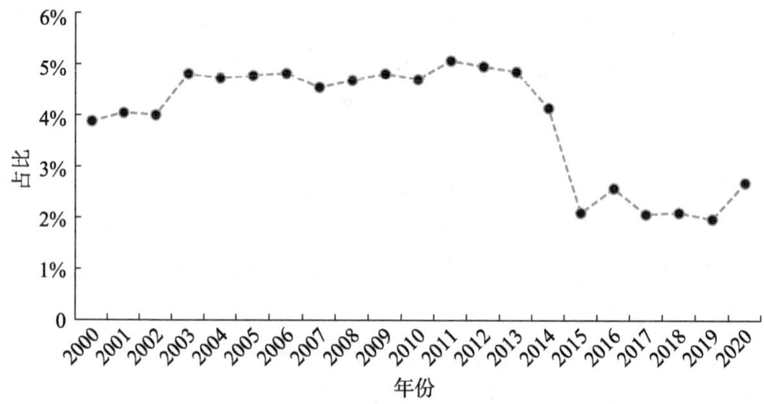

图 4.10　2000~2020 年中国保险服务贸易占总体服务贸易比重变化情况

资料来源：WTO

3. 国际市场占有率较低，但仍在不断增长

2000~2019 年中国的保险服务贸易不断发展，国际市场占有率的总体趋势不断上升，从 2000 年的 0.39%发展到 2019 年的 3.48%。但总体上看，国际市场占有率不高。2000~2008 年中国的保险服务贸易国际市场占有率在 0.39%~1.37%。2009~2019 年中，中国的保险服务贸易国际市场占有率增长明显，保持在 1.80%~4.09%。但与美国、德国、英国等国家相比，还处于较低水平，中国的国际市场份额亟须增加。

4. 开放度呈现先增后减趋势

保险服务贸易的进出口总额与 GDP 之比可以在一定程度上反映出保险服务贸易的开放度。本节根据 2000~2020 年的相关经济数据，计算出了 2000~2020 年中国保险服务贸易开放度（图 4.11 和表 4.5）。数据显示，2000 年以来，中国保险服务贸易开放度呈现先增加后减小的趋势。2000 年中国的保险服务贸易市场开放度只有 0.21%，2006 年达到峰值 0.34%，此后波动下降。2019 年中国的保险服务贸易市场开放度下降到了 0.11%。总体而言，中国保险服务贸易发展迅速，但市场化程度

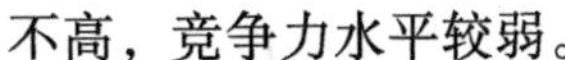

不高，竞争力水平较弱。

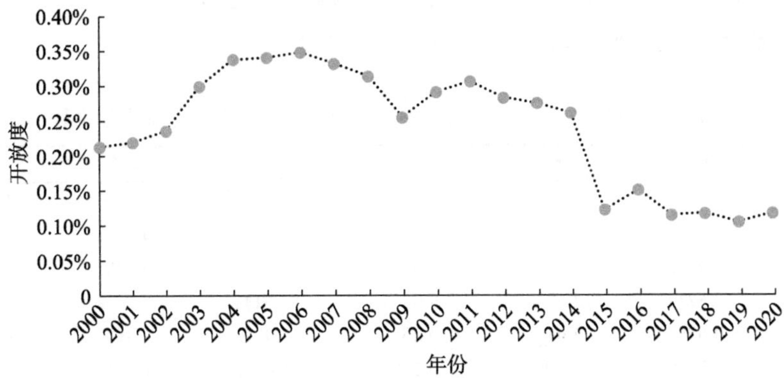

图 4.11　2000~2020 年中国保险服务贸易开放度水平变化趋势图

资料来源：WTO

表 4.5　2000~2020 年中国保险服务贸易开放度水平变化

年份	保险服务进出口总额/亿元	开放度	年份	保险服务进出口总额/亿元	开放度
2000	213.56	0.21%	2011	1504.13	0.30%
2001	243.27	0.22%	2012	1495.53	0.28%
2002	286.05	0.23%	2013	1583.59	0.27%
2003	405.98	0.30%	2014	1635.21	0.26%
2004	538.56	0.33%	2015	893.70	0.12%
2005	627.67	0.34%	2016	1179.28	0.15%
2006	733.04	0.34%	2017	955.49	0.12%
2007	854.86	0.33%	2018	1161.23	0.12%
2008	967.60	0.31%	2019	1108.94	0.11%
2009	879.29	0.25%	2020	1236.70	0.12%
2010	1157.28	0.29%			

资料来源：WTO

4.2.2　保险服务贸易国际竞争力水平

1. 国际市场占有率

表 4.6 和图 4.12 显示了 2000~2019 年中国保险服务贸易的国际市场占有率及与世界部分国家保险服务贸易国际市场占有率的对比情况。数据表明，保险服务贸易市场份额主要集中于发达国家，尤其是英国和美国。

英国长期处于领先地位，其保险服务贸易的国际市场占有率常年保持在 10%以上，具有很强的竞争力。2000~2015 年，英国保险服务贸易的国际市场占有率除了 2003 年的 16.33%和 2004 年的 16.07%外，其他年份都超过了 20%。而从 2016~2019 年，这一数据又下降到了 20%以下，2019 年为 18.74%。

表 4.6 2000~2019 年中国保险服务贸易国际市场占有率国际比较

年份	中国	德国	韩国	美国	印度	英国
2000	0.39%	2.21%	0.25%	13.10%	0.93%	20.72%
2001	0.76%	5.79%	0.20%	11.48%	0.95%	22.01%
2002	0.47%	16.71%	0.08%	9.95%	0.75%	22.17%
2003	0.62%	12.56%	0.06%	11.01%	0.75%	16.33%
2004	0.67%	6.41%	0.25%	12.93%	1.49%	16.07%
2005	0.83%	5.19%	0.26%	11.47%	1.43%	29.99%
2006	0.69%	9.33%	0.34%	11.76%	1.39%	29.74%
2007	1.00%	8.67%	0.46%	11.97%	1.66%	25.30%
2008	1.37%	7.81%	0.46%	13.36%	1.55%	23.92%
2009	1.58%	10.28%	0.34%	14.42%	1.50%	23.90%
2010	1.80%	7.70%	0.54%	15.51%	1.86%	20.12%
2011	2.77%	5.39%	0.48%	13.46%	2.37%	22.19%
2012	2.89%	9.25%	0.42%	13.85%	1.96%	21.76%
2013	3.17%	6.84%	0.51%	12.52%	1.70%	24.61%
2014	3.36%	7.82%	0.59%	11.96%	1.68%	26.58%
2015	4.09%	9.17%	0.61%	12.70%	1.63%	21.02%
2016	3.22%	10.22%	0.53%	12.60%	1.66%	19.64%
2017	3.02%	9.82%	0.83%	13.62%	1.84%	17.49%
2018	3.45%	9.81%	0.60%	12.55%	1.81%	18.16%
2019	3.48%	9.79%	0.67%	11.85%	1.84%	18.74%

资料来源：WTO

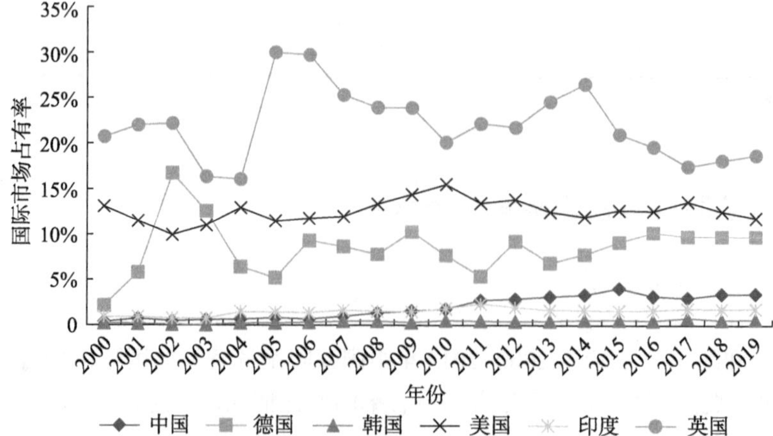

图 4.12 2000~2019 年中国保险服务贸易国际市场占有率趋势的国际比较

资料来源：WTO

美国保险服务贸易的国际市场占有率也表现平稳，2000~2019 年，该数据保持在 9.95%~15.51%。

德国的保险服务贸易国际市场占有率在 2000~2002 年期间不断增长，从 2000 年 2.21%增长到 2002 年的 16.71%。但 2003~2005 年，国际市场占有率不断下降。从 2003 年 12.56%下降到 2005 年的 5.19%。2006~2019 年，国际市场占有率稳定在 5.39%~10.28%。总体来看，德国的保险服务贸易具有较强竞争力。

中国和印度的保险服务贸易国际市场占有率都比较低，市场竞争力弱。2000~2008 年，印度的保险服务贸易国际市场占有率一直高于中国。在这段时间，中国的保险服务贸易国际市场占有率在 0.39%~1.37%，印度的保险服务贸易国际市场占有率在 0.75%~1.66%。2009~2019 年中，除 2010 年印度的国际市场占有率（1.86%）大于中国（1.80%）外，其他年份中，中国的保险服务贸易国际市场占有率都高于印度。但和欧美国家相比，中国保险服务贸易的国际市场占有率还较低。

就韩国来说，2000~2019 年，韩国的保险服务贸易的国际市场占有率一直较低，保持在 0.06%~0.83%。

2. TC 指数

表 4.7 和图 4.13 显示了 2000~2019 年中国保险服务贸易的 TC 指数及与世界部分国家保险服务贸易 TC 指数的对比情况。2000~2019 年中国保险服务贸易的 TC 指数一直都是负值，处于–0.48~–0.13，这说明中国的保险服务贸易竞争优势仍然薄弱。

表 4.7　2000~2019 年中国保险服务贸易 TC 指数国际比较

年份	中国	德国	韩国	美国	印度	英国
2000	–0.48	–0.22	–0.36	–0.51	–0.52	0.68
2001	–0.42	0.20	–0.72	–0.66	–0.48	0.71
2002	–0.41	0.69	–0.88	–0.66	–0.46	0.79
2003	–0.40	0.31	–0.84	–0.62	–0.48	0.75
2004	–0.34	–0.18	–0.54	–0.60	–0.35	0.71
2005	–0.30	0.03	–0.63	–0.58	–0.59	0.60
2006	–0.24	0.37	–0.51	–0.61	–0.59	0.53
2007	–0.16	0.29	–0.41	–0.63	–0.56	0.73
2008	–0.13	0.29	–0.23	–0.62	–0.47	0.81
2009	–0.33	0.41	–0.37	–0.63	–0.45	0.62
2010	–0.30	0.38	–0.26	–0.62	–0.48	0.76
2011	–0.39	0.30	–0.14	–0.60	–0.41	0.69

续表

年份	中国	德国	韩国	美国	印度	英国
2012	–0.38	0.45	–0.24	–0.57	–0.48	0.78
2013	–0.43	0.34	–0.18	–0.54	–0.47	0.78
2014	–0.43	0.29	0.04	–0.53	–0.44	0.71
2015	–0.38	0.29	–0.06	–0.53	–0.45	0.65
2016	–0.41	0.31	–0.17	–0.52	–0.41	0.77
2017	–0.43	0.31	–0.05	–0.47	–0.44	0.79
2018	–0.44	0.31	–0.05	–0.42	–0.45	0.73
2019	–0.39	0.30	–0.19	–0.52	–0.46	0.73

资料来源：WTO

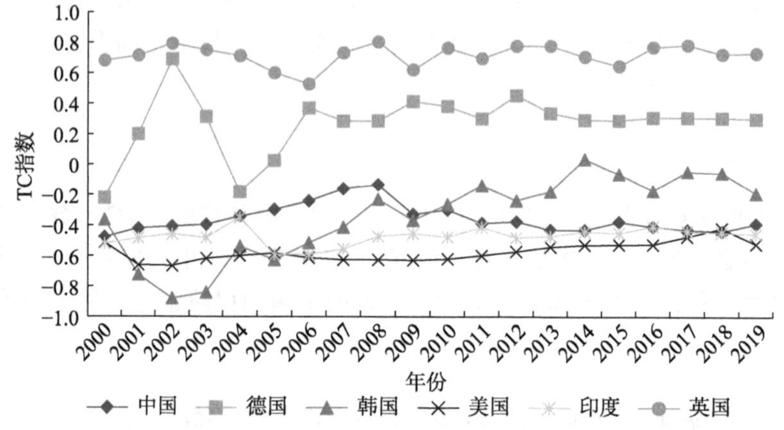

图 4.13 2000~2019 年中国保险服务贸易 TC 指数趋势的国际比较

资料来源：WTO

英国保险服务贸易的 TC 指数从 2000~2019 年一直表现平稳，稳定在 0.53~0.81，并且英国保险服务贸易的 TC 指数保持领先。

2000~2019 年，美国保险服务贸易的 TC 指数一直是负数，处于–0.66~–0.42，说明美国的保险服务贸易的竞争力较弱。

德国保险服务贸易的 TC 指数具有阶段性特点。2000~2002 年是呈现增长的态势。从 2000 年的–0.22 增加到 2002 年的 0.69。随后，在 2003~2005 年呈现减少的态势，从 2003 年的 0.31 下降到 2005 年的 0.03。此后 2006~2019 年，德国保险服务贸易的 TC 指数稳定在 0.29~0.45。

就韩国而言，2000~2019 年，韩国保险服务贸易的 TC 指数除了 2014 年是正值 0.04 外，其他年份都是负值，在–0.88~–0.05。

2000~2019 年，印度保险服务贸易的 TC 指数都是负值，处于–0.59~–0.35。

3. RCA 指数

表 4.8 和图 4.14 显示了 2000~2019 年中国保险服务贸易的 RCA 指数及与世界部分国家保险服务贸易的 RCA 指数对比情况。

表 4.8　2000~2019 年中国保险服务贸易的 RCA 指数国际比较

年份	中国	德国	韩国	美国	印度	英国
2000	0.19	0.41	0.12	0.69	0.85	2.62
2001	0.35	1.00	0.10	0.63	0.83	2.81
2002	0.19	2.67	0.04	0.57	0.63	2.73
2003	0.25	1.93	0.03	0.71	0.60	1.95
2004	0.24	1.00	0.13	0.87	0.90	1.87
2005	0.28	0.84	0.13	0.81	0.73	3.25
2006	0.22	1.50	0.18	0.84	0.60	3.16
2007	0.29	1.44	0.23	0.87	0.69	2.71
2008	0.38	1.30	0.21	1.00	0.59	2.98
2009	0.47	1.64	0.17	1.00	0.58	3.08
2010	0.40	1.36	0.26	1.06	0.63	2.76
2011	0.61	0.96	0.23	0.93	0.76	2.97
2012	0.66	1.68	0.19	0.93	0.62	2.95
2013	0.75	1.23	0.24	0.85	0.56	3.31
2014	0.80	1.37	0.28	0.83	0.56	3.55
2015	0.93	1.63	0.31	0.83	0.52	2.82
2016	0.78	1.78	0.28	0.82	0.52	2.75
2017	0.73	1.70	0.51	0.91	0.55	2.57
2018	0.77	1.72	0.36	0.88	0.53	2.67
2019	0.76	1.77	0.40	0.83	0.53	2.77

资料来源：WTO

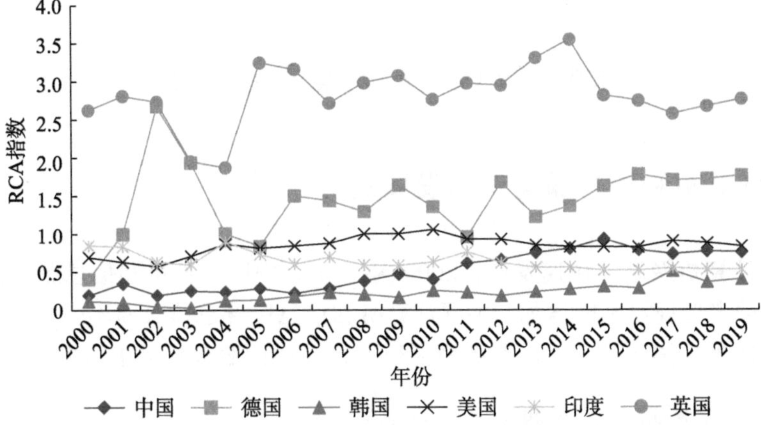

图 4.14　2000~2019 年中国保险服务贸易 RCA 指数趋势的国际比较

资料来源：WTO

2000~2011 年，中国保险服务贸易的 RCA 指数高于韩国，但是比英国、德国、美国和印度等国家的小。从总体趋势上看，2000~2019 年中国的 RCA 指数不断增长，说明中国的保险服务贸易的竞争力在不断地提高，但增幅并不是很大，变化不是很明显。2000 年为 0.19，2001 年增长到 0.35，2002 年下降到 0.19，随后开始增长，2006 年又回落到 0.22。2007~2015 年，除了 2010 年短暂回落到 0.40 外，中国保险服务贸易的 RCA 指数不断增长，在 2015 年达到顶峰 0.93。此后，2016~2019 年稳定在 0.73~0.78。这表示在 RCA 指数的比较上，中国的保险服务贸易的竞争力较弱，需要进一步发展和提高。

2000~2019 年，英国保险服务贸易的 RCA 指数一直领先德国、美国、韩国、印度和中国等国家，RCA 指数介于 1.87~3.55，这说明英国的保险服务贸易具有很强的竞争力。

德国的保险服务贸易的 RCA 指数在 2000~2002 年不断增长，增长幅度较大，从 2000 年的 0.41 增长到 2002 年的 2.67。2003 年开始不断下降，2005 年下降到 0.84。2006 年开始反弹。2006~2019 年则表现平稳，稳定在 0.96~1.78。这也说明德国的保险服务贸易具有较强的竞争力。

美国保险服务贸易的 RCA 指数从 2000~2019 年一直表现平稳，稳定在 0.57~1.06，这说明美国的保险服务贸易竞争力一般。

就韩国而言，2000~2019 年，韩国保险服务贸易的 RCA 指数在所比较的国家中排在末位，数值较低，稳定在 0.03~0.51，韩国保险服务贸易竞争力在所比较的国家中是最弱的。

2000~2011 年，印度保险服务贸易的 RCA 指数表现平稳，稳定在 0.58~0.90，竞争力也较弱，但 RCA 指数都大于中国和韩国。2012~2019 年，印度的 RCA 指数稳定在 0.52~0.62，大于韩国在这期间的 RCA 指数，但低于同时期中国的保险服务贸易 RCA 指数。

4.3 计算机和信息服务贸易

4.3.1 计算机和信息服务贸易发展概况

随着计算机网络的快速发展，2000 年以来，中国计算机和信息服务贸易发展迅速，其进出口规模不断增加。中国计算机和信息服务总体大而不强。计算机和信息服务业作为中国顺差最大的服务贸易行业，在中国服务贸易中占据着重要位置。

1. 规模不断增长，长期保持贸易顺差

图 4.15 显示了 2000~2019 年中国计算机和信息服务出口总额、进口总额及差

额的情况[①]。从图 4.15 中可以看出，中国计算机和信息服务的出口总额与进口总额总体规模呈不断增长态势，贸易顺差也呈现不断扩大趋势。

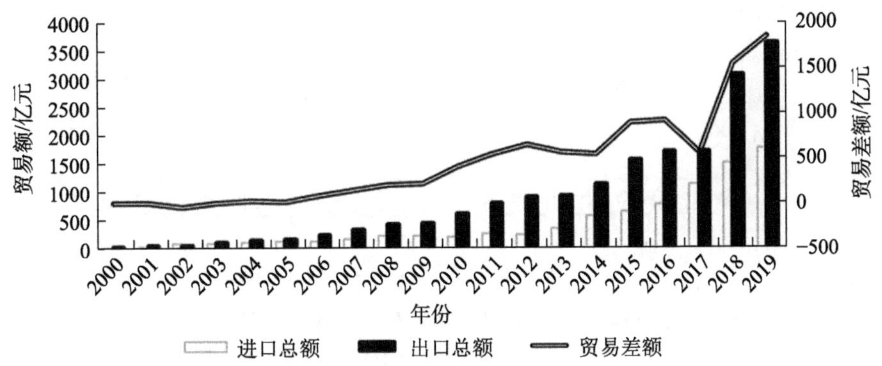

图 4.15　2000~2019 年中国计算机和信息服务贸易发展情况

资料来源：WTO

进出口总额及差额方面，2000~2019 年，中国的计算机和信息服务贸易总额不断增加，保持了连续快速增长的态势。从 2000 年的 51.42 亿元增加到 2019 年的 5459.70 亿元。2019 年中国计算机和信息服务贸易总额略高于德国、英国、韩国，但低于美国、印度。同时，中国计算机和信息服务贸易长期表现为顺差。2000~2019 年中国计算机和信息服务贸易除了 2002 年为逆差外，其他年份都处于顺差状态，且贸易顺差也在逐年增加。2000 年存在 7.53 亿元的贸易顺差，2019 年则达到 1878.43 亿元。

出口总额方面，2000 年中国计算机和信息服务出口总额只有 29.47 亿元，到 2019 年为 3669.06 亿元，增长了约 143 倍。此外，中国 2019 年计算机和信息服务的出口总额高于美国，竞争力较强。

进口总额方面，中国计算机和信息服务进口总额也呈现增长态势。2000 年进口总额规模不大，为 21.94 亿元，而 2019 年进口总额已经上升到 1790.63 亿元。

从增长速度上看，图 4.16 显示了 2000~2019 年的中国计算机和信息服务贸易增长率情况。2000~2019 年中国计算机和信息服务贸易的进口增长率和出口增长率起伏不定。从进口增长率来看，2001 年为 30.18%，2001 年中国入世，加快了中国计算机和信息服务贸易领域开放的步伐，此后计算机和信息服务贸易规模不断增加，2002 年进口增长率达到峰值 228.36%，2019 年则回落到了 12.98%。从出口增长率来看，2001 年的增长率为 29.51%，2018 年达到 73.05%，2019 年又回落到了 14.27%。

① 2020 年中国计算机和信息服务贸易数据缺失。

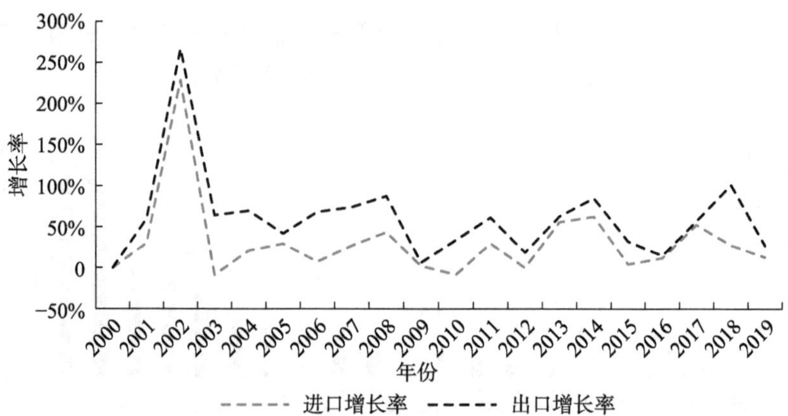

图 4.16　2000~2019 年中国计算机和信息服务贸易增长率情况

资料来源：WTO

2. 占比不断增长，发展潜力大

图 4.17 显示了 2000~2019 年中国计算机和信息服务贸易在总体服务贸易中的比重情况。数据显示，中国计算机和信息服务贸易在总体服务贸易中的比重呈现不断增长的态势。2000 年占比为 0.93%，此后不断增长，2019 年达到峰值 9.75%。这表明中国计算机和信息服务贸易规模在不断扩大，在所有服务贸易行业中具有较强的竞争力。

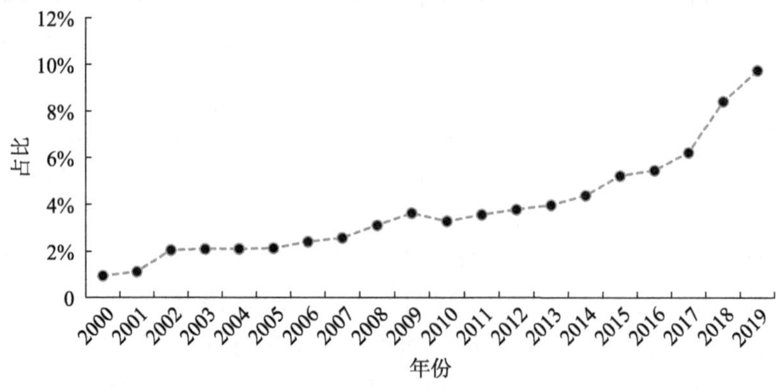

图 4.17　2000~2019 年中国计算机和信息服务贸易占总体服务贸易比重变化情况

资料来源：WTO

3. 国际市场占有率处于较高水平

2000~2019 年中国的计算机和信息服务不断发展，国际市场占有率总体趋势不断上升。2000 年和 2001 年为起步阶段，分别为 0.78%和 0.87%，2002 年后不断发展，从 2002 年的 1.08%发展到 2019 年的 8.73%。这表明，中国计算机和信息服务贸易的国际市场占有率具有一定份额并具有一定竞争力。与美国、德国等发达国家相比，除了 2018、2019 两年国际市场占有率超过美国、德国外，2000~2017 年，中国计算机和信息服务贸易的国际市场占有率都低于美国与德国。

4. 开放度逐步加大

计算机和信息服务的进出口总额与 GDP 之比可以在一定程度上反映出该部门的开放度。本节根据 2000~2019 年的相关经济数据，计算出了中国 2000~2019 年计算机和信息服务贸易开放度，见图 4.18 和表 4.9。数据显示，2000 年以来，中国计算机和信息服务贸易开放度不断提高。2001 年中国的计算机和信息服务贸易开放度只有 0.06%。2009 年受国际金融危机影响开放度下降，但随后保持稳步增长势头。2019 年中国的计算机和信息服务贸易开放度已达 0.53%。总体而言，中国计算机和信息服务贸易发展迅速，市场化程度较高，竞争力水平较强。

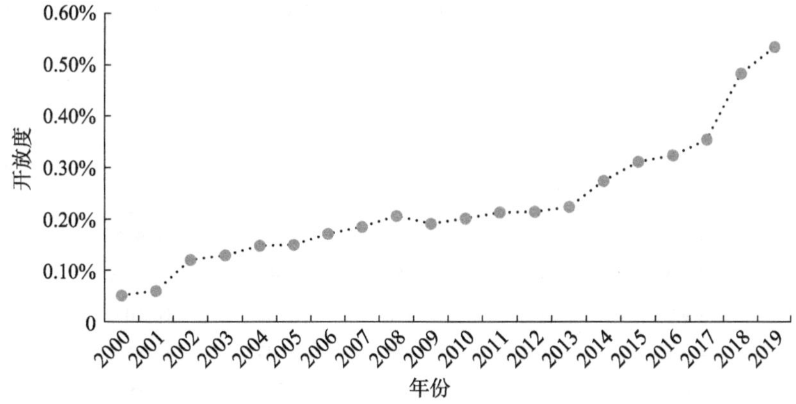

图 4.18　2000~2019 年中国计算机和信息服务贸易开放度水平变化趋势图

资料来源：WTO

表 4.9　2000~2019 年中国计算机和信息服务贸易开放度水平

年份	进出口总额/亿元	开放度	年份	进出口总额/亿元	开放度
2000	51.42	0.05%	2010	1059.33	0.20%
2001	66.74	0.06%	2011	1143.54	0.21%
2002	146.64	0.12%	2012	1300.25	0.21%
2003	177.03	0.13%	2013	1731.32	0.22%
2004	239.28	0.15%	2014	2226.35	0.27%
2005	280.27	0.15%	2015	2503.18	0.31%
2006	366.80	0.17%	2016	2866.09	0.32%
2007	484.25	0.19%	2017	4641.30	0.35%
2008	645.08	0.21%	2018	5459.70	0.48%
2009	663.59	0.19%	2019	1059.33	0.53%

资料来源：WTO

4.3.2 计算机和信息服务贸易国际竞争力水平

1. 国际市场占有率

表 4.10 与图 4.19 显示了 2000~2019 年中国计算机和信息服务贸易的国际市场占有率及与世界部分国家计算机和信息服务贸易国际市场占有率的对比情况①。

表 4.10 2000~2019 年中国计算机和信息服务贸易国际市场占有率国际比较

年份	中国	德国	韩国	美国	印度	英国
2000	0.78%	8.31%	0.02%	15.22%	8.87%	9.50%
2001	0.87%	9.04%	0.03%	12.88%	11.19%	8.81%
2002	1.08%	9.30%	0.03%	11.98%	11.14%	9.75%
2003	1.47%	8.91%	0.04%	10.96%	11.42%	10.86%
2004	1.75%	8.63%	0.03%	9.31%	12.99%	12.04%
2005	—	—	—	—	—	—
2006	—	—	—	—	—	—
2007	—	—	—	—	—	—
2008	2.78%	6.86%	0.18%	6.09%	15.92%	6.38%
2009	3.01%	7.05%	0.15%	6.78%	14.95%	5.86%
2010	3.94%	7.36%	0.18%	6.65%	16.58%	6.24%
2011	4.37%	7.19%	0.26%	6.09%	16.31%	6.07%
2012	4.93%	7.27%	0.31%	6.71%	16.10%	5.78%
2013	4.74%	7.19%	0.46%	6.60%	15.85%	5.41%
2014	5.08%	6.88%	0.66%	6.52%	14.10%	5.16%
2015	6.27%	7.01%	0.74%	7.31%	13.76%	4.94%
2016	6.15%	7.84%	0.77%	7.85%	12.76%	4.59%
2017	5.79%	7.68%	0.90%	8.34%	11.63%	4.45%
2018	8.48%	7.26%	0.85%	7.66%	10.53%	4.18%
2019	8.73%	6.54%	0.85%	8.13%	10.55%	3.44%

资料来源：WTO

美国的计算机和信息服务贸易国际市场占有率在 2000~2004 年不断下降，从 2000 年的 15.22%下降到 2004 年的 9.31%。其中，2000~2002 年美国在所比较的国家中国际市场占有率最高。在 2005~2019 年其国际市场占有率则稳定在 6.09%~8.34%，这说明美国的计算机和信息服务在国际上具有较强的竞争力。

① 所比较的国家中，2005~2007 年的计算机和信息服务贸易数据值缺失。下面关于计算机和信息服务的 TC 指数与 RCA 指数的国际比较分析中 2005~2007 年的数据值同样缺失。

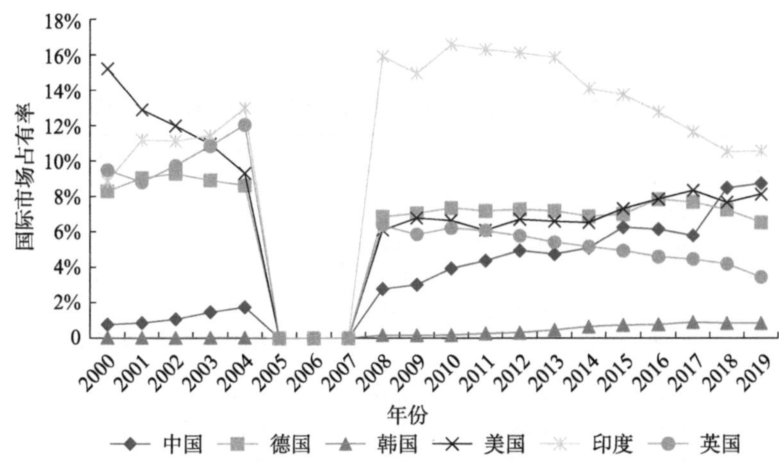

图 4.19　2000~2019 年中国计算机和信息服务贸易国际市场占有率趋势的国际比较

资料来源：WTO

德国的计算机和信息服务贸易国际市场占有率在 2000~2019 年表现平稳，稳定在 6.54%~9.30%，说明德国的计算机和信息服务具有较强的竞争力。

英国的计算机和信息服务贸易国际市场占有率则分阶段呈现不同的特点。2001~2004 年逐年增长，从 2001 年的 8.81%增长到 2004 年的 12.04%，这阶段英国的计算机和信息服务具有很强的竞争力。但是 2008~2019 年，英国的计算机和信息服务贸易国际市场占有率不断下降，从 2008 年的 6.38%下降到 2019 年的 3.44%，这说明，2008~2019 年英国的计算机和信息服务贸易竞争力开始变弱。

在比较的国家中，印度的计算机和信息服务具有很强的竞争力。除了 2000~2002 年印度计算机和信息服务贸易的国际市场占有率短暂低于美国之外，在 2003~ 2019 年，印度计算机和信息服务贸易的国际市场占有率在所比较的国家中一直处于最高水平，在 2010 年达到峰值 16.58%，此后逐年下降，2019 年达到 10.55%。

就韩国而言，2000~2019 年，韩国计算机和信息服务贸易的国际市场占有率在所比较的国家中是最低的，处于 0.02%~0.90%。这说明韩国的计算机和信息服务贸易竞争力最弱。

2. TC 指数

表 4.11 与图 4.20 显示了 2000~2019 年中国计算机和信息服务贸易的 TC 指数及与世界部分国家计算机和信息服务 TC 指数的对比情况。

中国的计算机和信息服务贸易发展总体上较为稳定。2000~2002 年，TC 指数不断下降，2002 年降至–0.28 的最低点。2003 年起，中国计算机和信息服务贸易的 TC 指数开始增加。2007~2019 年，除了 2017 年 TC 指数为 0.20 外，其他年份的 TC 指数都大于 0.30，这说明中国的计算机和信息服务竞争力较强，表明其总体上具备一定的比较优势。

表 4.11　2000~2019 年中国计算机和信息服务贸易 TC 指数国际比较

年份	中国	德国	韩国	美国	印度	英国
2000	0.15	–0.13	–0.79	0.05	0.75	0.55
2001	0.14	–0.12	–0.73	0.03	0.73	0.47
2002	–0.28	–0.06	–0.73	0.04	0.76	0.49
2003	0.03	–0.04	–0.64	0.04	0.85	0.47
2004	0.13	0.00	–0.72	0.00	0.86	0.54
2005	0.06	–0.01	—	–0.16	0.85	0.52
2006	0.26	0.04	–0.35	–0.18	0.83	0.48
2007	0.33	0.04	–0.17	–0.15	0.77	0.46
2008	0.33	0.06	–0.21	–0.14	0.81	0.43
2009	0.34	0.10	–0.14	–0.11	0.87	0.37
2010	0.51	0.08	–0.12	–0.15	0.88	0.43
2011	0.52	0.08	0.10	–0.20	0.92	0.50
2012	0.58	0.09	0.24	–0.14	0.90	0.44
2013	0.44	0.01	0.32	–0.13	0.90	0.41
2014	0.32	0.11	0.33	–0.12	0.88	0.40
2015	0.41	0.08	0.16	–0.06	0.89	0.42
2016	0.37	0.04	0.22	–0.03	0.87	0.44
2017	0.20	0.03	0.19	0.00	0.82	0.43
2018	0.34	0.03	0.34	0.05	0.80	0.47
2019	0.34	0.01	0.33	0.11	0.76	0.47

资料来源：WTO

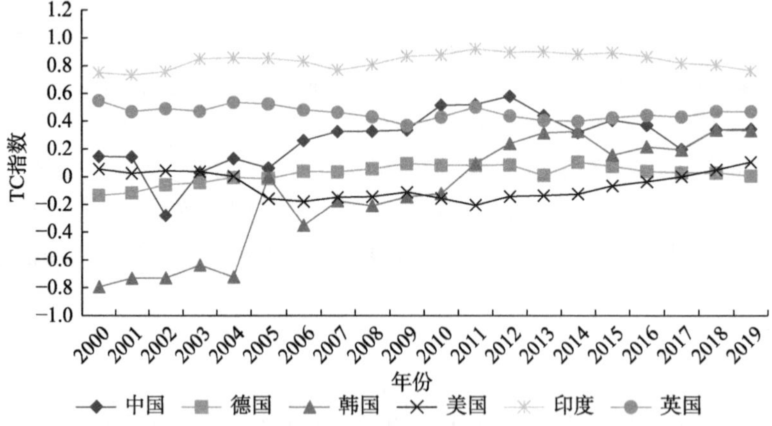

图 4.20　2000~2019 年中国计算机和信息服务贸易 TC 指数趋势的国际比较

资料来源：WTO

英国计算机和信息服务贸易的 TC 指数从 2000~2019 年一直表现平稳。除了 2010~2013 年英国计算机和信息服务贸易的 TC 指数低于中国之外，其他年份英国的该指数稳定在 0.37~0.55，并在列表的国家中一直保持在第二的位置。这表明，英国计算机和信息服务贸易的竞争力较强。

美国计算机和信息服务贸易的 TC 指数呈正负值交叉变化的特点。2000~2003 年、2018~2019 年的 TC 指数为正值，但数值较低，处于 0.03~0.11。而 2005~2016 年的 TC 指数在–0.20~–0.03。总体而言，美国的计算机和信息服务贸易竞争力较弱。

德国计算机和信息服务贸易的 TC 指数也呈现正负值交叉变化的特点。2000~2003 年其 TC 指数为负值，数值稳定在–0.13~ –0.04。2006~2019 年的 TC 指数为正值，处于 0.01~0.11，说明德国计算机和信息服务贸易竞争力较弱。

就韩国而言，韩国计算机和信息服务贸易的 TC 指数呈现先负后正的特点。2000~2010 年的 TC 指数为负值，数值稳定在–0.79 和–0.12 之间。2011~2019 年的 TC 指数为正值，处于 0.10~0.34，说明韩国的计算机和信息服务贸易竞争力较弱。

2000~2019 年，印度计算机和信息服务贸易的 TC 指数比较稳定，稳定在 0.73~0.92，并在参与比较的国家中处于最高的位置。这表明，印度的计算机和信息服务贸易竞争力非常强。

3. RCA 指数

表 4.12 与图 4.21 显示了 2000~2019 年中国计算机和信息服务贸易的 RCA 指数与世界部分国家计算机和信息服务贸易的 RCA 指数的对比情况。数据显示，计算机和信息服务贸易的 RCA 指数呈现两极分化的现象。2000~2019 年，印度计算机和信息服务贸易的 RCA 指数在所比较的国家中一直处于领先水平，而其他国家表现平稳，竞争力水平相差不大。2000~2004 年，印度的 RCA 指数先增后减，数值在 7.81~9.84。2008 年以后，其 RCA 指数开始减少，但是数值也处于 3.02~6.08。这说明，印度的计算机和信息服务贸易竞争力非常强。

中国的计算机和信息服务贸易的 RCA 指数在 2000~2004 年稳定在 0.39~0.62，这阶段竞争力较弱。2008 年开始，中国的计算机和信息服务贸易开始不断发展，RCA 指数整体上不断增加，从 2008 年的 0.77 增长到 2019 年的 1.89。这说明，中国的计算机和信息服务贸易竞争力不断提高，并具有较强的竞争力。

2001~2004 年，英国的计算机和信息服务贸易的 RCA 指数不断增长，从 2001 年的 1.12 增长到 2004 年的 1.40，这阶段的计算机和信息服务贸易的竞争力较强。2008 年后，英国的计算机和信息服务贸易经历了短暂的增长，从 2009 年的 0.75 增长到 2010 年的 0.86，此后除了 2017 年其余年份均不断下降，一直下降到 2019 年的 0.51，说明英国这阶段的计算机和信息服务贸易的竞争力较弱。

美国的计算机和信息服务贸易的 RCA 指数从 2000~2019 年一直表现平稳，稳定在 0.42~0.80，这说明美国的计算机和信息服务贸易竞争力较弱。

德国的计算机和信息服务贸易的 RCA 指数在 2000~2019 年表现平稳，稳定在 1.13~1.56，这说明德国的计算机和信息服务贸易竞争力较强。

表 4.12 2000~2019 年中国计算机和信息服务贸易的 RCA 指数国际比较

年份	中国	德国	韩国	美国	印度	英国
2000	0.39	1.52	0.01	0.80	8.09	1.20
2001	0.40	1.56	0.02	0.71	9.84	1.12
2002	0.44	1.49	0.02	0.69	9.35	1.20
2003	0.60	1.37	0.02	0.70	9.06	1.30
2004	0.62	1.35	0.01	0.62	7.81	1.40
2005	—	—	—	—	—	—
2006	—	—	—	—	—	—
2007	—	—	—	—	—	—
2008	0.77	1.14	0.08	0.46	6.08	0.80
2009	0.89	1.13	0.08	0.47	5.84	0.75
2010	0.88	1.30	0.09	0.45	5.62	0.86
2011	0.97	1.28	0.13	0.42	5.26	0.81
2012	1.12	1.32	0.14	0.45	5.09	0.78
2013	1.12	1.29	0.22	0.45	5.20	0.73
2014	1.22	1.20	0.31	0.45	4.70	0.69
2015	1.43	1.25	0.38	0.48	4.40	0.66
2016	1.49	1.37	0.41	0.51	4.01	0.64
2017	1.40	1.33	0.56	0.55	3.47	0.66
2018	1.88	1.27	0.52	0.54	3.09	0.62
2019	1.89	1.18	0.51	0.57	3.02	0.51

资料来源：WTO

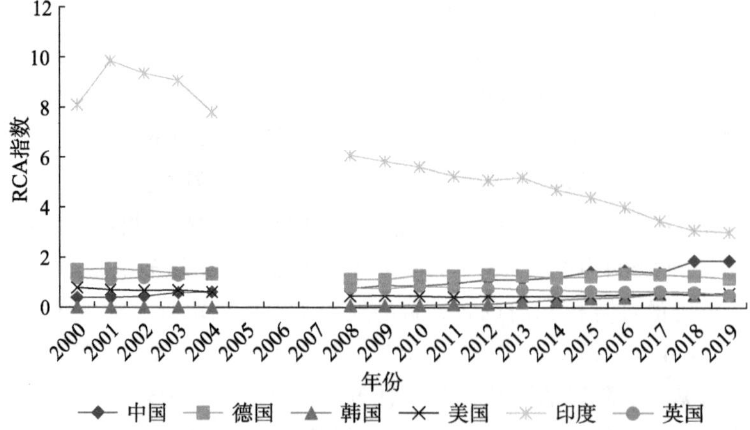

图 4.21 2000~2019 年中国计算机和信息服务贸易 RCA 指数趋势的国际比较

资料来源：WTO

就韩国而言，2000~2019 年，韩国的计算机和信息服务贸易的 RCA 指数在大部分年份是不断增长的。2000~2012 年，RCA 数值较低，维持在 0.01~0.14。随后，从 2013 年开始，RCA 数值增长幅度增大，从 2013 年的 0.22 增长到 2019 年的 0.51，但总体而言竞争力也较弱。

4.4　文化服务贸易

文化服务被联合国教育、科学及文化组织定义为能够满足人们的文化兴趣和需求的服务，包括广告服务、市场调研和民意调查服务、音像及相关服务、个人文化娱乐服务、研究开发服务等。在“十二五”规划中，中国明确要把文化产业发展成为国民经济的支柱产业。本节通过对中国文化服务贸易发展的概况、结构特征、国际市场占有率及 TC 指数等进行国际比较研究，了解中国文化服务贸易发展的全貌。

4.4.1　文化服务贸易发展概况

2013 年 12 月 30 日，中共中央政治局就提高国家文化软实力进行第十二次集体学习。习近平主持学习时强调，提高国家文化软实力，传播当代中国价值观念，关系“两个一百年”奋斗目标和中华民族伟大复兴中国梦的实现。在中国特色社会主义文化强国建设的文化内容建设和文化体制改革中，党中央强调“要弘扬社会主义先进文化，深化文化体制改革，推动社会主义文化大发展大繁荣，增强全民族文化创造活力，推动文化事业全面繁荣、文化产业快速发展，不断丰富人民精神世界、增强人民精神力量，不断增强文化整体实力和竞争力，朝着建设社会主义文化强国的目标不断前进”。文化服务贸易在对外贸易中的角色日益重要，中国经济的发展急切要求中国由文化大国向文化强国迈进。

党的十八大以来，国家出台了一系列政策发展中国文化服务贸易，如 2014 年 3 月国务院印发《关于加快发展对外文化贸易的意见》，2015 年国务院出台了《关于加快发展服务贸易的若干意见》，2016 年 10 月商务部正式出台了《开拓海外文化市场行动计划（2016—2020 年）》。

文化产业是创意密集型产业，具有低消耗、低污染、高附加值的特征，是全球贸易中的支柱产业之一。文化服务贸易的发展能促进经济发展，同时也可以促进不同国家间的交流，提高国家软实力。但是与发达国家相比，中国的文化服务贸易高质量发展还有较长的一段路要走。2019 年中国的文化服务贸易的出口总额在全球市场上所占比重仅为 1.35%，这与中国的 GDP 在世界中的比重不相称。

1. 规模不断增长，长期保持贸易逆差

图 4.22 显示了 2000~2020 年中国文化服务出口总额、进口总额及贸易差额的发展情况。从图 4.22 中可以看出，中国文化服务出口总额和进口总额整体上呈不断增长态势，贸易逆差整体上也呈现不断扩大趋势。

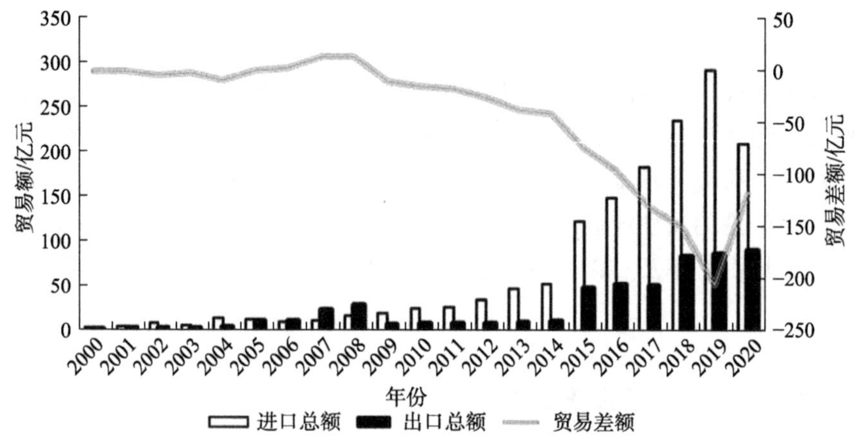

图 4.22　2000~2020 年中国文化服务贸易发展情况

资料来源：WTO

进出口总额及差额方面，2000~2018 年，中国的文化服务贸易总额不断增加，保持了连续增长的态势。从 2000 年的 4.03 亿元增加到 2018 年的 318.41 亿元。2018 年中国文化服务贸易总额除高于韩国和印度外，均低于英美等国家。同时，中国文化服务贸易长期表现为逆差。2010~2020 年中国文化服务贸易都处于逆差状态，且贸易逆差除 2020 年外均在逐年增加。

出口总额方面，2000 年中国文化服务出口总额只有 0.94 亿元，到 2018 年为 83.88 亿元，增长了约 88 倍。虽然出口总额整体上呈增长态势，但相较于世界文化服务贸易出口大国，中国文化服务贸易所占比重较小。中国 2018 年文化服务的出口总额只有美国的 4.03%，差距不容小觑。

进口总额方面，中国文化服务进口总额也整体上呈现增长态势。2000 年进口总额规模不大，为 3.10 亿元，而 2018 年中国文化服务进口总额已经上升到 234.52 亿元。

从增长速度上看，图 4.23 显示了 2000~2020 年的中国文化服务贸易增长率情况。2000~2020 年中国文化服务贸易的进口增长率和出口增长率起伏不定。从进口增长率来看，2001 年为 33.60%，2004 年达到 152.87%，2015 年为 116.87%，2019 年则回落到 20.01%。从出口增长率来看，2001 年就达到了 147.74%，2007 年也维

持高速增长，达到 130.14%，到 2015 年更实现了 318.34%的增长率峰值，而 2020 年则回落到了 8.45%。

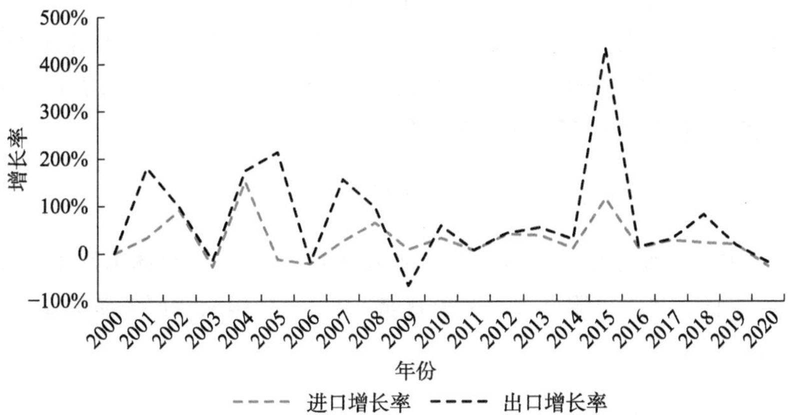

图 4.23　2000~2020 年中国文化服务贸易增长率情况

资料来源：WTO

2. 占比波动增长，发展潜力较大

图 4.24 显示了 2000~2020 年中国文化服务贸易在总体服务贸易中的比重情况。数据显示，中国文化服务贸易在总体服务贸易中的比重呈现不断增长的态势。2000 年占比为 0.07%，此后波动增长，2019 年达到峰值 0.67%。这说明中国文化服务贸易规模虽然在不断增长，但是在所有服务贸易行业中还缺乏竞争力。

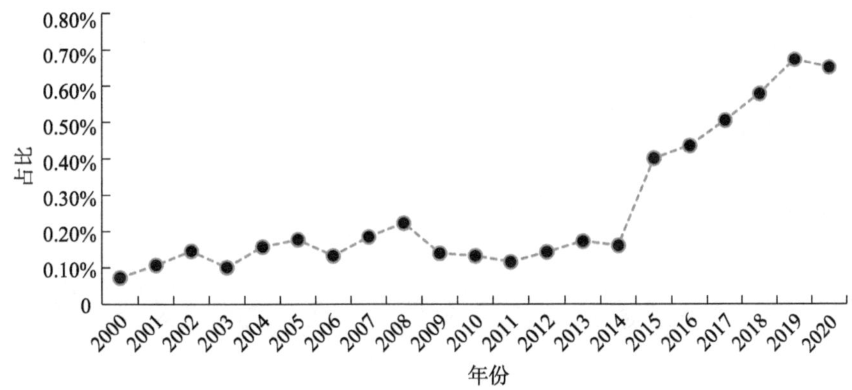

图 4.24　2000~2020 年中国文化服务贸易占总体服务贸易比重变化情况

资料来源：WTO

3. 国际市场占有率还处于较低水平

数据显示，2000~2019 年中国文化服务贸易国际市场占有率增长不明显，2000~2019 年中国的文化服务贸易国际市场占有率总体表现平稳，处于 0.08%~0.88%，与英国、美国等国家相比，还处于较低水平，国际市场份额较小。2001 年中国入世后，中国文化服务贸易领域加快了开放的步伐，但是由于起步晚，其竞争力还较弱，在规模和国际市场份额方面都处于弱势地位。

4. 贸易结构有待优化，贸易竞争力较弱

在对中国文化服务贸易各细项进行结构分析时，个人文化休闲娱乐服务项目占比较低，版权转让和许可服务项目具有优势。可见，中国文化服务贸易结构不均衡，贸易结构有待优化。

5. 开放度逐步加大

文化服务的进出口总额与 GDP 之比可以在一定程度上反映出文化服务贸易的开放度。本节根据 2000~2020 年的相关经济数据，计算出了中国 2000~2020 年文化服务贸易开放度（图 4.25 和表 4.13）。数据显示，2000 年以来，中国文化服务贸易开放度不断提高。2001 年中国的文化服务贸易开放度只有 0.01%，2009 年受国际金融危机影响呈下降趋势，但随后保持稳步增长势头。2019 年中国的文化服务贸易开放度已达 0.04%。总体而言，中国文化服务贸易发展较晚，市场化程度不高，竞争力水平较低。

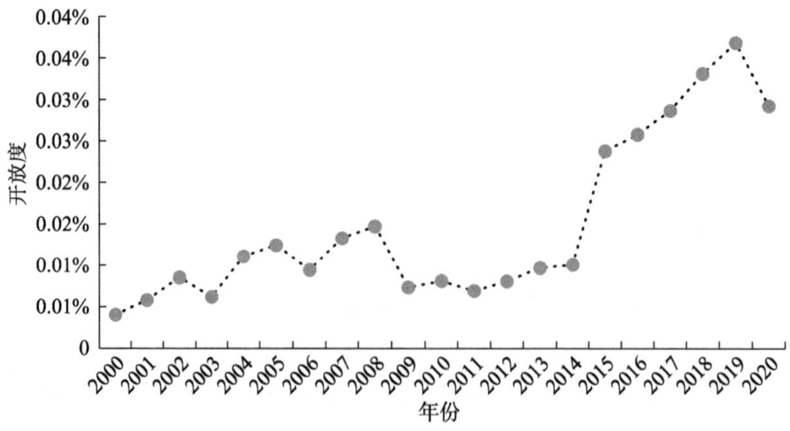

图 4.25 2000~2020 年中国文化服务贸易开放度水平变化趋势图

资料来源：WTO

表 4.13　2000~2019 年中国文化服务贸易开放度水平

年份	文化服务进出口总额/亿元	开放度	年份	文化服务进出口总额/亿元	开放度
2000	4.03	0.00%	2011	34.53	0.01%
2001	6.46	0.01%	2012	43.13	0.01%
2002	10.41	0.01%	2013	56.44	0.01%
2003	8.53	0.01%	2014	63.42	0.01%
2004	17.95	0.01%	2015	170.41	0.02%
2005	23.31	0.01%	2016	199.21	0.03%
2006	20.22	0.01%	2017	232.18	0.03%
2007	34.73	0.01%	2018	318.41	0.03%
2008	46.07	0.01%	2019	376.24	0.04%
2009	25.59	0.01%	2020	299.19	0.03%
2010	32.69	0.01%			

资料来源：WTO

4.4.2　文化服务贸易国际竞争力水平

1. 国际市场占有率

表 4.14 和图 4.26 显示了 2000~2019 年中国文化服务贸易的国际市场占有率及与世界部分国家文化服务贸易国际市场占有率的对比情况。

表 4.14　2000~2019 年中国文化服务贸易国际市场占有率国际比较

年份	中国	德国	韩国	美国	印度	英国
2000	0.08%	2.77%	0.93%	0.96%	—	13.48%
2001	0.22%	4.05%	1.07%	1.36%	—	15.13%
2002	0.19%	3.32%	1.16%	1.06%	—	15.02%
2003	0.18%	5.39%	0.42%	1.08%	—	16.83%
2004	0.18%	4.22%	0.56%	0.95%	0.20%	17.19%
2005	0.38%	3.33%	0.30%	31.51%	0.31%	11.71%
2006	0.35%	2.38%	0.58%	36.75%	0.78%	10.30%
2007	0.71%	2.57%	0.62%	36.52%	1.14%	8.81%
2008	0.88%	2.23%	0.72%	33.67%	1.48%	9.49%
2009	0.21%	2.70%	0.81%	36.08%	5.03%	7.67%
2010	0.08%	2.77%	0.93%	0.96%	—	13.48%
2011	0.22%	4.05%	1.07%	1.36%	—	15.13%
2012	0.19%	3.32%	1.16%	1.06%	—	15.02%
2013	0.18%	5.39%	0.42%	1.08%	—	16.83%

续表

年份	中国	德国	韩国	美国	印度	英国
2014	0.18%	4.22%	0.56%	0.95%	0.20%	17.19%
2015	0.38%	3.33%	0.30%	31.51%	0.31%	11.71%
2016	0.35%	2.38%	0.58%	36.75%	0.78%	10.30%
2017	0.71%	2.57%	0.62%	36.52%	1.14%	8.81%
2018	0.88%	2.23%	0.72%	33.67%	1.48%	9.49%
2019	0.21%	2.70%	0.81%	36.08%	5.03%	7.67%

资料来源：WTO

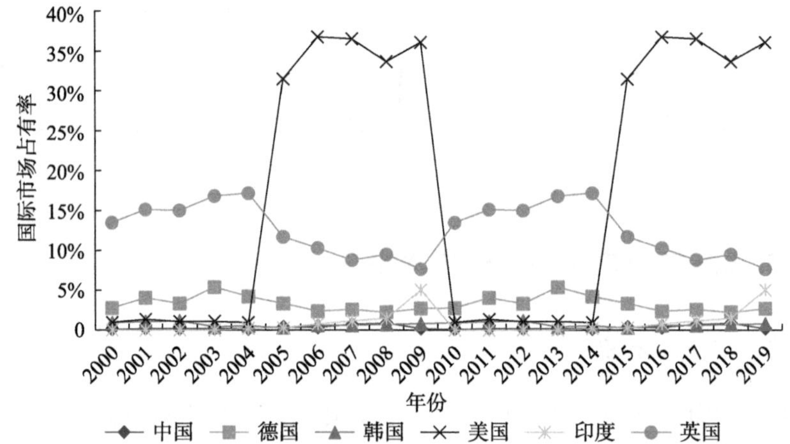

图 4.26 2000~2019 年中国文化服务贸易国际市场占有率趋势的国际比较

资料来源：WTO

2000~2019 年中国的文化服务贸易国际市场占有率总体表现平稳，处于 0.08%~0.88%。这表明，中国文化服务贸易的国际市场竞争力较弱。

2000~2019 年美国的文化服务贸易国际市场占有率变化具有分阶段的特征。2000~2004 年，美国的文化服务贸易国际市场占有率表现平稳，处于 0.95%~1.36%。这阶段美国的文化服务贸易国际市场竞争力较弱。从 2005 年开始，美国的文化服务贸易国际市场占有率开始大幅增长，2005 年的国际市场占有率达到了 31.51%。2005~2009 年美国的文化服务贸易国际市场占有率处于 31.51%~36.75%，并且在所比较的国家中是最高的。这说明，2005~2009 年美国的文化服务贸易具有很强的国际市场竞争力。

2000~2004 年英国的文化服务贸易具有较强的国际市场竞争力，其国际市场占有率表现稳定，在同期所比较的国家中是最高的，处于 13.48%~17.19%。2005~2009 年、2015~2019 年，英国的文化服务贸易国际市场占有率被美国反超，但在所比较国家中还是处于第二的位置，其国际市场占有率处于 7.67%~11.71%，这说明

2005~2019 年英国的文化服务贸易具有一定的国际市场竞争力。

2000~2019 年德国的文化服务贸易国际市场占有率表现平稳，稳定在 2.23%~5.39%，说明德国的文化服务贸易国际市场竞争力一般。

2000~2019 年期间，印度的文化服务贸易国际市场占有率，除了 2009 年、2019 年达到 5.03%之外，其他年份表现平稳，稳定在 0.20%~1.48%，说明印度的文化服务贸易国际市场竞争力较弱。

就韩国而言，2000~2019 年，韩国的文化服务贸易的国际市场占有率表现稳定，处于 0.30%~1.16%。这说明韩国的文化服务贸易的竞争力也较弱。

2. TC 指数

表 4.15 和图 4.27 显示了 2000~2019 年中国的文化服务贸易的 TC 指数及与世界部分国家文化服务贸易的 TC 指数的对比情况。

表 4.15　2000~2019 年中国文化服务贸易的 TC 指数国际比较

年份	中国	德国	韩国	美国	印度	英国
2000	–0.54	–0.80	–0.08	0.25	—	0.25
2001	–0.28	–0.77	–0.20	0.02	—	0.30
2002	–0.53	–0.62	–0.21	0.21	—	0.34
2003	–0.35	–0.49	–0.55	0.25	—	0.38
2004	–0.62	–0.53	–0.49	0.29	–0.14	0.42
2005	–0.07	–0.50	–0.15	0.63	0.03	0.29
2006	0.06	–0.67	–0.25	0.58	0.49	0.21
2007	0.35	–0.42	–0.29	0.63	0.50	0.08
2008	0.24	–0.47	–0.20	0.57	0.37	0.19
2009	–0.48	–0.37	–0.11	0.54	–0.23	0.14
2010	–0.50	–0.42	–0.24	0.53	–0.62	0.20
2011	–0.53	–0.44	–0.08	0.49	0.00	0.14
2012	–0.64	–0.42	–0.07	0.49	0.17	0.11
2013	–0.68	–0.22	–0.05	0.44	0.26	–0.01
2014	–0.67	–0.13	0.01	0.42	–0.05	–0.02
2015	–0.44	–0.46	0.14	0.36	–0.04	0.02
2016	–0.49	–0.46	0.26	0.31	–0.15	0.03
2017	–0.57	–0.18	0.12	0.19	–0.19	0.03
2018	–0.47	–0.45	0.13	0.11	–0.15	0.06
2019	–0.55	–0.46	0.15	0.05	–0.18	0.01

资料来源：WTO

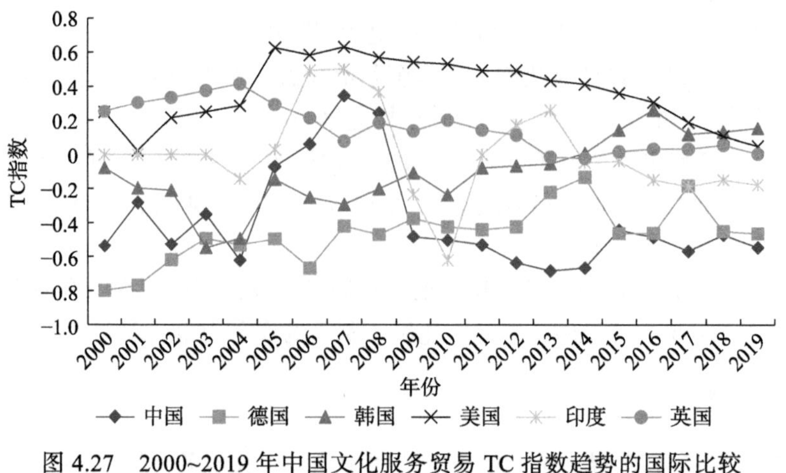

图 4.27　2000~2019 年中国文化服务贸易 TC 指数趋势的国际比较

资料来源：WTO

数据显示，中国的文化服务贸易的 TC 指数趋势具有不规则特征。2000~2005 年、2009~2019 年的 TC 指数为负值，处于–0.68 和–0.07 之间；2006~2008 年短暂出现正值，分别为 0.06、0.35、0.24。这说明中国的文化服务贸易竞争力较弱。

2000~2005 年，美国的文化服务贸易的 TC 指数总体上是不断增长的，从 2000 年的 0.25 增长到 2005 年的 0.63。2008 年开始不断下降，直到 2019 年的 0.05。总体而言，美国的文化服务贸易竞争力呈现先增后减的特征，2007 年达到峰值的 0.63，2017 年开始 TC 指数小于 0.30。

英国的文化服务贸易的 TC 指数也呈现先增后减的特征。2000~2004 年，TC 指数呈现增长的趋势，从 2000 年的 0.25 增长到 2004 年的 0.42，并在同期所比较的国家中是最高的。2005 年开始，英国的文化服务贸易的 TC 指数开始下降，从 2004 年的 0.42 下降到 2019 年的 0.01，其中 2013 年和 2014 年还短暂出现过负值。这说明，英国的文化服务贸易竞争力不断降低。

2000~2019 年德国的文化服务贸易的 TC 指数一直都是负值。处于–0.80~ –0.13，说明德国的文化服务贸易竞争力较弱。

就韩国而言，韩国的文化服务贸易的 TC 指数变化呈两阶段的特点。2000~2013 年的 TC 指数为负值，数值稳定在–0.55 和–0.05 之间。2014~2019 年的 TC 指数为正值，处于 0.01~0.26，说明韩国的文化服务贸易竞争力较弱。

2000~2003 年，印度的文化服务贸易的 TC 指数数据缺失。2003 年起，印度的文化服务贸易的 TC 指数呈现不规则变化的特点。2004 年为–0.14。2005~2008 年为正值，除了 2005 年为 0.03，其他年份的 TC 指数都大于 0.30，处于 0.37~0.50，具有一定的竞争力。2009~2010 年、2014~2019 年为负值，处于–0.62~ –0.04，2012~2013 年分别为 0.17 和 0.26。这表明，印度的文化服务贸易竞争力较弱。

3. RCA 指数

表 4.16 和图 4.28 显示了 2000~2019 年中国的文化服务贸易的 RCA 指数及与世界部分国家文化服务贸易 RCA 指数的对比情况。

表 4.16　2000~2019 年中国文化服务贸易 RCA 指数国际比较

年份	中国	德国	韩国	美国	印度	英国
2000	0.04	0.51	0.45	0.05	—	1.71
2001	0.10	0.70	0.54	0.07	—	1.93
2002	0.08	0.53	0.62	0.06	—	1.85
2003	0.07	0.83	0.23	0.07	—	2.01
2004	0.06	0.66	0.29	0.06	0.12	2.00
2005	0.13	0.54	0.16	2.23	0.16	1.27
2006	0.11	0.38	0.31	2.63	0.34	1.10
2007	0.20	0.43	0.31	2.66	0.48	0.94
2008	0.24	0.37	0.32	2.52	0.57	1.18
2009	0.06	0.43	0.41	2.50	1.96	0.99
2010	0.05	0.38	0.36	2.27	0.63	1.27
2011	0.05	0.34	0.44	2.32	0.19	1.14
2012	0.05	0.30	0.48	2.27	0.39	1.06
2013	0.05	0.49	0.54	2.21	0.63	0.95
2014	0.06	0.42	0.61	2.22	0.60	0.94
2015	0.24	0.45	0.65	2.26	0.58	1.02
2016	0.26	0.46	0.86	2.18	0.62	1.05
2017	0.24	0.93	0.74	2.22	0.57	1.04
2018	0.34	0.59	0.84	2.06	0.69	1.12
2019	0.32	0.59	0.96	1.99	0.72	1.03

资料来源：WTO

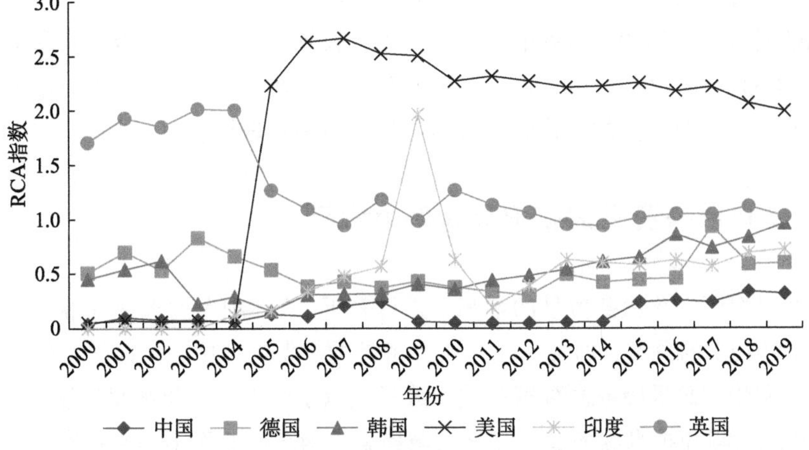

图 4.28　2000~2019 年中国文化服务贸易 RCA 指数趋势的国际比较

资料来源：WTO

2000~2004 年，英国的文化服务贸易的 RCA 指数在所比较的国家中是领先的，从 2000 年的 1.71 增长到 2004 年的 2.00，这阶段英国的文化服务贸易的竞争力很强。2005 年，英国的文化服务贸易 RCA 指数开始下降，从 2005 年的 1.27，下降到 2019 年的 1.03，说明英国这阶段的文化服务贸易的竞争力虽然下降，但是还是较强。

美国的文化服务贸易的 RCA 指数呈现两阶段的特征。2000~2004 年还比较低，处于 0.05~0.07，说明这阶段美国的文化服务贸易竞争力很弱。2005 年开始，美国的文化服务贸易 RCA 指数开始迅猛增长，2005 年达到 2.23。2005~2019 年，美国的文化服务贸易 RCA 指数处于 1.99~2.66，并一直在所比较的国家中保持领先，说明这阶段美国文化贸易具有很强的竞争力。

2000~2019 年德国的文化服务贸易 RCA 指数一直表现平稳。除了 2003 年达到 0.83、2017 年达到 0.93 之外，其他年份稳定在 0.30~0.70，这说明德国的文化服务贸易竞争力较弱。

中国的文化服务贸易的 RCA 指数经历过两个增长阶段。2000~2004 年 RCA 指数比较低，稳定在 0.04~0.10，说明这阶段文化服务贸易竞争力很弱。2005~2008 年，中国的文化服务贸易开始发展，RCA 指数不断增加，从 2004 年的 0.06 增长到 2008 年的 0.24。2009~2014 年又陷入低点，这阶段的 RCA 指数处于 0.05~0.06。2015 年又开始增长，从 2015 年的 0.24 增长到 2019 年的 0.32。但是总体而言，中国的文化服务贸易竞争力还是较弱，这与中国的经济体量极不相称。

2000~2003 年，印度的文化服务贸易的 RCA 指数是缺失的。2004~2019 年中，除了 2009 年达到峰值 1.96 之外，其他年份 RCA 指数都比较稳定，保持在 0.12~0.72。这说明，印度的文化服务贸易竞争力总体也较弱。

就韩国而言，2000~2019 年，韩国的文化服务贸易的 RCA 指数表现平稳。除了 2016 年的 0.86、2018 年的 0.84、2019 年的 0.96 超过 0.8 之外，其他年份保持在 0.16~0.74。这表明韩国的文化服务贸易总体竞争力也较弱。

4.4.3 文化服务贸易细项国际竞争力水平

本节对中国文化服务贸易的各细项进行分析。具体细项的选择标准参照何传添和潘瑜（2012）的分类，即关于文化服务贸易的数据统计中，多数国家的视听服务与个人、文化和娱乐服务的数据一致，故只选取了个人、文化和娱乐服务的数据；另外，建筑工程和技术服务及研究开发服务属于信息产业而不是文化产业，且多数国家这两类数据都是缺失的，故将这两项数据舍去。即本书中的文化服务贸易细项只包括广告市场调查，个人、文化和娱乐服务，版税和许可服务等。其中，广告市场调查数据无法获取，故本节只分析个人、文化和娱乐服务及版税和许可服务两个细项。

首先，表 4.17 对 2005~2019 年部分国家及世界文化服务贸易细项的年均增长速度进行了比较。数据显示，中国的个人、文化和娱乐服务项目出口的年均增长速度为 50.66%，除了略低于印度的 51.57%之外，高于其他国家，也远高于世界平均水平。个人、文化和娱乐服务项目进口的年均增长速度为 26.82%，除了低于印度的 98.85%之外，高于其他国家，也远高于世界平均水平。

表 4.17　2005~2019 年部分国家及世界文化服务贸易细项的年均增长速度

细项	类别	中国	美国	英国	印度	日本	韩国	世界平均
个人、文化和娱乐服务	出口	50.66%	5.80%	3.22%	51.57%	25.87%	20.07%	9.54%
	进口	26.82%	17.01%	9.47%	98.85%	–0.28%	8.29%	8.50%
版税和许可服务	出口	47.21%	6.64%	5.21%	50.03%	8.82%	20.09%	5.18%
	进口	16.96%	6.59%	3.60%	20.05%	4.48%	8.29%	5.59%

资料来源：联合国商品贸易统计数据库、联合国贸发会议数据库

2005~2019 年中国的版税和许可服务项目出口的年均增长速度为 47.21%，除了略低于印度的 50.03%之外，高于其他国家，也远高于世界平均水平。版税和许可服务项目进口的年均增长速度为 16.96%，除了低于印度的 20.05%之外，高于其他国家，也远高于世界平均水平。

其次，中国的核心文化服务贸易规模小、比重低，且逆差严重。2019 年中国的个人、文化和娱乐服务项目贸易额为 376.24 亿元，占全年文化服务贸易总额的 11.47%，逆差达 205.42 亿元。同期美国的个人、文化和娱乐服务项目贸易额是中国的 8 倍。

2018 年中国版税和许可服务项目贸易额为 2856.87 亿元，逆差达 2088.27 亿元。同期美国的版税和许可服务项目贸易额是中国的 4 倍①。

最后，表 4.18 显示了 2018 年中国文化服务贸易细项的出口占比及贸易占比的国际比较情况。数据显示，2018 年，中国个人、文化和娱乐服务项目的出口占比为 17.92%，在文化服务贸易中的比重不高，低于韩国和印度，但高于美国、英国和日本。版税和许可服务项目的出口占比为 82.08%，在文化服务贸易中的比重较高，低于美国、英国和日本，但高于韩国和印度。

① 所比较国家中，2019 年版税和许可服务贸易数据缺失。

表 4.18 2018 年中国文化服务贸易细项的出口占比及贸易占比的国际比较

细项	类别	中国	美国	英国	日本	韩国	印度
个人、文化和娱乐服务	出口占比	17.92%	14.15%	12.50%	1.39%	21.95%	70.57%
	贸易占比	10.03%	18.22%	9.98%	1.92%	24.69%	33.71%
版税和许可服务	出口占比	82.08%	85.85%	87.50%	98.61%	78.05%	29.43%
	贸易占比	89.97%	81.78%	90.02%	98.08%	75.31%	66.29%

资料来源：联合国商品贸易统计数据库、联合国贸发会议数据库

1. 国际市场占有率

图 4.29 显示，2000~2019 年中国个人、文化和娱乐服务及版税和许可服务贸易的国际市场占有率总体趋势是不断上升的。

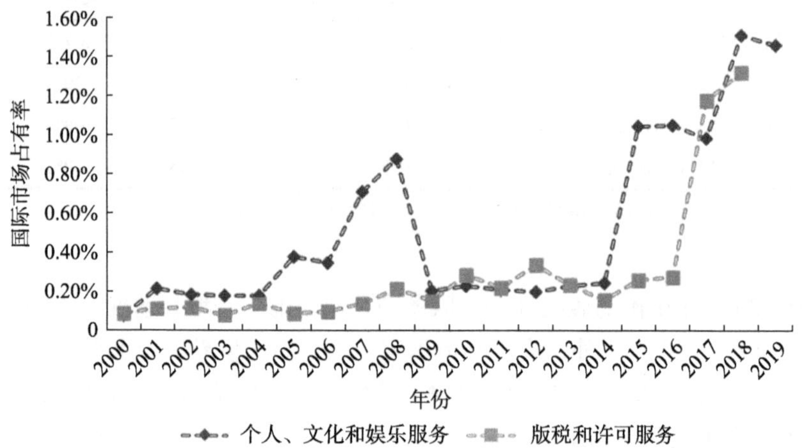

图 4.29 2000~2019 年中国个人、文化和娱乐服务及版税和许可服务贸易国际市场占有率

资料来源：联合国贸发会议数据库

表 4.19 与图 4.30 是 2000~2019 年中国个人、文化和娱乐服务贸易国际市场占有率的国际比较及对应趋势的国际比较。从表 4.19 和图 4.30 中可以看出，2000~2019 年英国个人、文化和娱乐服务贸易的国际市场占有率表现平稳，其在 2000~2004 年处于列表国家中国际市场占有率最高地位。美国个人、文化和娱乐服务贸易的国际市场占有率在 2000~2004 年低于英国，但 2005 年一举超过英国，并将优势保持到了 2019 年。而 2000~2019 年中国个人、文化和娱乐服务贸易的国际市场占有率低于美国与英国。2019 年中国个人、文化和娱乐服务贸易的国际市场占有率仅为 1.46%，低于美国的 28.44%，说明中国个人、文化和娱乐服务贸易的国际竞争力弱，处于明显竞争劣势。

表 4.19　2000~2019 年中国个人、文化和娱乐服务贸易国际市场占有率国际比较

年份	中国	美国	英国	日本	韩国	印度
2000	0.08%	0.96%	13.48%	0.79%	0.93%	—
2001	0.22%	1.36%	15.13%	0.91%	1.07%	—
2002	0.19%	1.06%	15.02%	1.96%	1.16%	—
2003	0.18%	1.08%	16.83%	0.77%	0.42%	—
2004	0.18%	0.95%	17.19%	0.32%	0.56%	0.20%
2005	0.38%	31.51%	11.71%	0.27%	0.76%	0.31%
2006	0.35%	36.75%	10.30%	0.35%	0.93%	0.78%
2007	0.71%	36.52%	8.81%	0.35%	1.01%	1.14%
2008	0.88%	33.67%	9.49%	0.32%	1.11%	1.48%
2009	0.21%	36.08%	7.67%	0.35%	1.12%	5.03%
2010	0.23%	33.33%	9.24%	0.28%	0.75%	1.85%
2011	0.21%	33.43%	8.47%	0.27%	0.89%	0.59%
2012	0.20%	33.83%	7.84%	0.29%	1.08%	1.23%
2013	0.23%	32.53%	7.10%	0.25%	1.14%	1.92%
2014	0.25%	32.09%	7.06%	0.67%	1.31%	1.80%
2015	1.05%	34.65%	7.58%	0.93%	1.27%	1.81%
2016	1.05%	33.42%	7.50%	1.15%	1.60%	1.99%
2017	0.99%	33.32%	7.10%	1.35%	1.20%	1.90%
2018	1.51%	29.54%	7.60%	0.80%	1.38%	2.34%
2019	1.46%	28.44%	6.95%	1.13%	1.61%	2.52%

资料来源：WTO

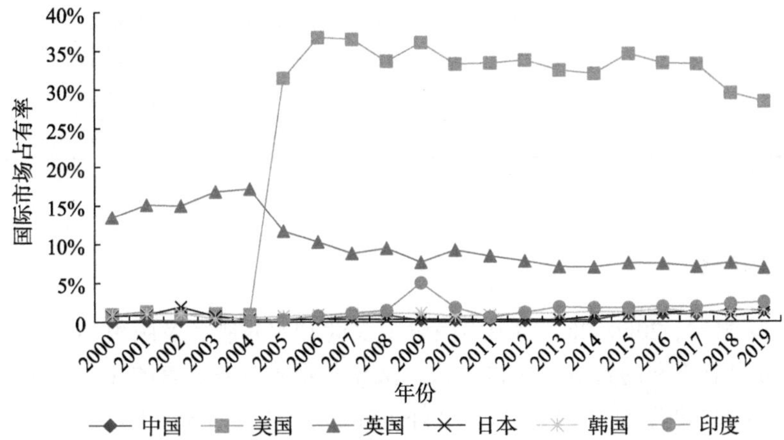

图 4.30　2000~2019 年中国个人、文化和娱乐服务贸易国际市场占有率趋势的国际比较

资料来源：联合国贸发会议数据库

表 4.20 与图 4.31 是 2000~2018 年中国版税和许可服务贸易国际市场占有率的国际比较及对应趋势的国际比较。从表 4.20 和图 4.31 中可以看出，2000~2018 年，美国版税和许可服务项目在列表国家中处于领先位置，日本则表现稳定，处于第二位置。英国表现也平稳，在比较国家中处于第三的位置。而同期中国版税和许可服务贸易的国际市场占有率低于美国、日本、英国、韩国，2018 年中国版税和许可服务贸易的国际市场占有率仅为 1.32%，低于美国的 34.23%，说明中国版税和许可服务贸易的国际竞争力弱，同样处于明显竞争劣势。

表 4.20　2000~2018 年中国版税和许可服务贸易国际市场占有率国际比较

年份	中国	美国	英国	日本	韩国	印度
2000	0.09%	52.24%	8.30%	10.40%	0.69%	0.06%
2001	0.11%	51.45%	8.36%	10.70%	0.96%	0.04%
2002	0.12%	48.73%	8.73%	10.50%	0.76%	0.02%
2003	0.08%	42.48%	8.43%	10.26%	0.98%	0.02%
2004	0.14%	39.59%	7.62%	10.15%	1.10%	0.03%
2005	0.09%	40.97%	6.95%	9.21%	1.05%	0.11%
2006	0.10%	39.99%	7.30%	10.09%	0.98%	0.03%
2007	0.14%	39.44%	7.05%	10.07%	0.70%	0.07%
2008	0.22%	38.89%	5.31%	9.23%	0.91%	0.06%
2009	0.15%	34.99%	5.08%	7.97%	1.14%	0.07%
2010	0.29%	37.02%	5.69%	9.19%	1.10%	0.04%
2011	0.22%	36.68%	5.04%	8.62%	1.31%	0.09%
2012	0.34%	40.21%	5.03%	10.31%	1.26%	0.10%
2013	0.23%	33.79%	4.57%	8.34%	1.15%	0.12%
2014	0.16%	30.87%	4.72%	8.89%	1.32%	0.16%
2015	0.26%	30.02%	4.66%	8.78%	1.58%	0.11%
2016	0.28%	29.96%	4.10%	9.40%	1.67%	0.13%
2017	1.18%	31.41%	5.11%	10.21%	1.78%	0.16%
2018	1.32%	34.23%	5.16%	10.81%	1.84%	0.19%

资料来源：WTO

2. TC 指数

图 4.32 显示，2000~2019 年中国个人、文化和娱乐服务及版税和许可服务贸易的 TC 指数具有不同的特点。中国个人、文化和娱乐服务贸易的 TC 指数呈倒“V”形，除 2006~2008 年的 TC 指数大于 0 外（分别为 0.06、0.35、0.24），其他年份都小于 0，说明中国个人、文化和娱乐服务贸易竞争力较低。而 2000~2019 年中国版税和许可服务贸易的 TC 指数都是负值，处于–0.94~ –0.71，说明其国际竞争力较低。

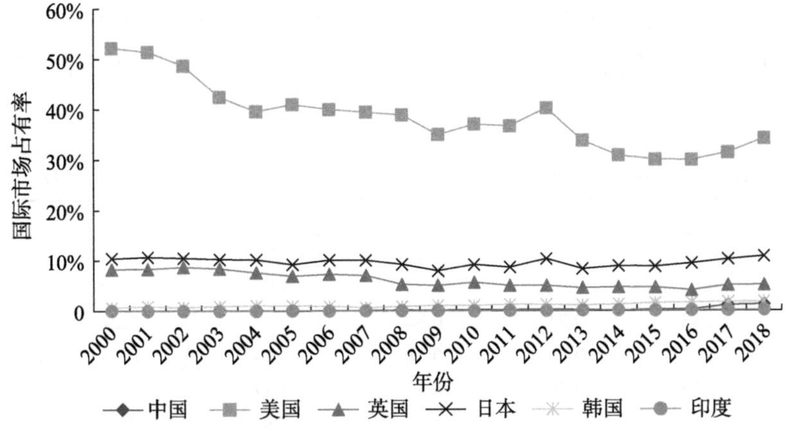

图 4.31　2000~2018 年中国版税和许可服务贸易国际市场占有率趋势的国际比较

资料来源：联合国贸发会议数据库

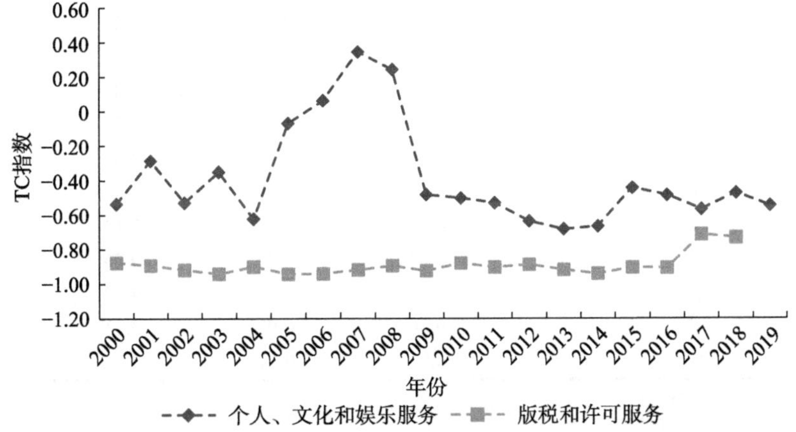

图 4.32　2000~2019 年中国文化服务贸易细项 TC 指数趋势

资料来源：联合国商品贸易统计数据库、联合国贸发会议数据库

表 4.21 与图 4.33 是 2000~2019 年中国个人、文化和娱乐服务贸易 TC 指数的国际比较及对应趋势的国际比较。从表 4.21 和图 4.33 中可以看出，2000~2019 年中国个人、文化和娱乐服务贸易的 TC 指数低于美国。与英国相比，中国除了 2007 年、2008 年高于英国外，其他年份的 TC 指数均低于英国。2019 年中国个人、文化和娱乐服务贸易的 TC 指数只有–0.55，低于表 4.21 中的其他所有国家，表明国际竞争力弱，处于明显竞争劣势。

表 4.22 与图 4.34 是 2000~2018 年中国版税和许可服务贸易 TC 指数的国际比较及对应趋势的国际比较。从表 4.22 和图 4.34 中可以看出，2000~2018 年中国版税和许可服务贸易的 TC 指数低于美国、英国、日本、韩国。美国版税和许可服务贸易在比较国家中处于领先位置。日本表现稳定，TC 指数缓慢增长。英国表现也

比较平稳。即使与印度相比，除了 2010 年、2017 年、2018 年中国的 TC 指数超过印度外，其他年份都低于印度，所以中国的版税和许可服务贸易的国际竞争力较弱，处于明显竞争劣势。

表 4.21　2000~2019 年中国个人、文化和娱乐服务贸易的 TC 指数国际比较

年份	中国	美国	英国	日本	韩国	印度
2000	−0.54	0.25	0.25	−0.83	−0.08	—
2001	−0.29	0.02	0.30	−0.84	−0.20	—
2002	−0.53	0.21	0.34	−0.58	−0.21	—
2003	−0.35	0.25	0.38	−0.74	−0.55	—
2004	−0.62	0.29	0.42	−0.87	−0.49	−0.14
2005	−0.07	0.63	0.29	−0.84	−0.28	0.03
2006	0.06	0.58	0.21	−0.81	−0.29	0.49
2007	0.35	0.63	0.08	−0.79	−0.35	0.50
2008	0.24	0.57	0.19	−0.78	−0.26	0.37
2009	−0.48	0.54	0.14	−0.73	−0.24	−0.23
2010	−0.50	0.53	0.20	−0.72	−0.24	−0.62
2011	−0.53	0.49	0.14	−0.72	−0.08	0.00
2012	−0.64	0.49	0.11	−0.74	−0.07	0.17
2013	−0.68	0.44	−0.01	−0.75	−0.05	0.26
2014	−0.67	0.42	−0.02	−0.29	0.01	−0.05
2015	−0.44	0.36	0.02	−0.33	0.14	−0.04
2016	−0.49	0.31	0.03	−0.26	0.26	−0.15
2017	−0.57	0.19	0.03	−0.08	0.12	−0.19
2018	−0.47	0.11	0.06	−0.02	0.13	−0.15
2019	−0.55	0.05	0.01	0.12	0.15	−0.18

资料来源：WTO

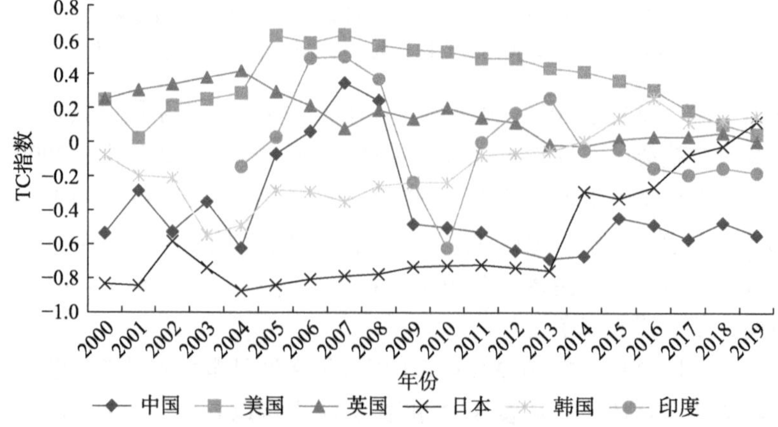

图 4.33　2000~2019 年中国个人、文化和娱乐服务贸易的 TC 指数趋势的国际比较

资料来源：联合国贸发会议数据库

表 4.22　2000~2018 年中国版税和许可服务贸易 TC 指数国际比较

年份	中国	美国	英国	日本	韩国	印度
2000	–0.88	0.51	0.10	–0.04	–0.65	–0.59
2001	–0.89	0.50	0.12	–0.03	–0.54	–0.79
2002	–0.92	0.47	0.11	–0.03	–0.56	–0.89
2003	–0.94	0.49	0.12	0.06	–0.46	–0.92
2004	–0.90	0.48	0.12	0.07	–0.41	–0.84
2005	–0.94	0.49	0.17	0.09	–0.41	–0.53
2006	–0.94	0.54	0.21	0.13	–0.39	–0.87
2007	–0.92	0.57	0.30	0.16	–0.49	–0.75
2008	–0.90	0.55	0.16	0.17	–0.41	–0.82
2009	–0.93	0.52	0.24	0.13	–0.38	–0.81
2010	–0.88	0.54	0.26	0.17	–0.48	–0.90
2011	–0.90	0.55	0.21	0.20	–0.26	–0.81
2012	–0.89	0.53	0.25	0.23	–0.38	–0.85
2013	–0.92	0.53	0.27	0.28	–0.39	–0.80
2014	–0.94	0.51	0.31	0.28	–0.31	–0.76
2015	–0.91	0.51	0.20	0.36	–0.21	–0.83
2016	–0.91	0.46	0.18	0.32	–0.15	–0.82
2017	–0.71	0.43	0.27	0.32	–0.14	–0.82
2018	–0.73	0.50	0.23	0.35	–0.12	–0.82

资料来源：WTO

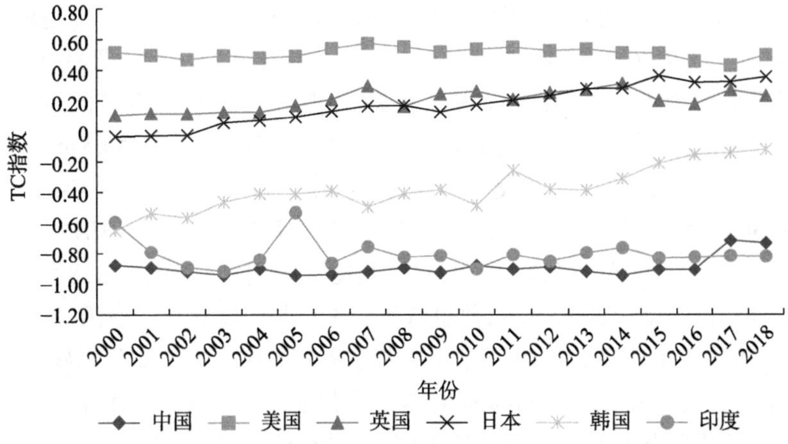

图 4.34　2000~2018 年中国版税和许可服务贸易 TC 指数趋势的国际比较

资料来源：联合国商品贸易统计数据库

3. RCA 指数

2000~2019 年中国个人、文化和娱乐服务及版税和许可服务贸易的 RCA 指数具有不同的特点（图 4.35）。中国个人、文化和娱乐服务贸易的 RCA 指数呈现先增长后减小再增长的特点。版税和许可服务贸易的 RCA 指数总体呈现增长的趋势。

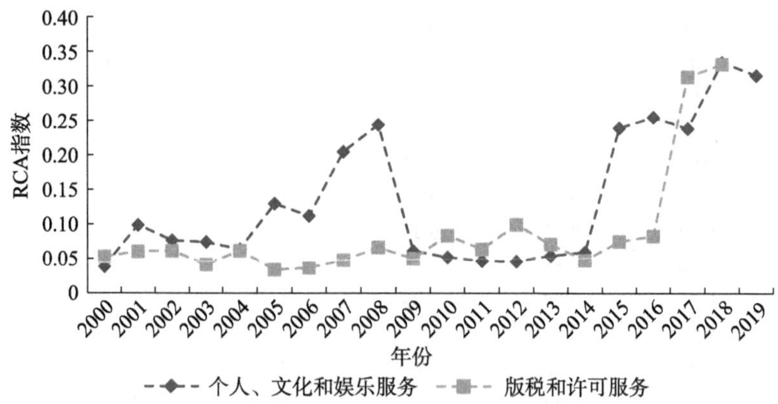

图 4.35　2000~2019 年中国文化服务贸易细项的 RCA 指数

资料来源：联合国贸发会议数据库

2000~2008 年，中国个人、文化和娱乐服务贸易的 RCA 指数从 2000 年的 0.04 波动增长到 2008 年的 0.24，随后下降到 2013 年的 0.05。2014 年开始又继续增长，直到 2016 年的 0.26。而 2000~2018 年中国版税和许可服务贸易的 RCA 指数在 2000~2016 年都表现平稳，处于 0.03~0.33，2015 年开始增长，2018 年增至 0.33。这说明中国个人、文化和娱乐服务及版税和许可服务贸易的竞争力还是较弱。

表 4.23 与图 4.36 是 2000~2019 年中国个人、文化和娱乐服务贸易 RCA 指数的国际比较及对应趋势的国际比较。从表 4.23 和图 4.36 中可以看出，2000~2004 年美国个人、文化和娱乐服务贸易的 RCA 指数均低于英国，但在 2005 年一举超过英国，并保持优势到 2019 年。与美国相比，中国除了 2001 年和 2002 年高于美国外，其他年份的 RCA 指数都等于或低于美国；与英国和韩国相比，中国在 2000~2019 年的 RCA 指数均低于英国和韩国；与日本相比，中国除了 2005~2008 年及 2018 年高于日本外，其他年份的 RCA 指数也低于日本；与印度相比，中国 2004~2019 年的 RCA 指数均低于印度。2019 年中国文化服务贸易中个人、文化和娱乐服务贸易的 RCA 指数仅为 0.32，低于同期表 4.23 中的其他所有国家。总体而言，中国的个人、文化和娱乐服务贸易的国际竞争力较弱，处于明显竞争劣势。

表 4.24 与图 4.37 是 2000~2018 年中国版税和许可服务贸易 RCA 指数的国际比较及对应趋势的国际比较。从表 4.24 和图 4.37 中可以看出，美国与日本的版税和许可服务贸易的竞争力处于领先位置，且 2010 年为分水岭。2000~2009 年，美国的版税和许可服务贸易的 RCA 指数大于日本，而 2010~2018 年，日本的版税和许可服务贸易的 RCA 指数大于美国。此外，虽然与印度相比，除了 2000 年、2005

年及 2014 年中国的 RCA 指数低于印度外，其他年份都高于印度，但是 2000~2018 年中国的版税和许可服务贸易的 RCA 指数低于美国、日本、英国、韩国，说明中国的版税和许可服务贸易的竞争力弱，处于明显竞争劣势。

表 4.23　2000~2019 年中国个人、文化和娱乐服务贸易的 RCA 指数国际比较

年份	中国	美国	英国	日本	韩国	印度
2000	0.04	0.05	1.71	0.17	0.45	—
2001	0.10	0.07	1.93	0.22	0.54	—
2002	0.08	0.06	1.85	0.49	0.62	—
2003	0.07	0.07	2.01	0.19	0.23	—
2004	0.06	0.06	2.00	0.07	0.29	0.12
2005	0.13	2.23	1.27	0.07	0.40	0.16
2006	0.11	2.63	1.10	0.10	0.50	0.34
2007	0.20	2.66	0.94	0.10	0.51	0.48
2008	0.24	2.52	1.18	0.09	0.49	0.57
2009	0.06	2.50	0.99	0.10	0.56	1.96
2010	0.05	2.27	1.27	0.08	0.36	0.63
2011	0.05	2.32	1.14	0.09	0.44	0.19
2012	0.05	2.27	1.06	0.10	0.48	0.39
2013	0.05	2.21	0.95	0.09	0.54	0.63
2014	0.06	2.22	0.94	0.21	0.61	0.60
2015	0.24	2.26	1.02	0.29	0.65	0.58
2016	0.26	2.18	1.05	0.33	0.86	0.62
2017	0.24	2.22	1.04	0.40	0.74	0.57
2018	0.34	2.06	1.12	0.25	0.84	0.69
2019	0.32	1.99	1.03	0.34	0.96	0.72

资料来源：WTO

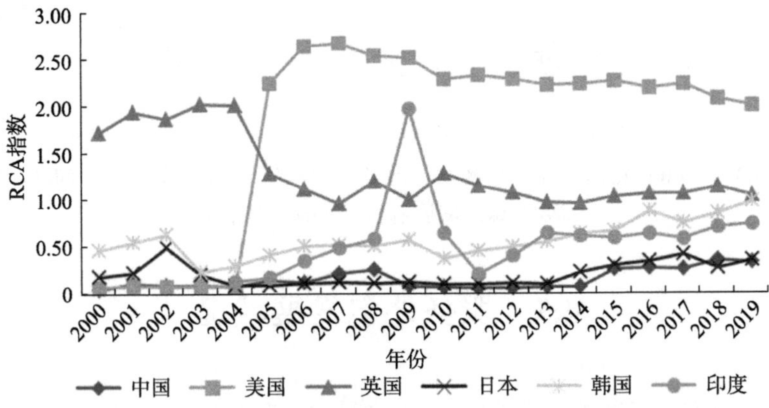

图 4.36　2000~2019 年中国个人、文化和娱乐服务贸易的 RCA 指数趋势的国际比较

资料来源：联合国商品贸易统计数据库

表 4.24　2000~2018 年中国版税和许可服务贸易的 RCA 指数国际比较

年份	中国	美国	英国	日本	韩国	印度
2000	0.05	3.19	1.21	2.63	0.39	0.07
2001	0.06	3.25	1.24	2.96	0.56	0.05
2002	0.06	3.46	1.20	2.91	0.50	0.02
2003	0.04	3.43	1.14	2.83	0.67	0.02
2004	0.06	3.30	1.00	2.71	0.70	0.03
2005	0.03	3.16	1.03	2.55	0.61	0.08
2006	0.04	3.25	1.01	2.82	0.59	0.02
2007	0.05	3.38	0.96	3.05	0.40	0.03
2008	0.07	3.24	0.88	2.94	0.45	0.02
2009	0.05	2.90	0.80	2.55	0.65	0.03
2010	0.08	3.02	0.93	3.07	0.61	0.02
2011	0.06	3.01	0.82	3.09	0.75	0.03
2012	0.10	3.33	0.82	3.90	0.65	0.04
2013	0.07	2.78	0.74	3.43	0.63	0.04
2014	0.05	2.56	0.76	3.23	0.73	0.06
2015	0.07	2.30	0.74	3.01	0.85	0.04
2016	0.08	2.27	0.68	2.97	0.88	0.04
2017	0.31	2.08	0.73	2.78	0.77	0.04
2018	0.33	2.21	0.68	2.96	0.82	0.05

资料来源：WTO

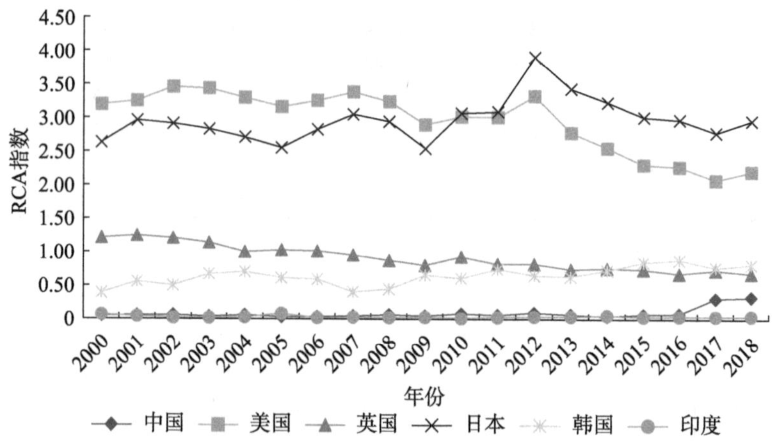

图 4.37　2000~2018 年中国版税和许可服务贸易的 RCA 指数趋势的国际比较

资料来源：联合国商品贸易统计数据库

4.5　服务外包发展状况

服务外包作为新兴战略性产业，具有高科技、低消耗、无污染、强就业等特点，对经济和社会发展具有越来越重要的促进作用。党的十九大报告指出：“拓展对外贸易，培育贸易新业态新模式，推进贸易强国建设”。①参与国际服务外包能使服务贸易的出口数量增加、服务部门内部结构优化、现代服务业的发展得到促进、中国在国际分工体系中的地位得到提升。中国通过顺应服务外包的国际大转移趋势，承接了来自各国的业务，服务业获得了巨大的发展，规模快速增长，产业竞争力显著提升。但是目前中国服务外包仍处于产业价值链的低端环节，技术含量较低，导致服务外包产业附加值低，部分核心技术还受制于人，而且与发达国家相比，中国在创新能力、人才供给、产业规模、发展水平等方面仍然存在一定的差距。

1. 服务外包规模不断增加

中国服务外包产业规模不断扩大，2019 年承接服务外包合同额达 16 829 亿元，占全球市场份额的 40%，居世界第二位。

2. 产业结构不断优化

新技术的发展推动了研发水平的提升，新模式不断出现，为服务外包注入了新活力。2019 年中国离岸信息技术外包、业务流程外包和知识流程外包金额分别为 5190 亿元、2372 亿元、3725 亿元。以知识创新、研发设计为主要模式的高附加值、高技术业务比重不断增加，新兴数字化服务及知识密集服务外包快速增长。商务部发布的数据显示，2021 年上半年，中国企业承接的离岸信息技术外包执行额为 1481 亿元人民币、知识流程外包执行额为 1255 亿元人民币、业务流程外包执行额为 545 亿元人民币，同比增长率分别为 26.5%、21.2%和 15.5%。线上业务需求大幅增加，尤其是离岸信息技术外包，其增速较去年同期提高了 23%。其中，集成电路和电子电路设计服务、信息技术运营与维护服务、电子商务平台服务、信息技术解决方案服务的离岸执行额分别同比增长 32.7%、33.1%、54.7%和 137.1%。在业务流程外包方面，管理咨询服务同比增长 78.1%；承接知识密集的工业设计服务外包离岸同比增长 45.7%，执行额 527 亿元人民币。

从整体层面来看，2021 年 1~6 月，中国企业承接的服务外包合同额为 8793 亿元人民币，同比增长 29.4%；执行额 5648 亿元人民币，同比增长 25.5%。其中，承接离岸服务外包合同额 4944 亿元人民币，同比增长 22.4%；执行额 3280 亿元人民币，同比增长 22.5%。以美元计算，上半年中国企业承接服务外包合同额 1313 亿美元，同比增长 33.3%；执行额 843 亿美元，同比增长 29.0%。其中，承接离岸服务外包合同额 741 亿美元，同比增长 26.7%；执行额 490 亿美元，同比增长 25.9%。

从中国服务外包近年来的发展趋势来看，如表 4.25 和图 4.38 所示，2009~2019 年中国服务外包规模中承接服务外包执行额、承接离岸服务外包执行额、承接在岸

① 《习近平：决胜全面建成小康社会 夺取新时代中国特色社会主义伟大胜利——在中国共产党第十九次全国代表大会上的报告》，http://www.gov.cn/zhuanti/2017-10/27/content_5234876.htm[2022- 04-01]。

服务外包执行额都是稳定增长的。但正如图 4.39 所示，2010~2019 年中国承接的服务外包增长率总体上是不断下降的，总执行额、离岸执行额、在岸执行额的增长率在 2011 年达到峰值，分别为 63.3%、64.6%、59.9%，随后下降到 2019 年的 12.6%、12.9%、12.2%。

表 4.25　2009~2019 年中国承接的服务外包规模（单位：亿元）

项目	2009 年	2010 年	2011 年	2012 年	2013 年	2014 年	2015 年	2016 年	2017 年	2018 年	2019 年
承接服务外包总执行额	943	1 311	2 141	2 911	3 876	4 921	6 275	7 355	8 338	10 022	11 287
承接离岸服务外包执行额	687	957	1 575	2 103	2 756	3 383	4 195	4 865	5 089	6 126	6 918
承接在岸服务外包执行额	255	354	566	808	1 119	1 538	2 080	2 490	3 249	3 895	4 369

资料来源：商务部网站

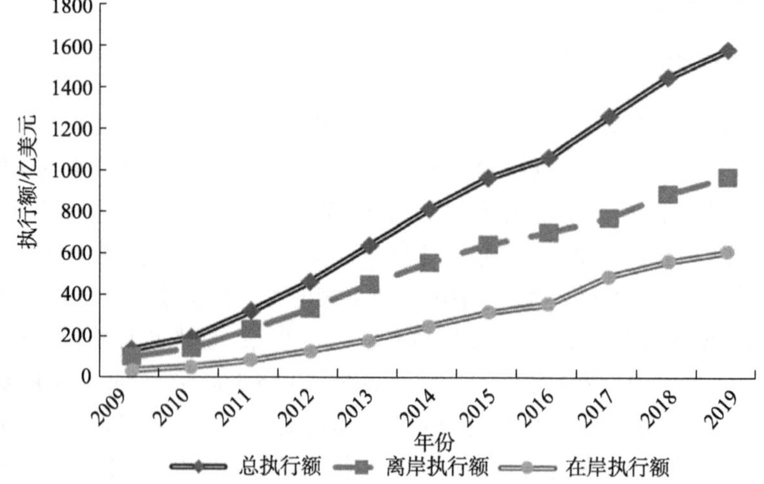

图 4.38　2009~2019 年中国承接的服务外包规模走势

资料来源：商务部网站

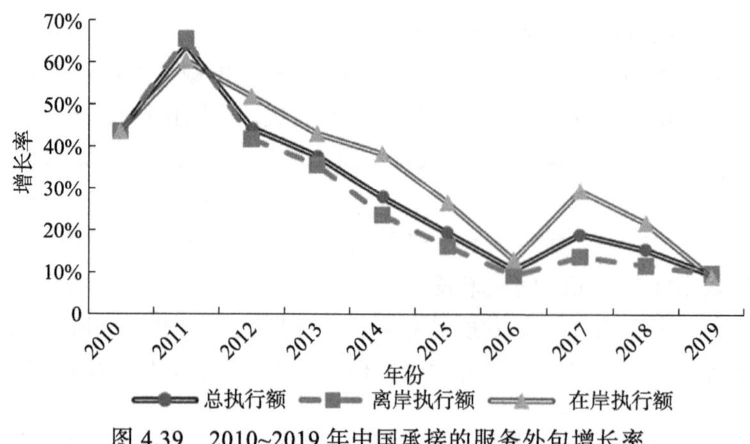

图 4.39　2010~2019 年中国承接的服务外包增长率

资料来源：商务部网站

3. 企业实力持续提升

近年来，中国服务外包企业数量不断增加，2009~2019 年中国服务外包企业数量不断增长，2019 年有 48 929 个服务外包企业（表 4.26 和图 4.40），且发展出了一批竞争力较强的优秀企业，企业专业化服务与自主创新能力等持续提升，国际竞争力不断增强。

表 4.26　2009~2019 年中国服务外包企业数量

指标	2009 年	2010 年	2011 年	2012 年	2013 年	2014 年	2015 年	2016 年	2017 年	2018 年	2019 年
服务外包企业数量/个	4 721	8 896	12 652	16 885	21 165	24 764	28 073	33 717	39 223	43 396	48 929

资料来源：商务部网站

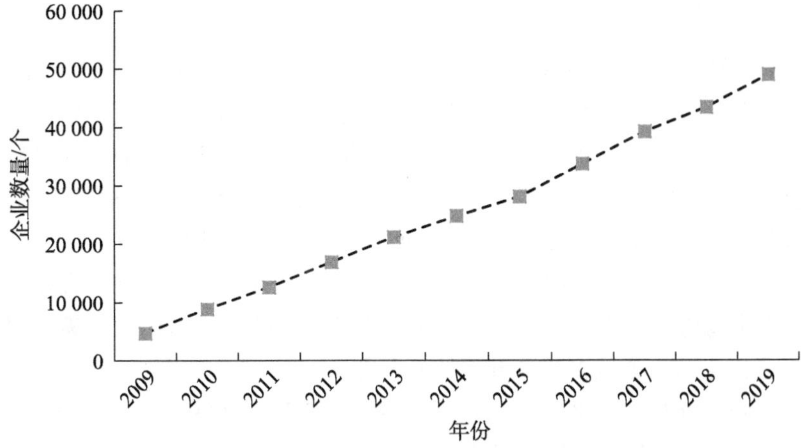

图 4.40　2009~2019 年中国服务外包企业数量趋势

资料来源：商务部网站

4. 国际市场开拓能力增强

中国服务外包的国际市场开拓能力不断增强，离岸服务外包涉及的市场和范围不断扩大，从美国、欧盟、中国香港等拓展到全球约 200 多个国家和地区。而随着"一带一路"倡议的持续推进，中国服务外包与"一带一路"沿线国家的合作也更加密切。2021 年上半年，中国企业承接美国离岸服务外包执行额为 684 亿元人民币，同比增长 23.3%；承接中国香港离岸服务外包执行额为 627 亿元人民币，同比增长 30.3%；承接欧盟离岸服务外包执行额为 408 亿元人民币，同比增长 10.3%。中国前三大服务外包市场为美国、中国香港、欧盟，三地合计占中国离岸服务外包执行额的 52.4%。2021 年上半年，中国企业承接"一带一路"沿线国家离岸服务外包合同额 1003 亿元人民币，同比增长 50.5%；执行额 630 亿元人民币，同比增长

26.7%，离岸服务外包总额占比进一步提升。

5. 外资企业占比较大，本土民营企业发展迅速

在服务外包企业中，外商投资企业仍占主导地位。2021 年上半年，外商投资企业承接离岸服务外包合同额 2410 亿元人民币，同比增长 13.4%，占全国总额的 48.7%；执行额 1481 亿元人民币，同比增长 18.8%，占全国总额的 45.2%，维持着服务外包市场的主导地位。本土民营企业承接离岸服务外包合同额 1243 亿元人民币，同比增长 32.9%，高于全国平均增速 10.5 个百分点；执行额 834 亿元人民币，同比增长 29.1%，高于全国平均增速 6.6 个百分点。这说明中国的服务外包产业吸引了国际企业来中国投资，同时本土民营企业发展也开始加速。

6. 高端复合型服务外包人才缺乏

服务外包产业属于知识密集型产业，稳就业功能进一步显现。2020 年上半年，服务外包产业从业人员新增 44.3 万人，同比增长 14.2%。其中大学本科以下学历 15.9 万人；大学本科及以上学历 28.4 万人，占 64.1%。截至 2021 年 6 月底，中国服务外包产业累计吸纳从业人员 1335.2 万人。其中大学本科以下学历 487.5 万人；大学本科及以上学历 847.7 万人，占 63.5%。服务外包产业是具有一定专业技术的知识密集型产业，人才是关键资源要素。但是中国服务外包企业海外直接接包能力不强，服务外包高端人才严重缺乏，能熟练应用英语的人才远远无法满足服务外包的发展需求，这影响了很多业务开展服务外包。

从中国服务外包近年来新增从业人员的趋势来看，2009~2019 年中国服务外包产业新增从业人员呈现“W”形特点，2009~2012 年不断增长，从 2009 年的 71.10 万人增长到 2012 年的 111.40 万人，随后下降到 2014 年的 71.10 万人，2015 年又增长到 137.75 万人，2016 年和 2017 年又开始下降，2018 年达到峰值 140.00 万人后又下降到 2019 年的 103.00 万人（表 4.27）。

表 4.27　2009~2019 年中国服务外包产业新增从业人员情况（单位：万人）

指标	2009 年	2010 年	2011 年	2012 年	2013 年	2014 年	2015 年	2016 年	2017 年	2018 年	2019 年
服务外包产业新增从业人员	71.10	78.10	85.40	111.40	106.63	71.10	137.75	110.55	73.37	140.00	103.00
大学本科及以上学历人员	49.00	46.90	58.20	67.80	64.90	48.82	74.07	72.38	43.47	94.90	60.60
其他学历人员	22.10	31.20	27.20	43.60	41.73	22.28	63.68	38.17	29.90	45.10	42.40

资料来源：商务部网站

从中国服务外包产业近年来累计吸纳从业人员的趋势来看，2009~2019 年呈现

不断增长的特点，服务外包产业累计吸纳从业人员从 2009 年的 154.70 万人增长到 2019 年的 1172.00 万人（表 4.28）。

表 4.28　2009~2019 年中国服务外包产业累计吸纳从业人员情况（单位：万人）

指标	2009 年	2010 年	2011 年	2012 年	2013 年	2014 年	2015 年	2016 年	2017 年	2018 年	2019 年
服务外包产业累计吸纳从业人员	154.70	232.80	318.20	429.60	536.23	607.33	745.08	855.63	929.00	1069.00	1172.00
大学本科及以上学历人员	125.10	178.30	241.70	315.30	355.86	404.68	478.75	551.13	594.60	689.50	750.10
其他学历人员	29.60	54.50	76.50	114.30	180.37	202.65	266.33	304.50	334.40	379.50	421.90

资料来源：商务部网站

第5章　中国服务贸易发展的国际比较

5.1　中国与发达国家的比较

本部分内容主要分析美国、德国、英国、日本、荷兰等发达国家服务贸易的发展情况，并从中得出中国服务贸易高质量发展的启示。

5.1.1　服务贸易整体发展概况

表5.1列出了中国与美国、德国等发达国家主要年份的服务贸易进出口及差额数据，可以初步分析出主要发达国家服务贸易的整体发展状况。

表5.1　中国与主要发达国家服务贸易发展情况（单位：亿元）

国家	项目	2000年	2005年	2010年	2015年	2019年	2020年
美国	出口额	18 302.63	23 958.23	36 843.20	48 656.18	55 469.47	44 667.20
	进口额	13 896.92	19 763.84	27 627.66	31 536.88	37 417.96	29 137.05
	贸易总额	32 199.55	43 722.07	64 470.86	80 193.06	92 887.43	73 804.25
	贸易差额	4 405.71	4 194.39	9 215.54	17 119.30	18 051.51	15 530.15
德国	出口额	5 262.52	10 513.67	14 257.31	17 765.58	21 943.57	19 664.86
	进口额	8 744.14	13 252.12	16 681.86	19 116.98	23 481.50	19 547.01
	贸易总额	14 006.66	23 765.79	30 939.17	36 882.56	45 425.07	39 211.87
	贸易差额	−3 481.62	−2 738.45	−2 424.55	−1 351.40	−1 537.93	117.85
英国	出口额	7 605.51	15 636.64	18 332.84	23 372.18	25 667.10	21 676.37
	进口额	6 290.91	11 486.22	12 048.02	14 876.35	17 556.86	12 960.52
	贸易总额	13 896.42	27 122.86	30 380.86	38 248.53	43 223.96	34 636.89
	贸易差额	1 314.60	4 150.42	6 284.82	8 495.83	8 110.24	8 715.85
日本	出口额	4 383.23	6 458.42	8 508.37	10 294.92	13 129.74	10 146.19
	进口额	7 286.18	8 800.61	10 425.73	11 304.58	13 057.28	11 680.82
	贸易总额	11 669.41	15 259.03	18 934.10	21 599.50	26 187.02	21 827.01
	贸易差额	−2 902.95	−2 342.19	−1 917.36	−1 009.66	72.46	−1 534.63
荷兰	出口额	3 316.57	5 825.06	10 233.31	12 524.62	17 458.05	11 814.56
	进口额	3 371.33	5 347.71	8 610.93	13 510.79	16 806.27	10 713.64
	贸易总额	6 687.90	11 172.77	18 844.24	26 035.41	34 264.32	22 528.20
	贸易差额	−54.76	477.35	1 622.38	−986.17	651.78	1 100.92
中国	出口额	1 926.25	4 967.07	11 288.85	13 839.53	17 926.06	17 763.80
	进口额	2 280.74	5 315.35	12 242.31	27 569.72	31 693.05	24 122.85
	贸易总额	4 206.99	10 282.41	23 531.16	41 409.26	49 619.11	41 886.65
	贸易差额	−354.49	−348.28	−953.46	−13 730.19	−13 766.98	−6 359.05

资料来源：联合国贸发会议数据库

1. 美国服务贸易发展概况

美国作为服务贸易进出口大国，其服务贸易总额不断增长。2000 年美国服务贸易总额达到 32 199.55 亿元，服务贸易总额占本国贸易总额的 25%左右，占世界服务贸易总额的 17%左右；2005 年其服务贸易总额为 43 722.07 亿元，较 2000 年增长了 35.78%，服务贸易总额占本国贸易总额的 26.23%，占世界服务贸易总额的 13.5%；2010 年美国服务贸易总额达到 64 470.86 亿元，较 2005 年增长了 47.46%，占本国贸易总额的 31.36%，占世界服务贸易总额的 12.96%；2015 年美国的服务贸易总额继续增长，达到 80 193.06 亿元，较 2010 年增长了 24.39%，服务贸易总额占当年美国贸易总额的 33.16%，占世界服务贸易总额的 12.80%；2020 年美国服务贸易总额为 73 804.25 亿元，虽然受疫情影响，较 2015 年减少了 7.91%，但是和 2000 年相比，贸易总额增加了 129.21%，服务贸易总额占当年美国贸易总额的 30.37%，占世界服务贸易总额的 12.80 %。

2. 德国服务贸易发展概况

德国已经实现了由工业大国向服务业大国的升级和转型，并成为世界服务贸易的主要提供国之一。1960 年德国的服务业占其 GDP 的比重为 41%，到 2014 年德国服务业的 GDP 占比大幅提升，达到 73.6%。德国经济各行业中最具活力的应属服务贸易。2000~2019 年，德国服务贸易进出口额均呈稳步增长趋势，其中服务贸易出口额从 2000 年的 5262.52 亿元，增加到了 2019 年的 21 943.57 亿元，并在 2018 年达到近 20 年来的最大值 22 617.17 亿元，占当年世界服务贸易出口额的 5.7%；服务贸易进口额从 2000 年的 8744.14 亿元，增加到 2019 年的 23 481.50 亿元，2018 年达到最大值 24 120.56 亿元，占当年世界服务贸易进口总额的 6.4%；服务贸易总额从 2000 年的 14 006.66 亿元年增至 2019 年的 45 425.07 亿元。2020 年德国服务贸易总额达 39 211.87 亿元，位居世界第三，仅次于美国和中国。

3. 英国服务贸易发展概况

英国的服务贸易一直保持顺差，顺差额从 2000 年的 1314.60 亿元增至 2020 年的 8715.85 亿元。英国服务业是国民经济的支柱产业，从 2000~2020 年的数据可以看出：2005 年其服务贸易总额为 27 122.86 亿元，占本国贸易总额的 47.80%，占世界服务贸易总额的 8.10%；2010 年英国服务贸易总额为 30 380.86 亿元，占贸易总额的 47.69%，占世界服务贸易总额的 6.11%；2015 年服务贸易总额为 38 248.53 亿元，占贸易总额的 55.34%，占世界服务贸易总额的 6.13%；2020 年服务贸易总额为 34 636.89 亿元，较 2015 年虽有所下降，但是和 2005 年相比还是有所增加，占本国贸易总额的 52.71%，占世界服务贸易总额的 5.6%。可见，英国的服务贸易总额占本国贸易总额的比重较大。

4. 日本服务贸易发展概况

日本服务贸易总额呈波动式上升，2000 年服务贸易总额为 11 669.41 亿元，2008 年达到高峰 20 288.77 亿元，之后略有减少，2010 年服务贸易总额为 18 934.10 亿元，随后开始增加，2015 年服务贸易总额为 21 599.50 亿元，2020 年服务贸易总额为 21 827.01 亿元。日本服务贸易总额虽然呈上升趋势，但是却一直维持着相对稳定的贸易逆差。2000 年服务贸易出口额为 4383.23 亿元，贸易逆差额为 2902.95 亿元；2010 年服务贸易出口额为 8 508.37 亿元，贸易逆差额为 1917.36 亿元；2015 年服务贸易出口额为 10 294.92 亿元，贸易逆差额为 1009.66 亿元；2020 年日本服务贸易出口额为 10 146.19 亿元，贸易逆差额为 1534.64 亿元。除了 2019 年贸易差额为正，2000~2020 年日本的贸易逆差额维持在 1000 亿~3000 亿元，相对来说比较稳定。

5. 荷兰服务贸易发展概况

荷兰是全球服务贸易进出口大国，也是传统的服务贸易强国，多年来一直名列世界服务贸易前十强。联合国贸发会议数据库的数据显示，2000~2020 年，荷兰服务贸易总额总体呈现增长趋势。2000 年荷兰服务贸易总额为 6687.91 亿元，其中服务贸易出口额为 3316.57 亿元，进口额为 3371.33 亿元，占世界服务贸易总额的 4.3%；2010 年服务贸易总额为 188 844.24 亿元，其中服务贸易出口额为 10 233.31 亿元，进口额为 8610.93 亿元，占世界服务贸易总额的 3.8%；2019 年服务贸易总额为 34 264.32 亿元，其中服务贸易出口额为 17 458.05 亿元，进口额为 16 806.27 亿元，占世界服务贸易总额的 4.4%；2020 年受全球新冠疫情的影响，服务贸易总额为 22 528.20 亿元，相比 2019 年有所下降。

5.1.2 服务贸易细分市场结构分析

1. 美国服务贸易细分市场结构

美国是世界第一大服务贸易国，保持着巨额的贸易顺差。各细分行业稳步均衡发展，出口高附加值服务，进口传统服务，服务贸易结构稳定，贸易伙伴分布广泛，服务贸易发展成熟，方方面面都表现出强大的优势。美国的旅行服务、运输服务、知识产权使用费服务和其他商业服务占其整个服务贸易出口额的比重比较高。如表 5.2 所示，2005 年旅行服务的出口额为 6041.19 亿元，占整个服务贸易出口额的 24.68%；运输服务的出口额为 3774.95 亿元，占整个服务贸易出口额的 15.42%；知识产权使用费服务的出口额为 4168.69 亿元，占整个服务贸易出口额的 17.03%；其他商业服务的出口额为 3675.94 亿元，占整个服务贸易出口额的 15.01%。这四个行业之和占其整个服务贸易出口额的 72%。从 2000 年到 2020 年这 20 年中，这四个行业的出口额之和占其整个服务贸易出口额的比重在 69%左右波动。从各细项的进口情况看，美国服务贸易进口主要集中在运输服务和旅行服务。2000 年运输服务的进口额为 3818.57 亿元，到 2019 年进口额增长到 7140.11 亿元，2020 年受全球疫情的影响，进口额下降到 4583.62 亿元；2000 年旅行服务的进口额为 4295.09 亿元，到 2019 年进口额增长到 8436.94 亿元，2020 受全球疫情的影响，进口额下降到 2266.65 亿元。除了旅行服务和运输服务，美国的金融服务与电信、计算机和信息服务在美国整个服务贸易进口额中的比重在这 20 年中也在不断增加。2005 年金融服务的进口占比为 7.03%，到 2020 年占比增加到了 9.18%；2005 年电信、计算机和信息服务的进口占比为 5.89%，到 2020 年占比增加到了 8.38%。

表 5.2　美国服务贸易各细项进、出口额（单位：亿元）

服务贸易细项	贸易额	2000 年	2005 年	2010 年	2015 年	2020 年
商品相关服务	出口额	—	430.15	847.82	1 283.41	858.62
	进口额	—	172.81	370.75	511.72	385.50
运输服务	出口额	2 881.10	3 774.95	4 937.63	5 459.92	3 666.89
	进口额	3 818.57	4 987.79	5 595.34	6 301.96	4 583.62
旅行服务	出口额	6 375.32	6 041.19	8 427.14	12 454.48	4 708.45
	进口额	4 295.09	4 691.29	5 391.01	6 498.63	2 266.65
建筑服务	出口额	114.89	96.29	190.83	178.41	151.90
	进口额	83.94	81.97	163.19	190.66	71.59
保险和养老金服务	出口额	229.84	489.26	960.53	1 019.31	1 321.17
	进口额	714.25	1 817.34	4 016.51	3 183.99	3 520.56
金融服务	出口额	1 400.01	3 065.44	5594.3	7 433.24	9 333.75
	进口额	692.25	1 390.76	1 722.71	2 063.20	2 674.80
知识产权使用费服务	出口额	—	4 168.69	6 141.11	7 187.51	7 357.58
	进口额	—	1 527.24	1 969.64	2 226.77	2 720.89
电信、计算机和信息服务	出口额	439.87	1 006.70	1 717.24	2 678.88	3 665.34
	进口额	394.36	1 164.97	1 862.35	2 456.99	2 443.00
其他商业服务	出口额	2 884.52	3 675.94	6 440.31	9 144.92	11 845.33
	进口额	1 547.87	2 030.41	4 171.66	6 021.03	7 448.70
个人、文化和娱乐服务	出口额	8.93	718.69	1 138.88	1 566.19	1 321.88
	进口额	5.38	161.42	341.38	718.96	1 467.61
政府商品和服务	出口额	427.40	1 007.61	1 242.21	1 298.93	1 399.48
	进口额	918.93	1 737.84	2 023.07	1 362.91	1 554.20

资料来源：联合国贸发会议数据库

2. 德国服务贸易细分市场结构

如表 5.3 所示，德国服务贸易出口比重较大的是运输服务、旅行服务和其他商业服务，三个行业的出口总和占其总服务贸易出口额的比重在 60%左右。从 2000~2020 年运输服务的出口额来看，德国运输服务出口额总体表现出上升的趋势，数值从 2000 年的 1253.46 亿元上升到 2020 年的 3512.99 亿元，增加了近 2 倍。旅行服务的出口额呈波浪式发展，但总体上保持增长，数值从 2000 年的 1180.39 亿元增加至 2019 年的 2692.46 亿元，但在 2020 年出现大幅下降，数值减少至 1427.80 亿元。从数值上看，除了建筑服务的出口额表现出下降趋势外，各服务行业的出口额总体上均保持增长。从 2000 年到 2020 年德国服务贸易出口第一大部门一直都是其他商业服务。

表 5.3　2000~2020 年德国服务贸易各细项出口额（单位：亿元）

年份	商品相关服务	运输服务	旅行服务	建筑服务	保险和养老金服务	金融服务	知识产权使用费服务	电信、计算机和信息服务	其他商业服务	个人、文化和娱乐服务	政府商品和服务
2000	—	1253.46	1180.39	268.33	38.84	224.47	—	239.98	1533.34	25.66	220.91
2001	—	1297.20	1142.17	271.15	109.44	204.94	—	304.29	1637.46	33.14	281.24
2002	—	1479.27	1212.32	318.06	469.44	219.35	—	347.67	1616.29	33.54	398.79
2003	—	1702.60	1459.27	449.87	431.44	253.48	—	422.94	2090.96	62.65	470.30
2004	—	2171.27	1748.25	448.09	229.43	333.10	—	510.26	2732.85	61.07	509.08
2005	539.69	2414.27	1882.40	—	221.61	1122.58	371.37	715.45	2764.82	75.98	411.72
2006	599.77	2713.93	2127.67	—	484.79	1220.88	333.80	867.48	3119.70	60.91	411.08
2007	579.92	3281.81	2334.02	—	508.78	1484.64	407.91	1057.47	3725.61	73.98	412.43
2008	579.79	3949.22	2581.49	—	510.14	1718.34	474.38	1245.71	4340.51	68.93	331.93
2009	586.45	3260.93	2247.24	—	672.90	1707.22	466.43	1199.67	4109.98	81.74	326.82
2010	549.65	3606.50	2242.52	—	477.10	1386.55	533.74	1348.85	4025.33	72.88	321.71
2011	561.87	3862.89	2513.98	—	379.84	1692.09	694.44	1530.75	4571.75	71.58	340.78
2012	559.48	3673.68	2466.06	—	689.85	1618.57	665.08	1637.38	4621.61	66.54	327.98
2013	660.94	3911.59	2669.31	—	557.35	1709.87	876.60	1761.35	5044.58	114.46	353.78
2014	957.62	3999.34	2801.35	175.57	688.29	1669.20	999.98	1886.47	5781.31	109.87	344.41
2015	984.07	3657.26	2386.66	135.86	721.92	1516.65	1039.30	1961.61	5305.31	113.36	326.69
2016	1061.28	3571.97	2422.03	136.77	851.12	1481.09	1862.16	1654.97	5502.47	119.76	312.07
2017	1212.28	3986.14	2577.35	145.69	768.03	1535.92	2007.59	1898.56	5950.47	268.36	270.82
2018	1457.23	4505.53	2779.04	152.35	810.32	1621.73	2354.84	2121.14	6271.92	172.85	370.27
2019	1495.18	4498.68	2692.46	147.37	776.56	1684.20	2339.45	2086.42	6161.48	174.08	360.96
2020	1429.55	3512.99	1427.80	132.05	828.16	1884.53	2320.89	2237.28	5776.52	183.91	355.20

资料来源：联合国贸发会议数据库

3. 英国服务贸易细分市场结构

根据联合国贸发会议数据库的数据，英国的其他商业服务在服务贸易出口中的占比从 2000 年到 2020 年一直维持在较高的水平。如表 5.4 所示，2000 年其他商业服务的出口额为 2149.46 亿元，之后整体上一直维持着稳定的增长，2020 年出口占比达到了 37.52%；英国的金融服务贸易的发展一直比较可观，金融服务的出口占比在个别年份虽然有所下降，但是一直维持在 20%以上；英国的新兴技术密集型产业——电信、计算机和信息服务的出口占比总体上呈上升趋势，从 2005 年的 5.67% 上升到了 2020 年的 8.15%。从贸易差额的角度分析，2000~2020 年，英国的个人、文化和娱乐服务，保险和养老金服务，商品相关服务，金融服务，电信、计算机和信息服务，知识产权使用费服务和其他商业服务在这 20 年间保持着贸易顺差，其中贸易顺差主要来源于金融服务和其他商业服务；贸易逆差主要集中在旅行服务、运输服务、政府商品和服务三大领域。

表 5.4　2000~2020 年英国服务贸易各细项出口额（单位：亿元）

年份	商品相关服务	运输服务	旅行服务	建筑服务	保险和养老金服务	金融服务	知识产权使用费服务	电信、计算机和信息服务	其他商业服务	个人、文化和娱乐服务	政府商品和服务
2000	—	1208.19	1383.55	12.45	363.37	1281.36	—	274.39	2149.46	124.99	113.11
2001	—	1156.19	1194.64	15.86	415.71	1259.61	—	296.43	2263.89	123.75	138.69
2002	—	1187.97	1289.77	18.50	622.92	1280.95	—	364.68	2563.98	151.89	149.71
2003	—	1408.58	1434.11	25.32	560.89	1808.45	—	515.31	2990.69	195.54	199.88
2004	—	1853.99	1786.42	32.22	575.31	2350.95	—	711.95	3606.10	248.60	234.23
2005	137.19	1838.12	2081.89	71.01	1266.12	3521.68	901.39	886.66	4442.75	259.88	229.95
2006	150.13	1882.62	2413.26	93.76	1527.86	4384.64	915.57	1086.55	5064.59	256.82	241.79
2007	215.44	2130.00	2718.08	128.43	1467.08	6057.92	1015.67	1235.42	5843.74	247.62	272.44
2008	273.70	2149.77	2461.06	176.30	1545.71	5523.50	906.39	1297.27	5709.11	286.96	259.38
2009	237.55	1732.29	2094.19	150.58	1547.00	4698.69	873.99	1147.23	4929.54	228.88	216.25
2010	284.14	1793.52	2226.62	142.31	1235.13	4787.85	898.96	1299.20	5135.95	312.89	216.26
2011	326.87	2044.41	2470.58	163.39	1549.18	5674.82	939.65	1487.72	5890.85	314.50	242.70
2012	380.77	2171.54	2606.01	162.59	1597.98	5360.20	852.14	1524.69	6284.63	310.58	238.78
2013	417.80	2182.34	2949.37	213.65	1965.72	5458.56	1120.31	1609.56	6465.96	291.24	272.04
2014	463.09	2264.19	3326.60	264.98	2294.08	5232.59	1260.52	1783.08	7136.19	307.68	276.54
2015	453.27	2083.97	3282.47	181.71	1623.35	5065.00	1313.59	1804.00	6971.32	338.19	255.31
2016	408.53	1949.25	3095.54	193.33	1594.22	4831.89	1211.75	1743.28	7137.11	314.86	228.28
2017	427.96	1965.78	3039.55	198.70	1494.56	4816.73	1360.95	1927.25	7563.15	338.02	221.43
2018	474.03	2115.79	3168.16	230.56	1663.13	5266.30	1520.32	2180.32	8998.61	379.11	223.63
2019	499.00	2336.65	3337.24	312.36	1611.33	4783.99	1348.42	1727.52	8970.16	483.81	256.61
2020	426.46	1292.70	1198.48	232.02	1683.05	4972.14	1418.00	1765.99	8132.03	325.43	230.07

资料来源：联合国贸发会议数据库

4. 日本服务贸易细分市场结构

根据联合国贸发会议数据库中关于日本的贸易数据，日本的传统服务贸易特别是运输服务一直占据主要地位。如表 5.5 所示，2000 年日本运输服务贸易的出口占比达到 36.98%，在此之后出口占比有所下降，在 2013 年之前下降的幅度比较小，2013 年之后，运输服务贸易的出口占比下降比较明显，到 2020 年占比已经下降至 20.43%；但是知识产权使用费服务的出口占比在 2005~2019 年却处于上升的趋势，出口占比从 2005 年的 17.27%上升到了 2019 年的 45.96%；其他商业服务的出口占比虽然中间会有波动，但是相对来说比较稳定。从日本服务贸易差额的角度来分析，日本服务贸易总体来说表现为贸易逆差。运输服务，商品相关服务，保险和养老金服务，电信、计算机和信息服务，其他商业服务在 2000 年到 2020 年这 20 年间一直处于贸易逆差状态；旅行服务在 2014 年之前是贸易逆差状态，但是在 2014 年之后，变成了贸易顺差。

表 5.5　日本服务贸易各细项情况

服务贸易细项	类别	2000 年	2005 年	2010 年	2015 年	2019 年	2020 年
知识产权使用费服务	出口额/亿元	—	1115.24	1689.02	2307.55	2968.17	2709.35
	出口占比	—	17.27%	26.15%	35.73%	45.96%	41.95%
	贸易差额/亿元	—	188.91	500.65	1229.37	1305.39	956.87
商品相关服务	出口额/亿元	—	19.75	37.68	57.62	128.92	158.69
	出口占比	—	0.31%	0.58%	0.89%	2.00%	2.46%
	贸易差额/亿元	—	–335.95	–502.39	–445.42	–538.80	–496.19
运输服务	出口额/亿元	1620.87	2265.45	2673.40	2240.36	1657.00	1319.20
	出口占比	36.98%	35.08%	41.39%	34.69%	25.66%	20.43%
	贸易差额/亿元	–488.95	–288.38	–266.70	–357.23	–511.81	–455.16
旅行服务	出口额/亿元	213.60	787.40	835.52	1581.39	2915.21	670.81
	出口占比	4.87%	12.19%	12.94%	24.49%	45.14%	10.39%
	贸易差额/亿元	–1805.06	–1588.50	–928.47	570.12	1569.16	326.17
政府商品和服务	出口额/亿元	59.20	146.93	163.37	274.42	286.74	249.18
	出口占比	1.35%	2.28%	2.53%	4.25%	4.44%	3.86%
	贸易差额/亿元	–15.28	42.52	50.54	150.32	166.93	133.98
其他商业服务	出口额/亿元	1121.23	1187.68	2005.01	2157.23	2954.26	2781.25
	出口占比	25.58%	18.39%	31.04%	33.40%	45.74%	43.06%
	贸易差额/亿元	–416.67	–436.76	–396.47	–1703.76	–1267.08	–1243.78
金融服务	出口额/亿元	181.32	320.99	228.29	651.90	902.40	994.75
	出口占比	4.14%	4.97%	3.53%	10.09%	13.97%	15.40%
	贸易差额/亿元	62.18	149.79	28.93	272.36	365.34	321.36
建筑服务	出口额/亿元	369.84	457.55	673.31	677.57	669.02	469.87
	出口占比	8.44%	7.08%	10.43%	10.49%	10.36%	7.28%
	贸易差额/亿元	116.50	155.09	174.33	158.43	204.83	124.15

续表

服务贸易细项	类别	2000 年	2005 年	2010 年	2015 年	2019 年	2020 年
电信、计算机和信息服务	出口额/亿元	99.34	96.33	112.72	205.86	441.50	615.20
	出口占比	2.27%	1.49%	1.75%	3.19%	6.84%	9.53%
	贸易差额/亿元	−94.94	−97.32	−178.24	−640.40	−868.81	−704.16
个人、文化和娱乐服务	出口额/亿元	7.35	6.13	9.44	41.07	59.34	39.11
	出口占比	0.17%	0.09%	0.15%	0.64%	0.92%	0.61%
	贸易差额/亿元	−73.41	−64.43	−49.75	−40.03	13.43	13.16
保险和养老金服务	出口额/亿元	10.93	54.96	80.59	99.96	147.17	138.78
	出口占比	0.25%	0.85%	1.25%	1.55%	2.28%	2.15%
	贸易差额/亿元	−117.24	−67.17	−349.81	−203.42	−366.15	−511.01

资料来源：联合国贸发会议数据库

5. 荷兰服务贸易细分市场结构

如表 5.6 所示，电信、计算机和信息服务与运输服务是荷兰服务贸易顺差的主要来源。旅行服务，金融服务，个人、文化和娱乐服务则是服务贸易逆差的主要来源。2000~2019 年，旅行服务均处于贸易逆差的状态；2000~2020 年，知识产权使用费服务的贸易顺差和逆差交替出现，不过其逆差额非常小；2010 年以前，金融服务处于贸易逆差状态，但逆差额较小，2010~2013 年金融服务又变为顺差状态，2010 年贸易顺差额为 400.54 亿元，2014 年开始又转为逆差状态并一直持续到 2020 年。

表 5.6　2000~2020 年荷兰服务贸易各细项贸易差额（单位：亿元）

年份	商品相关服务	运输服务	旅行服务	建筑服务	保险和养老金服务	金融服务	知识产权使用费服务	电信、计算机和信息服务	其他商业服务	个人、文化和娱乐服务	政府商品和服务
2000	—	324.02	−316.56	102.12	−22.28	−14.23	—	−1.57	−67.83	−2.80	−30.15
2001	—	306.78	−334.88	129.71	−19.32	−26.45	—	−28.44	−122.07	−2.72	−26.74
2002	—	302.93	−328.55	107.47	−49.51	−28.24	—	−10.43	−56.42	−5.24	46.17
2003	—	247.09	−399.33	51.03	−20.61	−14.16	—	34.44	19.37	−10.68	61.66
2004	—	359.58	−385.51	66.92	−21.77	−15.75	—	37.08	50.81	−6.70	70.39
2005	—	411.91	−360.11	84.77	−22.36	−32.26	—	1.16	192.14	−2.61	63.74
2006	—	386.45	−359.19	69.12	−23.75	−30.90	168.25	32.28	295.24	−0.98	82.85
2007	—	420.90	−364.10	74.34	−26.53	−39.75	232.54	60.54	361.91	−2.60	110.17
2008	—	528.49	−529.05	94.08	−31.15	−31.58	337.10	58.06	281.74	2.00	132.91
2009	—	423.16	−524.39	50.00	−27.28	−4.09	162.59	23.47	100.71	−0.16	103.14
2010	187.21	520.81	−269.20	118.21	49.53	400.54	−0.71	399.76	292.29	−38.15	50.70
2011	63.31	593.56	−267.20	101.65	29.75	343.50	−0.71	497.66	305.54	−38.41	63.70
2012	72.17	586.38	−253.36	127.39	11.83	231.89	−1.16	482.21	333.35	−40.87	57.36
2013	69.00	718.49	−235.90	124.93	39.77	231.69	−0.84	490.74	358.18	−48.69	52.77
2014	258.60	1141.53	−540.86	48.30	21.02	−234.22	−0.26	540.60	191.54	10.02	117.30

续表

年份	商品相关服务	运输服务	旅行服务	建筑服务	保险和养老金服务	金融服务	知识产权使用费服务	电信、计算机和信息服务	其他商业服务	个人、文化和娱乐服务	政府商品和服务
2015	207.25	932.99	−385.21	31.43	26.25	−221.41	−0.06	−1109.91	26.38	−67.96	106.76
2016	139.22	866.25	−321.58	22.70	46.30	−188.89	0.26	504.06	−152.29	−109.28	113.88
2017	94.02	636.50	−313.17	57.94	47.92	−144.85	−0.13	561.36	−208.87	−56.39	105.86
2018	79.47	652.02	−232.99	4.14	63.24	−186.88	0.58	528.44	−453.88	−88.27	107.15
2019	91.63	590.65	−172.01	28.91	52.57	−143.23	0.26	567.18	−426.66	−68.03	112.91
2020	185.59	552.37	121.51	55.87	14.87	−312.85	−0.39	419.87	8.73	−11.12	28.58

资料来源：联合国贸发会议数据库

5.1.3　国际竞争力水平比较

1. 发达国家服务贸易细项 TC 指数比较

如表 5.7 所示，英国的金融服务，电信、计算机和信息服务，保险和养老金服务这三者的 TC 指数一直是正值，说明英国这三大部门具有较强的产业竞争力；其余服务的 TC 指数有正有负，其中旅行服务和运输服务的 TC 指数由负值变为正值，说明英国旅行服务和运输服务的竞争力在变强。日本的知识产权使用费服务、建筑服务和金融服务的 TC 指数在这五年都为正值，说明日本这三大部门具备产业竞争力；其他商业服务的 TC 指数一直为负，竞争力相对来说弱一些；保险和养老金服务的 TC 指数均为负，且均值小于−0.5，产业竞争力弱势明显；商品相关服务的 TC 指数均小于−0.5，产业竞争力最弱。美国的商品相关服务、知识产权使用费服务、其他商业服务、旅行服务和金融服务的 TC 指数在这五年中均表现为正值，说明美国这五大部门都具有比较强的竞争力；保险和养老金服务、政府商品和服务及运输服务的 TC 指数一直表现为负值，说明美国这三大部门的国际竞争力比较弱。荷兰具有竞争力的部门有政府商品和服务、运输服务、商品相关服务、建筑服务。德国具有竞争力的部门为政府商品和服务、商品相关服务、金融服务、建筑服务，其中政府商品和服务是德国竞争力最强的服务部门，其次是金融服务。

表 5.7　发达国家服务贸易各细项 TC 指数

服务贸易细项	国家	2000 年	2005 年	2010 年	2015 年	2020 年
知识产权使用费服务	英国	—	0.19	0.17	0.23	−0.08
	日本	—	0.09	0.17	0.36	0.21
	美国	—	0.46	0.51	0.52	0.45
	荷兰	—	—	−0.01	−0.09	—
	德国	—	−0.11	0.08	0.23	0.38

续表

服务贸易细项	国家	2000 年	2005 年	2010 年	2015 年	2020 年
政府商品和服务	英国	–0.23	–0.10	–0.31	–0.04	0.01
	日本	–0.11	0.17	0.18	0.53	0.37
	美国	–0.37	–0.28	–0.25	–0.06	–0.06
	荷兰	–0.20	—	0.59	0.38	0.50
	德国	0.41	0.57	0.62	0.75	0.51
运输服务	英国	–0.12	–0.07	–0.02	–0.03	0.15
	日本	–0.13	–0.06	–0.05	–0.07	–0.15
	美国	–0.14	–0.15	–0.07	–0.08	–0.12
	荷兰	0.15	—	0.15	0.26	0.13
	德国	–0.14	–0.10	–0.09	–0.05	–0.14
商品相关服务	英国	—	0.79	0.68	0.53	–0.13
	日本	—	–0.90	–0.87	–0.79	–0.61
	美国	—	0.42	0.38	0.42	0.37
	荷兰	—	—	0.18	0.24	0.18
	德国	—	0.08	0.25	0.08	0.10
其他商业服务	英国	0.34	0.29	0.24	0.26	–0.13
	日本	–0.16	–0.16	–0.09	–0.28	–0.18
	美国	0.30	0.28	0.20	0.20	0.22
	荷兰	–0.03	—	0.06	0.00	0.00
	德国	–0.14	–0.05	–0.04	–0.01	–0.04
旅行服务	英国	–0.27	–0.33	–0.26	–0.14	0.21
	日本	–0.81	–0.50	–0.36	0.22	0.32
	美国	0.19	0.12	0.21	0.31	0.34
	荷兰	–0.26	—	–0.12	–0.18	0.12
	德国	–0.48	–0.44	–0.39	–0.36	–0.63
金融服务	英国	0.66	0.63	0.70	0.61	0.45
	日本	0.21	0.30	0.07	0.26	0.19
	美国	0.34	0.37	0.52	0.56	0.55
	荷兰	–0.13	—	0.42	–0.21	–0.31
	德国	0.28	0.43	0.29	0.26	0.36
建筑服务	英国	0.41	–0.15	0.06	0.22	–0.56
	日本	0.19	0.20	0.15	0.13	0.15
	美国	0.16	0.07	0.07	–0.04	0.35
	荷兰	0.45	—	0.31	0.08	0.11
	德国	–0.08	—	—	0.08	0.03
个人、文化和娱乐服务	英国	0.25	0.29	0.21	0.02	–0.21
	日本	–0.83	–0.84	–0.73	–0.33	0.20
	美国	0.25	0.63	0.53	0.36	–0.06
	荷兰	–0.04	—	–0.39	–0.36	–0.10
	德国	–0.80	–0.50	–0.42	–0.46	–0.42

续表

服务贸易细项	国家	2000 年	2005 年	2010 年	2015 年	2020 年
电信、计算机和信息服务	英国	0.55	0.27	0.29	0.30	0.03
	日本	–0.32	–0.34	–0.44	–0.61	–0.36
	美国	0.05	–0.08	–0.05	0.03	0.19
	荷兰	–0.01	—	0.28	–0.21	0.21
	德国	–0.13	–0.05	0.02	0.05	–0.09
保险和养老金服务	英国	0.68	0.60	0.77	0.64	0.73
	日本	–0.84	–0.38	–0.69	–0.50	–0.65
	美国	–0.51	–0.58	–0.62	–0.52	–0.46
	荷兰	–0.46	—	0.19	0.23	0.15
	德国	–0.22	0.03	0.38	0.29	0.24

资料来源：联合国贸发会议数据库

2. 发达国家服务贸易细项国际市场占有率比较

如表 5.8 所示，英国服务贸易国际市场占有率较高的部门有其他商业服务、金融服务及保险和养老金服务，其中保险和养老金服务的国际市场占有率均值达到 0.21，金融服务达到 0.19，政府商品和服务达到 0.10，说明这三个服务部门的国际市场竞争力强。日本各部门中国际市场占有率较高的有知识产权使用费服务和建筑服务，其国际市场占有率均值均大于 0.10，这两个部门相对其他服务部门来说国际竞争力比较强。美国作为世界最大的服务贸易国家，其知识产权使用费服务，政府商品和服务，其他商业服务，旅行服务，金融服务，个人、文化和娱乐服务及保险和养老金服务这些部门的国际市场占有率均值都大于 0.10，说明这些部门具有较强的国际竞争力，其中国际竞争力最强的是知识产权使用费服务，均值高达 0.35。荷兰的知识产权使用费服务的国际市场占有率比国内其他服务部门都要高，2010 年其知识产权使用费服务的国际市场占有率为 0.13，2015 年也为 0.13，2020 年为 0.12，虽然该指标的值较高，但是从现有的数据看，知识产权使用费服务的国际市场占有率有下降的趋势；其他服务部门的国际市场占有率比较稳定，没有明显的波动，均小于 0.10，竞争力在发达国家中相对来说较弱。德国的政府商品和服务、商品相关服务、其他商业服务及保险和养老金服务这四个部门的国际市场占有率要比国内其他服务部门高，其中保险和养老金服务的国际市场占有率有增加的趋势，表明该服务部门的国际竞争力在不断增强。

表 5.8　发达国家服务贸易各细项国际市场占有率

服务贸易细项	国家	2000 年	2005 年	2010 年	2015 年	2020 年
知识产权使用费服务	英国	—	0.08	0.06	0.06	0.04
	日本	—	0.10	0.11	0.11	0.11
	美国	—	0.38	0.39	0.34	0.29
	荷兰	—	—	0.13	0.13	0.12
	德国	—	0.03	0.03	0.05	0.09
政府商品和服务	英国	0.06	0.06	0.05	0.28	0.05
	日本	0.03	0.04	0.04	0.07	0.06
	美国	0.22	0.27	0.28	0.06	0.30
	荷兰	0.03	—	0.02	0.06	0.01
	德国	0.11	0.11	0.07	0.03	0.08
运输服务	英国	0.06	0.05	0.03	0.04	0.04
	日本	0.07	0.06	0.05	0.04	0.03
	美国	0.13	0.10	0.09	0.09	0.07
	荷兰	0.06	—	0.04	0.04	0.04
	德国	0.06	0.07	0.07	0.06	0.07
商品相关服务	英国	—	0.02	0.04	0.04	0.01
	日本	—	0.00	0.01	0.01	0.01
	美国	—	0.08	0.10	0.12	0.07
	荷兰	—	—	0.07	0.05	0.05
	德国	—	0.09	0.07	0.09	0.11
其他商业服务	英国	0.10	0.13	0.10	0.10	0.05
	日本	0.05	0.04	0.04	0.03	0.03
	美国	0.14	0.11	0.12	0.13	0.14
	荷兰	0.05	—	0.05	0.05	0.04
	德国	0.07	0.08	0.08	0.08	0.07
旅行服务	英国	0.05	0.05	0.04	0.04	0.06
	日本	0.01	0.02	0.01	0.02	0.02
	美国	0.21	0.13	0.14	0.16	0.13
	荷兰	0.02	—	0.02	0.01	0.02
	德国	0.04	0.04	0.04	0.03	0.04
金融服务	英国	0.21	0.24	0.21	0.18	0.10
	日本	0.03	0.02	0.01	0.02	0.03
	美国	0.23	0.21	0.24	0.25	0.27
	荷兰	0.01	—	0.03	0.01	0.01
	德国	0.04	0.08	0.06	0.05	0.05

续表

服务贸易细项	国家	2000 年	2005 年	2010 年	2015 年	2020 年
建筑服务	英国	0.01	0.02	0.03	0.03	0.01
	日本	0.19	0.16	0.12	0.11	0.08
	美国	0.06	0.03	0.03	0.03	0.03
	荷兰	0.09	—	0.05	0.03	0.05
	德国	0.14	—	—	0.02	0.02
个人、文化和娱乐服务	英国	0.13	0.12	0.09	0.08	0.05
	日本	0.01	0.00	0.00	0.01	0.01
	美国	0.01	0.32	0.34	0.38	0.27
	荷兰	0.04	—	0.01	0.01	0.01
	德国	0.03	0.03	0.02	0.03	0.04
电信、计算机和信息服务	英国	0.09	0.08	0.07	0.06	0.02
	日本	0.03	0.01	0.01	0.01	0.01
	美国	0.15	0.09	0.09	0.09	0.08
	荷兰	0.03	—	0.05	0.07	0.03
	德国	0.08	0.06	0.07	0.06	0.05
保险和养老金服务	英国	0.21	0.31	0.20	0.21	0.14
	日本	0.01	0.01	0.01	0.01	0.02
	美国	0.13	0.12	0.15	0.13	0.14
	荷兰	0.01	—	0.03	0.01	0.01
	德国	0.02	0.05	0.08	0.09	0.09

资料来源：联合国贸发会议数据库

3. 发达国家服务贸易细项 RCA 指数比较

如表 5.9 所示，根据发达国家服务贸易细项 RCA 指数可以看出，英国具有比较优势的部门有金融服务及保险和养老金服务，其保险和养老金服务与其他商业服务的比较优势有减弱的趋势。日本的知识产权使用费服务、其他商业服务、政府商品和服务及建筑服务四个部门具有较大的比较优势，国际竞争力较强；其运输服务的国际竞争力有减弱的趋势，2020 年运输服务的 RCA 指数已经从 2000 年的 1.62 下降到了 0.78。美国的知识产权使用费服务，个人、文化和娱乐服务及金融服务是其具有比较优势的部门，国际竞争力较强；其他商业服务、旅行服务及保险和养老金服务这三个部门的 RCA 指数一直接近 1，比较优势和比较劣势都不明显。荷兰具有比较优势的部门为知识产权使用费服务、商品相关服务和建筑服务，电信、计算机和信息服务在 2010 年和 2015 年都具有比较优势，2020 年优势消失，表现出了微小的比较劣势。德国的运输服务、商品相关服务和其他商业服务的 RCA 指数一直大于 1，说明这三大部门具有一定的比较优势；保险和养老金服务的比较优势在不断扩大，RCA 指数由 2000 年的 0.41 增加到了 2020 年的 1.43，国际竞争力不断增强。

表 5.9　发达国家服务贸易各细项 RCA 指数

服务贸易细项	国家	2000 年	2005 年	2010 年	2015 年	2020 年
知识产权使用费服务	英国	—	1.02	0.79	0.85	0.53
	日本	—	3.05	3.21	3.38	3.41
	美国	—	3.01	2.64	2.18	2.06
	荷兰	—	—	3.24	3.27	3.19
	德国	—	0.61	0.59	0.86	1.47
政府商品和服务	英国	0.74	0.78	0.68	1.80	0.74
	日本	0.67	1.21	1.11	1.24	1.71
	美国	1.16	2.18	1.91	0.75	2.14
	荷兰	9.09	—	0.38	1.84	0.25
	德国	2.08	2.03	1.28	0.67	1.23
运输服务	英国	0.70	0.62	0.47	0.50	0.51
	日本	1.62	1.84	1.51	1.22	0.78
	美国	0.69	0.81	0.63	0.61	0.48
	荷兰	16.58	—	0.92	1.00	1.17
	德国	1.05	1.18	1.19	1.13	1.05
商品相关服务	英国	—	0.30	0.48	0.59	0.16
	日本	—	0.10	0.14	0.17	0.38
	美国	—	0.60	0.70	0.79	0.46
	荷兰	—	—	1.82	1.30	1.22
	德国	—	1.71	1.17	1.66	1.75
其他商业服务	英国	1.32	1.63	1.35	1.37	0.76
	日本	1.19	1.06	1.14	0.96	1.02
	美国	0.74	0.86	0.83	0.85	0.97
	荷兰	13.94	—	1.23	1.20	1.09
	德国	1.36	1.48	1.34	1.34	1.07
旅行服务	英国	0.58	0.58	0.50	0.58	0.87
	日本	0.16	0.53	0.41	0.64	0.60
	美国	1.11	1.07	0.92	1.04	0.94
	荷兰	4.39	—	0.39	0.29	0.44
	德国	0.72	0.76	0.64	0.55	0.65

续表

服务贸易细项	国家	2000 年	2005 年	2010 年	2015 年	2020 年
金融服务	英国	2.63	2.98	2.84	2.38	1.50
	日本	0.65	0.66	0.29	0.70	0.91
	美国	1.19	1.66	1.62	1.64	1.89
	荷兰	2.18	—	0.71	0.36	0.27
	德国	0.67	1.38	1.04	0.92	0.87
建筑服务	英国	0.08	0.30	0.36	0.41	0.18
	日本	4.25	4.64	3.65	3.44	2.53
	美国	0.32	0.26	0.23	0.19	0.18
	荷兰	24.90	—	1.10	0.87	1.28
	德国	2.57	—	—	0.39	0.36
个人、文化和娱乐服务	英国	1.71	1.43	1.29	1.13	0.78
	日本	0.17	0.08	0.08	0.31	0.25
	美国	0.05	2.53	2.29	2.46	1.87
	荷兰	11.02	—	0.21	0.37	0.27
	德国	0.51	0.61	0.38	0.49	0.59
电信、计算机和信息服务	英国	1.20	0.95	0.90	0.81	0.29
	日本	0.76	0.25	0.17	0.21	0.43
	美国	0.80	0.69	0.58	0.56	0.56
	荷兰	7.38	—	1.13	1.70	0.70
	德国	1.52	1.11	1.18	1.13	0.78
保险和养老金服务	英国	2.62	3.76	2.77	2.87	2.03
	日本	0.14	0.40	0.39	0.40	0.48
	美国	0.69	0.93	1.05	0.85	1.01
	荷兰	2.15	—	0.61	0.23	0.16
	德国	0.41	0.96	1.35	1.64	1.43

资料来源：联合国贸发会议数据库

5.1.4　发展优势与不足

在 21 世纪全球经济和贸易发展的过程中，各国根据自身的发展优势，不断强化本国服务贸易的优势项目。欧美发达国家在金融及个人、文化和娱乐服务领域具有较大的优势。美国作为世界第一金融大国，其金融服务、保险和养老金服务的贸易规模、国际市场占有率、TC 指数、RCA 指数均位于发达国家前列，具有很强的竞争力；此外，美国个人、文化和娱乐服务及知识产权使用费服务的贸易规模不断扩大，其国际市场占有率、TC 指数和 RCA 指数在近 10 年的数值远高于其他国家，同样具有很强的竞争力。与此同时，英国的金融服务贸易发展更快，其国际市场占有率和 RCA 指数长期处于所比较国家中的第一位，具有很强的竞争优势；而英国个人、文化和娱乐服务各贸易竞争力指标也仅次于美国，两个国家均拥有世界闻名的杂志出版物、影视作品、文学作品等文化服务产品，文化服务具有一定比较优势。日本则在知识产权使用费服务方面具有一定竞争优势，但由于国内供给和消费限制，其国际市场占有率及 TC 指数较小。德国与荷兰两个欧洲国家的电信、计算机和信息服务具有较强国际竞争力。

5.2　中国与金砖国家的比较

本部分内容主要比较了中国与俄罗斯、印度、巴西、南非这四个金砖国家服务贸易的发展情况。

5.2.1　服务贸易发展概况

1. 俄罗斯服务贸易发展概况

俄罗斯近年来注重服务型经济的发展，因此其服务业发展迅速，2017 年服务业跃升为俄罗斯的第一大产业。如表 5.10 所示，2000 年以来，俄罗斯各年度对外服务贸易均处于逆差，2013 年服务贸易逆差额达到 3704.98 亿元。根据联合国贸发会议数据库的数据，2005 年俄罗斯服务贸易进出口总额为 4408.11 亿元，其中出口额 1834.40 亿元，进口额 2573.69 亿元，贸易逆差额达 739.29 亿元；2010 年服务贸易进出口总额为 7913.57 亿元，较 2005 年增长了 79.52%，出口额 3126.27 亿元，进口额 4787.30 亿元，贸易逆差额达 1661.03 亿元；2013 年贸易逆差额达到 2000 年以来的最大值，为 3704.98 亿元；2015 年贸易总额为 8927.72 亿元，较前几年有所下降，但是贸易逆差额没有增长，反而减少了；2020 年服务贸易总额为 7128.17 亿元，较 2005 年增长了 61.70%，贸易逆差额为 1092.63 亿元。

表 5.10　俄罗斯服务贸易进出口额（单位：亿元）

项目	2000 年	2005 年	2010 年	2013 年	2015 年	2020 年
出口额	617.66	1 834.40	3 126.27	4 459.47	3 282.52	3 017.77
进口额	1 066.40	2 573.69	4 787.30	8 164.45	5 645.20	4 110.40
总额	1 684.06	4408.11	7 913.57	12 623.92	8 927.72	7 128.17
差额	–448.74	–739.29	–1 661.03	–3 704.98	–2 362.68	–1 092.63

资料来源：联合国贸发会议数据库

2. 印度服务贸易发展概况

印度服务贸易经历了飞速发展的过程，长期来看，服务贸易出口额持续增长。如表 5.11 所示，印度服务贸易的进出口总额是逐年增加的，除了 2009 年、2015 年和 2020 年，其余年份都保持稳步增长。虽然近年来印度服务贸易进出口总额占其全部贸易总额的比重有所下降，但仍然与英国的占比相近，达到 25%以上，超出美国近 5 个百分点。另外，印度服务贸易的进出口总额占世界服务贸易总额的比重在不断增加，2011 年达到 3.2%，与新加坡、日本所占比重相近。在 2008 年以前，印度基本处于贸易逆差状态，是典型的服务贸易进口国，但 2008 年之后，印度出现贸易顺差，且顺差有不断扩大的趋势。

表 5.11　2000~2020 年印度服务贸易进出口额（单位：亿元）

年份	出口额	进口额	总额	差额
2000	1 056.17	1 214.60	2 270.77	–158.43
2001	1 097.43	1 272.26	2 369.69	–174.83
2002	1 232.97	1 331.78	2 564.75	–98.81
2003	1 512.98	1 574.77	3 087.75	–61.79
2004	2 423.18	2 256.06	4 679.24	167.12
2005	3 302.93	3 838.23	7 141.16	–535.30
2006	4 395.54	4 758.35	9 153.89	–362.81
2007	5 478.77	5 762.58	11 241.35	–283.81
2008	6 713.22	5 567.52	12 280.74	1 145.70
2009	5 879.91	5 099.00	10 978.91	780.91
2010	7 410.40	7 274.92	14 685.32	135.48
2011	8 768.82	7 930.76	16 699.58	838.06
2012	9 211.73	8 223.84	17 435.57	987.89
2013	9 442.06	8 032.19	17 474.25	1 409.87
2014	9 950.52	8 125.32	18 075.84	1 825.20
2015	9 892.41	7 821.78	17 714.19	2 070.63
2016	10 243.14	8 452.55	18 695.69	1 790.59
2017	11 729.11	9 785.88	21 514.99	1 943.23
2018	12 973.69	11 144.56	24 118.25	1 829.12
2019	13 594.41	11 357.93	24 952.34	2 236.48
2020	12 865.90	9 743.43	22 609.33	3 122.47

资料来源：联合国贸发会议数据库

3. 巴西服务贸易发展概况

巴西中央银行（Banco Central do Brasil）公布的数据显示，自 1947 年巴西建立国际收支统计制度以来，其服务贸易一直处于逆差状态，且逆差额随时间变化呈先增加后减少的态势。如表 5.12 所示，2000 年巴西服务贸易出口额为 601.25 亿元，进口额为 1054.60 亿元，贸易逆差额为 453.35 亿元；2014 年服务贸易出口额为 2527.75 亿元，进口额为 5581.25 亿元，贸易逆差额达到 2000 年以来的最大值 3053.50 亿元；从 2014 年开始，巴西服务贸易的逆差出现下降，到 2020 年贸易逆差额为 1306.07 亿元，相比 2014 年下降了 57.23%。

表 5.12　2000~2020 年巴西服务贸易进出口额（单位：亿元）

年份	出口额	进口额	总额	差额
2000	601.25	1054.60	1655.85	–453.35
2001	590.08	1081.25	1671.33	–491.17
2002	604.60	918.39	1522.99	–313.79
2003	661.30	973.43	1634.73	–312.13
2004	796.54	1092.57	1889.11	–296.03
2005	968.30	1467.32	2435.62	–499.02
2006	1163.41	1759.07	2922.48	–595.66
2007	1439.27	2268.68	3707.95	– 829.41
2008	1828.45	2895.72	4724.17	–1067.27
2009	1651.28	2890.32	4541.60	–1239.04
2010	1940.91	3855.49	5796.40	–1914.58
2011	2339.98	4698.94	7038.92	–2358.96
2012	2455.90	5006.99	7462.89	–2551.09
2013	2400.88	5348.04	7748.92	–2947.16
2014	2527.75	5581.25	8109.00	–3053.50
2015	2137.79	4483.06	6620.85	–2345.27
2016	2104.84	4041.93	6146.77	–1937.09
2017	2181.18	4607.10	6788.28	–2425.92
2018	2239.40	4517.95	6757.35	–2278.55
2019	2169.63	4416.09	6585.72	–2246.46
2020	1802.24	3108.31	4910.55	–1306.07

资料来源：联合国贸发会议数据库

4. 南非服务贸易发展概况

南非的服务贸易进出口总额的变化波动比较大，如表 5.13 所示，2000 年服务贸易进出口总额为 687.97 亿元，之后进出口总额表现出波动式上升的趋势，2011 年进出口总额达到最大值 2418.87 亿元，之后表现出下降的趋势，2020 年服务贸易总额下降到了 1100.38 亿元。从服务贸易的进口角度分析，南非服务贸易进口额的波动也较大，但是总体来说表现为上升的趋势；从服务贸易的出口角度来分析，总体上其出口额表现为先上升后下降的趋势，从 2000 年的 319.39 亿元上升到 2012 年的 1116.60 亿元，之后出现下降，到 2020 年服务贸易出口额已经下降到了 476.51 亿元；从贸易差额的角度分析，南非服务贸易从 2000 年到 2020 年总体表现为贸易逆差，2010 年逆差额达到 223.35 亿元，是 2000~2020 年之中最高的。

表 5.13　2000~2020 年南非服务贸易进出口额（单位：亿元）

年份	出口额	进口额	总额	差额
2000	319.39	368.58	687.97	–49.19
2001	306.71	331.21	637.92	–24.50
2002	315.56	348.41	663.97	–32.85
2003	534.24	509.26	1043.50	24.98
2004	624.93	653.80	1278.73	–28.87
2005	748.76	769.16	1517.92	–20.40
2006	826.64	895.35	1721.99	–68.71
2007	939.35	1028.35	1967.70	–89.00
2008	886.12	1076.90	1963.02	–190.78
2009	835.60	974.65	1810.25	–139.05
2010	1016.79	1240.14	2256.93	–223.35
2011	1098.03	1320.84	2418.87	–222.81
2012	1116.60	1197.28	2313.88	–80.68
2013	1064.40	1142.84	2207.24	–78.44
2014	1065.29	1078.76	2144.05	–13.47
2015	952.65	983.11	1935.76	–30.46
2016	909.05	945.61	1854.66	–36.56
2017	998.46	1024.01	2022.47	–25.55
2018	1010.83	1044.61	2055.44	–33.78
2019	932.22	992.09	1924.31	–59.87
2020	476.51	623.87	1100.38	–147.36

资料来源：联合国贸发会议数据库

5.2.2　服务贸易细分市场结构分析

1. 俄罗斯服务贸易细分市场结构

2012 年 8 月 22 日俄罗斯入世，这对俄罗斯的服务市场的发展起了积极的作用，在此之后，俄罗斯的服务贸易结构也发生了变化。在 2012 年之前，俄罗斯服务贸易出口部门主要集中在运输服务、旅行服务和其他商业服务。如表 5.14 所示，2005 年运输服务贸易的出口额达到了 580.27 亿元，一直到 2012 年（除了 2009 年），运输服务的出口额逐年增加，旅行服务和其他商业服务除个别年份有所减少，其余都呈现出增加的趋势。入世后，运输服务、旅行服务和其他商业服务仍然是俄罗斯服务贸易出口的主要部门，但是可以看出电信、计算机和信息服务及知识产权使用费服务这两个部门的出口额开始增加。2012 年知识产权使用费服务的出口额为 42.24 亿元，到 2020 年出口额增加到了 74.02 亿元；2012 年电信、计算机和信息服务的出口额为 222.17 亿元，到 2020 年出口额增加到了 377.51 亿元。在 2012 年入世后，旅行服务贸易的进口额从 2012 年的 2709.09 亿元下降到了 2020 年的 578.56 亿元，并且除了商品相关服务，电信、计算机和信息服务及个人、文化和娱乐服务的进口额总体呈上升趋势之外，其余服务贸易细项的进口额均呈下降趋势。

表 5.14　2000~2020 年俄罗斯服务贸易各细项出口额（单位：亿元）

年份	商品相关服务	运输服务	旅行服务	建筑服务	保险和养老金服务	金融服务	知识产权使用费服务	电信、计算机和信息服务	其他商业服务	个人、文化和娱乐服务	政府商品和服务
2000	—	225.05	217.06	10.78	2.19	6.31	—	3.75	110.13	0.06	0.06
2001	—	294.59	226.08	46.63	4.58	8.12	—	8.10	84.99	5.35	14.34
2002	—	347.35	263.80	44.27	7.03	9.05	—	8.69	127.35	3.98	10.14
2003	—	387.33	284.96	66.45	9.40	11.12	—	11.08	201.12	7.89	8.89
2004	—	493.24	350.08	99.84	15.29	17.09	—	16.19	249.41	10.37	7.94
2005	147.40	580.27	373.28	210.72	20.55	24.81	16.30	66.22	368.36	11.92	14.60
2006	178.55	643.49	485.08	288.61	23.95	37.44	17.38	87.08	480.13	14.76	15.04
2007	182.13	754.85	600.78	306.56	24.09	74.68	22.36	145.07	641.39	18.48	18.89
2008	257.06	956.44	753.10	401.67	29.46	83.92	25.84	193.62	869.24	24.74	38.46
2009	213.90	786.36	595.66	262.19	23.71	65.64	24.22	162.21	728.50	22.11	27.96
2010	263.76	945.77	561.58	221.74	27.29	67.00	24.56	166.86	784.86	30.13	32.73
2011	249.89	1 103.37	720.39	280.34	21.25	70.11	35.35	197.24	937.56	31.35	44.15
2012	251.07	1 218.52	684.21	300.72	27.33	83.77	42.24	222.17	1 043.48	35.34	55.66
2013	262.41	1 319.38	762.40	375.59	33.20	108.24	46.93	264.75	1 173.23	48.99	64.33
2014	204.01	1 306.37	747.82	300.84	25.16	101.54	42.34	286.41	1 064.31	43.32	58.92
2015	166.56	1 058.22	535.46	235.29	38.92	76.77	46.18	250.15	801.94	21.70	51.31
2016	200.47	1 090.24	495.22	228.50	24.41	74.43	34.84	248.26	745.07	26.80	52.45
2017	211.71	1 260.06	568.83	306.00	20.95	69.12	46.60	295.89	792.86	31.19	56.12
2018	205.77	1 405.72	737.15	346.17	32.54	84.41	55.72	334.53	806.94	37.21	65.03
2019	195.23	1 366.10	697.06	304.34	23.71	70.01	64.47	349.09	826.37	33.32	63.15
2020	127.32	1 045.77	181.51	298.74	29.80	74.18	74.02	377.51	734.41	27.07	47.44

资料来源：联合国贸发会议数据库

2. 印度服务贸易细分市场结构

印度的服务贸易的出口主要以其他商业服务，旅行服务，电信、计算机和信息服务及运输服务为主。如表 5.15 所示，电信、计算机和信息服务的出口占比表现出先上升后下降再上升的趋势。电信、计算机和信息服务的出口占比从 2005 年的 32.32%增至 2009 年的 36.64%，之后表现出下降的趋势，2018 年出口占比下降到 28.39%，但是相较其他服务部门，其出口占比仍然处于比较高的水平，2020 年该指标又上升到了 33.58%。其他的服务部门出口占比相对来说比较稳定，没有出现特别明显的波动。从贸易差额的角度分析，印度服务贸易顺差主要来源于电信、计算机和信息服务，旅行服务，其他商业服务。其中电信、计算机和信息服务的贡献最大。2005 年电信、计算机和信息服务的服务贸易顺差额为 978.56 亿元，之后贸易顺差额逐年增加，到 2020 年贸易顺差额增加到 3640.24 亿元。旅行服务的贸易顺差额波动较为剧烈，2005 年贸易顺差额为 83.07 亿元，2017 年达到最大值 567.38 亿元，2020 年受全球疫情影响出口大幅下降，贸易顺差额仅为 29.58 亿美元。其他商业服务的贸易顺差额整体上表现出增长的趋势，2020 年达到 1872.70 亿元。印度的贸易逆差主要来源于运输服务，2005 年运输服务的贸易逆差额为 1683.48 亿元，2018 年达到最大值 3035.15 亿元。

表 5.15　印度服务贸易出口结构

服务贸易细项	指标	2005 年	2009 年	2010 年	2017 年	2018 年	2020 年
知识产权使用费服务	出口额/亿元	13.10	12.21	8.10	41.95	49.92	79.73
	贸易差额/亿元	−29.63	−106.08	−146.96	−372.40	−452.86	−380.77
	出口占比	0.39%	0.21%	0.11%	0.36%	0.38%	0.62%
政府商品和服务	出口额/亿元	20.87	25.77	30.86	39.50	40.26	41.51
	贸易差额/亿元	−8.82	−20.12	−13.79	−0.90	−31.91	−26.17
	出口占比	0.63%	0.44%	0.41%	0.34%	0.31%	0.32%
运输服务	出口额/亿元	415.72	714.33	844.23	1079.79	1208.24	1322.57
	贸易差额/亿元	−1683.48	−1566.24	−2125.96	−2549.04	−3035.15	−2099.39
	出口占比	12.53%	12.09%	11.34%	9.16%	9.27%	10.23%
商品相关服务	出口额/亿元	—	—	—	21.26	28.30	25.84
	贸易差额/亿元	—	—	—	−13.68	−37.91	−35.38
	出口占比	—	—	—	0.18%	0.22%	0.20%
其他商业服务	出口额/亿元	1158.18	1754.82	2195.86	3807.20	4147.58	4963.11
	贸易差额/亿元	294.97	681.59	574.45	1553.58	1684.16	1872.70
	出口占比	34.90%	29.71%	29.49%	32.31%	31.82%	38.40%
旅行服务	出口额/亿元	476.51	708.19	921.47	1740.28	1816.81	829.03
	贸易差额/亿元	83.07	116.15	254.39	567.38	461.04	29.58
	出口占比	14.36%	11.99%	12.38%	14.77%	13.94%	6.41%
金融服务	出口额/亿元	72.69	230.03	371.01	285.23	345.51	261.03
	贸易差额/亿元	17.42	−9.03	−60.63	−83.41	88.63	−32.57
	出口占比	2.19%	3.89%	4.98%	2.42%	2.65%	2.02%

续表

服务贸易细项	指标	2005 年	2009 年	2010 年	2017 年	2018 年	2020 年
建筑服务	出口额/亿元	21.99	51.45	33.43	145.31	202.01	177.98
	贸易差额/亿元	−16.29	−17.18	−29.68	67.50	43.82	12.60
	出口占比	0.66%	0.87%	0.45%	1.23%	1.55%	1.38%
个人、文化和娱乐服务	出口额/亿元	7.06	150.03	62.03	93.23	119.67	139.73
	贸易差额/亿元	0.39	−92.08	−203.82	−43.15	−41.76	−35.24
	出口占比	0.21%	2.54%	0.83%	0.79%	0.92%	1.08%
电信、计算机和信息服务	出口额/亿元	1072.35	2164.18	2576.12	3458.44	3700.89	4340.25
	贸易差额/亿元	978.56	1958.12	2346.11	3072.53	3250.12	3640.24
	出口占比	32.32%	36.64%	34.60%	29.35%	28.39%	33.58%
保险和养老金服务	出口额/亿元	59.85	96.32	113.24	156.41	164.06	149.62
	贸易差额/亿元	−173.99	−160.58	−206.31	−243.65	−264.94	−212.08
	出口占比	1.80%	1.63%	1.52%	1.33%	1.26%	1.16%

资料来源：联合国贸发会议数据库

3. 巴西服务贸易细分市场结构

无论从服务贸易的进口额还是出口额来说，巴西的服务贸易额相对于其他国家来说比较小。如表 5.16 所示，从贸易差额的角度来说，巴西的服务贸易表现为贸易逆差，除了建筑服务在 2000~2020 年一直保持贸易顺差外，其余服务部门大多处于逆差状态。其中运输服务，知识产权使用费服务，电信、计算机和信息服务及其他商业服务是贸易逆差的主要来源。四个服务部门的逆差额总的来说呈扩大的趋势，其中运输服务在 2013 年达到逆差最大值 608.11 亿元，旅行服务和知识产权使用费服务均在 2014 年达到逆差最大值，逆差最大值分别为 1190.76 亿元、352.80 亿元。

表 5.16　2000~2020 年巴西服务贸易各细项差额（单位：亿元）

年份	商品相关服务	运输服务	旅行服务	建筑服务	保险和养老金服务	金融服务	知识产权使用费服务	电信、计算机和信息服务	其他商业服务	个人、文化和娱乐服务	政府商品和服务
2000	—	−183.29	−131.93	14.40	−0.27	−18.59	—	−70.35	71.82	−18.97	−34.78
2001	—	−187.78	−92.93	1.08	−17.42	−19.46	—	−70.04	25.94	−19.46	−41.27
2002	—	−123.98	−25.18	0.74	−26.59	−14.71	—	−70.78	49.10	−15.88	−15.93
2003	—	−100.64	13.77	0.63	−27.60	−24.22	—	−65.43	−15.59	−17.91	−9.56
2004	—	−125.65	22.20	0.13	−34.45	−4.85	—	−77.72	16.16	−22.93	−11.40
2005	0.12	−124.18	−54.59	0.50	−36.10	−14.60	−82.85	−95.54	−20.90	−25.16	−48.04
2006	0.32	−198.59	−92.08	1.16	−27.36	−6.97	−96.24	−115.18	−6.14	−28.74	−28.63
2007	0.13	−278.45	−207.21	0.77	−48.68	18.00	−123.38	−123.72	38.12	−36.76	−72.10
2008	0.23	−317.69	−329.25	0.86	−53.25	5.89	−141.93	−155.31	38.94	−49.79	−70.96

续表

年份	商品相关服务	运输服务	旅行服务	建筑服务	保险和养老金服务	金融服务	知识产权使用费服务	电信、计算机和信息服务	其他商业服务	个人、文化和娱乐服务	政府商品和服务
2009	0.81	−249.54	−355.73	0.67	−91.72	−2.64	−132.17	−154.05	−114.59	−55.81	−90.06
2010	0.39	−396.07	−680.74	0.06	−70.76	13.24	−193.08	−201.21	−429.22	128.61	−94.64
2011	−0.55	−512.71	−935.30	0.06	−77.11	53.62	−219.20	−236.22	−505.65	151.59	−88.42
2012	−0.72	−542.55	−995.94	0.06	−63.23	49.25	−249.40	−255.95	−589.07	174.33	−89.67
2013	−1.70	−608.11	−1179.96	0.06	−68.44	83.21	−267.02	−286.22	−682.36	155.35	−105.65
2014	11.07	−561.44	−1190.76	16.97	−49.77	11.68	−352.80	−141.42	−634.53	−97.99	−78.73
2015	16.15	−368.78	−732.16	2.94	−21.20	−17.93	−296.95	−112.45	−717.45	−41.92	−66.46
2016	11.94	−247.10	−538.85	2.32	−35.21	−9.51	−285.54	−91.88	−634.51	−18.34	−99.46
2017	16.72	−341.64	−838.97	0.83	−46.59	−1.57	−302.71	−114.46	−695.34	−35.02	−78.48
2018	68.59	−408.37	−785.07	0.37	−55.56	18.81	−273.37	−138.10	−594.95	−29.51	−92.00
2019	9.88	−403.01	−737.63	1.78	−39.59	22.26	−292.86	−179.80	−551.00	−1.95	−85.00
2020	63.83	−206.46	−149.43	0.86	−52.21	21.33	−215.90	−225.11	−483.86	6.99	−72.22

资料来源：联合国贸发会议数据库

4. 南非服务贸易细分市场结构

南非的服务贸易近年来发展比较迅速，其贸易结构也在不断调整完善。其服务贸易出口主要集中在运输服务、旅行服务和其他商业服务三部门，如表 5.17 所示，南非的旅行服务出口占比较大，2005 年南非旅行服务的出口额为 477.98 亿元，2019 年增长至 533.54 亿元，但是与其他金砖国家相比仍然有一定的差距。运输服务出口额从 2005 年的 128.51 亿元增加至 2019 年的 134.18 亿元，2020 年下降至 80.14 亿元。其他商业服务的出口额从 2005 年的 53.23 亿元增加至 2019 年的 114.52 亿元，2020 年下降至 102.42 亿元。

表 5.17　2000~2020 年南非服务贸易各细项出口额（单位：亿元）

年份	商品相关服务	运输服务	旅行服务	建筑服务	保险和养老金服务	金融服务	知识产权使用费服务	电信、计算机和信息服务	其他商业服务	个人、文化和娱乐服务	政府商品和服务
2000	—	74.86	169.42	0.06	28.54	0.06		0.06	29.88	0.06	9.97
2001	—	73.62	162.62	1.01	3.39	15.22		2.93	30.93	2.37	7.43
2002	—	64.68	185.02	0.92	3.36	14.23		2.83	27.24	2.42	7.74
2003	—	79.84	361.56	1.35	4.88	18.66		4.21	38.30	3.81	11.33
2004	—	89.71	412.25	1.77	6.70	26.94		5.63	46.99	5.56	15.08
2005	1.32	128.51	477.98	2.20	7.91	33.98	2.88	20.55	53.23	7.24	16.46
2006	1.32	142.13	516.38	2.15	9.67	44.87	3.50	24.91	59.21	7.14	19.20

续表

年份	商品相关服务	运输服务	旅行服务	建筑服务	保险和养老金服务	金融服务	知识产权使用费服务	电信、计算机和信息服务	其他商业服务	个人、文化和娱乐服务	政府商品和服务
2007	1.56	174.29	558.29	2.21	13.62	55.57	4.78	22.25	82.82	7.94	20.40
2008	1.48	167.70	505.97	1.88	15.97	51.17	5.01	21.47	85.11	8.36	26.13
2009	1.17	150.68	484.87	1.29	14.19	45.48	4.81	22.17	84.65	7.00	23.18
2010	1.40	197.13	577.75	1.53	17.24	52.16	7.25	29.58	104.91	7.99	24.59
2011	2.03	212.50	605.10	1.62	20.31	57.33	8.55	34.56	126.95	8.99	25.20
2012	2.24	199.49	635.69	1.58	18.80	56.58	7.94	36.11	126.43	9.16	27.79
2013	3.87	199.17	587.91	1.53	16.65	55.23	7.63	38.23	123.61	9.17	26.37
2014	5.82	192.93	593.86	1.47	15.36	55.07	7.41	38.46	126.50	9.23	24.14
2015	2.26	157.08	525.21	1.27	13.53	53.89	6.56	36.36	125.41	10.81	24.69
2016	2.04	139.10	503.62	1.08	12.24	51.14	6.96	36.61	123.35	12.51	24.64
2017	2.86	147.46	560.71	1.15	13.32	56.32	7.57	42.29	131.87	15.02	24.54
2018	3.52	140.48	571.68	1.13	13.80	61.88	7.68	40.17	135.69	15.93	23.59
2019	3.07	134.18	533.54	1.01	13.13	53.55	6.88	39.04	114.52	15.16	22.49
2020	3.36	80.14	165.82	0.67	11.65	47.40	6.23	32.67	102.42	10.24	18.13

资料来源：联合国贸发会议数据库

5.2.3　国际竞争力水平比较

1. 金砖国家服务贸易细项的 TC 指数比较

如表 5.18 所示，中国的商品相关服务、金融服务、建筑服务的 TC 指数除了 2000 年外，其余四年均为正值，具有较强的服务贸易竞争力。俄罗斯运输服务的 TC 指数长期为正值，处于顺差状态，运输服务的竞争力在金砖国家中最明显。印度的电信、计算机和信息服务及旅行服务在这五年的 TC 指数都是正值，处于贸易顺差状态，并且印度的电信、计算机和信息服务的 TC 值较高，国际竞争力较强，竞争优势明显；印度的旅行服务也有一定的竞争优势，但是优势不够明显；印度的运输服务、保险和养老金服务的 TC 指数均为负值，长期处于逆差状态，竞争劣势明显。巴西服务贸易的 TC 指数这五年均为正值的部门有建筑服务和商品相关服务，两部门在这五年中表现为净出口，具备一定竞争力，且巴西建筑服务在金砖国家中竞争力最强；金融服务及个人、文化和娱乐服务的 TC 指数正负交替出现，贸易竞争优势不明显；运输服务、旅行服务及保险和养老金服务的 TC 指数接近零，不具有竞争优势；而电信、计算机和信息服务的 TC 指数为负值，处于竞争劣势。南非的旅行服务，建筑服务，个人、文化和娱乐服务，金融服务及商品相关服务这五年的 TC 指数基本均为正值，处于顺差状态，国际竞争力较强，其中最具竞争力的部门是金融服务，在金砖国家中南非金融服务的竞争优势明显。

表 5.18　金砖国家服务贸易各细项 TC 指数

服务贸易细项	国家	2000 年	2005 年	2010 年	2015 年	2020 年
知识产权使用费服务	中国	—	–0.39	–0.11	0.08	0.22
	俄罗斯	—	–0.71	–0.85	–0.77	–0.71
	印度	—	–0.53	–0.90	–0.83	–0.71
	巴西	—	–0.87	–0.89	–0.80	–0.73
	南非	—	–0.92	–0.89	–0.89	–0.87
政府商品和服务	中国	0.24	–0.12	–0.09	–0.41	–0.17
	俄罗斯	0.00	–0.61	–0.60	–0.31	–0.23
	印度	0.38	–0.18	–0.18	–0.22	–0.24
	巴西	–0.34	–0.24	–0.33	–0.40	–0.48
	南非	–0.03	–0.06	–0.06	–0.04	–0.03
运输服务	中国	–0.48	–0.30	–0.30	–0.38	–0.24
	俄罗斯	0.21	0.29	0.11	0.16	0.18
	印度	–0.63	–0.67	–0.56	–0.57	–0.44
	巴西	–0.51	–0.24	–0.39	–0.37	–0.24
	南非	–0.35	–0.45	–0.40	–0.45	–0.52
商品相关服务	中国	—	1.00	0.99	0.88	0.73
	俄罗斯	—	0.41	0.63	0.27	0.02
	印度	—	—	—	–0.02	–0.41
	巴西	—	0.18	0.14	0.39	0.72
	南非	—	0.35	0.40	0.82	0.94
其他商业服务	中国	0.05	–0.98	0.98	–0.96	–0.95
	俄罗斯	–0.32	–0.09	–0.12	–0.18	–0.17
	印度	–1.00	0.15	0.15	0.25	0.23
	巴西	0.14	–0.03	–0.20	–0.24	–0.22
	南非	0.06	–0.14	–0.30	–0.06	0.01
旅行服务	中国	0.11	0.15	–0.09	–0.70	–0.77
	俄罗斯	–0.44	–0.49	–0.50	–0.61	–0.52
	印度	0.13	0.10	0.16	0.17	0.02
	巴西	–0.37	–0.10	–0.50	–0.50	–0.28
	南非	0.12	0.38	0.24	0.47	0.48
金融服务	中国	–0.11	0.55	0.11	0.31	0.26
	俄罗斯	0.47	–0.56	–0.43	–0.25	–0.32
	印度	–0.64	0.14	–0.08	0.26	–0.06
	巴西	–0.28	–0.19	0.07	–0.16	0.25
	南非	0.00	0.49	0.72	0.80	0.81
建筑服务	中国	–0.25	0.23	0.48	0.24	0.49
	俄罗斯	–0.41	–0.13	–0.14	–0.13	–0.23
	印度	0.60	–0.27	–0.31	0.22	0.04
	巴西	1.00	0.97	—	0.78	0.67
	南非	0.00	0.69	0.49	0.54	0.54

续表

服务贸易细项	国家	2000 年	2005 年	2010 年	2015 年	2020 年
个人、文化和娱乐服务	中国	–0.54	0.98	—	0.94	0.92
	俄罗斯	0.00	–0.40	–0.36	–0.52	–0.49
	印度	0.00	0.03	–0.62	–0.04	–0.11
	巴西	–0.70	–0.78	0.75	–0.51	0.16
	南非	0.00	0.88	0.76	0.82	0.70
电信、计算机和信息服务	中国	0.15	–0.87	–0.66	–0.82	–0.58
	俄罗斯	–0.78	–0.07	–0.20	–0.17	0.00
	印度	0.75	0.84	0.84	0.87	0.72
	巴西	–0.94	–0.70	–0.72	–0.36	–0.41
	南非	0.00	0.04	–0.22	–0.29	–0.34
保险和养老金服务	中国	–0.92	–0.96	–0.84	–0.58	–0.49
	俄罗斯	–0.85	–0.37	–0.40	–0.39	–0.37
	印度	–0.52	–0.59	–0.48	–0.45	–0.42
	巴西	–0.01	–0.68	–0.57	–0.14	–0.41
	南非	0.08	–0.59	–0.32	–0.44	–0.44

资料来源：联合国贸发会议数据库

2. 金砖国家服务贸易细项国际市场占有率比较

中国的国际市场占有率较高的服务行业是商品相关服务，建筑服务及个人、文化和娱乐服务，其中建筑服务与个人、文化和娱乐服务是中国服务贸易竞争力最高的两部门（表 5.19）。俄罗斯在运输服务、商品相关服务、建筑和其他商业服务部门的市场份额较大，但是其建筑服务市场份额呈下降趋势；此外，其知识产权使用费服务，金融服务，电信、计算机和信息服务，保险和养老金服务等部门的国际市场占有率较低，不具备竞争优势。印度的电信、计算机和信息服务国际市场份额很大，在国际贸易竞争中有着绝对的优势；同时，印度的旅行服务、建筑服务和其他商业服务部门的市场份额也比较大，表现出了印度在不断挖掘新的服务贸易的发展方向。巴西的政府商品和服务与其他商业服务的市场份额相比国内其他服务部门较高，其他服务部门国际市场占有率均不高，没有竞争优势，电信、计算机和信息服务国际市场占有率表现出增长的趋势，国际竞争力在不断加强。南非的各服务部门的市场份额较其他金砖国家低，比较来看，南非的旅行服务是其服务贸易中市场份额最高的部门。

表 5.19　金砖国家服务贸易各细项国际市场占有率

服务贸易细项	国家	2000 年	2005 年	2010 年	2015 年	2020 年
知识产权使用费服务	中国	—	0.014	0.043	0.078	0.151
	俄罗斯	—	0.001	0.002	0.002	0.003
	印度	—	0.001	0.001	0.001	0.003
	巴西	—	0.001	0.001	0.002	0.002
	南非	—	0.000	0.000	0.000	0.000

续表

服务贸易细项	国家	2000 年	2005 年	2010 年	2015 年	2020 年
政府商品和服务	中国	0.009	0.009	0.014	0.015	0.036
	俄罗斯	0.000	0.004	0.007	0.011	0.010
	印度	0.021	0.006	0.007	0.008	0.009
	巴西	0.018	0.021	0.022	0.011	0.009
	南非	0.005	0.005	0.006	0.005	0.004
运输服务	中国	0.011	0.027	0.041	0.043	0.069
	俄罗斯	0.010	0.016	0.018	0.019	0.020
	印度	0.006	0.011	0.016	0.016	0.025
	巴西	0.004	0.005	0.006	0.005	0.006
	南非	0.003	0.003	0.004	0.003	0.002
商品相关服务	中国	—	0.150	0.197	0.147	0.124
	俄罗斯	—	0.026	0.032	0.016	0.010
	印度	—	—	—	0.002	0.002
	巴西	—	0.000	0.000	0.003	0.006
	南非	—	0.000	0.000	0.000	0.000
其他商业服务	中国	0.024	0.000	0.000	0.001	0.001
	俄罗斯	0.005	0.011	0.015	0.012	0.009
	印度	0.000	0.034	0.042	0.046	0.058
	巴西	0.014	0.011	0.017	0.016	0.010
	南非	0.001	0.002	0.002	0.002	0.001
旅行服务	中国	0.034	0.042	0.048	0.037	0.031
	俄罗斯	0.007	0.008	0.009	0.007	0.005
	印度	0.007	0.011	0.015	0.017	0.024
	巴西	0.004	0.006	0.005	0.005	0.006
	南非	0.006	0.011	0.009	0.007	0.005
金融服务	中国	0.001	0.002	0.005	0.011	0.010
	俄罗斯	0.001	0.002	0.003	0.003	0.002
	印度	0.003	0.005	0.016	0.012	0.008
	巴西	0.004	0.002	0.005	0.002	0.002
	南非	0.000	0.002	0.002	0.002	0.001
建筑服务	中国	0.020	0.056	0.168	0.174	0.262
	俄罗斯	0.006	0.071	0.040	0.039	0.051
	印度	0.017	0.007	0.006	0.016	0.031
	巴西	0.008	0.000	—	0.001	0.000
	南非	0.000	0.001	0.000	0.000	0.000

续表

服务贸易细项	国家	2000 年	2005 年	2010 年	2015 年	2020 年
个人、文化和娱乐服务	中国	0.001	0.398	—	0.911	0.979
	俄罗斯	0.000	0.005	0.009	0.005	0.006
	印度	0.000	0.003	0.019	0.020	0.028
	巴西	0.004	0.002	0.045	0.005	0.005
	南非	0.000	0.003	0.002	0.003	0.002
电信、计算机和信息服务	中国	0.008	0.001	0.003	0.002	0.012
	俄罗斯	0.001	0.006	0.008	0.008	0.008
	印度	0.089	0.093	0.130	0.115	0.096
	巴西	0.001	0.002	0.002	0.003	0.004
	南非	0.000	0.002	0.001	0.001	0.001
保险和养老金服务	中国	0.004	0.002	0.014	0.019	0.030
	俄罗斯	0.001	0.005	0.004	0.005	0.003
	印度	0.009	0.014	0.018	0.016	0.016
	巴西	0.011	0.002	0.004	0.008	0.004
	南非	0.016	0.002	0.003	0.002	0.001

资料来源：联合国贸发会议数据库

3. 金砖国家服务贸易细项 RCA 指数比较

如表 5.20 所示，根据金砖国家服务贸易细项 RCA 指数，可以看出中国建筑服务、商品相关服务的 RCA 指数均大于或等于 1，其竞争优势明显；知识产权使用费服务的 RCA 指数表现出上升的趋势，从 2005 年的 0.52 增长至 2020 年的 2.69，竞争力不断增强；中国的其他服务贸易部门没有表现出竞争优势，其中政府商品和服务，金融服务，电信、计算机和信息服务处于微弱的竞争劣势。俄罗斯的运输服务、商品相关服务的 RCA 指数维持在 1 以上，具有比较明显的竞争优势；其他商业服务的 RCA 指数接近于 1，没有相对优势或相对劣势；知识产权使用费服务、金融服务的 RCA 指数小于 0.5，相对劣势较大。印度的相对优势部门有电信、计算机和信息服务及其他商业服务，其他部门的 RCA 指数基本上都小于 1，表现为相对劣势。巴西具有相对优势的服务部门为政府商品和服务、其他商业服务，其旅行服务、运输服务处在微弱的竞争劣势，其他的部门 RCA 指数非常低，具有较大的竞争劣势。南非的旅行服务与政府商品和服务具有较大的竞争优势，运输服务的 RCA 指数接近于 1，没有相对优势或劣势可言，其他的部门基本都处于竞争劣势中。

表 5.20 金砖国家服务贸易各细项 RCA 指数

服务贸易细项	国家	2000 年	2005 年	2010 年	2015 年	2020 年
知识产权使用费服务	中国	—	0.52	0.95	1.78	2.69
	俄罗斯	—	0.16	0.13	0.21	0.31
	印度	—	0.07	0.02	0.05	0.08
	巴西	—	0.12	0.10	0.26	0.28
	南非	—	0.07	0.12	0.10	0.17
政府商品和服务	中国	0.46	0.33	0.31	0.34	0.63
	俄罗斯	0.01	0.42	0.61	1.08	1.10
	印度	1.94	0.33	0.24	0.25	0.22
	巴西	2.81	4.13	2.88	1.61	1.50
	南非	1.55	1.16	1.39	1.78	2.64
运输服务	中国	0.53	1.03	0.92	0.99	1.23
	俄罗斯	1.60	1.66	1.45	1.80	2.08
	印度	0.52	0.66	0.55	0.51	0.62
	巴西	0.65	1.08	0.77	0.81	1.07
	南非	1.03	0.90	0.93	0.92	1.01
商品相关服务	中国	—	5.79	4.38	3.36	2.20
	俄罗斯	—	2.74	2.62	1.55	1.04
	印度	—	—	—	0.06	0.05
	巴西	—	0.01	0.03	0.41	1.04
	南非	—	0.06	0.04	0.07	0.17
其他商业服务	中国	1.18	0.91	—	1.23	1.00
	俄罗斯	0.83	1.15	1.21	1.12	0.91
	印度	0.00	2.00	1.43	1.47	1.43
	巴西	2.25	2.24	2.15	2.39	1.77
	南非	0.44	0.41	0.50	0.60	0.80
旅行服务	中国	1.70	1.62	1.06	0.85	0.55
	俄罗斯	1.12	0.88	0.74	0.68	0.55
	印度	0.66	0.62	0.51	0.56	0.58
	巴西	0.61	1.10	0.71	0.72	0.97
	南非	1.69	2.76	2.33	2.28	3.15
金融服务	中国	0.04	0.09	0.11	0.25	0.18
	俄罗斯	0.16	0.18	0.23	0.26	0.23
	印度	0.26	0.29	0.54	0.38	0.19
	巴西	0.62	0.44	0.60	0.24	0.27
	南非	0.00	0.60	0.56	0.62	0.92

续表

服务贸易细项	国家	2000 年	2005 年	2010 年	2015 年	2020 年
建筑服务	中国	1.00	2.16	3.75	3.98	4.65
	俄罗斯	0.88	7.52	3.27	3.75	5.40
	印度	1.52	0.43	0.21	0.50	0.75
	巴西	1.21	0.03	—	0.08	0.03
	南非	0.01	0.19	0.07	0.07	0.08
个人、文化和娱乐服务	中国	0.04	15.39	—	20.82	17.38
	俄罗斯	0.01	0.56	0.73	0.52	0.58
	印度	0.01	0.18	0.63	0.63	0.70
	巴西	0.69	0.31	5.83	0.72	0.93
	南非	0.02	0.83	0.59	0.88	1.38
电信、计算机和信息服务	中国	0.39	0.03	0.06	0.05	0.22
	俄罗斯	0.20	0.60	0.68	0.80	0.88
	印度	8.09	5.40	4.41	3.68	2.36
	巴西	0.12	0.35	0.25	0.49	0.62
	南非	0.01	0.46	0.37	0.40	0.48
保险和养老金服务	中国	0.19	0.09	0.31	0.44	0.53
	俄罗斯	0.19	0.52	0.36	0.49	0.34
	印度	0.85	0.84	0.63	0.52	0.40
	巴西	1.81	0.41	0.56	1.21	0.71
	南非	4.91	0.49	0.69	0.58	0.85

资料来源：联合国贸发会议数据库

5.2.4　发展优势与不足

总体来看，金砖国家在世界服务贸易中的重要性有所提高，在世界服务贸易进出口中所占的份额也在不断增加，并且各国在服务行业中具有不同的优势，服务贸易的竞争力也不尽相同。从 TC 指数可以看出，俄罗斯的运输服务具有竞争优势，由于其独特的地理位置，俄罗斯成为连接亚洲和欧洲的桥梁；同时俄罗斯政府制定了多项政策来保障俄罗斯运输业的发展，增加了俄罗斯运输业的优势。南非由于丰富的旅游资源及较为完善的基础设施，旅行服务具有较大的竞争优势。印度的旅行服务也有一定的竞争优势，但是其在新兴服务贸易行业中的竞争优势更大，其国内对知识密集型服务贸易提供有针对性的扶持政策，同时也注重专业技术人员的培训，因此印度的新兴服务行业竞争优势在金砖国家中是比较大的。巴西的建筑服务的竞争优势较大，一直保持着贸易顺差。金砖国家的大部分服务部门都处于贸易逆差状态，并且其服务贸易进出口额相比其他发达国家来说要小得多，存在贸易顺差额的服务部门不多，大多是由于国内存在着丰富的自然资源，其新兴服务贸易的发展有所欠缺。

5.3　中国与新兴经济体的比较

本部分内容主要比较中国与韩国、新加坡、墨西哥、波兰、土耳其、埃及的服务贸易发展情况。

5.3.1　服务贸易发展概况

表 5.21 列出了韩国、新加坡等新兴经济体主要年份的服务贸易进、出口额及差额数据，可以初步分析新兴经济体服务贸易的整体发展状况。

表 5.21　新兴经济体服务贸易发展情况（单位：亿元）

国家	指标	2000 年	2005 年	2010 年	2015 年	2019 年	2020 年
韩国	出口额	1 996.49	3 211.23	5 250.65	6 171.66	6 280.65	5 524.46
	进口额	2 125.40	3 789.18	6 135.13	7 097.47	8 024.34	6 515.86
	贸易总额	4 121.89	7 000.40	11 385.78	13 269.14	14 304.99	12 040.32
	贸易差额	–128.91	–577.95	–884.48	–925.81	–1 743.69	–991.39
新加坡	出口额	1 807.01	3 525.95	2 197.04	2 792.02	4 445.72	4 185.20
	进口额	1 906.09	3 497.89	6 135.13	7 097.47	8 272.31	6 728.54
	贸易总额	3 713.10	7 023.84	8 332.17	9 889.49	12 718.03	10 913.74
	贸易差额	–99.08	28.06	–3 938.10	–4 305.46	–3 826.59	–2 543.34
墨西哥	出口额	853.30	996.08	980.47	1 449.78	1 994.34	1 074.43
	进口额	1 069.18	1 443.51	1 701.28	2 068.65	2 360.05	1 600.74
	贸易总额	1 922.48	2 439.59	2 681.75	3 518.43	4 354.39	2 675.17
	贸易差额	–215.88	–447.42	–720.80	–618.87	–365.70	–526.31
波兰	出口额	659.90	1 031.28	2 197.04	2 792.02	4 445.72	4 185.20
	进口额	570.38	946.08	1 882.89	2 028.64	2 751.21	2 544.79
	贸易总额	1 230.28	1 977.35	4 079.93	4 820.66	7 196.93	6 729.99
	贸易差额	89.52	85.20	314.14	763.38	1 694.51	1 640.41
土耳其	出口额	1 293.14	1 761.13	2 307.22	3 512.39	4 025.25	2 207.59
	进口额	573.55	756.44	1 247.26	1 614.15	1 776.32	1 628.14
	贸易总额	1 866.69	2 517.57	3 554.48	5 126.54	5 801.57	3 835.73
	贸易差额	719.58	1 004.70	1 059.96	1 898.24	2 248.92	579.45

续表

国家	指标	2000 年	2005 年	2010 年	2015 年	2019 年	2020 年
埃及	出口额	620.53	926.88	1 506.98	1 173.49	1 585.70	952.84
	进口额	475.57	665.16	931.63	1 108.95	1 341.53	1 152.03
	贸易总额	1 096.10	1 592.04	2 438.61	2 282.43	2 927.23	2 104.86
	贸易差额	144.96	261.71	575.35	64.54	244.17	–199.19

资料来源：联合国贸发会议数据库

1. 韩国服务贸易发展概况

韩国经过多年的努力，服务业对经济的贡献率不断提高，服务贸易业绩迅速提高，进出口额均居世界前列。韩国服务贸易发展迅速，出口额从 2000 年的 1996.49 亿元增加到 2020 年的 5524.46 亿元,增长率将近 177%;进口额从 2000 年的 2125.40 亿元增加到 2020 年的 6515.86 亿元。韩国的服务贸易占世界服务贸易的比重相对来说比较稳定,从 2000 年到 2015 年韩国的服务贸易进出口总额占世界服务贸易进出口总额的比重一直在 2.2%左右，2016 年起该指标有所下降，占比在 1.9%左右波动。

2. 新加坡服务贸易发展概况

新加坡的旅游业世界闻名，时差优势和地理位置使其成为亚洲的金融中心、东南亚最大的港口之一、重要的商业城市和转口贸易中心、重要的物资集散中心。新加坡服务贸易处于领先地位，其 2020 年服务贸易总额排名全球第十位。新加坡服务贸易总额不断增加，除了 2008 年金融危机导致 2009 年服务贸易总额略有下降，以及 2020 年全球新冠疫情的影响导致当年服务贸易总额下降之外，其余年份都在增加。2000 年服务贸易总额为 3713.10 亿元，2019 年服务贸易总额达到 12 718.03 亿元。

3. 墨西哥服务贸易发展概况

墨西哥是拉丁美洲的贸易大国。1994 年加入北美自由贸易区以来，墨西哥对外贸易得到较大发展，其服务贸易的发展也比较显著。从服务贸易出口额来看，除了 2008 年的金融危机和 2020 年的新冠疫情的冲击导致了服务贸易出口额下降外，其余年份的服务贸易出口额都在上一年的基础上有所增加。从服务贸易总额来看，其和出口额的变化趋势基本一致，2005 年服务贸易总额为 2439.59 亿元，2008 年服务贸易总额达到 2830.87 亿元，2009 年下降到 2553.08 亿元，之后呈现出增长的趋势。

4. 波兰服务贸易发展概况

波兰在 1995 年至 2019 年，服务业占其 GDP 的比重提高了 8.5 个百分点，从 49.1%上升到 57.6%，接近发达国家 GDP 中服务贸易所占比例的水平。波兰服务贸易实现了顺差，且贸易顺差额从 2000 年的 89.52 亿元增长到了 2020 年的 1640.41 亿元，增长了约 17 倍。服务贸易出口在波兰对外贸易出口中的份额从 2005 年的 20.08%增加至 2020 年的 24.14%。

5. 土耳其服务贸易发展概况

土耳其经济运行平稳，其在传统与新兴服务部门的竞争力正在稳步提高。土耳其的农业产品、汽车、钢铁、造船和纺织等传统制造业本身就具有国际竞争力。在服务贸易领域，土耳其不仅长期处于领先地位，而且还积极发展高端服务业和高新技术产业，推动产业结构精细化，取得了良好的成绩。从 2000 年到 2020 年，土耳其的服务贸易一直维持着顺差。

6. 埃及服务贸易发展概况

埃及经济属于开放型市场经济，埃及的工业、农业和服务业体系相对完整，服务业约占其 GDP 的 50%，埃及服务贸易顺差和逆差交替出现且波动明显。2000 年服务贸易顺差为 144.96 亿元，2010 年服务贸易顺差为 575.35 亿元，从 2000 年到 2010 年，埃及的服务贸易顺差逐年增加。2011 年到 2020 年服务贸易差额呈现波动式下降，到 2020 年服务贸易逆差额为 199.19 亿元。其服务贸易总额总体上来说呈现上升趋势，从 2000 年的 1096.10 亿元，增加到了 2020 年的 2104.86 亿元，增长了 92.03%。

5.3.2　服务贸易细分市场结构分析

1. 韩国服务贸易细分市场结构

目前，服务业已经成为韩国经济发展的重要支柱产业，其服务业发展全面，产业结构比较合理，如金融服务、旅行服务等部门都在韩国国际收入中占有重要地位，其他如运输、邮电业等也都在韩国服务业发展中位于前列。在整个服务业快速稳定发展的环境下，旅行服务得到了很好的发展。如表 5.22 所示，旅行服务 2005 年的出口占比为 11.44%，随后开始缓慢增长，到 2016 年出口占比达到了 17.81%。在服务贸易的进口结构中，运输、旅行和其他商业服务这三个部门占主导，且旅行服务和其他商业服务的进口额均表现出递增的趋势，而运输服务的进口额则相对来说比较稳定，没有明显的增长。从服务贸易的差额来说，在 2000~2020 年，韩国的服务贸易一直处于逆差的状态，且逆差额呈现出波动式的增长。其中，主要的逆差来源于旅行服务和其他商业服务。

表 5.22　韩国服务贸易出口结构

服务贸易细项	指标	2000 年	2005 年	2010 年	2015 年	2018 年	2019 年	2020 年
知识产权使用费服务	出口额/亿元	—	133.88	201.83	414.84	490.72	490.90	434.13
	贸易差额/亿元	—	−169.92	−379.45	−221.70	−134.74	−140.75	−196.26
	出口占比	—	4.01%	3.84%	6.72%	7.83%	7.82%	7.86%
政府商品和服务	出口额/亿元	49.84	95.54	64.36	66.81	69.64	82.54	71.48
	贸易差额/亿元	22.97	43.10	4.07	−17.95	−24.98	−27.14	−13.91
	出口占比	2.49%	2.80%	1.23%	1.08%	1.11%	1.31%	1.29%
运输服务	出口额/亿元	866.41	1524.40	2467.89	2161.31	1754.23	1696.97	1576.22
	贸易差额/亿元	167.04	204.33	547.97	294.40	−276.87	−221.75	43.40
	出口占比	43.34%	47.47%	47.00%	35.02%	27.98%	27.02%	28.53%
其他商业服务	出口额/亿元	455.75	594.58	736.61	1205.21	1372.38	1478.97	1549.89
	贸易差额/亿元	−198.02	−240.95	−747.65	−587.95	−709.67	−717.38	−589.19
	出口占比	22.80%	18.52%	14.03%	19.53%	21.89%	23.55%	28.06%
旅行服务	出口额/亿元	432.61	367.49	649.64	936.74	969.71	1089.83	549.83
	贸易差额/亿元	−18.84	−607.70	−538.23	−662.85	−1054.20	−796.18	−380.95
	出口占比	21.64%	11.44%	12.37%	15.18%	15.47%	17.35%	9.95%
金融服务	出口额/亿元	44.61	48.92	104.19	103.72	181.12	203.57	251.75
	贸易差额/亿元	32.51	34.04	−16.94	−4.85	53.56	60.38	113.40
	出口占比	2.23%	1.52%	1.98%	1.68%	2.89%	3.24%	4.56%
个人、文化和娱乐服务	出口额/亿元	8.65	6.63	25.05	56.23	70.11	81.49	72.71
	贸易差额/亿元	−1.48	−2.26	−15.45	14.15	16.43	19.48	13.98
	出口占比	0.43%	0.21%	0.48%	0.91%	1.12%	1.30%	1.32%
电信、计算机和信息服务	出口额/亿元	0.67	18.67	65.28	221.66	324.67	389.95	419.02
	贸易差额/亿元	−5.14	−7.29	−25.99	44.47	133.36	188.20	165.28
	出口占比	0.03%	0.58%	1.24%	3.59%	5.18%	6.21%	7.58%
保险和养老金服务	出口额/亿元	4.32	17.33	32.60	46.63	54.03	44.73	49.23
	贸易差额/亿元	−4.93	−36.73	−23.26	−6.14	−6.15	−35.88	−44.34
	出口占比	0.22%	0.33%	0.62%	0.76%	0.86%	0.71%	0.89%

资料来源：联合国贸发会议数据库

2. 新加坡服务贸易细分市场结构

新加坡服务贸易出口的主要来源为运输服务，金融服务，旅行服务，其他商业服务及电信、计算机和信息服务。如表 5.23 所示，这五类服务的年均出口占比之和达到了 88.96%。其中运输服务的年均出口占比达到 34.96%，其他商业服务的年均出口占比达到 25.69%。金融服务在这 20 年间也在逐渐发展，2000 年到 2020 年出口额逐年增加。知识产权使用费服务的出口额表现为增加的趋势，从 2005 年的 41.16 亿元增加到了 2020 年的 524.13 亿元。新加坡服务贸易进口主要来自运输服务、旅行服务、知识产权使用费服务和其他商业服务这四类服务，2005 年到 2020 年这 15 年的年均进口占比之和达 85.27%，其中运输服务的年均进口占比为 30.37%，旅行服务的年均进口占比为 15.64%，知识产权使用费服务的年均进口占比为 13.32%，其他商业服务的年均进口占比为 25.94%。新加坡服务贸易顺差主要得益于金融服务，并且金融服务的贸易顺差额基本上逐年在增加。服务贸易逆差主要来源于知识产权使用费服务、旅行服务等，其中知识产权使用费服务这五年的逆差额均值为 600.73 亿元，旅行服务这五年的逆差额均值为 251.94 亿元。

表 5.23　新加坡服务贸易出口结构

指标	服务贸易细项	2000 年	2005 年	2010 年	2015 年	2019 年	2020 年
出口额/亿元	商品相关服务	—	194.45	414.94	444.85	487.27	351.25
	运输服务	742.47	1233.56	2442.23	2951.17	3954.19	3362.63
	旅行服务	325.49	393.04	897.44	1051.86	1285.14	328.47
	建筑服务	8.51	34.28	65.30	53.97	80.84	51.22
	保险和养老金服务	35.36	43.28	154.02	244.61	413.98	421.82
	金融服务	114.82	291.43	773.11	1329.69	1952.18	2000.80
	知识产权使用费服务	—	41.16	122.38	547.63	537.46	524.13
	电信、计算机和信息服务	15.65	66.26	224.29	561.67	980.89	970.95
	其他商业服务	523.12	573.14	1223.68	2454.55	3973.83	3781.92
	个人、文化和娱乐服务	1.17	4.54	20.12	39.26	62.71	60.41
	政府商品和服务	7.60	11.66	16.71	18.28	19.45	19.21
出口占比	商品相关服务	—	6.74%	6.53%	4.59%	3.54%	2.96%
	运输服务	41.09%	42.73%	38.43%	30.43%	28.76%	28.32%
	旅行服务	18.01%	13.62%	14.12%	10.85%	9.35%	2.77%
	建筑服务	0.47%	1.19%	1.03%	0.56%	0.59%	0.43%
	保险和养老金服务	1.96%	1.50%	2.42%	2.52%	3.01%	3.55%
	金融服务	6.35%	10.10%	12.17%	13.71%	14.20%	16.85%
	知识产权使用费服务	—	1.43%	1.93%	5.65%	3.91%	4.41%
	电信、计算机和信息服务	0.87%	2.30%	3.53%	5.79%	7.13%	8.18%
	其他商业服务	28.95%	19.85%	19.26%	25.31%	28.90%	31.85%
	个人、文化和娱乐服务	0.07%	0.16%	0.32%	0.40%	0.46%	0.51%
	政府商品和服务	0.42%	0.40%	0.26%	0.19%	0.14%	0.16%

续表

指标	服务贸易细项	2000 年	2005 年	2010 年	2015 年	2019 年	2020 年
贸易差额/亿元	商品相关服务	—	139.11	165.40	18.01	99.88	–2.82
	运输服务	–56.20	–45.46	571.19	–69.73	–135.50	32.39
	旅行服务	12.89	–244.41	–286.26	–445.66	–444.46	–103.72
	建筑服务	0.65	21.63	33.42	32.47	50.99	32.42
	保险和养老金服务	–61.92	–36.11	3.59	43.10	63.52	85.26
	金融服务	76.68	233.45	610.92	1044.50	1495.91	1486.97
	知识产权使用费服务	0.00	–559.85	–955.57	–680.41	–552.12	–542.34
	电信、计算机和信息服务	1.33	–5.85	15.97	–125.84	–77.45	–133.11
	其他商业服务	257.92	–98.34	–165.88	–367.42	33.97	51.87
	个人、文化和娱乐服务	–4.00	–2.47	–5.95	7.72	29.47	28.70
	政府商品和服务	–0.45	0.33	4.58	5.63	4.81	6.00

3. 墨西哥服务贸易细分市场结构

如表 5.24 所示，墨西哥服务贸易表现为贸易逆差，主要的逆差来源于运输服务、知识产权使用费服务、其他商业服务、保险和养老金服务、金融服务、政府商品和服务。墨西哥是著名的旅游国之一，其旅游业十分发达，在 2014 年之前其旅行服务一直维持着稳定的贸易顺差额，在 2014 年至 2019 年，贸易顺差额呈现扩大的趋势。从墨西哥的服务贸易进口结构的角度分析，其主要的进口服务为运输服务、旅行服务及保险和养老金服务。从服务贸易出口结构的角度分析，墨西哥主要的出口服务为旅行服务、保险和养老金服务及运输服务。2005 年旅行服务的出口占比为 75.01%，保险和养老金服务的出口占比为 9.85%，运输服务的出口占比为 8.60%；2010 年旅行服务的出口占比为 77.42%，保险和养老金服务的出口占比为 11.82%，运输服务的出口占比为 6.71%；2020 年旅行服务的出口占比为 64.95%，保险和养老金服务的出口占比为 18.53%，运输服务的出口占比为 11.29%。这三个服务部门是墨西哥主要的出口产业，占其出口的 90%以上。

表 5.24 墨西哥服务贸易进出口结构（单位：亿元）

服务贸易细项	指标	2000 年	2005 年	2008 年	2009 年	2010 年	2015 年	2018 年	2019 年	2020 年
知识产权使用费服务	出口额	—	4.42	—	—	0.56	0.47	0.45	0.46	0.49
	进口额	—	122.95	21.93	17.71	18.68	16.51	19.21	19.94	20.93
	贸易差额	—	–118.53	—	—	–18.12	–16.04	–18.76	–19.47	–20.45
政府商品和服务	出口额	11.97	2.47	8.97	7.33	6.65	10.80	11.92	10.83	10.86
	进口额	40.63	34.51	12.09	12.39	12.30	15.43	16.26	16.89	15.60
	贸易差额	–28.66	–32.04	–3.12	–5.06	–5.65	–4.63	–4.34	–6.06	–4.74

续表

服务贸易细项	指标	2000 年	2005 年	2008 年	2009 年	2010 年	2015 年	2018 年	2019 年	2020 年
运输服务	出口额	69.26	86.05	112.37	85.08	66.14	90.81	139.04	186.01	121.83
	进口额	391.58	516.23	754.58	591.64	672.13	814.91	979.99	939.40	682.02
	贸易差额	−322.32	−430.18	−642.21	−506.55	−605.99	−724.09	−840.95	−753.39	−560.19
其他商业服务	出口额	32.92	—	—	—	4.97	0.63	2.45	2.29	1.94
	进口额	80.37	75.41	48.09	153.21	230.35	185.90	185.73	174.82	194.43
	贸易差额	−47.45	—	—	—	−225.37	−185.27	−183.28	−172.52	−192.48
旅行服务	出口额	525.02	750.64	850.25	732.15	762.61	1127.77	1432.57	1562.73	701.12
	进口额	348.09	483.35	544.86	458.35	461.38	642.19	714.14	628.37	227.71
	贸易差额	176.93	267.29	305.38	273.80	301.24	485.59	718.43	934.36	473.41
金融服务	出口额	0.06	0.00	12.15	12.24	9.71	8.76	28.81	36.31	38.26
	进口额	58.08	34.95	88.99	113.91	114.80	85.70	143.00	141.12	79.96
	贸易差额	−58.01	−34.95	−76.84	−101.66	−105.08	−76.94	−114.19	−104.81	−41.70
个人、文化和娱乐服务	出口额	20.73	23.71	5.53	5.09	5.09	5.46	0.48	1.76	0.78
	进口额	15.50	17.51	14.45	17.30	17.30	18.56	0.40	3.09	2.56
	贸易差额	5.23	6.20	−8.92	−12.21	−12.21	−13.10	0.08	−1.33	−1.78
电信、计算机和信息服务	出口额	0.06	34.84	25.84	17.63	12.87	10.14	4.16	4.37	3.73
	进口额	0.06	7.54	18.28	15.30	5.08	10.00	11.61	28.47	26.27
	贸易差额	0.00	27.30	7.56	2.33	7.79	0.14	−7.45	−24.09	−22.54
保险和养老金服务	出口额	113.89	98.58	127.85	101.36	116.44	201.69	208.90	198.40	199.99
	进口额	86.02	148.84	173.76	203.46	166.98	275.91	308.17	396.76	345.75
	贸易差额	27.87	−50.25	−45.91	−102.10	−50.54	−74.23	−99.27	−198.36	−145.76

资料来源：联合国贸发会议数据库

4. 波兰服务贸易细分市场结构

波兰实现了服务贸易顺差，波兰服务贸易的出口主要由四个部门产生——运输服务，其他商业服务，电信、计算机和信息服务及旅行服务。如表 5.25 所示，这四个部门主要年份的年均出口占比之和高达 82.62%。2005 年旅行服务的出口占比为 34.96%，其他商业服务的出口占比为 14.88%，运输服务的出口占比为 29.73%，电信、计算机和信息服务的出口占比为 2.63%；2020 年旅行服务的出口占比为 11.58%，其他商业服务的出口占比为 27.82%，运输服务的出口占比为 28.44%，电信、计算机和信息服务的出口占比为 14.10%，其中电信、计算机和信息服务的出口占比表现为递增的趋势。从服务贸易差额的角度分析，从 2005 年到 2020 年，波兰服务贸易维持着贸易顺差，且贸易顺差额呈现递增的趋势，顺差额从 2005 年的 195.60 亿元，增加到了 2020 年的 1696.78 亿元。其中贸易顺差主要来自商品相关服务，运输服务，电信、计算机和信息服务及其他商业服务这四个部门。

表 5.25　波兰服务贸易出口结构

服务贸易细项	指标	2005 年	2010 年	2015 年	2020 年
知识产权使用费服务	出口额/亿元	3.94	14.86	26.40	71.66
	出口占比	0.35%	0.68%	0.95%	1.69%
	贸易差额/亿元	–61.66	–127.03	–127.81	–154.15
政府商品和服务	出口额/亿元	2.87	1.23	0.06	0.32
	出口占比	0.25%	0.06%	0.00%	0.01%
	贸易差额/亿元	–10.47	–8.13	–7.06	–7.10
运输服务	出口额/亿元	339.42	526.17	719.18	1206.29
	出口占比	29.73%	23.95%	25.76%	28.44%
	贸易差额/亿元	180.44	212.05	349.56	647.48
商品相关服务	出口额/亿元	113.49	156.86	292.04	424.93
	出口占比	9.94%	7.14%	10.46%	10.02%
	贸易差额/亿元	106.02	135.13	217.20	332.95
其他商业服务	出口额/亿元	169.87	611.17	629.05	1179.98
	出口占比	14.88%	27.82%	22.53%	27.82%
	贸易差额/亿元	–30.70	143.99	120.85	410.60
旅行服务	出口额/亿元	399.08	598.65	650.36	491.30
	出口占比	34.96%	27.25%	23.29%	11.58%
	贸易差额/亿元	47.97	66.19	163.17	162.78
金融服务	出口额/亿元	13.82	43.37	43.37	71.81
	出口占比	1.21%	1.97%	1.55%	1.69%
	贸易差额/亿元	–10.48	–61.40	–19.60	7.99
建筑服务	出口额/亿元	54.58	83.72	97.43	111.55
	出口占比	4.78%	3.81%	3.49%	2.63%
	贸易差额/亿元	22.25	38.75	30.70	81.27
个人、文化和娱乐服务	出口额/亿元	5.94	19.51	28.90	56.79
	出口占比	0.52%	0.89%	1.04%	1.34%
	贸易差额/亿元	–7.68	–40.35	–16.96	22.85
电信、计算机和信息服务	出口额/亿元	30.02	127.12	278.53	597.96
	出口占比	2.63%	5.79%	9.98%	14.10%
	贸易差额/亿元	–17.84	–12.04	89.53	231.28
保险和养老金服务	出口额/亿元	8.68	14.40	26.71	28.98
	出口占比	0.76%	0.66%	0.96%	0.68%
	贸易差额/亿元	–22.23	–33.02	–36.16	–39.06

资料来源：联合国贸发会议数据库

5. 土耳其服务贸易细分市场结构

土耳其经济相对来说比较平稳，尽管长期来说存在着贸易赤字，但是其服务贸易的差额却一直处于顺差状态，贸易顺差表现出递增的趋势，如表 5.26 所示。其中主要的顺差额来源于旅行服务，2005 年、2010 年、2015 年、2020 年这四年的年均出口占比达到 51.92%。从进口服务贸易结构的角度来说，土耳其的进口消费主要集中在运输服务、旅行服务、商品相关服务及其他商业服务这四个部门中。2005 年这四部门的进口总额在服务贸易进口中的占比达到 94.27%，之后有所下降，2017 年占比降到 84.72%，之后又呈现出上升的趋势，2020 年占比上升到 71.47%。从服务贸易出口结构的角度来说，土耳其的服务贸易出口主要集中在旅行服务和运输服务这两个部门。2005 年到 2019 年，这两部门的出口占比之和一直在 84.00%以上，到 2020 年下降到 70.21%。

表 5.26　土耳其服务贸易出口结构

服务贸易细项	指标	2005 年	2010 年	2015 年	2020 年
知识产权使用费服务	出口额/亿元	—	—	6.20	8.23
	出口占比	—	—	0.16%	0.37%
	贸易差额/亿元	—	—	–100.52	–123.81
政府商品和服务	出口额/亿元	2.87	1.23	0.06	0.32
	出口占比	1.15%	1.33%	1.47%	0.87%
	贸易差额/亿元	20.26	30.57	57.79	19.12
运输服务	出口额/亿元	321.31	596.10	1445.46	903.16
	出口占比	18.24%	25.84%	36.66%	40.91%
	贸易差额/亿元	–4.43	84.76	1048.69	358.91
商品相关服务	出口额/亿元	—	—	81.47	99.76
	出口占比	—	—	2.07%	4.52%
	贸易差额/亿元	—	—	–151.29	52.22
其他商业服务	出口额/亿元	12.28	15.51	219.21	205.41
	出口占比	0.70%	0.67%	5.56%	9.30%
	贸易差额/亿元	–21.78	–90.39	13.42	–122.74
旅行服务	出口额/亿元	1 214.79	1 429.63	1 870.64	646.93
	出口占比	68.98%	61.96%	47.44%	29.30%
	贸易差额/亿元	1018.31	1100.85	1549.58	581.09
金融服务	出口额/亿元	21.84	31.02	52.16	38.87
	出口占比	1.24%	1.34%	1.32%	1.76%
	贸易差额/亿元	–2.60	–14.81	–68.30	–37.98

续表

服务贸易细项	指标	2005 年	2010 年	2015 年	2020 年
建筑服务	出口额/亿元	55.83	70.90	54.75	17.15
	出口占比	3.17%	3.07%	1.39%	0.78%
	贸易差额/亿元	55.32	54.37	52.60	16.01
个人、文化和娱乐服务	出口额/亿元	68.30	57.54	9.87	10.51
	出口占比	3.88%	2.49%	0.25%	0.48%
	贸易差额/亿元	62.60	41.33	–10.57	5.32
电信、计算机和信息服务	出口额/亿元	26.08	30.32	79.69	100.08
	出口占比	1.48%	1.31%	2.02%	4.53%
	贸易差额/亿元	16.33	14.94	–49.06	–10.51
保险和养老金服务	出口额/亿元	20.45	45.64	65.71	158.38
	出口占比	1.16%	1.98%	1.67%	7.17%
	贸易差额/亿元	–35.95	–34.25	–76.34	–97.67

资料来源：联合国贸发会议数据库

6. 埃及服务贸易细分市场结构

从 2000 年到 2020 年埃及服务贸易差额的情况看，大部分年份为贸易顺差，只有少数的几年出现了贸易逆差。如表 5.27 所示，其贸易顺差主要集中在其他商业服务及个人、文化和娱乐服务这两部门，电信、计算机和信息服务也一直维持着贸易顺差，虽然顺差额比较小；其贸易逆差主要来源于旅行服务。从埃及的服务进口的角度看，其进口主要集中在旅行服务，其他商业服务及个人、文化和娱乐服务这三个部门。从服务出口的角度分析，埃及的服务出口也主要集中在旅行服务，其他商业服务及个人、文化和娱乐服务这三个部门。

表 5.27　埃及服务贸易出口结构（单位：亿元）

服务贸易细项	指标	2000 年	2005 年	2008 年	2009 年	2010 年	2014 年	2015 年	2018 年	2019 年	2020 年
知识产权使用费服务	出口额	—	3.70	13.76	4.79	6.16	7.43	11.77	12.15	20.68	19.41
	贸易差额	—	–45.99	–86.97	–81.35	–86.63	–104.35	–96.31	–113.30	–121.86	–114.86
运输服务	出口额	167.43	5.27	4.71	6.53	6.28	6.65	5.62	10.93	8.43	5.52
	贸易差额	27.41	3.86	–0.38	2.37	1.06	1.19	3.47	3.62	1.13	3.78
商品相关服务	出口额	—	12.33	15.54	13.84	12.02	104.05	28.37	42.02	50.70	43.02
	贸易差额	—	–51.31	–65.86	–60.57	–97.80	58.93	–22.21	–12.85	1.19	–25.19
其他商业服务	出口额	134.13	435.66	698.58	683.98	796.70	458.36	385.71	738.66	828.66	279.67
	贸易差额	–47.03	332.09	513.19	522.57	654.28	258.70	166.84	569.07	604.93	120.10

续表

服务贸易细项	指标	2000 年	2005 年	2008 年	2009 年	2010 年	2014 年	2015 年	2018 年	2019 年	2020 年
旅行服务	出口额	275.04	98.49	113.75	113.62	69.43	81.40	30.04	32.80	43.43	47.30
	贸易差额	207.18	–47.81	–67.02	–4.64	–25.30	–76.78	–113.71	–209.62	–247.99	–149.19
金融服务	出口额	3.29	8.71	17.11	12.43	11.46	8.87	13.16	9.82	10.20	10.47
	贸易差额	1.96	–3.85	12.55	6.68	9.31	8.16	11.55	8.64	8.53	9.35
建筑服务	出口额	5.89	24.60	116.35	64.40	63.32	64.39	51.51	47.85	53.19	68.24
	贸易差额	5.82	–2.92	61.41	25.63	31.59	39.64	29.02	9.14	9.99	14.09
个人、文化和娱乐服务	出口额	0.95	301.80	518.94	425.98	503.42	622.30	618.61	562.40	540.79	453.53
	贸易差额	–0.38	64.50	53.33	63.41	85.26	103.58	162.08	0.00	0.00	0.00
电信、计算机和信息服务	出口额	1.46	31.98	85.54	42.98	45.21	39.13	34.18	42.55	36.92	30.12
	贸易差额	0.19	17.29	64.26	26.34	20.64	2.80	–62.28	31.38	11.08	18.00
保险和养老金服务	出口额	1.90	8.65	0.00	0.00	0.00	0.06	0.06	0.00	0.07	0.00
	贸易差额	–26.59	–2.93	–20.45	–18.09	–14.37	0.06	0.06	–18.95	–18.63	–18.89

资料来源：联合国贸发会议数据库

5.3.3　国际竞争力水平比较

1. 新兴经济体服务贸易细项 TC 指数比较

如表 5.28 所示，韩国的运输服务和建筑服务的国际竞争力比较大，个人、文化和娱乐服务及电信、计算机和信息服务的 TC 指数由负值变成正值，国际竞争力增加，其余的服务部门国际竞争力比较弱。新加坡的政府商品和服务、金融服务和建筑服务的国际竞争力比较大，其中金融服务是新加坡最具有竞争力的行业。从已有数据计算出的墨西哥的 TC 指数来看，除 2020 年受疫情影响，TC 指数为负值外，旅行服务在 2000 年、2005 年、2010 年和 2015 年均处于贸易顺差，具有一定的国际竞争力，但是从现有的数据可以看出，其国际竞争力有下降的趋势；其知识产权使用费服务和运输服务的竞争力比较弱，但是运输服务的竞争力有增强的趋势。波兰的运输服务、商品相关服务、旅行服务这五年的 TC 值都表现为正值，处于贸易顺差，国际竞争力比较强，商品相关服务是波兰最具国际竞争力的部门。土耳其的旅行服务和建筑服务的国际竞争力比较强，建筑服务在这五年的 TC 指数都接近于 1。埃及国际竞争力比较强的部门有运输服务和其他商业服务，其竞争力最弱的部门为知识产权使用费服务部门，TC 指数均接近–1。

表 5.28　新兴经济体服务贸易各细项 TC 指数

服务贸易细项	国家	2000 年	2005 年	2010 年	2015 年	2020 年
知识产权使用费服务	中国	—	–0.39	–0.11	0.08	0.22
	韩国	—	–0.40	–0.49	–0.21	–0.18
	新加坡	—	–0.87	–0.80	–0.38	–0.34
	墨西哥	—	–0.65	–0.93	–0.95	–0.80
	波兰	—	–0.89	–0.81	–0.71	–0.52
	土耳其	—	–1.00	–1.00	–0.91	–0.88
	埃及	—	–0.86	–0.88	–0.80	–0.75
政府商品和服务	中国	0.24	–0.12	–0.09	–0.41	–0.17
	韩国	0.30	0.32	0.03	–0.12	–0.09
	新加坡	–0.03	0.01	0.16	0.18	0.19
	墨西哥	–0.54	–0.73	–0.40	–0.07	0.63
	波兰	–0.98	–0.65	–0.77	—	–0.92
	土耳其	–0.35	–0.58	–0.43	–0.14	–0.52
	埃及	–0.50	—	—	—	—
运输服务	中国	–0.48	–0.30	–0.30	–0.38	–0.24
	韩国	0.11	0.07	0.13	0.07	0.01
	新加坡	–0.04	–0.02	0.13	–0.01	0.01
	墨西哥	–0.70	–0.78	–0.85	–0.76	0.17
	波兰	0.23	0.36	0.25	0.32	0.37
	土耳其	0.09	–0.01	0.08	0.58	0.25
	埃及	0.09	0.58	0.09	0.45	0.52
商品相关服务	中国	—	1.00	0.99	0.88	0.73
	韩国	—	–0.13	–0.51	–0.51	–0.58
	新加坡	—	0.56	0.25	0.02	0.00
	墨西哥	—	—	—	—	—
	波兰	—	0.88	0.76	0.59	0.64
	土耳其	—	—	—	–0.38	0.36
	埃及	—	–0.68	–0.80	–0.28	–0.23
其他商业服务	中国	0.05	–0.98	0.98	–0.96	–0.95
	韩国	–0.18	–0.17	–0.34	–0.20	–0.16
	新加坡	0.33	–0.08	–0.06	–0.07	0.01
	墨西哥	–0.42	—	–0.95	–1.00	—
	波兰	–0.17	–0.08	0.13	0.11	0.21
	土耳其	0.58	–0.47	–0.75	0.02	–0.23
	埃及	–0.15	0.62	0.70	0.28	0.27

续表

服务贸易细项	国家	2000 年	2005 年	2010 年	2015 年	2020 年
旅行服务	中国	0.11	0.15	–0.09	–0.70	–0.77
	韩国	–0.02	–0.45	–0.29	–0.26	–0.26
	新加坡	0.02	–0.24	–0.14	–0.18	–0.14
	墨西哥	0.20	0.53	0.09	0.42	–0.03
	波兰	0.26	0.06	0.06	0.14	0.20
	土耳其	0.63	0.72	0.63	0.66	0.82
	埃及	0.60	–0.20	–0.15	–0.65	–0.61
金融服务	中国	–0.11	0.55	0.11	0.31	0.26
	韩国	0.57	0.53	–0.08	–0.02	0.29
	新加坡	0.50	0.67	0.65	0.65	0.59
	墨西哥	–1.00	—	–0.80	–0.86	—
	波兰	–0.35	–0.28	–0.41	–0.18	0.06
	土耳其	–0.29	–0.06	–0.19	–0.46	–0.33
	埃及	0.42	–0.18	0.68	0.78	0.81
建筑服务	中国	–0.25	0.23	0.48	0.24	0.49
	韩国	0.67	0.69	0.68	0.65	0.57
	新加坡	0.04	0.46	0.34	0.43	0.46
	墨西哥	0.00	—	—	—	—
	波兰	–0.03	0.26	0.30	0.19	0.57
	土耳其	0.88	0.98	0.62	0.91	0.88
	埃及	0.98	–0.06	0.33	0.39	0.12
个人、文化和娱乐服务	中国	–0.54	0.98	—	0.94	0.92
	韩国	–0.08	–0.15	–0.24	0.14	0.11
	新加坡	–0.63	–0.21	–0.13	0.11	0.31
	墨西哥	0.14	0.81	–0.57	–0.52	–0.94
	波兰	–0.47	–0.39	–0.51	–0.23	0.25
	土耳其	0.25	0.85	0.56	–0.24	0.34
	埃及	–0.17	0.12	0.09	0.15	–0.06
电信、计算机和信息服务	中国	0.15	–0.87	–0.66	–0.82	–0.58
	韩国	–0.79	–0.16	–0.17	0.11	0.25
	新加坡	0.04	–0.04	0.04	–0.10	–0.06
	墨西哥	0.00	0.14	0.13	0.33	–0.81
	波兰	–0.56	–0.23	–0.05	0.19	0.24
	土耳其	—	0.46	0.33	–0.28	–0.05
	埃及	0.07	0.37	0.30	–0.48	0.43

续表

服务贸易细项	国家	2000 年	2005 年	2010 年	2015 年	2020 年
保险和养老金服务	中国	−0.92	−0.96	−0.84	−0.58	−0.49
	韩国	−0.36	−0.63	−0.26	−0.06	−0.31
	新加坡	−0.47	−0.29	0.01	0.10	0.11
	墨西哥	0.14	−0.56	−0.41	0.09	0.34
	波兰	−0.21	−0.56	−0.53	−0.40	−0.40
	土耳其	−0.83	−0.47	−0.27	−0.36	−0.24
	埃及	−0.88	−0.15	−1.00	—	−1.00

资料来源：联合国贸发会议数据库

2. 新兴经济体服务贸易细项国际市场占有率比较

如表 5.29 所示，韩国的建筑服务在国际市场的份额比较高，具有较大的竞争力，它的运输服务在国际市场中也有一定的份额；韩国国际市场占有率低的部门有电信、计算机和信息服务及保险和养老金服务，其国际市场占有率均值都在 0.004 左右，在国际市场上的竞争力比较小。新加坡的运输服务、金融服务及保险和养老金服务的国际市场占有率较大，竞争力比较大，并且这三者的国际市场占有率表现为递增的趋势，国际市场竞争力逐渐增大。墨西哥的旅行及保险和养老金服务的市场占有率比较高，但是相对其他新兴经济体的竞争力比较小；其他部门国际市场占有率较小，竞争力较弱。波兰的商品相关服务和建筑服务的国际市场占有率相对国内其他服务部门要高，商品相关服务的国际市场占有率的均值为 0.025；从这五年的数据看，其运输服务，电信、计算机和信息服务及个人、文化和娱乐服务的国际市场占有率不断增加，说明国际竞争力在不断增强。土耳其的旅行部门，埃及的个人、文化和娱乐部门也是两国国际市场占有率相对来说最高的部门，是其国内最具竞争力的服务部门。

表 5.29　新兴经济体各服务贸易细项国际市场占有率

服务贸易细项	国家	2000 年	2005 年	2010 年	2015 年	2020 年
知识产权使用费服务	中国	—	0.014	0.043	0.078	0.151
	韩国	—	0.012	0.013	0.020	0.018
	新加坡	—	0.004	0.008	0.026	0.021
	墨西哥	—	0.000	0.000	0.000	0.000
	波兰	—	0.000	0.001	0.001	0.003
	土耳其	—	0.000	0.000	0.000	0.000
	埃及	—	0.000	0.000	0.001	0.001

续表

服务贸易细项	国家	2000 年	2005 年	2010 年	2015 年	2020 年
政府商品和服务	中国	0.009	0.009	0.014	0.015	0.036
	韩国	0.026	0.025	0.015	0.015	0.016
	新加坡	0.004	0.003	0.004	0.004	0.004
	墨西哥	0.006	0.001	0.002	0.002	0.002
	波兰	0.000	0.001	0.000	—	0.000
	土耳其	0.008	0.006	0.007	0.013	0.004
	埃及	0.004	—	—	—	—
运输服务	中国	0.011	0.027	0.041	0.043	0.069
	韩国	0.040	0.042	0.047	0.038	0.030
	新加坡	0.034	0.034	0.047	0.052	0.064
	墨西哥	0.003	0.002	0.001	0.002	0.002
	波兰	0.007	0.009	0.010	0.013	0.023
	土耳其	0.009	0.009	0.011	0.022	0.017
	埃及	0.008	0.000	0.000	0.000	0.000
商品相关服务	中国	—	0.150	0.197	0.147	0.124
	韩国	—	0.022	0.018	0.018	0.011
	新加坡	—	0.035	0.051	0.043	0.027
	墨西哥	—	—	—	—	0.000
	波兰	—	0.020	0.019	0.028	0.033
	土耳其	—	—	—	0.008	0.008
	埃及	—	0.002	0.001	0.003	0.003
其他商业服务	中国	0.024	0.000	0.000	0.001	0.001
	韩国	0.022	0.018	0.014	0.018	0.018
	新加坡	0.025	0.017	0.024	0.036	0.045
	墨西哥	0.002	—	0.000	0.000	0.000
	波兰	0.004	0.005	0.012	0.009	0.014
	土耳其	0.017	0.000	0.000	0.003	0.002
	埃及	0.007	0.013	0.015	0.006	0.003
旅行服务	中国	0.034	0.042	0.048	0.037	0.031
	韩国	0.014	0.008	0.011	0.012	0.016
	新加坡	0.011	0.009	0.015	0.014	0.009
	墨西哥	0.017	0.017	0.012	0.015	0.020
	波兰	0.012	0.009	0.010	0.009	0.014
	土耳其	0.016	0.027	0.023	0.022	0.019
	埃及	0.009	0.002	0.001	0.000	0.001

续表

服务贸易细项	国家	2000 年	2005 年	2010 年	2015 年	2020 年
金融服务	中国	0.001	0.002	0.005	0.011	0.010
	韩国	0.007	0.003	0.005	0.004	0.007
	新加坡	0.019	0.020	0.033	0.046	0.059
	墨西哥	0.000	—	0.000	0.000	0.001
	波兰	0.001	0.001	0.002	0.002	0.002
	土耳其	0.004	0.002	0.001	0.001	0.001
	埃及	0.001	0.001	0.000	0.000	0.000
建筑服务	中国	0.020	0.056	0.168	0.174	0.262
	韩国	0.031	0.102	0.139	0.128	0.070
	新加坡	0.004	0.012	0.012	0.009	0.009
	墨西哥	0.000	—	—	—	—
	波兰	0.010	0.019	0.015	0.016	0.019
	土耳其	0.034	0.019	0.013	0.008	0.003
	埃及	0.003	0.008	—	0.008	0.012
个人、文化和娱乐服务	中国	0.001	0.398	—	0.911	0.979
	韩国	0.009	0.003	0.008	0.014	0.015
	新加坡	0.001	0.002	0.006	0.010	0.012
	墨西哥	0.022	0.011	0.002	0.001	0.000
	波兰	0.003	0.003	0.006	0.007	0.012
	土耳其	0.177	0.031	0.017	0.003	0.002
	埃及	0.001	0.135	0.151	0.152	0.092
电信、计算机和信息服务	中国	0.008	0.001	0.003	0.002	0.012
	韩国	0.000	0.002	0.003	0.007	0.009
	新加坡	0.005	0.006	0.011	0.019	0.022
	墨西哥	0.000	0.003	0.001	0.000	0.000
	波兰	0.001	0.003	0.006	0.009	0.013
	土耳其	0.000	0.002	0.002	0.002	0.002
	埃及	0.001	0.003	0.002	0.001	0.001
保险和养老金服务	中国	0.004	0.002	0.014	—	0.030
	韩国	0.002	0.003	0.005	0.006	0.005
	新加坡	0.020	0.010	0.025	0.032	0.046
	墨西哥	0.065	0.024	0.019	0.026	0.022
	波兰	0.008	0.002	0.002	0.003	0.003
	土耳其	0.001	0.005	0.007	0.008	0.017
	埃及	0.001	0.002	—	—	—

资料来源：联合国贸发会议数据库

3. 新兴经济体服务贸易细项 RCA 指数比较

如表 5.30 所示，根据新兴经济体服务贸易细项 RCA 指数，可以看出韩国的运输服务和建筑服务的 RCA 值在这 5 年均大于 1，具有比较优势，国际竞争力比较大；知识产权使用费服务的 RCA 值在 2010 年之前都小于 1，处于相对劣势，2015 年和 2020 年，RCA 值接近 1，相对劣势消除。新加坡的运输服务、其他商业服务和金融服务的 RCA 值基本都大于 1，具有比较优势；保险和养老金服务由开始的具有相对劣势逐渐转变成了具有相对优势。墨西哥具有相对优势的部门有旅行服务及保险和养老金服务。波兰的运输服务、商品相关服务和建筑服务这三个部门是其相对优势部门，具有国际竞争力；其他商业服务的 RCA 值接近 1，既没有相对优势，也没有相对劣势。土耳其的旅行服务一直是其相对优势的部门，运输服务的优势在增加，但是个人、文化和娱乐服务却从相对优势的状态变成了相对劣势的状态，国际竞争力越来越弱。埃及的个人、文化和娱乐服务和建筑服务是其具有比较优势的部门，其他商业服务的比较优势处于减弱的状态。

表 5.30　新兴经济体服务贸易细项 RCA 指数

服务贸易细项	国家	2000 年	2005 年	2010 年	2015 年	2020 年
知识产权使用费服务	中国	—	0.52	0.95	1.78	2.69
	韩国	—	0.71	0.62	1.01	1.00
	新加坡	—	0.25	0.31	0.85	0.56
	墨西哥	—	0.08	0.01	0.01	0.01
	波兰	—	0.06	0.11	0.14	0.22
	土耳其	—	0.00	0.00	0.02	0.05
	埃及	—	0.07	0.10	0.12	0.23
政府商品和服务	中国	0.46	0.33	0.31	0.34	0.63
	韩国	1.24	1.48	0.71	0.75	0.90
	新加坡	0.21	0.21	0.15	0.13	0.11
	墨西哥	0.70	0.13	0.39	0.51	0.70
	波兰	0.01	0.13	0.03	—	0.01
	土耳其	0.61	0.61	0.77	1.15	0.60
	埃及	0.59	—	—	—	—
运输服务	中国	0.53	1.03	0.92	0.99	1.23
	韩国	1.91	2.49	2.26	1.95	1.71
	新加坡	1.81	2.24	1.85	1.70	1.70
	墨西哥	0.36	0.45	0.32	0.35	0.68
	波兰	1.03	1.56	1.15	1.44	1.71
	土耳其	0.64	0.96	1.24	1.98	2.46
	埃及	1.19	0.03	0.03	0.02	0.03

续表

服务贸易细项	国家	2000 年	2005 年	2010 年	2015 年	2020 年
商品相关服务	中国	—	5.79	4.38	3.36	2.20
	韩国	—	1.31	0.86	0.91	0.64
	新加坡	—	2.30	2.02	1.40	0.73
	墨西哥	—	—	—	—	0.01
	波兰	—	3.39	2.21	3.19	2.46
	土耳其	—	—	—	0.69	1.11
	埃及	—	0.42	0.38	0.60	0.98
其他商业服务	中国	1.18	0.01	0.00	0.02	0.02
	韩国	1.07	1.06	0.68	0.90	1.05
	新加坡	1.35	1.14	0.93	1.16	1.19
	墨西哥	0.18	—	0.02	0.00	0.01
	波兰	0.58	0.85	1.35	1.04	1.04
	土耳其	1.27	0.04	0.03	0.27	0.35
	埃及	1.01	2.50	3.91	1.22	0.97
旅行服务	中国	1.70	1.62	1.06	0.85	0.55
	韩国	0.69	0.50	0.51	0.63	0.91
	新加坡	0.57	0.59	0.58	0.45	0.25
	墨西哥	1.96	3.26	3.20	3.22	5.91
	波兰	1.75	1.52	1.13	0.97	1.05
	土耳其	1.19	3.00	2.56	1.99	2.66
	埃及	1.41	0.43	0.29	0.09	0.40
金融服务	中国	0.04	0.09	0.11	0.25	0.18
	韩国	0.35	0.20	0.22	0.18	0.42
	新加坡	0.99	1.34	1.32	1.51	1.56
	墨西哥	0.00	—	0.11	0.07	0.33
	波兰	0.16	0.16	0.22	0.17	0.16
	土耳其	0.28	0.16	0.15	0.13	0.16
	埃及	0.08	0.12	0.13	0.10	0.09
建筑服务	中国	1.00	2.16	3.75	3.98	4.65
	韩国	1.49	6.08	6.66	6.56	4.00
	新加坡	0.24	0.78	0.47	0.29	0.24
	墨西哥	0.00	—	—	—	—
	波兰	1.44	3.13	1.76	1.83	1.43
	土耳其	2.55	2.08	1.42	0.70	0.42
	埃及	0.48	1.61	2.96	1.85	3.45

续表

服务贸易细项	国家	2000 年	2005 年	2010 年	2015 年	2020 年
个人、文化和娱乐服务	中国	0.04	15.39	—	20.82	17.38
	韩国	0.45	0.18	0.36	0.71	0.85
	新加坡	0.07	0.14	0.24	0.32	0.33
	墨西哥	2.52	2.04	0.39	0.29	0.05
	波兰	0.50	0.45	0.67	0.81	0.87
	土耳其	13.18	3.34	1.89	0.23	0.31
	埃及	0.16	25.95	38.70	33.10	27.16
电信、计算机和信息服务	中国	0.39	0.03	0.06	0.05	0.22
	韩国	0.01	0.10	0.16	0.38	0.53
	新加坡	0.29	0.38	0.45	0.61	0.57
	墨西哥	0.00	0.58	0.17	0.07	0.02
	波兰	0.20	0.44	0.74	1.04	0.99
	土耳其	0.00	0.25	0.17	0.21	0.32
	埃及	0.08	0.53	0.58	0.25	0.20
保险和养老金服务	中国	0.19	0.09	0.31	0.44	0.53
	韩国	0.12	0.15	0.26	0.31	0.31
	新加坡	1.07	0.70	1.00	1.04	1.23
	墨西哥	7.33	4.57	4.86	5.72	6.44
	波兰	1.10	0.35	0.27	0.40	0.24
	土耳其	0.09	0.54	0.81	0.71	2.49
	埃及	0.17	0.40	—	—	—

资料来源：联合国贸发会议数据库

5.3.4 发展优势与不足

新兴经济体的服务贸易的发展各具特色。韩国服务贸易增长速度比较快，2000年韩国的服务贸易总额为4121.89亿元，到2019年服务贸易总额增加到了14 304.99亿元，增长了约 2.47 倍；同时，韩国是以银行间接融资为主的国家，其国内有政策支持金融服务业的发展，因此韩国的金融服务业国际竞争优势比较大。新加坡的金融服务和运输服务的发展与它的地理优势息息相关，东西经商的必经之地——马六甲海峡位于其西部，为其发展运输服务创造了有利的条件；同时时区的特殊性使新加坡成为连接欧美金融市场的枢纽，为实现全球 24 小时的不间断金融交易提供了可能。墨西哥的旅行服务及保险和养老金服务在国际上的竞争力比较大，其独特的地理位置是其旅行服务的出口额一直在增加的原因之一。埃及由于自身的历史文化，其旅行服务的发展优势比较大。新兴经济体各国服务贸易的发展虽然各具优势，但是相对于发达国家来说，其服务行业的优势没有那么明显，一些知识密集型的服务行业发展水平还有待提高。

5.4　世界各国服务贸易发展的经验及启示

5.4.1　发达国家服务贸易发展经验及对中国的启示

发达国家作为高经济开发国家，其经济结构的特点就是服务业占经济产值的比重大。随着各发达国家经济产业结构的升级，其国民经济中服务业的比重越来越大，各国对提高服务产品数量和质量的要求越来越明确。各个发达国家的服务贸易发展各具特点，很多经验值得中国借鉴。

1. 发达国家服务贸易发展经验

美国作为世界最大的服务贸易出口国，在国际上有举足轻重的地位，服务贸易长期保持顺差；其服务贸易结构比较合理，知识、技术密集型服务贸易优势突出。美国在服务贸易发展过程中，采取了一系列的措施来促进服务业的发展。首先是美国政府的推动作用。从 1994 年开始，美国每年都会制定“服务先行”的积极出口发展战略。1994 年美国的《国家出口战略》称，美国政府将重点支持国内服务业的发展，提高服务贸易的竞争力。之后，每年的《国家出口战略》所提及的政策和战略完全适用于服务贸易。其次是法律、法规体系得到完善，良好的制度环境促进了美国服务贸易的发展。在服务业出口方面美国也制定了相关出口战略，为服务业向外扩张提供了保障。在“服务先行”和“国家出口战略”实施以来，美国对出口的重点服务产业的支持力度加大，着重发展其具有较强竞争优势的旅行服务，金融服务，电信、计算机和信息服务，个人、文化和娱乐服务等。再次是高度重视服务贸易相关的科技投入，凭借初期的人才引进机制和高水平教育投入，其科技队伍在世界上具有独特的优势。最后是构建了结构完善、协调有力的服务贸易促进体系，如美国民间服务贸易出口体系、服务贸易促进体系和咨询、决策及协调体系等，降低了美国服务贸易出口障碍，帮助美国企业扩大了出口。

德国服务业的管理体系完善。服务行业涉及的范围广，且法律制度健全，各行各业都有严格的规定，服务业的发展既受到法律的约束又受到法律的保护。德国的宏观经济管理部门主要处理一些政策性的问题，对行业的价格和工资的形成不直接干预，主导经济但不对经济进行管制，这使行业的正常运作得到了保障。德国的统计体系也相对完善，其统计部门为宏观经济的发展趋势、企业经营状况及竞争力的分析提供了可靠的数据，为未来计划的制订提供了方向。同时作为世界展览大国，德国绝大多数行业展会为专业性的货物贸易展会，其商品和服务在一定程度上得到了推广，从而促进了服务贸易的发展。

英国服务贸易发展迅速主要有以下两个方面的原因。一方面，英国具有健全的服务贸易管理机制。例如，英国贸易和工业部负责管理服务贸易，金融服务管理局负责管理英国的金融服务等。另一方面，英国拥有完善的贸易税收制度。英国的服务贸易税收以减少税收扭曲为宗旨，避免税收导致企业的经营决策改变，为服务贸易的提供者在相对公平的市场环境中进行竞争提供了保障。它取消了许多过时的服务贸易税收，并不断完善有关税收的法律体系，尤其对跨境的服务贸易做出了非常明确的政策规定，如英国便捷的服务贸易出口退税程序，促进了其服务贸易迅速发展。

日本的服务贸易也发展迅速，其服务贸易的进出口额均进入了世界前列，其中有很多成功的经验和教训值得中国借鉴与总结。首先日本服务业的发展促进了服务贸易的增长。从 2001 年初开始，日本开始实施“电子日本”战略，该战略极大地推进了日本信息服务业的发展。其次日本政府也非常重视对物流知识的普及、宣传和物流信息化建设，促进了物流业的发展，从而带动了金融服务，其他商业服务及电信、计算机和信息服务贸易的发展。最后日本坚实的科学技术基础使得其服务贸易逐步走出困境。在人才素质培养方面，日本采取了很多鼓励措施，这些措施对吸引优秀人才、培养优秀人才并使其投身于服务贸易领域发挥了积极的作用。

荷兰地理位置促进了其服务贸易的发展，其贸易顺差主要来源于运输服务及电信、计算机和信息服务。在服务贸易的发展中，荷兰充分利用自身的优势，同时发展传统服务部门与新兴服务部门，包括运输服务，旅行服务，电信、计算机和信息服务及知识产权使用费服务等。荷兰的专利技术涉及的领域比较广，主要有生物技术、数字通信网络和图像处理等，其发达的电子通信技术促进了荷兰其他服务贸易领域的发展。

2. 发达国家服务贸易发展对中国的启示

中国在发展服务贸易时，可以借鉴发达国家的发展经验，减少自身在发展中所走的弯路。首先，在经济发展中要提高服务贸易的战略地位。可以通过下列措施来提高中国服务贸易在经济发展中的地位：在对外贸易总体战略中同时考虑服务贸易和货物贸易，使二者协调发展，提升中国对外贸易整体竞争力；构建促进服务贸易管理法制化的法律框架体系；夯实服务贸易经济合作基础，深度参与国际服务业分工。其次要加快发展服务贸易竞争优势：完善服务贸易专项促进政策，加大出口促进力度；突出重点扶持领域，出台专项促进计划，扶持贸易逆差大的服务部门，弥补这些部门的竞争力短板；发挥民间行业协会作用，提高中国服务企业的总体竞争力。最后应该加快完善服务贸易统筹管理和协调机制：强化商务部门统筹促进服务出口的协调职能，促进各行业出口政策形成合力；加快服务行业主管部门的职能转变；加强服务贸易人才的培养和培训，培养更多了解国际经营战略和技术发展的复合型人才，为中国服务业持续健康发展提供优质人力资源。

5.4.2　金砖国家服务贸易发展经验及对中国的启示

在世界贸易发展的过程中，由于各种自由贸易政策的影响，金砖国家的服务业经济所占的比重逐年增加（曹文超，2022），服务贸易的发展加快。通过上文对金砖国家国际竞争力水平的分析可知，在服务贸易领域，中国、俄罗斯和印度的服务贸易国际竞争力在金砖国家中较强，但是与发达国家相比，国际竞争力仍比较小；而巴西和南非两个国家由于自身发展的限制，服务贸易发展较缓慢，服务贸易的竞争力与其他金砖国家相比较小，在国际上具有一定竞争力的服务部门均是依靠本国的资源相对优势发展起来的。因此，金砖国家可通过调整本国的服务贸易结构、发展具有竞争优势的服务业，来提高服务贸易的竞争力。同时加强双边及多边的贸易合作，充分重视双边及多边的服务贸易合作，创造合作共赢的服务贸易发展环境。

1. 金砖国家服务贸易发展经验

俄罗斯具有国际竞争优势的服务部门为建筑服务、运输服务和商品相关服务，但是从总体来看，俄罗斯的服务贸易总体竞争力较弱。此外，俄罗斯服务贸易产业结构不合理，旅行服务和运输服务贸易的出口占比大，服务贸易主要集中在欧美市场。俄罗斯是世界上陆地面积最大的国家，幅员辽阔的地理优势为俄罗斯运输服务的发展提供了有利的条件，从而使其运输服务具有很强的竞争力。但俄罗斯服务贸易壁垒较高，因此，需要加强与各国政府的沟通，来促进现代服务贸易方面的合作。

印度以服务出口为导向发展服务贸易，稳步推进服务贸易开放。自 2004 年起印度开始制定《对外贸易政策》(Foreign Trade Policy)，以此作为其对外贸易发展的指导原则，每五年为一个计划执行区间，其服务贸易发展的重点是扩大出口，并对服务贸易实行有监管的自由化政策。印度稳步推进服务贸易开放，鼓励国内具有竞争优势的行业积极参与竞争，逐渐降低了对相对弱势行业妨碍竞争的限制和外资准入限制。

巴西服务贸易发展速度相对来说较慢，具有相对优势的部门为政府商品和服务及其他商业服务，为了促进巴西服务贸易的快速发展，巴西政府成立了“出口商协会”。巴西旅行服务贸易潜力比较大，为了发展这一优势，巴西制定了相关发展规划来吸引外商投资，增强了巴西旅游业的活力，促进了国内和国外市场的共同繁荣。

由于南非服务贸易产业基础不发达，南非服务贸易发展缓慢。但是南非的旅游业竞争优势明显，对国民经济发展贡献度较高。因此南非利用自身优越的自然环境、充沛的旅游资源，大力发展旅游业，吸引了众多国内外游客，为本国带来了一定的外汇收入。

2. 金砖国家服务贸易发展对中国的启示

金砖国家服务贸易总体的竞争力不强，但是其在服务贸易发展的过程中都加大了服务贸易的对外开放，发展其优势产业，唯一不足的是缺乏与其他国家的贸易合作。中国服务贸易总体规模不断扩大，但竞争力不明显，具有比较优势的服务部门大多为传统服务部门，服务贸易领域的发展具备很大的增长潜力。因此中国在发展服务贸易时，首先应该在保持现有服务部门优势的同时，挖掘其他服务业的优势，从而提升整体服务贸易的竞争优势。其次对于服务贸易发展不均衡的问题，可以从服务贸易行业结构出发，改善服务贸易结构。最后，要加强与其他国家服务贸易合作，通过探索中国与其他国家互利共赢的领域和空间，加强双边贸易合作，推动中国服务贸易结构的升级，促进高质量服务贸易的发展。

5.4.3 新兴经济体服务贸易发展经验及对中国的启示

新兴经济体服务业总体上与主要发达国家相比处于较为明显的劣势地位，但部分国家在服务贸易细分行业中有着各自的比较优势，如韩国的运输服务和建筑服务，墨西哥的旅行服务，新加坡的金融服务，埃及的个人、文化和娱乐服务。新兴经济体具有比较优势的服务部门往往是一些传统服务部门或者劳动密集型服务贸易部门，新兴经济体服务贸易的发展不均衡较发达国家和金砖国家更加明显。

1. 新兴经济体服务贸易发展经验

韩国服务贸易政策具有一定的局限性。在服务贸易发展中，韩国政府意识到了开放服务贸易市场的重要性，但是由于韩国服务贸易竞争力较弱，必须通过政府相应的保护来促进本国服务业的发展。因此，在发展服务贸易时，韩国始终坚持逐步开放服务市场、走渐进式发展道路的原则。针对不同的服务行业，韩国政府制订了不同的开放计划。政府对小型零售企业提供扶持，给予政策性基金支持；同时限制外国投资，加强在零售业经营中对外贸的管理；开放电信市场，鼓励电信业的自由竞争等。韩国在服务贸易发展的过程中，政府起了很大的作用，在政府的调节作用下韩国的服务贸易市场逐步开放，服务贸易得到了发展。

新加坡的服务贸易总体上处于顺差状态。在其服务贸易的发展中，早在 20 世纪 90 年代政府就有针对性地设计了服务贸易发展的路径。一方面，采取贸易立国的政策。通过制定激励政策，鼓励跨国公司在当地设立全球总部或地区总部；通过提供税收优惠，鼓励国外的金融机构在当地建立分支机构。另一方面，发展以区域运营总部和跨国采购中心为基础的服务贸易模式。政府积极发展以营运总部和跨国采购为核心的高端商贸服务，从而使得新加坡成为区域金融中心和离岸金融中心。

墨西哥的服务贸易表现为贸易逆差，其具有优势的部门为旅行服务及保险和养老金服务；加入北美自由贸易区后，墨西哥融入经济全球化的进程不断加快，其服务业的发展较为迅速。波兰的服务贸易一直维持着贸易顺差，其运输服务和建筑服务在国际上具有一定的竞争优势；旅游业是波兰的新兴产业之一，2000 年波兰提出旅游发展规划，将旅游业列为重点发展行业之一，同时其旅游管理体系较为健全，政府投入也大，这使得旅游业成为波兰外汇创收的主要来源。土耳其长期存在着贸易赤字，但是其服务贸易却一直处于顺差状态，其旅行服务一直是其具有相对优势的服务部门；20 世纪 80 年代土耳其开启了自由化进程，随后一直致力于与区域及国际贸易准则的融合，并先后加入了各种贸易组织，包括 OECD、联合国贸发会议、世界海关组织等，这使其经济得到了发展，从而带动了服务贸易的发展。

2. 新兴经济体服务贸易发展对中国的启示

新兴经济体的整体服务贸易竞争优势不大，但是其中有很多值得中国借鉴的地方。例如，一些国家通过加入双边和多边的贸易组织来促进服务贸易的发展；政府通过政策扶持来发展本国优势服务业，保护其他相对劣势的服务业。因此，首先中国在服务贸易发展中应该从产业互补性出发，挖掘与其他国家服务部门的合作潜力，通过合作来提升产业之间的互补性和协调性，减少与其他国家竞争行业的摩擦，推动新兴经济体之间的贸易合作。其次，在服务贸易的对外开放过程中，既要保持传统服务贸易产业优势，又要探索新的服务贸易优势产业。由于现在服务贸易的竞争主要集中在新兴服务贸易行业中，所以专业人才的培养显得尤为重要，高质量的劳动力投入能有效提高新兴服务贸易的发展质量。最后可以通过举办专业的服务贸易展会，吸引外资的投入，从而促进服务贸易的发展。

第6章　中国服务贸易发展的成就

6.1　中国服务贸易发展的成就与贡献

6.1.1　服务贸易的发展成就

经过改革开放40多年的发展，中国的服务贸易规模已稳居世界第二，实现了巨大的历史性跨越，中国成功跻身世界服务贸易大国。

1. 服务贸易规模不断扩大

改革开放以来中国服务贸易快速发展，贸易规模不断扩大。图6.1展示了1982~2020年中国服务贸易的进出口规模，可以发现，中国服务贸易的进出口总额从1982年的90亿元增加到2019年的54 139亿元，年均增长速度为18.88%。出口额从1982年的51亿元增加到2019年的19 559亿元，年均增长速度为17.44%。进口额从1982年的38亿元增加到2019年的34 580亿元，年均增长速度为20.22%。此外，自2014年以来中国服务贸易的进出口总额连续六年位居世界第二，成为仅次于美国的全球服务贸易大国。

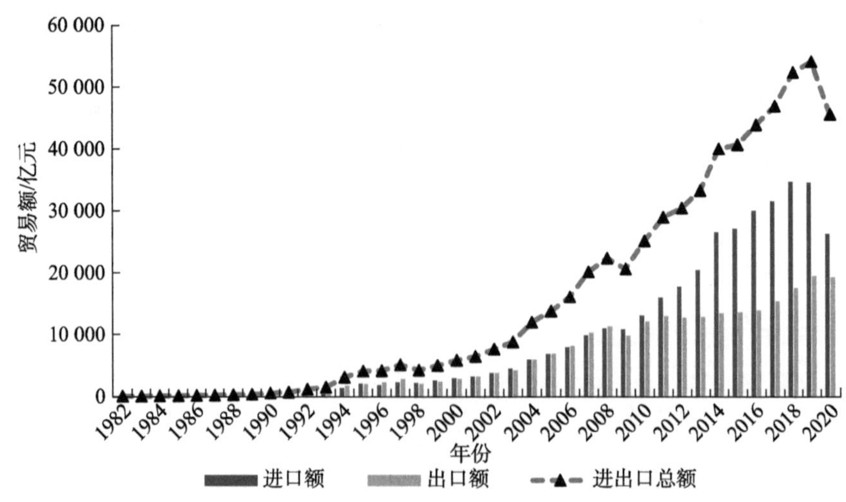

图6.1　1982~2020年中国服务贸易进出口规模

资料来源：商务数据中心

2. 服务贸易结构持续优化

运输服务、旅行服务和建筑服务等传统劳动密集型服务行业是中国服务贸易出口的支柱，党的十八大之前这三个行业的服务贸易出口额之和占中国服务贸易出口总额的比重超过了 50%。党的十八大之后中国高度重视新兴服务业的发展，传统服务贸易行业占比逐年下降。同时，随着全球数字技术的快速发展，电信、计算机和信息服务，保险和养老金服务，金融服务及知识产权使用费服务等知识和技术密集型服务行业出口贸易稳步增长，占比不断提高，逐渐成为推动中国服务贸易增长的新动力。

表 6.1 展示了 2005 年和 2019 年中国服务贸易细项的出口额与出口占比。可以发现,中国传统服务贸易行业出口占比下降,运输服务出口占比从 2005 年的 18.30%下降到 2019 年的 16.23%,旅行服务出口占比由 2005 年的 34.75%下降到 2019 年的 12.17%。新兴服务贸易行业出口占比上升，保险和养老金服务、金融服务、知识产权使用费服务的出口占比逐渐增加,三者的出口占比分别从 2005 年的 0.65%、0.17%和 0.19%上升到 2019 年的 1.69%、1.38%和 2.35%。电信、计算机和信息服务增长尤其迅速，出口占比由 2005 年的 2.76%迅速增长至 2019 年的 18.99%。

表 6.1 2005 年和 2019 年中国服务贸易细项的出口额与出口占比

服务贸易细项	2005 年		2019 年	
	出口额/亿元	出口占比	出口额/亿元	出口占比
运输服务	1263.69	18.30%	3175.35	16.23%
旅行服务	2399.84	34.75%	2380.42	12.17%
建筑服务	212.41	3.08%	1931.80	9.87%
保险和养老金服务	45.01	0.65%	329.97	1.69%
金融服务	11.90	0.17%	270.00	1.38%
知识产权使用费服务	12.89	0.19%	459.06	2.35%
电信、计算机和信息服务	190.49	2.76%	3715.96	18.99%
其他商业服务	1628.31	23.58%	5060.42	25.86%
个人、文化和娱乐服务	10.97	0.16%	82.90	0.42%
政府商品和服务	40.52	0.59%	106.37	0.54%
货物相关服务	1090.39	15.79%	2053.44	10.50%
总计	6906.41	100.00%	19565.01	100.00%

资料来源：联合国贸发会议数据库

注：由于 2020 年新冠疫情短期对全球经济造成巨大冲击，为保证统计数据前后一致，选择 2019 年统计数据进行分析，下同

3. 服务贸易对外开放水平不断提高

表 6.2 与表 6.3 分别展示了 2016 和 2019 年中国与前十大服务贸易伙伴的进口情况，可以发现，相比 2016 年，2019 年中国服务贸易伙伴集中度有一定程度下降，出口市场多元化水平不断提升。2016 年中国与前十大服务贸易伙伴的进出口总额为 32 262.92 亿元，占当年中国服务贸易总额的 73.89%。2019 年中国与前十大服务贸易伙伴的进出口总额为 36 288.18 亿元，占中国服务贸易总额的 67.01%，占比下降约 6.88%。

表 6.2　2016 年中国与前十大服务贸易伙伴进出口情况（单位：亿元）

排名	国家/地区	进出口总额	出口额	进口额	贸易差额
1	中国香港	9 825.36	3 987.38	5837.98	–1 850.60
2	美国	7 843.95	2 073.04	5770.91	–3 697.87
3	日本	2 730.41	759.63	1970.78	–1 211.15
4	韩国	2 001.33	704.51	1296.81	–592.30
5	英国	1 922.31	468.13	1454.18	–986.05
6	加拿大	1 834.00	112.22	1721.11	–1 608.90
7	澳大利亚	1 772.91	128.15	1645.42	–1 517.26
8	德国	1 683.27	527.89	1155.38	–627.49
9	新加坡	1 468.13	756.97	710.49	46.48
10	中国台湾	1 181.27	444.22	737.05	–292.83
	前 10 位伙伴合计	32 262.92	9 962.14	22 300.11	–12 337.97
	服务贸易总额	43 661.31	13 832.66	29 828.66	–15 996.00

资料来源：国家外汇管理局

表 6.3　2019 年中国与前十大服务贸易伙伴进出口情况（单位：亿元）

排名	国家/地区	进出口总额	出口额	进口额	贸易差额
1	中国香港	11 114.86	4 289.49	6 826.07	–2 536.58
2	美国	8 729.36	2 971.18	5 758.18	–2 786.99
3	日本	3 290.58	934.75	2 355.84	–1 421.09
4	新加坡	2 236.49	1 110.66	1 125.84	–14.49
5	德国	2 224.77	638.80	1 585.97	–946.47
6	英国	2 144.05	634.66	1 509.39	–874.73
7	韩国	1 905.37	754.70	1 150.67	–395.97
8	澳大利亚	1 770.16	143.49	1 626.67	–1 483.18
9	加拿大	1 703.93	197.30	1 507.32	–1 310.03
10	中国台湾	1 168.61	342.86	825.75	–483.58
	前 10 位伙伴合计	36 288.18	12 017.88	24 270.30	–12 252.43
	服务贸易总额	54 153.23	19 564.15	34 589.08	–15 024.93

资料来源：国家外汇管理局

美国是中国服务贸易逆差的主要来源国，2019 年美国对中国服务进出口总额为 8729.36 亿元，其中，中国对美国服务出口额为 2971.18 亿元，服务进口额为 5758.18 亿元，贸易逆差达到 2786.99 亿元。此外，中国对中国香港、澳大利亚、日本、韩国、英国和加拿大的服务贸易逆差分别为 2536.58 亿元、1483.18 亿元、1421.09 亿元、395.97 亿元、874.73 亿元、1310.03 亿元，与 2016 年相比，除对中国香港、中国台湾、德国和日本等贸易伙伴的服务贸易逆差有所扩大外，与其他贸易伙伴之间的服务贸易逆差均有所缩小。

此外，中国最大的服务贸易伙伴是中国香港，2019 年内地与香港服务进出口总额为 11 114.86 亿元，占当年中国服务进出口总额的 20.52%，服务进出口总额较 2016 年增长 13.12%。其中，内地对香港出口服务 4289.49 亿元，从香港进口服务 6826.07 亿元。

此外，中国积极与世界各国建立服务贸易合作机制。迄今为止，中国已同 200 多个国家和地区开展服务贸易，与德国、澳大利亚和英国等 14 个国家建立了服务贸易促进机制。除此之外，中国积极与 WTO、联合国贸发会议等国际组织沟通商议服务贸易合作事项，在“一带一路”国际合作高峰论坛、上海合作组织峰会、金砖国家领导人会晤等平台积极推进服务贸易合作，打造服务贸易开放新格局。

4. 服务贸易全球地位显著提升

图 6.2 展示了 1982~2020 年中国服务贸易出口额占世界服务贸易出口总额的比重，可以发现，改革开放初期，中国服务贸易出口额的世界占比不高，1982 年中国服务贸易出口额占世界服务贸易出口总额的比重不到 1%，经过改革开放 40 多年的发展，中国服务贸易出口额快速增长，占世界服务贸易出口总额的比重逐步上升至 2020 年的 5.60%。服务贸易进出口规模的世界排名也由 2005 年的排名第六迅速上升，并于 2014 年成为仅次于美国的世界第二大服务贸易国。

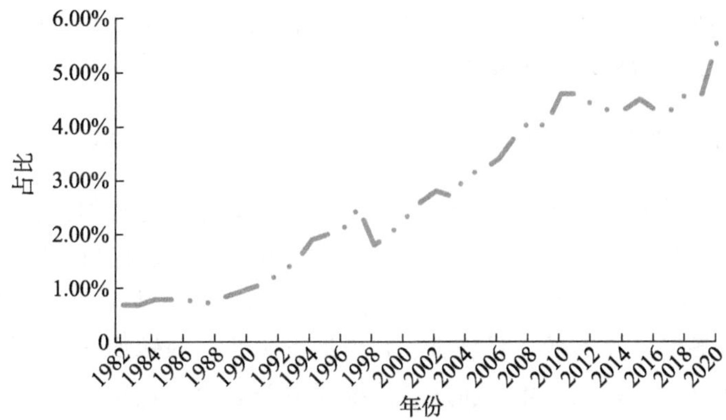

图 6.2　1982~2020 年中国服务贸易出口额占世界服务贸易出口总额的比重

资料来源：WTO

6.1.2 服务贸易发展的主要贡献

自新中国成立以来，尤其是改革开放之后，中国服务贸易不断发展，服务贸易总额占中国对外贸易总额的比重不断提升，对经济增长和社会进步做出了重要贡献。服务业具有高技术性和知识性等特点，吸纳了众多中高端人才，推动着中国经济的转型升级，并不断促进中国经济由高速增长向高质量增长发展。在服务贸易的发展进程中，中国不断提高贸易自由化和便利化程度，同时积极在国际上创造公平良好的服务贸易合作环境，展现了服务贸易大国的担当。

1. 服务贸易是推动经济高质量发展的动力源泉

服务贸易具有资本、技术和知识密集的特点，服务贸易额的增长有利于提高中国产品的附加值，增强出口竞争优势，提升经济发展质量。在出口方面，根据异质性企业模型，具有出口优势的企业选择出口，不具有优势的企业选择留在国内市场甚至退出，这有利于资源从低效的企业流向高效的企业，实现了资源的有效配置。近年来服务贸易的迅速发展促进了国内服务行业的发展，企业通过增加和优化服务满足世界市场的需求，扩大盈利范围，实现行业内资源的优化配置。在进口方面，一方面，进口服务很好地弥补了中国生产性服务供给的不足，被投入国内货物与服务生产的进口服务促进了中国制造业和服务业的发展；另一方面，进口服务让中国服务业面临更加激烈的市场竞争，提升了国内服务企业的效率。

同时，近年来新兴服务贸易发展迅猛，规模不断扩大，提升了服务贸易发展的整体水平。新兴服务贸易中高质量服务要素占比高，提高了中国出口服务的质量，有利于提升国际形象。高质量的服务要素在经济系统中最终会体现在生产力的提高上，进而提升中国参与全球价值链的能力。此外，大数据、互联网、云计算等的快速发展提高了中国货物贸易和服务贸易交付过程的数字化程度，简化了流程、节约了成本，极大地提升了贸易效率。可以预见，在全面建设社会主义现代化国家的新征程中，服务贸易将发挥越来越重要的作用。

2. 服务贸易是促进中国向全球价值链高端攀升的关键环节

在产业间贸易向产业内贸易转变的趋势下，全球分工更加细致，实现向全球价值链高端攀升成为产业升级的重要目标。生产性服务的贸易有利于增加中国产业价值链的附加值，推动中国产业转型升级（朱福林，2020）。尤其是信息技术的发展，深刻改变了服务贸易原有的交易特征，并推动了制造业的转型升级，促进了制造业的服务化与新兴服务业的产生，加速了传统服务业的数字化转型，对产业结构升级起到了重要作用。

同时，服务外包作为中国服务贸易重要的组成部分，一直保持着较快的增长。

中国服务外包企业依托云计算、大数据、人工智能等信息技术，不断完善研发、生产、销售和售后服务流程，推动生产型制造向服务型制造的转型。中国服务外包产业推动了产业的数字化，提高了生产效率并拓宽了业务领域，推动了经济的转型升级。

3. 服务贸易是实现高水平开放的重点领域

服务贸易是提升中国对外开放水平的重要力量，是中国从要素开放向制度开放的突破口。事实上，服务业在中国最初的开放中发挥了重要作用。改革开放初期，许多海外华侨回国探亲、外商来到中国进行投资前的考察，拉动了旅游、购物、餐饮、宾馆等服务的需求，促使第一批外资进入这部分行业。服务贸易成功引进首批外资进入中国，为其他行业外资的引入打下良好的基础。

服务贸易的发展有助于中国更好地融入世界经济的发展。GATS 的签署说明服务业的发展能够推动中国参加国际上重量级的多边谈判，且促进了中国服务业的进一步开放。入世后，中国积极履行承诺，有序地推进各个行业的开放。除此之外，中国在服务贸易开放中大胆创新，2013 年成立的上海自贸试验区在服务贸易方面就采用了市场准入负面清单制度。服务贸易拓展了开放的深度和广度，不断改善中国的营商环境，极大提高了开放水平。

服务贸易发展的同时也能促进中国与服务相关法律制度的完善。在进行服务贸易方面的多边谈判时，中国国内的部分法规还不能满足服务贸易高质量发展的要求，因此需要对原有的法律进行废除和修改，不断完善法律体系，这样才能与国际先进法律接轨。

4. 服务贸易是吸纳并培育中高端人才的重要渠道

服务贸易相关产业需要高素质的人力资本投入，部分服务贸易对专业素质有相当高的要求，如医疗服务、会计服务和法律服务等。近年来以信息技术为代表的新兴服务贸易的发展更是吸纳了众多中高端知识型、专业型人才。不断发展的服务贸易为每年的应届毕业生提供了大量的工作岗位，服务业较高的就业要求与大学生知识性和专业性的特点适配，在吸纳高端就业和稳定大学生就业方面发挥了重要作用。

此外，服务贸易对高新技术产业起到了“蓄水池”的作用。大学毕业生在服务外包企业工作 2~3 年后有 40%转向互联网、大数据和人工智能等领域，这为中国加快步入数字经济强国提供了人才支撑（逸潇和邵寒冰，2021）。

5. 服务贸易是满足人民对美好生活向往的重要方式

党的十八大以来，我国经济由高速增长阶段转向高质量发展阶段，社会主要矛盾是人民日益增长的美好生活需要和不平衡不充分的发展之间的矛盾。提高服务进口的质量能够推动国内消费升级，有利于更好地满足中国人民需求。其中，旅游服务、教育服务和文化娱乐服务等为主的生活性服务进口贸易规模增长，丰富了中国人民的生活，满足了人民对美好生活的向往。根据 3.2.4 节的分析，2012~2019 年，中国旅行服务进口年均增长 13.74%，是同期全球增速的 2.78 倍，占全球旅行服务进口比重从 10.66%提高至 18.71%。同时，中国出国留学人数也从 2012 年的 39.9 万人增加至 2019 年的 66.2 万人，中国成为全球最大的留学生生源国，也是美国、英国、韩国、日本和加拿大等国家的第一大留学生生源国。

6. 服务贸易是推动构建人类命运共同体的重要路径

中国为应对全球性挑战、改革和完善全球治理体系，提出推动构建人类命运共同体的系统性解决方案，坚定地推进更高水平的对外开放是人类命运共同体思想在实践领域的生动写照。

首先，中国目前已与 200 多个国家（地区）建立了服务贸易往来，同 14 个国家建立了服务贸易合作机制，与各国共享发展机遇和成果，共同推动构建人类命运共同体。其次，中国积极推动文化服务和教育服务发展，实现中华文化与世界各国文化的充分交流和沟通，为构建人类命运共同体培育更为深厚的民意和社会基础。最后，中国进一步加快扩大开放步伐，推动全球经济复苏，维护以 WTO 为核心的多边贸易体制，促进贸易自由化和投资便利化，引导经济全球化向更加开放、包容、普惠、平衡、共赢的方向发展，完善构建人类命运共同体的体制保障。

6.2 中国服务贸易发展促进世界各国经贸增长

中国服务贸易的快速发展成为推动全球服务贸易增长的重要力量，有效促进了世界各国的经贸增长。2012 年至 2019 年，在全球服务进口年均增速仅为 4.5%的情况下，中国服务进口增速高达 10.6%，对全球服务进口增长贡献率达 15.7%，累计拉动全球服务进口增长 5.5%。同时，中国在全球范围内积极寻求服务贸易交流合作，提供大量优质的服务贸易机会，促进世界各国与中国的服务贸易往来，拉动了诸多国家服务贸易出口额的增长。

6.2.1 中国是世界各国服务贸易增长的重要推动力量

自中国入世以来，国际贸易得到空前的发展，其中服务贸易增长尤其迅猛，中国对世界各国服务贸易的增长发挥了重要作用。

1. 欧洲国家与中国服务贸易进出口情况

1）欧盟总体与中国服务贸易进出口情况

欧盟是欧洲地区规模最大的区域性国际组织，有力地促进了欧洲经济和政治的发展，在国际经济领域有重要地位，在增强世界经济多元化中发挥着重要作用。

（1）进口情况。图 6.3 展示了 2005~2019 年（由于英国于 2020 年 1 月脱欧，本节数据截至 2019 年，所以欧盟的服务贸易数据中包含英国）欧盟服务进口的增速，可以发现如下两点结论。其一，欧盟从中国进口服务的增速总体高于从世界进口服务的增速。2005~2019 年，欧盟从中国进口服务的平均增速为 10.29%，从世界进口服务的平均增速为 5.55%。从图 6.3 中可以看出，欧盟从中国进口服务增速的趋势线总体位于欧盟从世界进口服务增速的趋势线以上。

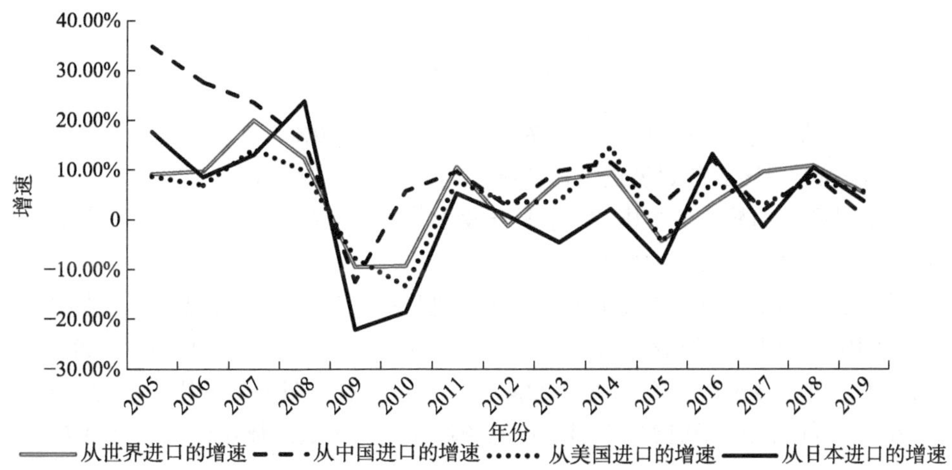

图 6.3　2005~2019 年欧盟服务进口增速

资料来源：OECD 数据库

注：欧盟服务贸易年度数据根据当年欧盟成员国数据加总得到，图 6.4 同

其二，欧盟从中国进口服务的平均增速超过了从美国和日本进口服务的平均增速。欧盟从美国进口服务的平均增速为 4.43%，从日本进口服务的平均增速为 2.83%，均远低于欧盟从中国进口服务的平均增速 10.29%。

（2）出口情况。图 6.4 展示了欧盟服务出口的增速，可以发现如下两点结论。其一，欧盟向中国出口服务的增速总体高于向世界出口服务的增速。2005~2019 年，欧盟向中国出口服务的平均增速为 12.50%，向世界出口服务的平均增速为 5.49%。从图 6.4 中可以看到，欧盟向中国出口服务增速的趋势线大部分位于欧盟向世界出口服务增速的趋势线以上。

其二，欧盟向中国出口服务的平均增速高于向美国和日本出口服务的平均增速。欧盟向美国出口服务的平均增速为 3.56%，向日本出口服务的平均增速为

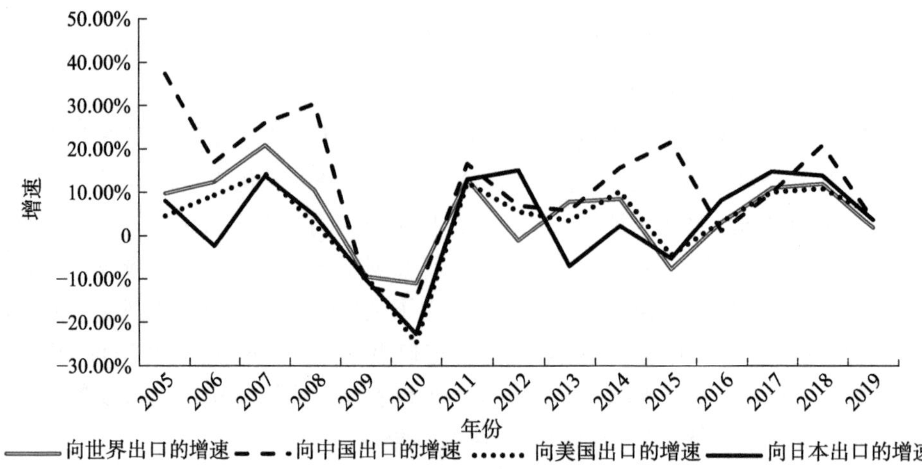

图 6.4　欧盟服务出口增速

资料来源：OECD 数据库

3.37%，均远低于欧盟向中国出口服务的平均增速 12.50%。

2）法国与中国服务贸易进出口情况

法国是欧盟的核心成员国之一，服务业十分发达且第三产业在国民经济中的比重逐年提升，服务贸易实力雄厚。

（1）进口情况。图 6.5 展示了法国服务进口的增速，可以发现如下两点结论。其一，法国从中国进口服务的增速总体高于从世界进口服务的增速。2005~2019 年，法国从中国进口服务的平均增速为 22.67%，从世界进口服务的平均增速为 8.40%。从图 6.5 中可以看出，法国从中国进口服务增速的趋势线总体位于法国从世界进口服务增速的趋势线以上。

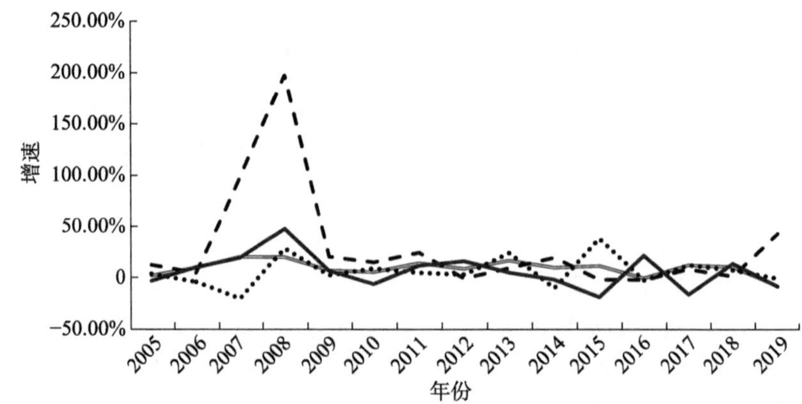

图 6.5　法国服务进口增速

资料来源：OECD 数据库

其二，法国从中国进口服务的平均增速高于从美国和日本进口服务的平均增速。法国从美国进口服务的平均增速为 5.54%，从日本进口服务的平均增速为 6.94%，均远低于法国从中国进口服务的平均增速 22.67%。

（2）出口情况。图 6.6 展示了法国服务出口的增速，可以发现如下三点结论。其一，法国向中国出口服务的增速总体高于向世界出口服务的增速。2005~2019 年，法国向中国出口服务的平均增速为 22.15%，向世界出口服务的平均增速为 7.26%。在 2005~2009 年，法国与中国的服务出口贸易远超其他国家的服务出口贸易均值。

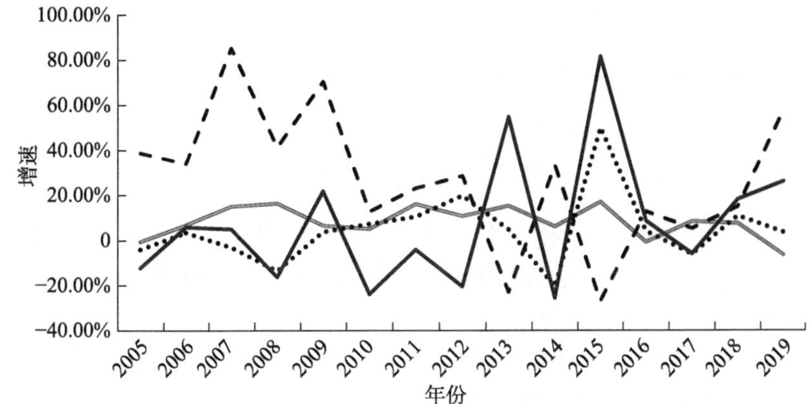

图 6.6　法国服务出口增速

资料来源：OECD 数据库

其二，法国向中国出口服务的平均增速超过了向美国和日本出口服务的平均增速。法国向美国出口服务的平均增速为 4.52%，向日本出口服务的平均增速为 7.19%，均远低于法国向中国出口服务的平均增速 22.15%。

其三，法国向中国出口服务的增速波动较大。

3）德国与中国服务贸易进出口情况

德国也是欧盟的核心成员国之一，是欧洲最大的经济体，也是世界第四大经济体，亦是出口导向型经济体，其服务贸易的进出口额位于世界前列。

（1）进口情况。图 6.7 是德国服务进口增速的趋势图，可以发现如下两点结论。其一，德国从中国进口服务的增速总体高于从世界进口服务的平均增速。2011~2019 年，德国从中国进口服务的平均增速为 7.92%，从世界进口服务的平均增速为 5.63%。从图 6.7 中可以看出，德国从中国进口服务增速的趋势线总体位于德国从世界进口服务增速的趋势线以上，尤其是 2012~2015 年，德国从中国进口服务的增速远高于德国从世界进口服务的增速。

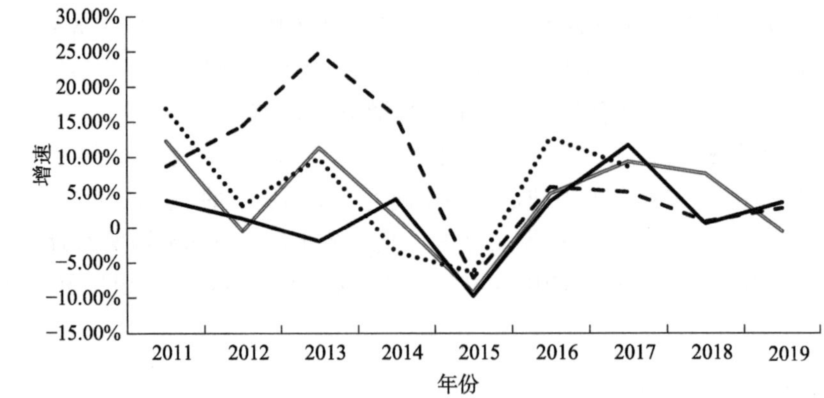

图 6.7　德国服务进口增速

资料来源：OECD 数据库

其二，德国从中国进口服务的平均增速高于从美国和日本进口服务的平均增速。德国从美国进口服务的平均增速为 5.68%，从日本进口服务的平均增速为 5.79%，均低于德国从中国进口服务的平均增速 7.92%。

（2）出口情况。图 6.8 是德国服务出口增速的趋势图，可以发现如下两点结论。其一，德国向中国出口服务的增速在 2015 年之前一直保持较高的水平，而在 2015 年之后急剧下降。虽然 2011~2019 年德国向中国出口服务的平均增速为−2%，但在 2001~2015 年，德国向中国出口服务的平均增速为 27.66%，且从图 6.8 中可以看出，2001~2015 年德国向中国出口服务增速的趋势线总体位于德国向世界出口服务增速的趋势线以上。而在 2015 年之后德国向中国出口服务的增速急剧下降，拉低了德国向中国出口的平均增速。

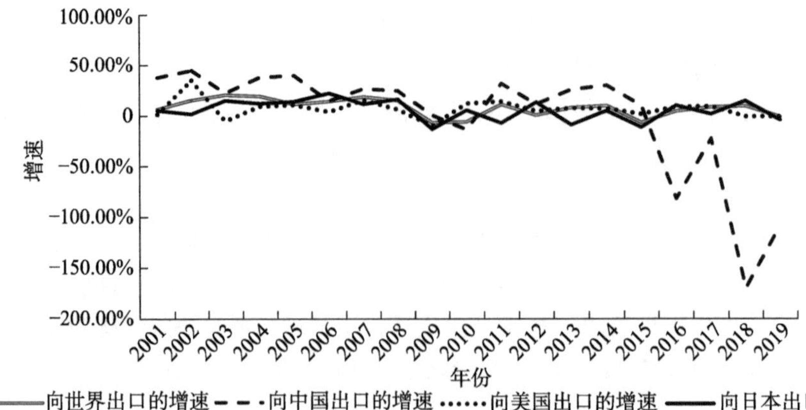

图 6.8　德国服务出口增速

资料来源：OECD 数据库

其二，2001~2015 年德国向中国出口服务的平均增速高于向美国和日本出口服务的平均增速。2001~2015 年德国向美国出口服务的平均增速为 7.43%，向日本出口服务的平均增速为 9.46%，均远低于德国向中国出口服务的平均增速 27.66%。

4）英国与中国服务贸易进出口情况

英国作为主要的发达国家之一，其服务贸易发展迅速，在世界服务贸易中占据重要地位。

（1）进口情况。图 6.9 展示了英国服务进口的增速，可以发现如下两点结论。其一，英国从中国进口服务的增速总体高于从世界进口服务的增速。2001~2019 年，英国从中国进口服务的平均增速为 11.70%，从世界进口服务的平均增速为 5.83%。从图 6.9 中可以看出，英国从中国进口服务增速的趋势线总体位于英国从世界进口服务增速的趋势线以上。

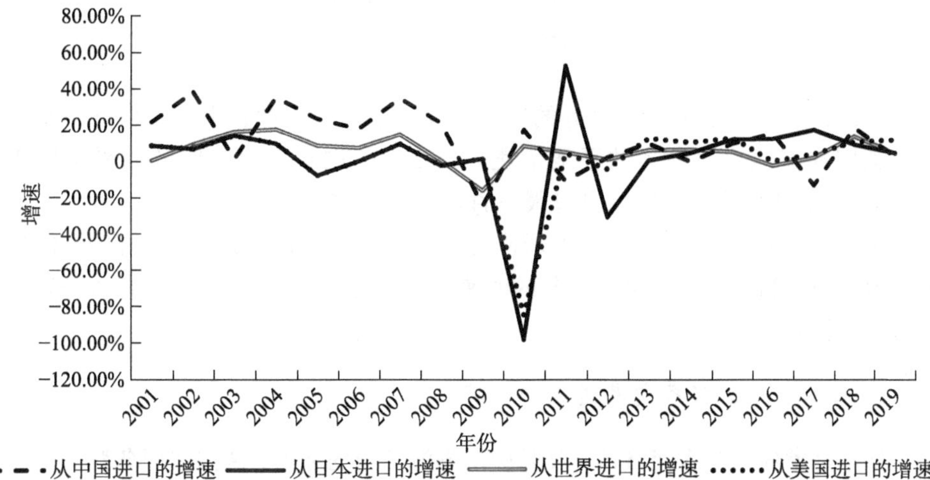

图 6.9　英国服务进口增速

资料来源：OECD 数据库

其二，英国从中国进口服务的平均增速高于从美国和日本进口服务的平均增速。英国从美国进口服务的平均增速为 1.01%，从日本进口服务的平均增速为 1.36%，均远低于英国从中国进口服务的平均增速 11.70%。

（2）出口情况。图 6.10 展示了英国服务出口的增速，可以发现如下三点结论。其一，英国向中国出口服务的增速总体高于向世界出口服务的增速。2001~2019 年，英国向中国出口服务的平均增速为 15.11%，向世界出口服务的平均增速为 6.99%。其中，在 2004 年、2008 年、2013 年英国向中国出口服务的增速分别为 62.29%、48.95%、52.47%，远超同期英国向其他国家出口服务的增速。

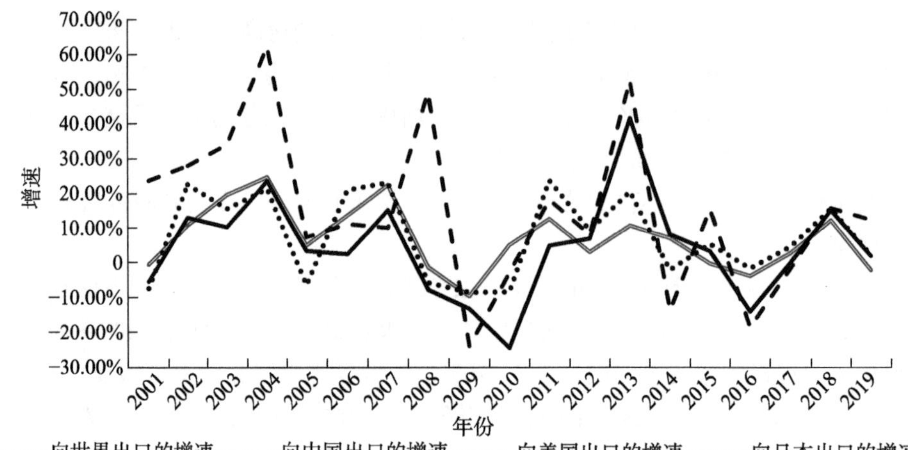

图 6.10 英国服务出口增速

资料来源：OECD 数据库

其二，英国向中国出口服务的平均增速高于向美国和日本出口服务的平均增速。英国向美国出口服务的平均增速为 4.25%，向日本出口服务的平均增速为 7.19%，均远低于英国向中国出口服务的平均增速 15.11%。

其三，英国向中国出口服务的增速波动较大。通过图 6.10 可以看出，2010~2011 年英国向美国和日本两国出口服务的增速波动较为平稳，而向中国出口服务贸易的增速波动较大。

2. 日本与中国服务贸易进出口情况

日本是世界第三大经济体，又是中国隔海相望的邻国，两国在服务贸易方面往来密切。

（1）进口情况。图 6.11 展示了日本服务进口的增速，可以发现如下两点结论。其一，日本从中国进口服务的增速总体高于从世界进口服务的增速。2001~2019 年，日本从中国进口服务的平均增速为 6.51%，从世界进口服务的平均增速为 3.46%。从图 6.11 中可以看出，日本从中国进口服务增速的趋势线大部分位于日本从世界进口服务增速的趋势线以上，其中，在 2006 年之前日本从中国进口服务的增速远超日本从世界进口服务的增速，其他时期日本从中国进口服务的增速同日本从世界进口服务的增速基本一致。

其二，日本从中国进口服务的平均增速高于从美国和英国进口服务的平均增速。日本从美国进口服务的平均增速为 2.98%，从英国进口服务的平均增速为 3.57%，均远低于日本从中国进口服务平均增速 6.51%。

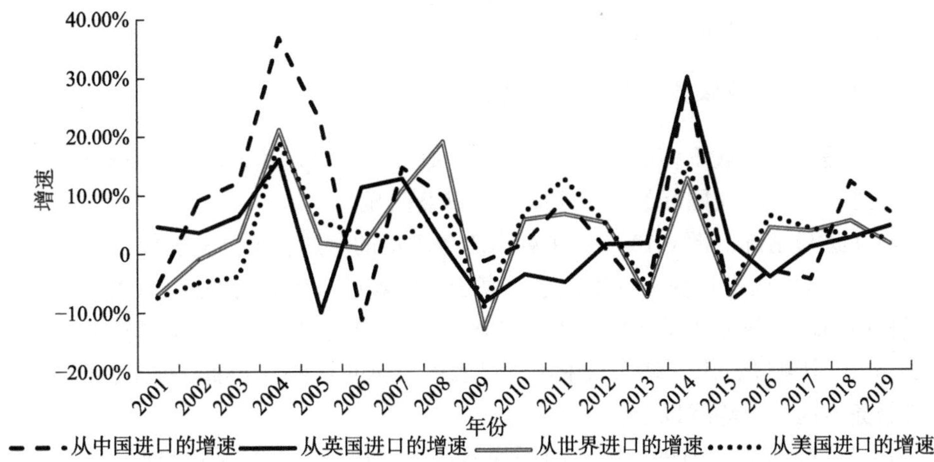

图 6.11　日本服务进口增速

资料来源：OECD 数据库

（2）出口情况。图 6.12 展示了日本服务出口的增速，可以发现如下两点结论。其一，日本向中国出口服务的增速总体高于向世界出口服务的增速。2001~2019 年，日本向中国出口服务的平均增速为 15.27%，向世界出口服务的平均增速为 0.52%。从图 6.12 中可以看出，日本向中国出口服务增速的趋势线大部分位于日本向世界出口服务增速的趋势线以上。

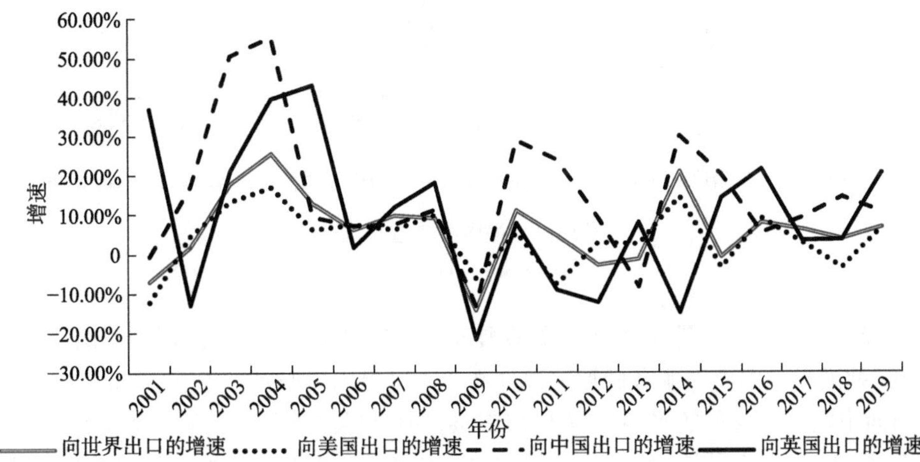

图 6.12　日本服务出口增速

资料来源：OECD 数据库

其二，日本向中国出口服务的平均增速高于向美国和英国出口服务的平均增速。日本向美国出口服务的平均增速为 4.06%，向英国出口服务的平均增速为

9.61%，均远低于日本向中国出口服务的平均增速 15.27%。

3. 韩国与中国服务贸易进出口情况

韩国是亚洲为数不多的发达国家之一，服务业十分发达，同时服务贸易的发展也十分迅速，韩国在国际经济的重要地位日益凸显。

（1）进口情况。图 6.13 展示了韩国服务进口的增速，可以发现如下两点结论。其一，韩国从中国进口服务的增速总体高于从世界进口服务的增速。2001~2018 年，韩国从中国进口服务的平均增速为 12.71%，从世界进口服务的平均增速为 8.22%。从图 6.13 中可以看出，韩国从中国进口服务增速的趋势线大部分位于韩国从世界进口服务增速的趋势线以上。

其二，韩国从中国进口服务的平均增速高于从美国和日本进口服务的平均增速。韩国从美国进口服务的平均增速为 5.53%，从日本进口服务的平均增速为 5.08%，均远低于韩国从中国进口服务的平均增速 12.71%。

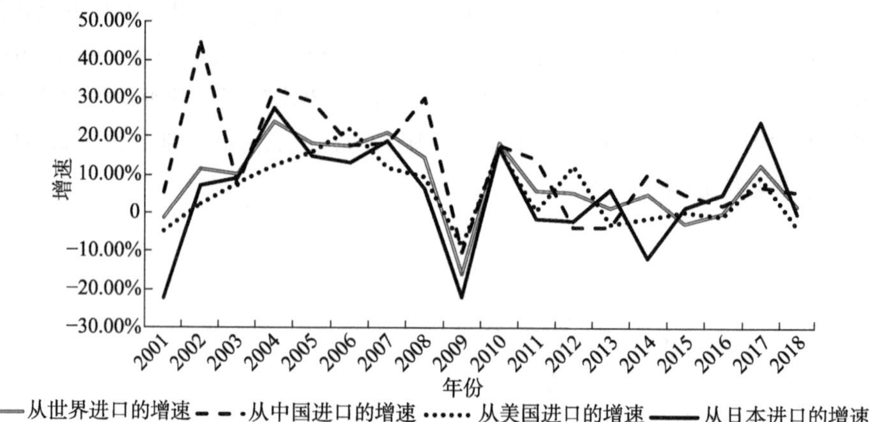

图 6.13 韩国服务进口增速

资料来源：OECD 数据库

（2）出口情况。图 6.14 展示了韩国服务出口的增速，可以发现如下两点结论。其一，韩国向中国出口服务的增速总体高于向世界出口服务的增速。2000~2017 年，韩国向中国出口服务的平均增速为 15.27%，向世界出口服务的平均增速为 0.52%。从图 6.14 中可以看出，韩国向中国出口服务增速的趋势线大部分位于韩国向世界出口服务增速的趋势线以上。

其二，韩国向中国出口服务的平均增速高于向美国和英国出口服务的平均增速。韩国向美国出口服务的平均增速为 3.97%，向英国出口服务的平均增速为 2.40%，均远低于韩国向中国出口服务的平均增速 15.27%。

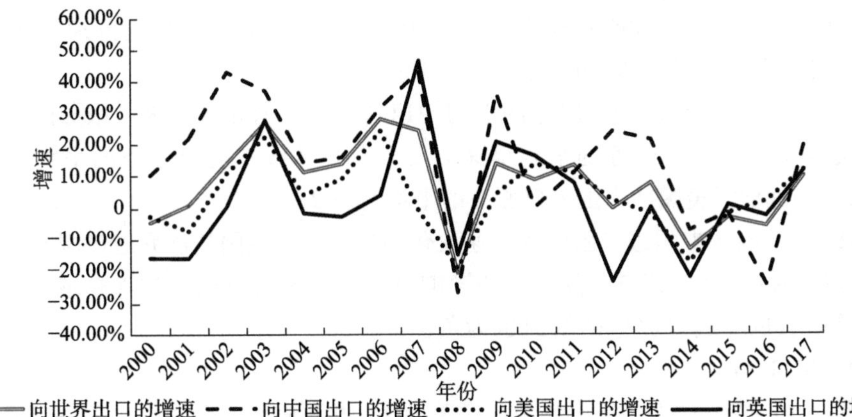

图 6.14　韩国服务出口增速

资料来源：OECD 数据库

4. 美国与中国服务贸易进出口情况

美国是世界最大的经济体，同时也是世界服务贸易第一大国，通过对比美国与中国的服务贸易数据和美国与其他国家的服务贸易数据能够更加直观地看出中国对世界服务贸易的贡献。

1）进口情况

图 6.15 展示了美国服务进口的增速，可以发现如下三点结论。其一，美国从中国进口服务的增速总体高于从世界进口服务的增速。2001~2020 年，美国从中国进口服务的平均增速为 9.39%，从世界进口服务的平均增速为 4.08%。从图 6.15 中可以看出，美国从中国进口服务增速的趋势线总体位于美国从世界进口服务增速

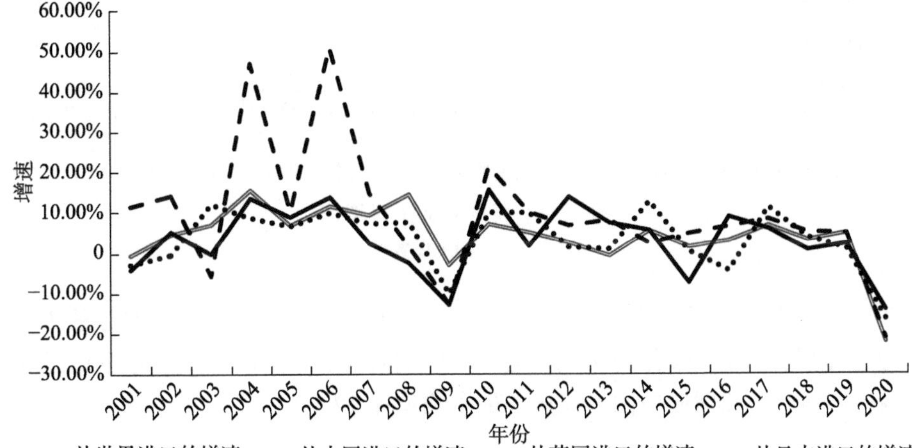

图 6.15　美国服务进口增速

资料来源：OECD 数据库

的趋势线以上，其中 2004 年和 2006 年美国从中国进口服务的增速分别为 47.01%与 50.94%，远远高于同期美国从世界进口服务的增速。

其二，美国从中国进口服务的平均增速高于从英国和日本进口服务的平均增速。美国从英国进口服务的平均增速为 3.41%，从日本进口服务的平均增速为3.16%，均远低于美国从中国进口服务的平均增速 9.39%。

其三，美国从中国进口服务的增速变化趋势基本与美国从世界进口服务的增速变化趋势保持一致。2020 年受疫情的影响美国从中国进口服务的增速成为负值，同期美国从世界进口服务的增速也为负值。

2）出口情况

图 6.16 展示了美国服务出口的增速，可以发现如下两点结论。其一，美国向中国出口服务的增速总体高于向世界出口服务的增速。2002~2020 年，美国向中国出口服务的平均增速为 12.57%，向世界出口服务的平均增速为 5.11%。由图 6.16可以看出，美国向中国出口服务增速的趋势线总体位于美国向世界出口服务增速的趋势线以上，其中 2005~2016 年美国向中国出口服务的增速远远高于同期美国向世界出口服务的增速。

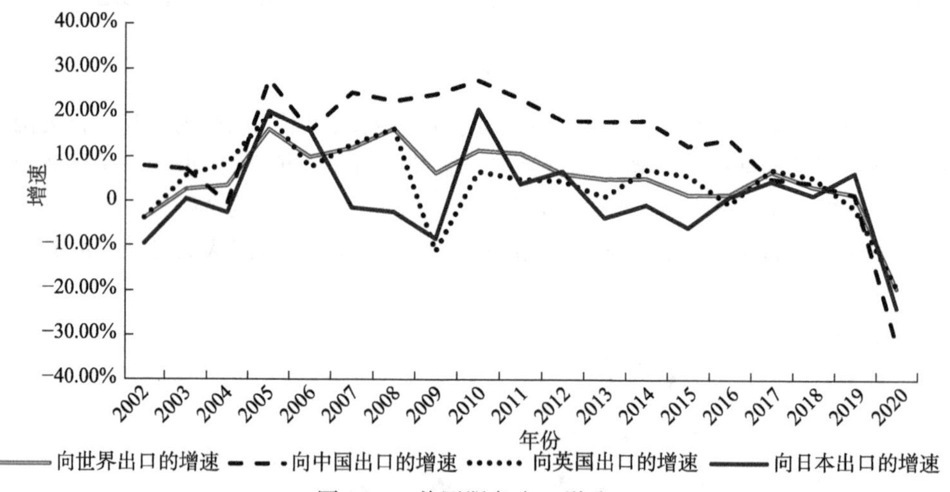

图 6.16　美国服务出口增速

资料来源：OECD 数据库

其二，美国向中国出口服务的平均增速高于向英国和日本出口服务的平均增速。美国向英国出口服务的平均增速为 4.02%，向日本出口服务的平均增速为1.21%，均远低于美国向中国出口服务的平均增速 12.57%。

5. 澳大利亚与中国服务贸易进出口情况

澳大利亚是大洋洲最大的国家，也是世界主要的服务贸易大国之一，其与中国保持着紧密的服务贸易往来。

1）进口情况

图 6.17 展示了澳大利亚服务进口的增速，可以发现如下三点结论。其一，澳大利亚从中国进口服务的增速总体高于从世界进口服务的增速。2001~2020 年，澳大利亚从中国进口服务的平均增速为 6.93%，从世界进口服务的平均增速为 5.36%。从图 6.17 中可以看出，澳大利亚从中国进口服务增速的趋势线总体位于澳大利亚从世界进口服务增速的趋势线以上。

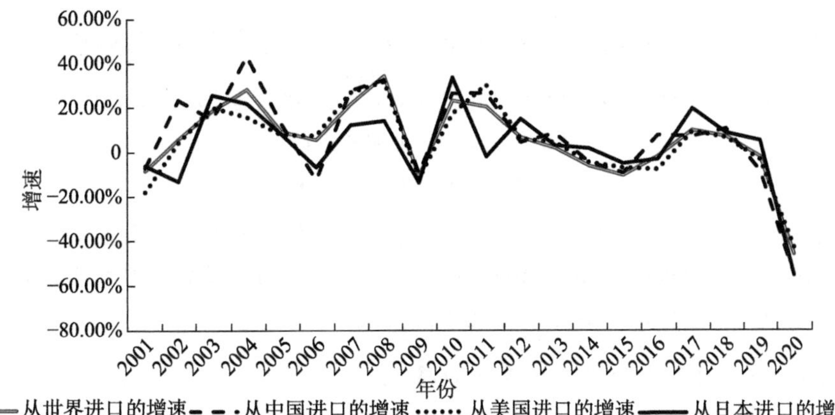

图 6.17　澳大利亚服务进口增速

资料来源：OECD 数据库

其二，澳大利亚从中国进口服务的平均增速高于从美国和日本进口服务的平均增速。澳大利亚从美国进口服务的平均增速为 4.59%，从日本进口服务的平均增速为 3.14%，均低于澳大利亚从中国进口服务的平均增速 6.93%。

其三，澳大利亚从中国进口服务的增速变化趋势基本与澳大利亚从世界进口服务的增速变化趋势保持一致。2020 年受疫情的影响澳大利亚从中国进口服务的增速成为负值，同期澳大利亚从世界进口服务的增速也为负值。

2）出口情况

图 6.18 展示了澳大利亚服务出口的增速，可以发现如下三点结论。其一，澳大利亚向中国出口服务的增速总体高于向世界出口服务的增速。2000~2019 年，澳大利亚向中国出口服务的平均增速为 17.42%，向世界出口服务的平均增速为 5.41%。从图 6.18 中可以看出，澳大利亚向中国出口服务增速的趋势线总体位于澳大利亚向世界出口服务增速的趋势线以上。

其二，澳大利亚向中国出口服务的平均增速高于向美国和日本出口服务的平均增速。澳大利亚向美国出口服务的平均增速为 2.95%，向日本出口服务的平均增速为−2.21%，均远低于澳大利亚向中国出口服务的平均增速 17.42%。

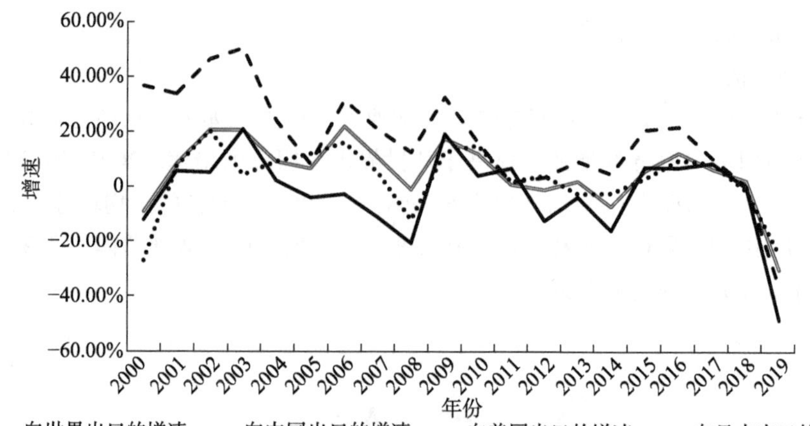

图 6.18　澳大利亚服务出口增速

资料来源：OECD 数据库

其三，澳大利亚向中国出口服务的增速变化趋势基本与澳大利亚向世界出口服务的增速变化趋势保持一致。2019 年澳大利亚向中国出口服务的增速成为负值，同期澳大利亚向世界出口服务的增速也为负值。

6. 金砖四国与中国服务贸易出口情况

中国拥有巨大的国内市场，发展中国家能够在与中国的合作中获得发展机遇，实现本国经济增长和产业结构转型。俄罗斯、印度、巴西和南非等金砖四国作为发展中国家中的大国，也是发展中国家的代表，与中国之间的经贸合作是南南合作的重要组成部分。

图 6.19 展示了俄罗斯、印度、巴西和南非等金砖四国的服务出口增速，可以发现，图 6.19 中的虚线整体位于实线以上，表明上述国家对中国出口服务的平均

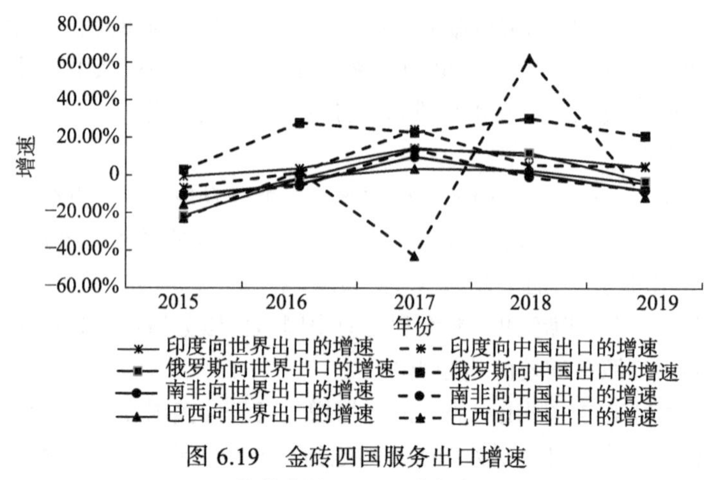

图 6.19　金砖四国服务出口增速

资料来源：OECD 数据库

增速总体上高于其服务出口的平均水平，尤其是俄罗斯向世界出口服务的平均增速不足 1%，但向中国出口服务的平均增速达到了 20.96%。

7. 小结

通过总结世界主要国家的服务贸易进口和出口发展情况，可以发现，中国进一步扩大开放，构建高水平对外开放新体制，有效促进了世界各国服务贸易的发展。一方面，中国为全世界提供了优质的服务，世界各国从中国进口服务的平均增速均高于其平均水平，也反映了中国服务贸易国际竞争力逐渐增强。另一方面，中国超大规模的国内市场为世界各国服务贸易发展提供了机遇，世界各国向中国出口服务的平均增速也高于其平均水平。随着中国进入新发展阶段，中国对高质量的生产性服务和生活性服务的需求迅速上升，从而拉动了世界各国向中国的出口，中国成为世界各国服务贸易发展的重要动力。

6.2.2　中国为全球服务贸易发展注入新活力

1. 服务贸易高质量发展为全球服务贸易发展增添新动能

随着服务贸易规模扩大和服务贸易发展质量上升，中国进一步全面深化服务贸易创新，为全球服务贸易发展带来新动能。首先是扩大市场规模。中国全面扩大开放，促进形成全国统一大市场，推动形成以国内大循环为主体、国内国际双循环相互促进的新发展格局，为国内及国外服务贸易企业创造更加广阔的发展空间。

其次是推进共同富裕。“十四五”时期中国进入新发展阶段，人民对美好生活的向往呈现出多样化的特点，满足人民对美好生活的向往不仅意味着要提供更高的生活品质，也意味着要深化教育服务、医疗服务、建筑服务等领域的改革，让全体人民共享开放发展成果。人工智能、5G 通信等从“十四五”时期开始出现在大众生活的新业态不仅在传统行业释放出新动能，也催生出服务业市场发展的新增长点。

最后是推进绿色经济发展。随着可持续发展理念不断深化，绿色转型已经从口号转变成行动，各个行业不断提升绿色竞争力及资源与能源的投入产出效率，降低产品能源消耗和污染水平，为市场提供更加清洁的产品。为实现绿色低碳发展，中国积极推动环境服务贸易，扩大进口和技术交流，提高中国环保产业高质量的服务供给能力，在相关产业形成了新的经济增长点。

2. 服贸会为各国服务贸易发展提供优质新平台

随着全球经济结构的不断调整，服务贸易的重要地位日益凸显，成为国际贸易的重要组成部分和国际经贸合作的重要领域。服贸会专注于服务业和服务贸易，是全球服务贸易领域规模最大、内容最丰富的国际一流展会，致力于促进世界服务贸易的交流与发展，凝聚各国促进服务贸易开放发展的共识，为世界服务贸易的交流搭建优质平台，不断激发各国服务贸易增长新动能，为世界经济发展注入新活力。

1）服务丰富且先进

服贸会涉及的服务涵盖了所有服务领域。根据 WTO 的规定和划分，服务贸易领域共有 12 个大类别，而服贸会在这 12 个领域均有不同程度的涉及，是世界上首个覆盖服务全领域的服务贸易展会。

服贸会搭建了先进的数字贸易平台。2021 年服贸会的主题为“数字开启未来，服务促进发展”，代表着服务贸易发展的新趋势，服贸会数字云平台以价值最大化、成本最小化的方法，为企业产品推广、市场对接提供了极大便利。数字贸易逐渐成为世界经济贸易的新形态，是推动未来贸易发展的新动能。数字技术、产业数字化及数字产业化发展，催生了服务业的新业态、新模式、新市场，促进服务业与制造业的进一步融合。在商务领域，支付、物流等在数字化后得到快速发展。在贸易领域，基于互联网、云计算、区块链和大数据等发展起来的金融科技，为国际结算带来了极大便利。在生活服务领域，在线教育和在线医疗让消费者突破时间与空间的限制，产业发展速度加快。目前，中国积极推动数字贸易的发展，从产业数字化和数字产业化两方面为服务贸易赋能，并将“数字贸易”列入《“十四五”服务贸易发展规划》。

2）参与国家众多且广受好评

服贸会作为全球服务贸易领域规模最大的综合性展会，为各国服务企业的沟通交流架起桥梁，促进了服务贸易的国际合作，广受好评。2021 年，共有 153 个国家（地区）的共计 1 万余家企业注册线上线下参展参会。其中，2400 家企业线下参展，世界 500 强、行业龙头企业占比 18%，比上届提高了 9 个百分点。综合展区的整体国际化率为 51%，比上届提高了 9 个百分点。8 个专题展区的整体国际化率为 19%，比上届提高了 10 个百分点。从国际化率和世界 500 强企业占比方面来看，服贸会的国际参与度不断提升，“朋友圈”越来越大。不少国家代表表示，服贸会主题符合经济转型升级、服务业快速发展的趋势，有利于促进全球服务贸易恢复增长，加强中国与世界各国之间的联系，也将有力推动其他发展中国家与中国的经贸关系发展。

3）配套措施完善

服贸会重视园区建设，优化服务贸易发展的小环境。北京市作为国家服务业扩大开放综合示范区和自贸试验区，其服务业的开放政策与服贸会的功能定位相辅相成，为服贸会的顺利开展提供了良好条件。2020 年 8 月 28 日，国务院通过《深化北京市新一轮服务业扩大开放综合试点建设国家服务业扩大开放综合示范区工作方案》。随后，2021 年 8 月 31 日商务部印发了《北京市建设国家服务业扩大开放综合示范区最佳实践案例》，为各地服务业的开放发展提供经验指导。“十四五”期间，北京市高标准推进“两区”（国家服务业扩大开放综合示范区、自贸试验区）建设，加强科技创新、服务业开放、数字经济的发展，加大先行先试力度，探索更多可复制可推广经验，构建京津冀协同发展的高水平开放平台，带动形成更高层次的改革开放新格局。

3. 不断开放的市场为服务贸易合作发展开拓新领域

1）共同营造开放包容的合作环境

纵观人类社会发展史，世界经济开放则兴、封闭则衰。服务业因其独特的轻资产、软要素等特点，更加需要开放、透明、包容、非歧视的行业发展生态，更加需要各国努力减少制约要素流动的“边境上”和“边境后”壁垒，推动跨境互联互通。中国坚定不移地扩大对外开放，建立健全跨境服务贸易负面清单管理制度，推进服务贸易创新发展试点开放平台建设，继续放宽服务业市场准入，主动扩大优质服务进口，形成以国内大循环为主体、国内国际双循环相互促进的新发展格局。中国将积极顺应服务贸易发展实际需要，推动多边、区域等层面服务规则协调，不断完善全球经济治理，促进世界经济包容性增长。

中国进一步扩大服务市场开放，自 2013 年以来，已设立 21 个自贸试验区，大力推进投资和贸易便利化，为中国与各国的服务贸易合作提供良好条件。2016 年，国务院批准《服务贸易创新发展试点方案》，在上海、天津、海南等 15 个省市（区域）开展服务贸易创新发展试点。在试点经验的基础上，2018 年 6 月国务院同意商务部提出的《深化服务贸易创新发展试点总体方案》，自 2018 年 7 月 1 日起，在北京等 17 个省市（区域）深化服务贸易创新发展试点。同时，中国出台了一系列促进服务出口的重大举措，加大了对重点新兴服务出口的支持和引导，极大地激发了服务出口潜力。

2）共同激活创新引领的合作动能

中国顺应数字化、网络化、智能化发展趋势，共同致力于消除“数字鸿沟”，助推服务贸易数字化进程。同时，中国拓展特色服务出口基地，发展服务贸易新业态新模式。中国同各国一道，加强宏观政策协调，加快数字领域国际合作，加大知识产权保护，积极促进数字经济、共享经济等蓬勃发展。

同时，数字技术已成为促进经济发展、提高经济各领域竞争力、保障经济可持续增长的关键因素之一。根据《中国互联网发展报告 2020》，2019 年，中国数字经济规模达 35.8 万亿元，占 GDP 比重达 36.2%，中国数字经济总量规模和增长速度位居世界前列。近年来，中国不断扩大数字基础设施覆盖范围，培育专业化的数字人才队伍，数字经济快速发展。在数字技术的支持下，共享经济得到前所未有的发展，更加惠及世界各国人民。

3）共同开创互利共赢的合作局面

经济全球化背景下，各国经济彼此依存，只有以诚相待、普惠共享是根本之计。通过加强国家间的服务贸易发展对接，创新合作方式，深化合作领域，积极寻求发展利益最大公约数，不断做大"蛋糕"，才能实现各国利益的最大化。中国充分利用服贸会、进博会等各类平台，推动开展政策和经验交流，建立和培育政府、国际组织、商协会及企业间多样化的伙伴关系，支持组建全球服务贸易联盟，不断形成更多务实合作成果，使各国人民共享服务贸易增长成果。

4.“一带一路”倡议促进沿线国家服务贸易实现新发展

“一带一路”倡议为沿线国家和地区提供了国际合作新平台，促进了世界的共同发展，更是为服务贸易的高质量发展提供了新契机。服务贸易能产生促进人文交流和市场发展的双重效益，是推动“一带一路”高质量发展的重要动力。“建立健全服务贸易促进体系，大力发展现代服务贸易”是“一带一路”建设的合作重点。

自 2001 年入世后，中国积极参与经济全球化，不断扩大服务业的对外开放。中国重视服务贸易自由化，但当下国际形势复杂，全球经济还将长期保持低速增长趋势，同时逆全球化思潮、贸易保护主义抬头，新冠疫情冲击、地缘政治不确定性及金融动荡等不利因素仍将持续。但总体来说，世界多极化、经济全球化、贸易自由化的大势不可逆转。在此背景下，中国推进的“一带一路”倡议有助于高质量发展服务贸易，构建发达国家与发展中国家双轮驱动的全球服务市场格局，打造互利共赢的国际环境，推进形成人类命运共同体。

1）服务贸易总体合作成效显著

自 2013 年“一带一路”倡议提出以来，中国与“一带一路”沿线国家在服务贸易领域的合作迈上新台阶。截至 2021 年，中国已经和“一带一路”沿线 13 个国家建立自由贸易区，其中包括东盟十国、巴基斯坦、格鲁吉亚和马尔代夫；与此同时，中国正在同 10 个“一带一路”沿线国家商建自由贸易区，包括海湾阿拉伯国家合作委员会 6 国、印度、斯里兰卡、以色列、摩尔多瓦；此外，中国还同尼泊尔、孟加拉国、蒙古国、巴勒斯坦等启动了自由贸易协定联合可行性研究。

根据《中国服务贸易发展报告（2020）》，2015~2019 年，中国与“一带一路”沿线国家的服务进出口总额从 796.5 亿美元增长至 1178.8 亿美元，年均增长 10.3%，比中国与其他国家服务进出口年均增长水平高 5.6 个百分点。2020 年，中国与“一带一路”沿线国家的服务进出口总额为 846.4 亿美元，其中，出口额为 378.0 亿美元，进口额为 468.4 亿美元。2020 年，中国承接“一带一路”沿线国家离岸服务外包执行额 197.7 亿美元，同比增长 6.9%。

2）服务贸易重点领域合作成绩突出

中国同“一带一路”沿线国家服务贸易合作主要集中在传统的旅行、运输、建筑服务三大类，2017 年中国与“一带一路”沿线国家三大类服务贸易在总服务贸易中占比为 75.5%。“民心相通”作为“一带一路”建设“五通”内容之一，拉动了旅行服务贸易的快速增长，“一带一路”沿线国家每年吸引中国游客超过 2500 万，中国已经成为“一带一路”沿线国家的最大游客输出国。中国游客在“一带一路”沿线国家的旅游消费拉动了当地的经济增长与就业，促进了民间文化交流和经贸合作。

在对外承包工程和重大援助项目的支持下，中国与“一带一路”沿线国家建筑服务贸易合作成果显著，中国建筑企业极大地帮助了沿线国家和地区基础设施的建设。除此之外，中国与“一带一路”沿线国家在中医药、服务外包等高附加值的新兴领域也达成了更深入的合作。

3）合作发展空间广阔

“一带一路”沿线国家大部分处于工业化与信息化的起步阶段，在传统服务业和新兴服务业方面都有巨大的需求。中国同“一带一路”沿线国家开展服务贸易促进了服务业国际分工更加深化，有利于实现互利共赢，同时也加强了与“一带一路”沿线国家的互联互通、产能合作和装备制造合作。

同时，随着数字经济的发展，以互联网、大数据、跨境电商为基础的新型服务贸易，正在为“一带一路”沿线国家的经济增长注入新动能。中国积极承接“一带一路”沿线国家的服务外包，支持有条件的服务贸易企业“走出去”，加快在信息技术、研发设计、咨询、商贸物流、文化创意、教育培训等新兴服务领域的贸易出口。

5. RCEP 和 CAFTA 等为成员国服务贸易合作扩展新空间

RCEP 和 CAFTA 是东亚与东南亚各国推动经济整合，进一步提升东亚各经济体发展水平，加强彼此之间的凝聚力和密切经贸关系的重要合作方式。在服务贸易领域开放上，RCEP 和 CAFTA 制定了更具“包容性”“开放性”及“互补性”的较高质量的服务贸易整合规则与标准，既考虑了日本、新加坡、澳大利亚等服务开放水平较高的发达国家的利益，也兼顾了韩国、新加坡等新兴经济体及中国、马来西亚等发展中国家的发展实际，追求更高水平和更高级别的服务贸易自由化，为各成员国服务贸易扩展了新的合作空间。

具体而言，在服务贸易开放上，日本、韩国、新加坡、澳大利亚、文莱、马来西亚和印尼等七个成员国采用负面清单方式承诺开放，中国等其余八个成员国采用正面清单方式承诺开放，正面清单将于协定生效后六年内转为负面清单。同时，RCEP 各个成员方均做出了高于 CAFTA 水平的开放承诺。中国在 RCEP 中做出的服务贸易开放承诺已经达到了其所签署的各类自由贸易协定的最高水平，中国在入世承诺的约 100 个开放部门的基础上，新增研究、管理咨询、生产性服务业等 22 个服务行业，并提高了金融服务、建筑服务和运输服务等 37 个服务行业的开放水平。其他 RCEP 成员也在建筑服务、医疗服务、金融服务等服务行业做出了高水平开放承诺。

第 7 章　中国服务贸易发展的制约因素

第 6 章介绍了中国服务贸易发展的成就，自入世以来中国服务贸易实现持续平稳增长，贸易结构持续优化，国际市场更加多元，全球地位明显上升。服务贸易日益成为中国对外贸易发展的重要引擎、对外开放深化的重要动力及构建新发展格局的重要力量，为推动世界经济复苏和增长发挥着重要作用。然而，中国服务贸易整体上“大而不强”的问题仍然存在，表现为逆差长期存在、贸易结构不均衡、国际竞争力不强。本章通过分析中国服务贸易发展面临的问题，探究制约中国服务贸易发展的因素，提出提升服务贸易竞争力、构建服务贸易发展新格局的启示与建议。

7.1　中国服务贸易发展面临的问题

自入世以来，虽然中国服务贸易已经实现了长足的发展，但是服务贸易逆差继续扩大、贸易结构失衡及国际竞争力不强的问题仍然存在，限制了中国服务贸易竞争力的提高和服务贸易发展新格局的构建。

7.1.1　服务贸易逆差继续扩大

自中国入世以来，服务贸易规模持续增长，但是服务贸易逆差持续扩大，尤其是 2018 年中国服务贸易出口额为 17 655.22 亿元，进口额为 34 741.35 亿元，贸易逆差为 17 086.13 亿元，为入世后贸易逆差最高水平。表 7.1 给出了 2002~2020 年中国服务贸易进出口额与贸易差额，从长期来看，2008 年国际金融危机是导致中国服务贸易逆差扩大的重要事件，在 2008 年国际金融危机前，中国服务贸易保持顺差或少量逆差，在 2008 年国际金融危机后，贸易逆差迅速增加，由 2008 年 305.58 亿元的贸易顺差迅速变为 2009 年 1045.14 亿元的贸易逆差，并在 2009~2019 年以 30.55%的年均增长率持续扩大。需要注意的是，2020 年新冠疫情冲击使得服务贸易逆差迅速缩小，2020 年中国服务贸易出口额为 19 354.67 亿元，进口额为 26 286.75 亿元，贸易逆差 6932.09 亿元，相比 2019 年的贸易逆差下降 53.86%。

表 7.1 2002~2020 年中国服务贸易进出口情况

年份	进出口总额/亿元	同比增速	出口额/亿元	同比增速	进口额/亿元	同比增速	贸易差额/亿元
2002	7 681.06	18.20%	3 823.97	18.00%	3 848.81	18.50%	–24.83
2003	8 823.28	14.87%	4 246.10	–29.24%	4 577.18	–23.93%	–331.08
2004	12 017.91	36.21%	6 000.68	–13.10%	6 017.23	–12.55%	–16.55
2005	13 786.63	14.72%	6 905.60	–15.90%	6 881.03	–14.37%	24.58
2006	16 246.53	17.84%	8 210.95	–20.19%	8 035.57	–18.77%	167.41
2007	20 181.02	24.22%	10 288.21	–9.29%	9 892.80	–10.36%	395.41
2008	22 384.06	10.92%	11 341.35	15.62%	11 035.76	1.67%	305.58
2009	20 663.78	–7.69%	9 809.32	–18.73%	10 854.46	–17.09%	–1 045.14
2010	25 162.23	21.77%	12 070.02	–7.03%	13 092.21	–18.20%	–1 022.19
2011	28 993.55	15.23%	12 982.19	2.01%	16 004.91	–9.87%	–3 022.72
2012	30 483.06	5.14%	12 726.00	–0.73%	17 757.06	–13.27%	–5 031.06
2013	33 294.64	9.22%	12 819.92	–4.75%	20 474.72	–23.00%	–7 654.80
2014	40 051.06	20.29%	13 458.87	–1.15%	26 592.18	–1.96%	–13 127.16
2015	40 746.19	1.74%	13 615.28	–2.16%	27 124.68	–9.67%	–13 509.40
2016	43 945.46	7.85%	13 915.62	–9.64%	30 029.84	–4.88%	–16 114.22
2017	46 972.27	6.89%	15 400.86	–12.77%	31 571.42	–9.12%	–16 170.56
2018	52 403.19	11.56%	17 655.22	–9.76%	34 741.35	0.44%	–17 086.13
2019	54 153.23	3.34%	19 564.15	1.08%	34 589.08	31.58%	–15 024.93
2020	45 641.42	–15.72%	19 354.67	–1.00%	26 286.75	–24.00%	–6 932.09

资料来源：商务数据中心

7.1.2 服务贸易细项结构不平衡

从服务贸易结构看，中国具有优势的服务贸易行业主要集中于旅行服务、运输服务及建筑服务等劳动密集型和资源密集型行业，而金融服务及保险和养老金服务等高附加值的技术密集型与资本密集型服务出口额占总服务出口额的比重不高。表 7.2 给出了 2011~2019 年中国服务贸易细项的出口额。可以发现，2019 年中国服务贸易出口总额为 19 564.15 亿元，其中运输服务出口额为 3175.35 亿元，占比 16.23%，旅行服务出口额为 2380.42 亿元，占比 12.17%，建筑服务出口额为 1931.80 亿元，占比 9.87%，这三个服务行业出口总额为 7487.57 亿元，占比 38.27%。这些资源密集型与劳动密集型产业依赖自然资源和劳动力等要素，技术含量较低。同时，金融服务、保险和养老金服务及知识产权使用费服务等技术密集型与资本密集型服务的出口额占比分别为 1.38%、1.69%、2.35%，处于较低水平。

表 7.2　2011~2019 年中国服务贸易细项分类出口额（单位：亿元）

服务贸易细项	2011 年	2012 年	2013 年	2014 年	2015 年	2016 年	2017 年	2018 年	2019 年
运输服务	2297.39	2456.33	2331.47	2349.18	2398.99	2243.09	2505.17	2799.20	3175.35
旅行服务	3130.19	3158.02	3199.65	2705.52	3615.22	2951.54	2619.65	2611.17	2380.42
建筑服务	951.02	773.02	660.38	943.23	1017.08	828.09	823.86	1759.42	1931.80
保险和养老金服务	194.91	210.16	247.49	280.98	309.78	275.91	273.18	325.76	329.97
金融服务	54.86	119.05	197.26	278.33	137.88	213.47	249.44	230.39	270.00
知识产权使用费服务	48.01	65.91	54.91	41.55	66.69	76.68	321.53	368.05	459.06
电信、计算机和信息服务	898.32	1025.58	1058.94	1239.18	1526.32	1701.14	1813.50	3113.99	3715.96
其他商业服务	3640.53	3220.80	3544.68	4232.09	3640.61	3823.29	3933.26	4625.56	5060.42
个人、文化和娱乐服务	7.93	7.93	9.11	10.74	45.38	49.43	51.27	80.32	82.90
别处未提及的政府服务	48.62	62.50	76.03	64.76	66.10	80.28	114.84	116.04	106.37
货物相关服务	1713.46	1625.16	1440.35	1315.83	1500.03	1573.04	1619.97	1628.06	2053.44

资料来源：WTO

注：由于所有数据均使用四舍五入法保留小数点后两位数字，可能导致部分细项数据加总结果与总额存在误差，下同

此外，从长期来看，中国服务贸易细项结构不平衡的趋势并未改善，如表 7.2 所示，在 2011~2019 年，运输服务、旅行服务和建筑服务等中国传统服务贸易行业的出口额占当年服务贸易出口总额的比重保持稳定，金融服务、保险和养老金服务及知识产权使用费服务等新兴服务行业的出口额占比虽有所上升，但仍处于较低水平。需要注意的是，电信、计算机和信息服务在 2011~2019 年发展较快，其出口额由 2011 年的 898.32 亿元（占比 6.92%），上升至 2019 年的 3715.96 亿元（占比 18.99%）。

7.1.3　服务贸易出口目的国较为集中

中国服务贸易出口市场结构较为单一，不利于在国际服务贸易中争取有利的贸易条件，也使得中国服务贸易企业更容易遭受贸易摩擦，面临更大的市场风险，降低了服务贸易发展的整体效益。表 7.3 展示了 2019 年中国的前十大服务贸易伙伴，可以发现，中国服务贸易出口市场主要集中于中国香港、美国、日本、新加坡、德国、英国和韩国等国家和地区，向前十大服务贸易伙伴的服务出口额占中国服务贸易出口总额的 61.42%。

表 7.3　2019 年中国与前十大服务贸易伙伴进出口情况（单位：亿元）

排名	国家/地区	进出口总额	出口额	进口额	贸易差额
1	中国香港	11 114.86	4 289.49	6 826.07	–2 536.58
2	美国	8 729.36	2 971.18	5 758.18	–2 786.99
3	日本	3 290.58	934.75	2 355.84	–1 421.09
4	新加坡	2 236.49	1 110.66	1 125.84	–14.49
5	德国	2 224.77	638.80	1 585.97	–946.47
6	英国	2 144.05	634.66	1 509.39	–874.73
7	韩国	1 905.37	754.70	1 150.67	–395.97
8	澳大利亚	1 770.16	143.49	1 626.67	–1 483.18
9	加拿大	1 703.93	197.30	1 507.32	–1 310.03
10	中国台湾	1 168.61	342.86	825.75	–483.58
	前 10 位伙伴合计	36 288.18	12 017.88	24 271.70	–12 253.11
	服务贸易总额	54 153.23	19 564.15	34 589.08	–15 024.93

资料来源：国家外汇管理局

7.1.4　服务贸易竞争力水平不足

根据 3.4.2 节的测算结果，可以发现，中国服务贸易的国际竞争力不足。一方面，中国服务贸易的国际市场占有率虽然由 2005 年的 3.85%上升至 2020 年的 5.69%，但与服务贸易国际市场占有率常年保持在 10%以上的美国等服务贸易强国相比仍有较大差距，且除建筑服务外，其他服务贸易行业的国际市场占有率均处于较低水平。

另一方面，中国服务贸易优势行业主要集中于运输服务、建筑服务等传统的劳动密集型行业，这些行业的 RCA 指数均在 1.25 以上，具有明显的国际竞争力。但是，保险和养老金服务、金融服务和知识产权使用费服务等现代服务领域的 RCA 指数均低于 0.8，国际市场竞争力较弱，表明中国新兴服务业发展处在初级阶段，未来仍有较大的提升空间。

7.2　制约中国服务贸易竞争力水平提升的原因

7.2.1　影响中国服务贸易国际竞争力的重要因素

20 世纪 80 年代美国教授迈克尔·波特（Michael Porter）提出国家竞争优势理

论，即钻石模型，用于解释国家如何打造并保持其国际竞争力。钻石模型认为一个国家某种产业的国际竞争力取决于生产要素，需求条件，相关与支持性产业，企业战略、企业结构和同业竞争四个关键因素，也取决于政府政策和外部机会等两个辅助因素。已有的关于服务贸易竞争力的研究大多基于钻石模型展开分析，本节也基于钻石模型分析上述因素对中国服务贸易竞争力的影响。

1. 生产要素

赫克歇尔–俄林理论指出要素禀赋差异是导致国际贸易的重要原因，也是一国比较优势的重要来源。因此，根据中国服务贸易发展实际，可以认为中国的劳动力数量与质量、自然和人文资源、资本投资、知识和技术等要素禀赋水平均可能影响中国服务贸易的国际竞争力水平。

1）劳动力数量与质量

国家间劳动力要素的差异主要表现为劳动力数量和劳动力质量上的差异。一方面，劳动力数量的增加将降低一国的劳动力成本，增强该国在劳动密集型产业的比较优势。另一方面，劳动力质量的提升能够提高一国的人力资本水平，增强该国在知识和技术密集型产业的比较优势，而低质量劳动力数量增加甚至能够降低一国的竞争优势。

就中国实际而言，在劳动力数量方面，中国是世界人口最多的国家，根据第七次全国人口普查公报，截至 2020 年，中国劳动力人口数约为 8.94 亿人，占全国总人口的 63.35%，劳动力数量位居世界第一。庞大的劳动力数量使得中国劳动力价格低于大多数发达国家和新兴市场国家，使得中国具有劳动成本比较优势，也使得中国在交通运输业与建筑业等劳动密集型服务业具有较强的比较优势和国际竞争力，而交通运输业和建筑业也是中国主要的服务贸易出口行业。

在劳动力质量方面，中国劳动力质量不高，人力资本水平仍有较大提升空间。如图 7.1 所示，截至 2020 年底，中国每 10 万人口中受教育程度为初中及小学的人数为 59 274 人，占比 59.28%，每 10 万人口中受教育程度为高中（含中专）及大学（大专及以上）的人数为 30 555 人，占比 30.56%，其中，受教育程度为高中（含中专）的人口比重为 15.09%，受教育程度为大学（大专及以上）的人口比重为 15.47%。中国 15 岁及以上人口平均受教育年限为 9.91 年，相比较欧美等发达国家仍有一定差距，导致中国在以知识为基础的新兴服务贸易行业的高素质人才积累不足，从而在高附加值的金融服务业、计算机信息服务业和专利技术及咨询服务业等方面处于劣势地位。

2）自然资源和人文资源

自然资源和人文资源是影响旅游服务业发展的重要因素。中国国土陆地面积约 960 万平方公里，南北跨越近 50 度纬度，东西相距约 5200 公里，辽阔的国土面积

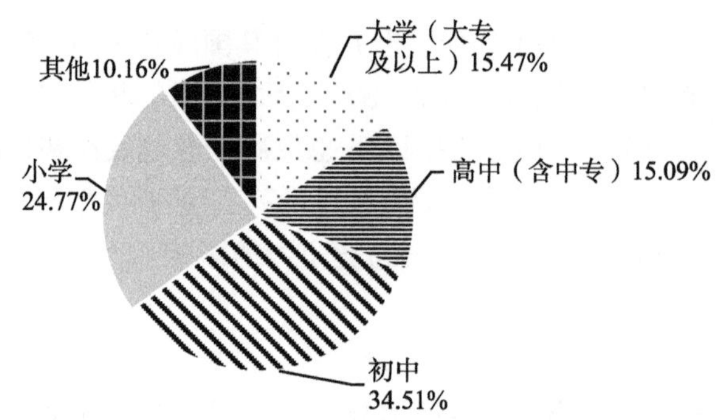

图 7.1　2020 年中国每 10 万人口中各类受教育程度比例

资料来源：国家统计局

形成了中国丰富的地形地貌与生态类型。具体而言，中国不仅拥有高原、平原、盆地、丘陵、山地多种地形及黄河、长江等河流大川，也拥有温带季风气候、温带大陆性气候、亚热带季风气候、热带季风气候、高原山地气候等五种气候类型，多样的地形和气候为生物界提供了优越的生存环境，形成了更加丰富多彩的自然景观。同时，多样的自然环境孕育了多彩的文化，中国拥有很多古老的历史遗迹和独特的民族文化，仅联合国教育、科学及文化组织在 2000 年《世界遗产名录》上所列的 690 个世界遗产中，中国就占了 72 个。中国丰富的自然资源和人文资源禀赋极大地促进了中国旅游业的发展，旅行服务成为中国服务贸易出口的重要部分，2019 年中国旅行服务出口额为 2380.42 亿元，占服务贸易总出口额的 12.17%。

3）资本投资

资本投资的规模决定着市场规模的大小，市场规模又直接影响一国服务贸易的成本和竞争力。市场规模越大，服务种类越多，交易量越高，市场规模增加能够通过规模经济降低服务业的生产成本，增强一国服务贸易的国际竞争力。相比于农业和制造业，中国服务业资本投资仍然不足，导致企业缺乏足够资金进行服务升级，或只能发展较为廉价的劳动密集型服务和资源密集型服务，抑制了知识和技术密集型服务贸易的发展（龙娟和彭美秀，2020）。

4）知识和技术

知识和技术要素属于先进生产要素，其生产效率高于劳动和自然资源等生产要素，能够有效促进服务贸易发展。数字技术作为重要的知识和技术要素，在服务贸易领域中被广泛应用，对服务贸易的发展有重要影响。

一方面，数字技术能够创造出提供服务的新方式。传统服务贸易只能依赖服务提供者或服务消费者的移动才能完成，导致本国服务业企业只能局限于国内市场或承担高额成本进入国际市场，而信息技术可以通过存储和发送等方式完成服务的交易，降低了交易成本和信息成本，极大拓展了服务贸易的市场范围。另一方面，数字技术有助于企业实现规模经济。企业借助数字化技术可以接触到世界各地的客户，促进了生产外包活动，能够实现生产的全球配置，同时，以数字内容为基础的服务的边际分销成本极低，能够有效扩展服务贸易的规模和范围。

随着服务贸易的不断发展，中国越来越重视知识和技术要素的积累，但是目前中国的知识和技术的总体水平，包括研究人员占比和研发投入强度距离发达国家水平仍有一定差距。根据原帅等（2020）的测算，虽然在 2018 年中国的研发经费投入已经逼近美国，跃居全球第二位，研究人员总数也位居世界第一位，但是中国的研发投入强度与美国、日本、韩国和德国等发达国家仍有较大差距，研发经费投入占 GDP 的比重不足韩国的 50%，研究人员占就业人口比重不到 0.2%。

2. 需求条件

在钻石模型中，需求条件指的是一个国家的国内市场需求，又可进一步细分为需求规模和需求质量。中国是世界上最大的发展中国家，也是世界上人口最多的国家，有着超过 14 亿的消费人口，国内市场需求规模十分可观。2020 年的中共中央政治局会议提出要持续扩大国内需求，扩大最终消费，为居民消费升级创造条件，并以新型城镇化带动消费需求，最终拉动中国经济增长。

但是，中国市场需求的质量并不高。作为发展中国家，中国消费者的消费水平低于发达国家水平，消费结构合理性不足。中国大部分消费者的消费需求主要集中在满足日常生活基本需要的商品上，导致中国企业生产能力长时间处于较低水平，高端产业链尚未形成。近年来，随着经济发展和人们生活水平改善，中国消费者的消费需求逐渐升级，对文化、金融、信息等新兴服务的需求量加大，新需求的产生促进了中国服务企业生产能力的不断提升。

具体来讲，对服务贸易而言，文化需求和国民好感度影响着消费者对服务的需求。文化需求是指消费者在消费商品或服务的过程中对精神满足的期望。随着生产力水平的提高与物质财富的丰富，消费者需要更多数量和更高质量的文化服务，表现为消费者的文化需求向个性化、均衡化、国际化三个方向发展。①同时，随着全球化的发展，服务贸易中的文化需求越发突出，成为世界各国拓展服务贸易的重要动力。2005 年中宣部等六部门联合下发《关于加强文化产品进口管理的办法》，明确提出要切实保护知识产权，提高对外开放水平，为国内服务消费创造良好环境。目前中国需要进一步发挥文化资源禀赋，通过文化贸易展现中华文化特色，提高中国服务贸易竞争力。

国民好感度也是影响服务贸易需求的重要因素，而两国政治关系直接影响着一国消费者对另一国的好感度，进而影响其对进口商品的选择。当两国的政治关系良

① 《探析人民群众文化需求的新走向》，http://theory.people.com.cn/n1/2018/0208/c40531-29812548.html[2022-04-23]。

好时，一国消费者对另一国好感度较高，在进口服务质量无差异的前提下，消费者更倾向于选择来自好感度高的国家的服务。例如，中国和日本之间存在一些尚未解决的领土矛盾、历史矛盾等结构性矛盾，导致两国间服务贸易十分不稳定，政治上稍有风吹草动就会直接影响中日服务贸易的发展。

3. 相关与支持性产业

相关与支持性产业能够有效提升服务贸易的国际竞争力，表现为相关产业和支持产业一方面能够提升服务业内部不同部门的整合协调能力，另一方面能够增强服务产业与其上下游产业的联系。

就中国服务贸易发展实际而言，一方面，中国服务贸易行业间缺少相互支持、帮助和促进，旅游、运输、保险、金融、电影和音像等行业各自为营，没有根据自身的比较优势展开合作。另一方面，中国三大产业间合作不足，目前第一产业和第二产业对服务业的驱动支持作用十分有限。改革开放以来，中国制造业的水平不断提高，农业的生产也迈上了更高的台阶。自 2001 年中国入世后，货物贸易和服务贸易均取得了飞速发展，但货物贸易对服务贸易的联动效应不明显，表现为与货物贸易高度相关的保险、金融和运输服务贸易发展受限。

4. 企业战略、企业结构和同业竞争

一国服务贸易的国际竞争力强弱最终取决于具体服务贸易企业的能力。根据钻石模型，激烈的竞争环境和合理的战略结构能够促进企业改善管理，增强技术和创新能力，提高劳动生产率，降低生产成本，从而提升企业的整体水平，有助于企业形成竞争优势。

中国服务贸易企业的战略结构还存在一些问题。首先，大部分企业主要关注销售收入、发展规模和产品研发等具体业务，缺乏完整的战略规划和战略支撑体系。其次，少部分进行战略规划的企业将战略规划做成静态规划，没有形成规划、执行和评价的闭环控制系统，也没有根据内外部环境的变化动态调整规划。最后，虽然目前大多数企业已实现了经营管理的信息化，将客户关系管理、供应商关系管理、企业资源计划、办公业务自动化、制造执行系统等信息辅助技术纳入了企业运行，但上述企业信息与企业战略支撑体系联系不强。

5. 政府政策和外部机会

1）政府政策

政府能通过调控企业所需的资源，营造适合企业发展的外部环境，提升企业的国际竞争力。就中国服务贸易发展的具体情况而言，中国政府对服务业和服务贸易的政策支持不足，而发达国家政府针对服务贸易采取了大量的支持和保护政策，导

致中国服务企业较难进入国际市场。在目前中国服务贸易发展水平与发达国家仍存在一定差距的情况下，政府应采取合理的产业政策，调整财政支持的方向，加大对教育和科技的投入，并引导投资和消费，为服务企业制定相关的鼓励政策，为中国服务贸易的发展提供更好的环境。此外，一些垄断行为在一定程度上会阻碍资源合理配置，限制服务贸易竞争力的提升。

2）外部机会

开放的经济政治格局能够为服务贸易提供机遇。在钻石模型中，机遇只是影响服务贸易国际竞争力的辅助因素，但是有时偶然事件和机会也可能影响一个国家服务贸易的国际竞争力。入世对中国而言是一个巨大的发展机遇，能够帮助中国开拓更加广阔的国际市场，使得中国服务贸易得到了很大发展。与此同时，始于 2008 年的国际金融危机，沉重打击了发达国家的经济，也为中国这个世界上最大的发展中国家提供了前所未有的机遇，中国金融等行业的服务贸易在此期间也取得了一定发展。

目前中国服务贸易发展仍面临全球经济增长疲软、国际垂直分工固化、规则制定话语权缺乏等挑战。第一，全球经济增长疲软。2008 年国际金融危机的负面影响依然存在，世界经济复苏和增长缓慢。美国坚持孤立主义和单边主义，多边贸易体系遭受打击，同时受逆全球化思潮的影响，相关保险和运输服务增长缓慢。第二，国际垂直分工固化。美国、欧盟和日本凭借技术与经济优势，利用外商直接投资或产业转移挤压发展中国家的相关产业，长期占据新兴和传统服务贸易价值链的高端位置，且由于发达国家占据先发优势，具有较强的竞争力，纵向的国际分工格局短期难以改变。第三，国际规则制定话语权缺乏。近年来，发达国家以“公平贸易”为借口，不断提高服务业开放标准，要求发展中国家降低准入门槛。2005 年至 2017 年，WTO 贸易争端案例数据库收录了七起与中国有关的服务贸易争端。原告主要是美国、日本和欧洲部分国家，被告方中国基本上被动接受了所有的诉讼要求。在知识产权保护等一些意见突出的领域，中国甚至修改了国内相关法律法规，接受了金融服务和零售领域对外开放的要求。

7.2.2　现代服务业投入效率国际比较

7.2.1 节分析了影响中国服务贸易国际竞争力的主要因素，但是归根结底，服务贸易发展水平与该国服务业发展水平息息相关，服务业的发展水平被视为衡量一个国家或地区经济发展水平的重要指标（魏作磊和陈丽娴，2014），而服务业的中间投入及其相关指标则能反映该国服务部门在生产过程中的参与程度，进而体现一个国家的服务业发展水平。另外，在构建新发展格局的背景下，中国服务业有巨大的发展潜力，发展速度在未来若干年内也会有一定程度的提高，中国与世界服务贸易强国的差距能否缩小值得关注。因此，我们采用 2000~2014 年的投入产出表[①]，以中间投入为基础，对中国和世界主要服务贸易强国服务业的总体水平及产业关联系数进行比较，探究中国服务业与世界领先水平之间的差距，这能够让我们发现自身的不足，并且找到未来的改进方向。

相比于其他的研究方法，用投入产出表分析服务业发展水平，能更加清晰地反映出一定时期内，服务业各个部门间的相互联系，反映出某一部门的技术特点、对国民经济的推动作用及国民经济部门对该部门的需求等，从而更全面、更深刻地反映各部门间相互依存的数量关系（庄惠明和陈洁，2010）。国外学者很早就开始使用投入产出表来分析服务业，如 Fletcher 和 Snee（1982）、Park 和 Chan（1989）等。近年来，国内学者也陆续开始使用投入产出分析法，从不同的角度来研究中国服务业的发展状况并进行国际比较分析。比如，程大中（2008）对中国和 13 个 OECD 国家的生产性服务业发展水平等进行了比较研究，他发现中国经济的服务性投入消耗相对较小，落后于其他国家；魏作磊和陈丽娴（2014）则从服务业发展的物化消耗角度分析了中国与世界其他国家之间的差异并发现中国服务业发展的物化消耗比重明显偏高。相关研究还有胡晓鹏和李庆科（2009）、李江帆和朱胜勇（2008）等。

我们认为前人的研究主要有三个需要改进的地方。第一，之前学者在进行国际比较研究时，多采用单一年份的投入产出表，这样做仅能反映单一时点上的静态差距，无法观察到不同国家之间差距的动态变化。第二，之前学者采用的各国投入产出表在表格编制形式、部门划分标准上存在较大差异。这一差异造成在研究特定的生产或服务部门时，往往需要将这些表格按某一标准进行重新整理，这个过程中难免有疏漏，如一些国家投入产出表的部门划分较粗，难以从中剥离出某一特定的生产或服务部门，此时若进行近似处理便会产生较大误差。第三，在使用投入产出表分析具体问题时，一般都需要计算里昂惕夫逆矩阵，之前学者主要使用这一公式，并未剔除外地生产中间投入的影响，使得最终的计算结果不准确。

为了避免以上问题的出现，本节采用了世界投入产出数据库（world input-output database，WIOD）中公布的投入产出表。它们有统一的表格编制形式与部门划分标准，有利于研究的开展。本节着重分析服务业中间投入的差异，并用感应度和影响力系数来衡量服务业与其他行业的联系程度。

1. 研究方法与数据

1）投入产出表

本节使用投入产出表进行分析，该表的基本形式如表 7.4 所示。

---

① 截至 2021 年，最新的世界投入产出表（2016 年版）只提供了 43 个国家 2000~2014 年的投入产出数据，因此本节分析的时间跨度为 2000~2014 年。

表 7.4　投入产出表的基本形式

<table>
<tr><th colspan="2"></th><th>中间使用</th><th>最终使用</th><th>出口</th><th>总产出</th></tr>
<tr><td rowspan="2">中间投入</td><td>本地生产</td><td>$x_{11}^d \cdots x_{1n}^d$
$\vdots \quad \vdots$
$x_{n1}^d \cdots x_{nn}^d$</td><td>$y_{D_1}^d$
$\vdots$
$y_{D_n}^d$</td><td>y_{E_1}
$\vdots$
y_{E_n}</td><td>X_1
$\vdots$
X_n</td></tr>
<tr><td>外地生产</td><td>$x_{11}^m \cdots x_{1n}^m$
$\vdots \quad \vdots$
$x_{n1}^m \cdots x_{nn}^m$</td><td>y_1^m
$\vdots$
y_n^m</td><td></td><td></td></tr>
<tr><td colspan="2">增加值</td><td>$G_1 \cdots G_n$</td><td></td><td></td><td></td></tr>
<tr><td colspan="2">总投入</td><td>$X_1 \cdots X_n$</td><td></td><td></td><td></td></tr>
</table>

横向来看，我们可以得到总产出平衡及输入品使用平衡。

$$\sum_{j=1}^{n} x_{ij}^d + y_{D_i}^d + y_{E_i} = X_i,\ \ i = 1,2,\cdots,n \tag{7.1}$$

$$\sum_{j=1}^{n} x_{ij}^m + y_i^m = y_{m_i},\ \ i = 1,2,\cdots,n \tag{7.2}$$

其中，式（7.1）中的 x_{ij}^d 为 j 产品部门在生产过程中使用的本地生产的 i 产品量；$y_{D_i}^d$ 为本地最终使用的本地生产的 i 部门产品量；y_{E_i} 为本地生产的 i 部门的出口量；X_i 为 i 部门的本地总产出。式（7.2）中的 x_{ij}^m 为 j 产品部门在生产过程中使用的外地生产的 i 产品量；y_i^m 为本地最终使用的外地生产的 i 部门产品量；y_{m_i} 为 i 部门的输入品总量。

纵向来看，我们可以得到总投入平衡。

$$\sum_{i=1}^{n} x_{ij}^d + \sum_{i=1}^{n} x_{ij}^m + G_i = X_i,\ \ i = 1,2,\cdots,n \tag{7.3}$$

其中，G_i 为各部门的增加值。

定义 y_{D_i} 为本地最终使用的最终产品之和，则有

$$y_{D_i} = y_{D_i}^d + y_i^m,\ \ i = 1,2,\cdots,n \tag{7.4}$$

定义 y_i^d 为本地生产的最终产品，则有

$$y_i^d = y_{D_i}^d + y_{E_i},\ \ i = 1,2,\cdots,n \tag{7.5}$$

令

$$x_{ij} = x_{ij}^d + x_{ij}^m,\ \ i,j = 1,2,\cdots,n \tag{7.6}$$

于是，我们可以得出该投入产出表的一般均衡式为

$$\sum_{j=1}^{n} x_{ij} + y_{D_i} + y_{E_i} - y_{m_i} = X_i,\ \ i,j = 1,2,\cdots,n \tag{7.7}$$

2）产品投入系数与里昂惕夫逆矩阵

我们将产品投入系数（或称直接消耗系数）记为 a_{ij}，由于投入产出表中的产品被区分为本地生产和外地生产，所以我们分别进行计算。

定义本地产品投入系数为

$$a_{ij}^{d}=\frac{x_{ij}^{d}}{X_{j}},\ i,j=1,2,\cdots,n \tag{7.8}$$

定义外地产品投入系数为

$$a_{ij}^{m}=\frac{x_{ij}^{m}}{X_{j}},\ i,j=1,2,\cdots,n \tag{7.9}$$

由式（7.6）易知

$$a_{ij}^{d}+a_{ij}^{m}=a_{ij},\ i,j=1,2,\cdots,n \tag{7.10}$$

我们假设

$$m_{i}=\frac{y_{m_{i}}}{\sum_{j=1}^{n}x_{ij}+y_{D_{i}}},\ i=1,2,\cdots,n \tag{7.11}$$

将式（7.6）、式（7.8）、式（7.9）、式（7.10）、式（7.11）代入式（7.7）可得

$$\sum_{j=1}^{n}a_{ij}X_{j}+y_{D_{i}}+y_{E_{i}}-m_{i}\left(\sum_{j=1}^{n}a_{ij}X_{j}+y_{D_{i}}\right)=X_{i},\ i,j=1,2,\cdots,n \tag{7.12}$$

将式（7.11）写成矩阵形式可得

$$\boldsymbol{AX}+\boldsymbol{Y_{D}}+\boldsymbol{Y_{E}}-\hat{\boldsymbol{M}}\left(\boldsymbol{AX}+\boldsymbol{Y_{D}}\right)=\boldsymbol{X} \tag{7.13}$$

求解矩阵 $\boldsymbol{X}$ 可得

$$\boldsymbol{X}=\left[\boldsymbol{I}-\left(\boldsymbol{I}-\hat{\boldsymbol{M}}\right)\boldsymbol{A}\right]^{-1}\left[\left(\boldsymbol{I}-\hat{\boldsymbol{M}}\right)\boldsymbol{Y_{D}}+\boldsymbol{Y_{E}}\right] \tag{7.14}$$

其中，$\left[\boldsymbol{I}-\left(\boldsymbol{I}-\hat{\boldsymbol{M}}\right)\boldsymbol{A}\right]^{-1}$ 为本投入产出表的里昂惕夫逆矩阵，该逆矩阵中的系数可以用于计算产业关联系数。

3）数据来源

世界投入产出数据库对每个国家的投入产出表进行了统一的行业归并，一共划分出了 56 个部门，所以我们只需将这些部门划分到三大产业中即可：第一产业 3 个部门；第二产业 24 个部门；第三产业 29 个部门。

由于投入产出表编制复杂，所以其发布时间有一定的滞后性。本节采用的最新的世界投入产出表包含的年份是 2000 年至 2014 年。

2. 服务业中间投入对比

1）服务业中间投入总体水平的对比

本节主要计算了以下三种指标：中间投入率、服务业中间投入占比、服务业产出占比。

中间投入率是中间投入与总投入之比，能反映一个国家总产出中附加值的比例。中间投入率越大，该国总产出中的附加值比例就会越小。从表 7.5 可以发现，中国与世界主要服务贸易强国的中间投入率有明显差异：中国 2000 年至 2014 年的中间投入率全部大于 42%，而世界主要服务贸易强国的中间投入率则全部小于 38%。

表 7.5　2000~2014 年世界主要服务贸易国家服务业中间投入率水平对比

年份	中国	英国	加拿大	美国	日本	韩国
2000	47.32%	35.88%	37.48%	35.83%	34.35%	35.42%
2001	45.47%	36.15%	37.50%	35.00%	34.63%	35.63%
2002	43.38%	36.37%	37.22%	34.60%	34.59%	35.89%
2003	43.15%	35.56%	37.09%	34.95%	34.47%	35.76%
2004	43.30%	35.22%	37.20%	35.51%	34.11%	35.89%
2005	46.00%	33.98%	36.83%	35.89%	34.10%	35.77%
2006	44.58%	35.53%	36.78%	36.07%	33.91%	35.87%
2007	42.96%	35.76%	36.72%	36.27%	33.75%	36.07%
2008	43.42%	35.22%	36.55%	36.18%	34.08%	36.55%
2009	43.74%	35.64%	36.82%	34.30%	33.56%	37.11%
2010	43.56%	34.86%	36.68%	34.88%	32.85%	37.27%
2011	43.63%	34.48%	36.84%	35.16%	32.84%	37.55%
2012	43.95%	34.20%	36.86%	35.15%	33.06%	37.38%
2013	43.91%	34.67%	36.93%	35.22%	33.59%	37.17%
2014	44.10%	35.18%	36.47%	35.63%	33.37%	36.85%

资料来源：根据 2000~2014 年投入产出表整理计算

服务业中间投入占比是指服务业中间投入占中间总投入的比例。表 7.6 呈现了中国与世界主要服务贸易强国在该项指标上的差距。中国的服务业中间投入占比常年处于 50%左右。而世界主要服务贸易强国的这一指标长期处于 65%以上，英国和加拿大等国家部分年份甚至超过 80%。

服务业产出占比是指服务业产出占总产出的比例。表 7.7 记录了世界主要服务贸易国家服务业产出占比水平。其中，中国服务业产出占比常年处在 25%左右，同样与世界主要服务贸易强国具有较大差距。

表 7.6　2000~2014 年世界主要服务贸易国家服务业中间投入占比水平对比

年份	中国	英国	加拿大	美国	日本	韩国
2000	43.42%	80.73%	79.97%	78.16%	67.68%	68.34%
2001	44.16%	81.57%	80.52%	77.93%	68.02%	68.98%
2002	44.86%	81.73%	80.70%	79.20%	68.13%	69.88%
2003	46.77%	82.14%	80.28%	79.27%	67.79%	69.45%
2004	47.23%	82.15%	80.28%	79.22%	67.29%	68.38%
2005	47.55%	82.15%	79.99%	78.69%	67.12%	67.15%
2006	48.01%	82.92%	80.09%	79.00%	67.01%	65.60%
2007	48.35%	83.47%	80.93%	78.75%	67.19%	64.94%
2008	50.74%	83.90%	80.73%	77.52%	66.58%	64.75%
2009	52.81%	81.06%	78.58%	79.38%	67.12%	64.65%
2010	52.17%	79.36%	78.71%	78.28%	66.44%	63.99%
2011	52.19%	79.70%	78.31%	77.83%	65.93%	63.52%
2012	53.46%	79.44%	78.19%	78.51%	65.91%	62.90%
2013	53.90%	78.61%	78.46%	79.03%	66.08%	62.63%
2014	55.25%	79.23%	79.50%	79.40%	66.08%	61.83%

资料来源：根据 2000~2014 年投入产出表整理计算

表 7.7　2000~2014 年世界主要服务贸易国家服务业产出占比水平对比

年份	中国	英国	加拿大	美国	日本	韩国
2000	29.05%	64.68%	60.89%	67.52%	55.44%	41.59%
2001	29.57%	66.11%	61.97%	68.52%	56.69%	43.28%
2002	29.68%	67.01%	62.73%	70.08%	57.65%	44.22%
2003	28.58%	67.89%	62.87%	70.21%	57.57%	43.91%
2004	27.26%	68.39%	62.44%	69.93%	56.83%	42.02%
2005	27.22%	68.33%	62.06%	69.20%	56.40%	41.89%
2006	26.27%	68.64%	62.74%	69.25%	55.58%	42.00%
2007	25.78%	69.08%	63.81%	69.23%	55.14%	42.02%
2008	25.93%	69.03%	63.81%	69.06%	54.78%	40.50%
2009	26.82%	70.75%	63.81%	72.53%	58.82%	40.94%
2010	26.37%	70.19%	62.70%	71.75%	57.10%	39.82%
2011	26.08%	69.71%	61.80%	70.58%	57.31%	38.30%
2012	26.71%	69.71%	61.68%	70.64%	57.48%	38.62%
2013	26.94%	69.49%	62.07%	70.62%	57.41%	39.30%
2014	27.86%	70.06%	61.85%	70.67%	56.81%	39.67%

资料来源：根据 2000~2014 年投入产出表整理计算

我们从这些数据可以发现一些基本的事实。第一，中国服务业的中间投入的总体发展水平与世界主要服务贸易强国有较大差距。第二，世界主要服务贸易强国已经度过了主要依靠物质性投入来发展经济的阶段，而中国仍需不断提高服务业中间投入占比。服务业中间投入占比的提高至少会带来两个好处：其一是服务投入相比于物质投入能耗更低，服务业中间投入占比高的产品更加清洁环保；其二是服务业中间投入占比提高能带动产品附加值的上升，进而降低中间投入率。

2）服务业中间投入流向对比

服务业中间投入到底流向何方？这个问题同样值得关注。我们计算整理了世界主要服务贸易国家 2000 年至 2014 年的投入产出表（表 7.8、表 7.9 和表 7.10），发现中国与主要服务贸易强国在服务业中间投入流向上表现出了较大差异：中国服务业中间投入主要流向了第二产业，其次是第三产业，只有一小部分流向第一产业；而世界主要服务贸易强国服务业中间投入的 70%以上流向了第三产业，其次是第二产业，并有进一步减少的趋势，流向第一产业的部分几乎为零。

表 7.8　2000~2014 年世界主要服务贸易国家服务业中间投入流向第一产业水平对比

年份	中国	英国	加拿大	美国	日本	韩国
2000	4.95%	0.77%	2.47%	0.93%	1.02%	1.11%
2001	4.88%	0.67%	2.34%	0.95%	0.97%	1.08%
2002	4.71%	0.66%	2.34%	0.97%	0.92%	0.98%
2003	4.31%	0.66%	2.31%	0.88%	0.89%	0.93%
2004	4.17%	0.66%	2.21%	0.83%	0.95%	0.90%
2005	3.60%	0.65%	2.25%	0.77%	0.91%	0.93%
2006	3.40%	0.60%	2.20%	0.75%	0.87%	0.90%
2007	3.28%	0.65%	2.25%	0.84%	0.86%	0.87%
2008	2.85%	0.65%	2.26%	0.86%	0.88%	0.88%
2009	2.42%	0.67%	2.24%	0.92%	0.91%	0.86%
2010	2.17%	0.55%	2.17%	0.86%	0.93%	0.81%
2011	2.01%	0.56%	2.16%	0.86%	0.90%	0.72%
2012	1.84%	0.54%	2.21%	0.95%	0.86%	0.73%
2013	1.83%	0.54%	2.09%	0.92%	0.84%	0.70%
2014	1.78%	0.55%	2.14%	0.94%	0.83%	0.71%

资料来源：根据 2000~2014 年投入产出表整理计算

表 7.9　2000~2014 年世界主要服务贸易国家服务业中间投入流向第二产业水平对比

年份	中国	英国	加拿大	美国	日本	韩国
2000	53.19%	24.25%	26.42%	22.82%	36.73%	38.54%
2001	53.96%	23.80%	26.43%	23.73%	36.31%	37.88%
2002	55.16%	22.89%	26.07%	22.04%	35.31%	37.34%
2003	53.57%	22.71%	25.85%	21.00%	35.11%	38.39%
2004	53.19%	22.61%	25.99%	20.09%	35.68%	39.47%
2005	52.30%	22.59%	26.06%	20.84%	35.35%	39.49%
2006	53.61%	21.21%	25.67%	20.02%	36.02%	39.46%
2007	54.62%	21.02%	24.98%	19.33%	36.85%	39.48%
2008	52.99%	20.77%	25.29%	19.34%	36.38%	40.41%
2009	52.90%	18.67%	23.80%	17.85%	34.35%	41.15%
2010	53.45%	17.51%	24.61%	18.13%	34.71%	41.93%
2011	53.15%	17.49%	25.22%	18.30%	34.52%	42.16%
2012	52.90%	17.50%	25.41%	18.52%	33.91%	42.01%
2013	53.20%	17.83%	25.25%	18.81%	33.52%	41.94%
2014	52.91%	17.56%	25.85%	19.01%	33.87%	41.92%

资料来源：根据 2000~2014 年投入产出表整理计算

表 7.10　2000~2014 年世界主要服务贸易国家服务业中间投入流向第三产业水平对比

年份	中国	英国	加拿大	美国	日本	韩国
2000	41.86%	74.98%	71.11%	76.25%	62.26%	60.36%
2001	41.16%	75.53%	71.23%	75.32%	62.72%	61.04%
2002	40.14%	76.44%	71.59%	77.00%	63.77%	61.68%
2003	42.12%	76.63%	71.84%	78.12%	64.00%	60.68%
2004	42.63%	76.74%	71.80%	79.08%	63.37%	59.63%
2005	44.10%	76.76%	71.70%	78.39%	63.74%	59.58%
2006	43.00%	78.19%	72.14%	79.22%	63.11%	59.64%
2007	42.10%	78.33%	72.77%	79.83%	62.29%	59.65%
2008	44.16%	78.58%	72.45%	79.80%	62.74%	58.72%
2009	44.68%	80.66%	73.96%	81.23%	64.73%	57.98%
2010	44.38%	81.94%	73.22%	81.01%	64.36%	57.26%
2011	44.84%	81.95%	72.61%	80.84%	64.57%	57.12%
2012	45.26%	81.96%	72.39%	80.53%	65.23%	57.26%
2013	44.97%	81.64%	72.66%	80.27%	65.64%	57.36%
2014	41.86%	74.98%	71.11%	76.25%	62.26%	60.36%

资料来源：根据 2000~2014 年投入产出表整理计算

3）服务业中间使用对比

表 7.11、表 7.12 和表 7.13 给出了测算结果，可以发现，中国的服务业中间使用主要来自第二产业与第三产业，两者之和达到了 90%以上，而世界主要服务贸易强国则表现为以来自第三产业为主，除日本与韩国这一单项的比例在 65%左右，其余国家均在 80%左右，并有进一步升高的趋势。

表 7.11　2000~2014 年世界主要服务贸易国家服务业中间使用第一产业产出水平对比

年份	中国	英国	加拿大	美国	日本	韩国
2000	4.15%	0.27%	0.65%	0.20%	0.75%	0.95%
2001	3.82%	0.24%	0.62%	0.19%	0.75%	0.92%
2002	3.57%	0.24%	0.62%	0.19%	0.80%	0.88%
2003	3.40%	0.24%	0.63%	0.20%	0.77%	0.88%
2004	3.72%	0.25%	0.63%	0.18%	0.76%	0.87%
2005	3.28%	0.22%	0.61%	0.14%	0.76%	0.81%
2006	3.15%	0.20%	0.56%	0.14%	0.76%	0.90%
2007	2.95%	0.21%	0.58%	0.16%	0.73%	0.92%
2008	2.89%	0.22%	0.57%	0.18%	0.73%	0.92%
2009	2.86%	0.22%	0.59%	0.18%	0.84%	1.11%
2010	2.72%	0.23%	0.59%	0.19%	0.83%	1.04%
2011	2.56%	0.23%	0.60%	0.20%	0.81%	0.98%
2012	2.53%	0.23%	0.60%	0.23%	0.81%	1.01%
2013	4.15%	0.27%	0.65%	0.20%	0.75%	0.95%
2014	3.82%	0.24%	0.62%	0.19%	0.75%	0.92%

资料来源：根据 2000~2014 年投入产出表整理计算

表 7.12　2000~2014 年世界主要服务贸易国家服务业中间使用第二产业产出水平对比

年份	中国	英国	加拿大	美国	日本	韩国
2000	52.43%	19.01%	19.38%	21.64%	31.57%	30.71%
2001	52.03%	18.19%	18.86%	21.88%	31.23%	30.10%
2002	51.57%	18.03%	18.68%	20.61%	31.08%	29.25%
2003	49.84%	17.62%	19.09%	20.54%	31.45%	29.67%
2004	49.06%	17.59%	19.09%	20.60%	31.94%	30.75%
2005	49.17%	17.64%	19.41%	21.16%	32.12%	32.04%
2006	48.84%	16.88%	19.36%	20.85%	32.23%	33.50%
2007	48.70%	16.32%	18.50%	21.09%	32.09%	34.14%
2008	46.37%	15.88%	18.70%	22.30%	32.69%	34.34%
2009	44.33%	18.72%	20.83%	20.44%	32.04%	34.24%
2010	45.10%	20.41%	20.69%	21.53%	32.73%	34.97%
2011	45.25%	20.07%	21.10%	21.97%	33.26%	35.50%
2012	44.02%	20.33%	21.21%	21.26%	33.28%	36.09%
2013	43.77%	21.16%	20.98%	20.77%	33.08%	36.42%
2014	42.45%	20.55%	19.93%	20.41%	33.09%	37.21%

资料来源：根据 2000~2014 年投入产出表整理计算

表 7.13　2000~2014 年世界主要服务贸易国家服务业中间使用第三产业产出水平对比

年份	中国	英国	加拿大	美国	日本	韩国
2000	43.42%	80.73%	79.97%	78.16%	67.68%	68.34%
2001	44.16%	81.57%	80.52%	77.93%	68.02%	68.98%
2002	44.86%	81.73%	80.70%	79.20%	68.13%	69.88%
2003	46.77%	82.14%	80.28%	79.27%	67.79%	69.45%
2004	47.23%	82.15%	80.28%	79.22%	67.29%	68.38%
2005	47.55%	82.15%	79.99%	78.69%	67.12%	67.15%
2006	48.01%	82.92%	80.09%	79.00%	67.01%	65.60%
2007	48.35%	83.47%	80.93%	78.75%	67.19%	64.94%
2008	50.74%	83.90%	80.73%	77.52%	66.58%	64.75%
2009	52.81%	81.06%	78.58%	79.38%	67.12%	64.65%
2010	52.17%	79.36%	78.71%	78.28%	66.44%	63.99%
2011	52.19%	79.70%	78.31%	77.83%	65.93%	63.52%
2012	53.46%	79.44%	78.19%	78.51%	65.91%	62.90%
2013	53.90%	78.61%	78.46%	79.03%	66.08%	62.63%
2014	55.25%	79.23%	79.50%	79.40%	66.08%	61.83%

资料来源：根据 2000~2014 年投入产出表整理计算

3. 服务业产业关联系数的对比

1）产业关联系数

某产业在生产过程中的任何变化，都将通过产业间的关联关系对其他产业产生波及作用，通常把某一产业受其他产业的波及作用叫作感应度，而把它影响其他产业的波及作用称为影响力。

感应度表示某产业的单位增加量能推动其他产业的总产量之和。感应度系数的公式为

$$r_i = \frac{\sum_{j=1}^{n} b_{ij}}{\frac{1}{n}\sum_{i=1}^{n}\sum_{j=1}^{n} b_{ij}}, \quad i,j = 1,2,\cdots,n \tag{7.15}$$

其中，r_i 为第 i 个产业的感应度系数；b_{ij} 为第 j 个产业生产单位最终产品完全需要的第 i 个产业产品的数量，是里昂惕夫逆矩阵中的系数。式（7.15）中的分子为第 i 个产业增加一个单位时可以推动其他产业的总产量，分母为国民经济的平均推动力或影响力（刘宏杰，2008）。因此，感应度系数是某产业对其他产业产生的推动作用的相对水平。系数大于 1 的产业，其感应度超过了国民经济平均感应度，对经济发展的推动作用较大，且系数越高推动作用越大。

影响力则表示某产业增加单位最终需求时，通过直接或间接关联而要求其他各产业提供的投入量或生产总量。影响力系数的公式为

$$s_j = \frac{\sum_{i=1}^{n} b_{ij}}{\frac{1}{n}\sum_{i=1}^{n}\sum_{j=1}^{n} b_{ij}},\quad i,j=1,2,\cdots,n \tag{7.16}$$

其中，s_j 为第 j 个产业的影响力系数；分子为第 j 个产业生产一单位最终产品可拉动其他各产业发展的总产量之和。影响力系数表示某产业对国民经济所有产业产生的生产需求波及的相对水平。影响力系数大于 1 的产业，其影响力超过了国民经济平均影响力，在经济发展中有重要的拉动作用。

2）产业关联系数对比

表 7.14 分析比较了中国、英国、日本、美国和韩国等国家 2000~2014 年的服务业感应度系数与影响力系数。从整体上来看，中国服务业的感应度系数均值与影响力系数均值分别为 0.97 和 0.99，与世界主要服务贸易国家水平相当。

表 7.14　2000~2014 年世界主要服务贸易国家服务业关联系数对比

年份	中国		英国		加拿大		美国		日本		韩国	
	感应度系数	影响力系数	感应度系数	影响力系数	感应度系数	影响力系数	感应度系数	影响力系数	感应度系数	影响力系数	感应度系数	影响力系数
2000	0.98	0.99	0.98	0.97	0.92	0.94	0.97	0.97	0.99	0.98	0.95	0.96
2001	0.98	0.99	0.97	0.97	0.92	0.94	0.98	0.97	0.99	0.98	0.95	0.96
2002	0.97	0.99	0.98	0.97	0.92	0.94	0.97	0.97	0.99	0.98	0.96	0.96
2003	0.97	0.99	0.98	0.97	0.93	0.94	0.97	0.97	0.98	0.98	0.96	0.96
2004	0.96	0.99	0.98	0.97	0.93	0.95	0.97	0.97	0.98	0.98	0.95	0.95
2005	0.97	0.99	0.97	0.97	0.93	0.94	0.97	0.97	0.98	0.97	0.96	0.96
2006	0.97	0.99	0.97	0.96	0.94	0.95	0.97	0.96	0.97	0.97	0.96	0.96
2007	0.97	0.99	0.97	0.96	0.94	0.95	0.97	0.96	0.97	0.97	0.96	0.96
2008	0.97	0.99	0.96	0.96	0.94	0.95	0.96	0.96	0.97	0.96	0.94	0.94
2009	0.98	0.99	0.97	0.96	0.95	0.95	0.97	0.97	0.98	0.97	0.95	0.95
2010	0.98	0.99	0.96	0.95	0.94	0.95	0.97	0.97	0.98	0.97	0.94	0.95
2011	0.98	0.99	0.95	0.95	0.94	0.95	0.96	0.96	0.97	0.96	0.93	0.94
2012	0.98	0.99	0.95	0.94	0.94	0.95	0.97	0.96	0.97	0.96	0.94	0.94
2013	0.98	0.99	0.96	0.95	0.94	0.95	0.97	0.97	0.96	0.96	0.94	0.95
2014	0.98	0.99	0.96	0.96	0.93	0.95	0.97	0.97	0.96	0.95	0.95	0.95

4. 基本结论

本节采用世界投入产出数据库中 2000~2014 年的中国、英国、加拿大、美国、日本和韩国等世界主要服务贸易国家的投入产出表，对这些国家的服务业中间投入的不同发展水平进行了比较分析，并用感应度系数和影响力系数来衡量服务业与其他产业的联系程度，可以得出以下基本结论。

一是中国服务业的总体水平落后于世界主要服务贸易强国。具体表现在服务业中间投入占中间总投入的比重偏低、服务业产出占总产出的比重偏低等方面，长期来看，差距有进一步扩大的趋势。

二是在中国，第二产业在经济发展中占据主导地位，服务业中间投入主要流向第二产业，而世界主要服务贸易强国则以流向第三产业为主，其服务业中间投入大部分流向了服务业本身。

三是中国与世界主要服务贸易强国服务业的影响力系数均小于 1，反映了服务业对经济的拉动作用不强。

虽然与世界主要服务贸易强国的水平有差距，但是中国服务业仍然有许多发展机遇。比如，中国正在积极推动更高水平的开放型经济新体制的建设，推动服务业对外开放，大力发展数字经济，推进高质量发展，构建新发展格局，这将有力推动服务贸易高质量发展；“一带一路”建设为服务型企业创造了新需求，有助于它们开展对外投资与合作；中国政府正努力减少对市场的干预，这有利于改善资源配置的扭曲；制造业的转型升级会对新兴服务业有较强的拉动作用，有利于服务业整体水平的提升。当然，中国服务业的发展也面临诸多挑战。比如，邮电与通信业仍然开放不充分，缺乏市场竞争机制；房地产业虽然红火，但是面临诸多问题；租赁和商务服务、计算机和软件、电子商务等这些新兴服务业对人才的需求巨大，这对中国高校的人才培养模式提出了新的要求。

7.3　中国服务贸易发展需要注重的事项

3.3 节、6.1 节、7.1 节和 7.2 节概括了改革开放以来中国服务贸易发展的政策措施、主要成就、存在问题、投入效率，第 5 章分析了世界各国服务贸易的发展状况与发展经验。因此，我们可以立足于中国服务贸易发展实际，学习借鉴外国服务贸易发展的经验和教训，得到实现中国服务贸易高质量发展的启示。

7.3.1　健全服务贸易发展规划

政府发展规划会对服务贸易发展发挥重要的作用，因此需要多方面统筹协调产业结构调整、相关支持政策等多种因素，实现中国服务贸易的高质量发展。

1. 优化服务业产业结构

高附加值和高技术是目前国际服务贸易的发展趋势，但是中国服务业产业结构还较为落后，旅行服务、建筑服务和运输服务等传统服务业仍占主导地位，服务业中间投入占中间总投入比重偏低，服务业产出占总产出比重偏低，服务业的管理水平与世界先进水平仍有一定差距。根据第 5 章的分析，可以发现，美国、日本和韩国等国家均通过优化服务业产业结构，实现了服务贸易高质量发展。比如，美国积极推动新技术在服务产业的应用，实现了从劳动密集型产业向技术密集型和资本密集型产业的转变。

具体而言，优化服务业产业结构应立足于中国经济和产业发展实际情况。首先，充分发挥中国要素禀赋。利用中国技术和资本禀赋，发展电信、金融、咨询等新兴服务业，引导服务产业内部结构调整，推动知识资本密集型服务贸易增长；利用自然资源和人文资源禀赋，继续扩大旅行服务规模，做大做强旅行服务贸易；利用劳动力禀赋，强化运输服务和建筑服务等产业的比较优势，鼓励国内企业走出去，全面提升参与国际工程建设的水平。

其次，加大对科技研发的投入力度，加快高新技术的成果转化，促进科技成果在服务业的推广与应用，培育和强化技术与人才比较优势，提高服务产品的技术含量，实现服务贸易向知识密集型转型升级。

再次，加快相关与支持性产业建设，增加农业、制造业与服务业的联动，不断加快从农业和制造业中剥离出生产性服务业的进程。目前，中国服务业中间投入主要流向了第二产业，而世界主要服务贸易强国服务业中间投入大部分流向了服务业本身，这有效促进了已有优势产业发展，并培育了新兴服务产业的比较优势。

最后，统筹规划全国区域发展战略，根据不同区域要素禀赋设计针对性的服务贸易发展路径。东部地区人口受教育程度高，人力资源丰富，可以率先发展资本和技术密集型的现代服务业，中西部地区拥有丰富的自然和人文资源，应进一步发展旅行、运输等服务产业，同时扩大生产性服务业，完善生活性服务业，实现服务业的转型升级。

2. 提升服务贸易在经济发展中的战略地位

服务贸易作为一国对外贸易的重要组成部分，已经成为拉动国家经济增长的重要动力。美国、德国、荷兰、韩国和新加坡等服务贸易强国均构建了完善的服务贸易促进体系，为服务贸易发展提供了政策支持。

党的十九大以来，中国服务业对外开放程度不断提升，传统服务业规模迅速扩大，新兴服务业蓬勃发展，服务质量和效益不断上升，服务贸易自由化和便利化水平不断提高，服务贸易在对外贸易中的地位也显著提高，成为中国对外贸易发展的重要引擎。然而，相比于美国、德国、日本和韩国等服务贸易强国，中国对服务业和服务贸易的支持力度不足，没有发挥重要的政策保障作用，导致中国服务进入国际市场受阻。

在目前中国的服务贸易发展水平仍与发达国家有一定差距的情况下，中国政府应更加重视发展服务贸易，提升其在经济发展中的战略地位，安排合理的产业政策、财政政策，加大对教育和科技的投入，为服务企业制定支持政策，对重点领域进行扶持，出台专项促进计划。加大对旅行、运输等服务贸易逆差大的产业的支持力度，提高旅行、运输服务业的国际竞争力；制订“重点出口项目支持计划”，在市场调研、银行融资和信息咨询等方面支持境外重大承包工程、基础设施建设及产能合作等项目，优化中国服务贸易发展环境，促进服务贸易竞争力的提升。

3. 完善服务贸易管理部门间统筹和协调机制

参考美国、德国、韩国等服务贸易强国发展经验，中国需强化对服务贸易的宏观指导和部门间的协调配合，统筹对内改革和对外开放的关系。具体而言，首先，强化商务管理部门促进服务出口的统筹协调职能，推动形成商务部、财政部、科技部等部门密切配合、政府和企业紧密联系的服务业与服务贸易协调管理机制。同时，加强政府部门与行业协会、专业统计机构的协调，形成行业自律、统计监测和政府管理相结合的多层次协作机制。

其次，加快服务业主管部门的职能转变。一方面弱化管制和审批职能，强化服务职能。另一方面细化主管部门职责，为服务贸易提供更专业的服务和支持。

最后，加强服务贸易管理人才的培养，为服务贸易发展提供稳定的专业人才支持。加快形成科研院校、服务贸易企业和政府管理部门的联合培养机制，培养更多精通国际规则和国外法律、熟悉国际经营战略与技术发展的复合型人才。同时，积极吸引海外优秀人才，建立健全服务业人才培养引进和用人管理机制，服务于中国服务业和服务贸易发展。

7.3.2　促进国内外服务需求有效增长

1. 促进国内服务需求有效增长

随着人均 GDP 上升，旅游出行、餐饮住宿、金融保险及文化娱乐等生活性服务的消费比重会逐渐上升，而食品和衣着等生存性服务的消费比重将逐渐下降，可以说，生活性服务消费是中国国内需求中最具发展潜力的一部分。为了进一步促进国内需求的有效增长，需要进一步扩大对外开放，发挥国内超大市场优势，吸收全球最优质资源培育适合中国需求的金融保险、现代物流和信息服务等生产性服务业，同时，吸引全球产品的研发设计、品牌建设及客户服务等以更好地满足中国消费者偏好。通过国内超大规模市场优势聚集国内外优势条件，提高中国服务业竞争力水平，推动中国服务贸易结构转型升级，实现服务贸易高质量发展。

2. 积极开拓服务贸易海外市场

充分挖掘中国贸易伙伴对各种服务的需求，扩大中国服务贸易出口，促进服务贸易高质量发展，并参考美国、印度等服务贸易发展经验，构建服务贸易出口促进体系。具体而言，首先，需要明确促进服务贸易出口的理念、思路和目标，实施促进服务出口的相关政策，降低服务贸易企业出口障碍。其次，搭建服务贸易出口促进平台，充分发挥进博会、服贸会和广交会三大国家级展会平台，加强服务业国际交流，深入挖掘中国出口目的国的服务需求，扩大服务贸易规模。再次，加大对服务贸易出口企业的资金支持，简化其境外投资外汇审核程序，提高用汇额度，还可以根据具体情况，对服务贸易出口业务和企业予以税收优惠。最后，在与原有贸易伙伴保持紧密联系的同时，深入挖掘第三世界国家市场的消费潜力，举办国际文化交流活动，扩大中华文化的国际影响力，增加外国消费者对中国服务的认同感，进一步扩大中国服务贸易的海外市场规模。

7.3.3　完善服务贸易法律体系

虽然中国在服务贸易立法上有了较大进步，颁布了一批涉及服务业和服务贸易的重要法律法规，但这与中国服务贸易高质量发展的要求还有一定距离。反观世界主要服务贸易强国，它们大都建立了完善的服务业管理体系，不断健全各个服务行业的法律制度，对各个服务行业都做出了严格的规定，这使得服务业发展既受到法律的约束，也受到法律的保护。美国在服务业和服务贸易领域的法律法规在保护本国市场的情况下排除外国竞争，使其在国际贸易领域的行为合法化，并有效地规避了相关国际规则的约束。

因此，中国有必要继续完善服务贸易管理体制和相关的国内法律体系。具体而言，一方面，要建立统一的服务贸易协调和管理体系，建立相关的管理实体机构，协调与平衡各个服务行业的利益。另一方面，要明确各服务行业行政主管部门的职责与义务，确保其能够有效执行中国国内相关法律法规、积极参与国际规则制定，也要保证其对本行业市场的垂直管理、履行对本土服务企业和国外服务企业的有效监管，从而实现服务行业的健康发展。

7.3.4　发挥行业协会等民间组织的作用

服务贸易发展对经济社会的制度环境提出了更高的要求，中国服务贸易整体上存在管理水平不高、法律法规不健全等不足之处。由此可知，消除体制障碍、改善体制环境是当前深化服务贸易改革的重要环节。参考美国、英国等服务贸易强国发展经验，要充分发挥行业协会等民间组织的重要作用。具体而言，美国、英国等国家已经建立了完善的民间服务贸易出口促进体系，降低了服务贸易企业的出口信息成本，有效促进了服务贸易出口。目前，中国行业协会在促进服务贸易方面发挥的作用有限，突出表现为中国工程承包企业在参与第三方市场合作时缺少谈判能力，影响中国工程承包企业的整体竞争力；同时，除金融业外，大型服务贸易企业不多，本土服务贸易企业国际竞争经验不足。行业协会可以帮助企业克服体制障碍、整合资源、收集整理信息、应对国际市场上可能出现的贸易保护主义措施等，从而发挥行业企业合力，帮助服务企业进入国际市场；此外，行业协会也能够代表行业发声、加强与政府部门的沟通和交流、为企业出口提供信息和咨询服务，从而提高中国服务企业的出口竞争力。

第 8 章　服务贸易发展新趋势

8.1　服务贸易发展新规则

经贸规则高水平发展对服务经济和服务贸易高质量发展具有重要推动作用。全球性多边贸易体系下以边界规则为重点的传统货物贸易规则体系，逐渐被《全面与进步跨太平洋伙伴关系协定》（Comprehensive and Progressive Agreement for Trans-Pacific Partnership，CPTPP）、RCEP、《数字经济伙伴关系协定》（Digital Economy Partnership Agreement，DEPA）等区域贸易协定所取代。目前，服务贸易新规则体系主要由发达国家主导与新兴经济体参与、以双边和区域贸易协定为载体且涵盖边境后新规则（霍建国，2019）。总的来说，传统议题的创新和新议题的提出是服务贸易新规则的主要发展特征（盛斌，2014）。

8.1.1　服务贸易规则传统议题的创新

传统议题的创新可以理解为对现有自由贸易协定中包括投资贸易自由化等已有议题提出更能推动服务贸易自由化和便利化发展的高标准规则，如全面实现服务贸易的市场准入，服务业投资条款深化等。随着服务贸易规则传统议题的创新，高标准的贸易自由化和便利化在服务贸易规则领域体现得格外明显。

1. 市场准入自由化

服务贸易领域实现全面市场准入是传统议题高标准创新的体现，是新一轮国际贸易规则改革的重点和核心内容。以美国为主的发达国家推动的国际贸易投资新规则标准比 GATS 等现行规则的标准更高，因为这些国家挑战了正面清单原则，坚持主张负面清单制度原则。负面清单规则意味着任何新兴服务贸易都将被允许开放，现代服务贸易自由化和便利化水平将大幅提升。

第一，RCEP、CPTPP 等现有区域贸易协定重构了新一轮服务贸易国际规则，以“负面清单”方式来推动服务贸易的全面开放。例如，在 RCEP 中，根据成员国不同的开放水平，该协定采取“正面清单和负面清单并存”的方式。中国、泰国、越南、缅甸、新西兰、菲律宾、柬埔寨和老挝八个成员国为适应服务贸易高标准的市场开放趋势，避免高标准的市场开放给国内经济稳定和产业体系带来较大冲击，选择了保留“正面清单”方式，但承诺会在 RCEP 生效后六年内转化为“负面清单”。

而马来西亚、文莱、印度尼西亚、日本、韩国、澳大利亚、新加坡七个国家服务业开放水平较高，这些国家在 RCEP 减让表中承诺将以“负面清单”模式管理外资准入，部分发达国家甚至承诺全面开放服务部门市场准入。相较而言，CPTPP 由于具有较高的承诺水平，意愿一致的成员国可以采用先行先试的方法，完全实行“负面清单”承诺，所以 CPTPP 服务部门开放水平比 RCEP 更高。可见，实现全面开放是服务贸易领域未来发展的新趋势。

第二，高端服务行业的市场准入规则逐步完善，现有自由贸易协定新增了包括通信等服务业专门条款，将文化娱乐、医疗、教育等现代高端服务行业列为开放部门，市场准入壁垒合理削减。CPTPP 和 RCEP 都对涉及信息安全与国家利益的服务行业部门的敏感性予以承认，但对于除此之外的一些高端服务行业一般是取消限制，逐步解决这些行业部门的市场准入问题，并考虑通信服务、数字服务贸易等新兴领域的开放规则完善问题。不断扩大的市场准入，推动区域内服务贸易的高质量发展。

第三，除了促进更多服务行业开放，CPTPP 和 RCEP 更是大幅度削减市场准入限制，承诺不断提升开放水平。例如，CPTPP 和 RCEP 都承诺缔约方不能对服务实施数量进行限制，即禁止对服务提供者数量、服务产出量、服务交易价值、服务提供者的法律实体类型，以及可雇佣、与提供特定服务直接相关的自然人总数进行限制。两个协定对服务部门的市场准入限制逐步放松，致力于设置专门条款和相关规则，提高各成员国服务贸易政策的透明度，消除成员国间的服务贸易壁垒，推动市场准入自由化水平进一步提升。

2. 自然人流动自由化

自然人流动是服务贸易提供模式之一，一成员国的服务提供者可以被称为自然人，其进入另一成员国提供服务的方式，则属于自然人流动，也可以称为自然人临时移动。科学技术革命推动技术研发人员、高知识人才、专业技术人才和商业专业人员跨境流动壁垒大大减少，进而推动全球服务贸易跨境交流合作活动不断增加。但目前，中国对自然人流动原则仍持观望态度，较多发展中国家在这个领域的开放水平都比中国要高（白洁和苏庆义，2019）。比如，在 GATS 的自然人流动条款中，发展中国家的平均开放水平已高达 80%，但中国仍对 45%的部门进行开放限制。现有区域贸易协定深化并完善自然人流动规则，提升自然人移动便利化水平，这将进一步提高服务贸易自由化水平。一方面，在 CPTPP 中，商务人员临时入境条款，属于服务贸易项下自然人流动的范畴，旨在为商务人员临时入境提供最大化便利，要求各缔约方尽快审批并且公布标准等，加强成员间与服务贸易或商务活动相关的人员流动。另一方面，RCEP 对自然人移动规定做出了详细说明：在符合条件的情况下，承诺对于区域内各国的投资者、公司内部流动人员、合同服务提供者等各类商业人员，提供相关签证便利和一定居留期限（居留期限从 90 日至三年不等），为商业人员开展各种服务贸易投资活动尽可能提供便利。两个区域贸易协定中涉及自然人流动的条款，以清晰的定义、范围及相关说明，明确了服务贸易及自然人流动自由化的普遍适用原则和义务，提高了提供服务的商业人员流动政策透明度，加强了成员间服务贸易合作。

3. 跨境投资自由化

目前，投资自由化逐渐成为发达国家主导的大型自由贸易协定及高标准的双边投资协定的焦点。其中，“准入前国民待遇+负面清单”模式成为投资自由化改革的核心，同时也是服务贸易市场投资自由化发展的重要推力。CPTPP 和 RCEP 主张以“准入前国民待遇+负面清单”原则对外商投资进行管理，明确对负面清单外的自动开放，并要求给予外资准入前国民待遇，限制政府对服务部门本地化的强制要求。这一举措使得国民待遇原则在新的服务贸易规则体系中转变为近于普遍义务原则，即不仅对一国服务部门做出具体承诺，服务部门投资自由化程度大幅提升。

8.1.2　服务贸易规则新议题的提出

随着国际贸易发展呈现出自由化、信息化、多元化、规范化的趋势，贸易交易模式呈现多样化发展。尤其是，互联网技术发展推动服务贸易进入可贸易、可分工时代，服务贸易新模式和新业态蓬勃发展。在此情况下，贸易协定谈判必然会生成新的议题，如以监管一致性、电子商务、知识产权保护、可持续发展、竞争中立等为代表的边境后规则，作为国际贸易新规则新议题，正在成为区域或国家间谈判的主流，其影响力也不断深入服务贸易规则领域，引起全球服务贸易内容和体系的深刻变化，深度影响着服务贸易新发展格局的构建。

1. 监管一致性

在创新性议题的谈判中，监管一致性被视为最重要的规则之一。监管一致也可以称为规则一致，客观上要求各成员在服务供应标准和管理体系方面形成一致规则。通过加强监管的协调与标准的一致性，确保边境后规则的公平，促进区域间形成统一的服务贸易市场。在 RCEP 中，监管一致性原则没有进行专门规定。而 CPTPP 在单独章节中对“监管一致性”进行了详细解释和严格规定，强调要对监管分歧和贸易壁垒的削减及政策透明度提升给予大力支持。为此，各成员要加强服务贸易领域监管合作，减少服务贸易障碍，降低服务贸易成本。但值得注意的是，监管一致性涉及国家的监管自主权，可以帮助发达国家实现对发展中国家服务贸易生产、管理阶段的控制。而发展中国家监管体制若尚未达到发达国家的成熟程度，所以在加入区域贸易协定或与发达国家签订双边贸易投资协定时，发展中国家应充分考量该规则给国内监管主权带来的挑战和压力。

2. 电子商务

跨境电子商务新兴服务部门的蓬勃发展对电子商务规则的完善提出了新的挑战。但目前，WTO 体系下的电子商务规则已无法适应互联网和数字贸易迅猛发展的趋势。为加强国家间跨境电子商务合作，CPTPP 和 RCEP 等新型贸易协定开始将电子商务这一新议题加入谈判，该议题主要包含了促进无纸化贸易、保护在线消费者权益或电子商务用户个人信息、加强电子信息的监管合作及推广电子认证和电子签名等规则。同时，两个区域贸易协定都就跨境信息传输、信息储存和数据流动等问题进行了专门规定，由于涉及国家网络安全问题，这些议题也是在各个国家的自由贸易谈判中极具争议性的议题。但不可否认，CPTPP 和 RCEP 形成的范围全面、水平较高的多边电子商务规则，一方面加强了成员国间电子商务领域的合作，并为其提供了制度保障，另一方面为跨境服务贸易创造了健康安全的营商环境。

3. 知识产权保护

随着知识产权保护被纳入全球经济贸易治理体系，其成为发达国家和发展中国家博弈的关键问题，主要发达国家也对知识产权保护规则提出了更高要求。一方面，文化娱乐、知识产权使用费、软件与信息等知识密集型服务贸易发展，加快了知识产权保护规则的完善。另一方面，近年来国际贸易中保护主义和单边主义重新盛行，知识产权保护引发的贸易纠纷不断增加，国家间在知识产权保护方面达成共识将有利于跨境服务贸易的稳定发展。由此可见，知识产权保护规则将成为未来经贸规则谈判的重要内容。目前，区域贸易协定的知识产权保护规则会通过对国民待遇条款、保护对象、保护期限、保护措施等的相关规定，对著作权、表演和录制版权、专利使用权、数字经济领域知识产权等进行最大限度的保护。

4. 可持续发展

除了新一轮技术革命带来的跨境电子商务、云计算等新兴服务部门对现有服务贸易规则带来新的要求外，环境保护、劳工、气候变化等可持续发展问题与服务贸易关联性逐渐增强，也成为自由贸易协定谈判的新焦点。发达国家积极要求将气候变化、劳工、绿色环保、碳排放等方面的条款，纳入新的贸易规则和贸易治理体系，以防止具有低环境成本和低劳动成本的发展中国家，会对其进行“社会倾销”“绿色倾销”等。例如，CPTPP 运用两个章节分别对劳工标准和环境标准进行专门规定。这些规则尽管短期内会使发展中国家服务贸易成本提升和贸易竞争优势丧失，但长期而言，将有利于服务贸易可持续发展。由此，加快完善并合理运用这些新规则，将有利于成员国在服务贸易新兴领域占据制度优势，从而抢占竞争优势。

5. 竞争中立

竞争中立原则所涵盖的议题较为广泛，其中涉及的服务贸易边境后规则是贸易协定谈判的核心问题。CPTPP 等协定的谈判主要对国有企业的“竞争中立”问题进行了专门讨论，强调在避免外来因素干扰的情况下，通过规划现存国际经济规则或制度，保证非国有企业在市场化条件下，能与国有企业实现公平竞争。RCEP 中的竞争政策则为促进各成员国竞争的透明、公平和公正，明确了缔约方须共同遵循竞争立法和执法原则，同时规定了多种竞争执法合作形式。竞争中立原则符合市场经济发展的自然规律。虽然推行竞争中立规则会带来较大争议和不确定的矛盾冲突，但不可否认的是，该规则会对未来区域贸易谈判起到重要示范作用，是服务贸易领域的重要研究方向。

目前，服务贸易新规则尚未形成系统化的体系，但已能反映出全球价值链延伸、服务贸易投资自由化及边境后规则的新议题深化的发展新态势。为实现服务贸易在全球价值链的深入融合，发达国家极力推动服务贸易投资规则的改革，以稳定保持其在世界经济中的领先地位。同时在 CPTPP、RCEP 等大型区域贸易协定和双边投资协定中，不断出现以知识产权、劳动和环境等边界后措施为代表的新规则，也体现了发达国家与新兴经济体对全球经济贸易治理主导权和竞争优势争夺的激烈程度。

8.1.3　数字贸易国际新规则的构建

世界主要国家都在紧抓新一轮科技革命和产业变革新机遇，聚焦高质量发展数字经济和数字贸易，这对促进数字贸易开放的制度监管环境提出了更高的新要求。数字贸易国际新规则成为新一轮全球贸易规则重构及主要经济体主导权博弈的重要议题。随着数字贸易和服务贸易蓬勃发展，数字贸易涉及的规则领域日益广泛，数字贸易新规则谈判议题范围不断拓展、内容日益复杂，涉及促进数字贸易自由化、数字治理环境优化及数字安全保护等。目前，国际数字贸易新规则主要体现为三种模式。第一是美国主张的反对数据本地化限制及支持跨境数据自由流动，该主张理念与美墨加协定（United States-Mexico-Canada Agreement，USMCA）基本一致，同时也是 CPTPP+数字贸易规则进一步的发展方向；第二是以欧盟国家为代表主张的隐私安全、知识产权保护及消费用户信息保护，以数据和信息保护高标准规则引导全球重建数字贸易新规则体系；第三则是以中国为代表强调的数字治理模式，主张推动数字贸易便利化，并建立安全可靠的数字交易环境（赵旸頔和彭德雷，2020）。2020 年 6 月，新西兰、智利和新加坡签署的 DEPA，进一步推动着数字贸易领域新规则的构建和完善。可见，DEPA 是可以解决数字贸易和数字经济中关键性问题的具有前瞻性的协定。总的来说，数字贸易新规则构建主要体现在以下五个方面。

（1）在数字贸易便利化方面，相关的规则谈判主要涉及数字身份认证、无纸化贸易、电子签名、电子发票、金融科技与电子支付等领域，旨在促进端到端的数字交易。通过以无纸化、电子化、安全化、科技化为标准，降低服务贸易成本，提升跨境数字交易的效率、准确性及可靠性。

（2）在数字税收方面，全球税收制度发展尚未跟上数字经济的发展步伐，互联网巨头的数字税收规制尚未成熟。各国对税收利益分配表现出更高期待，但数字税收规则的国际协调尚未达成共识。同时，一些国家选择开征数字服务税并将其作为缓解税收损失的重要手段，一度引发贸易摩擦。目前，世界主要国家间的数字服务税规则制定权之争愈演愈烈，而 DEPA 等重要协定也尚未就数字贸易税收问题做出明确安排。可见，数字税收规则将是当前各方争议的新焦点和贸易战的新爆发点。

（3）在数据跨境流动方面，数据作为一种重要的战略资源，已经成为新的生产要素和可交易的重要资产，经济领域诸多方面的发展催生出巨大的数据跨境流动需求，推动跨境数据流动规则完善成为数字贸易治理的重点。一方面，规定成员国企业信息数据可跨境无缝传输，坚持现有的 CPTPP 相关承诺，允许数据跨境自由流动。鼓励企业通过在线视频、在线游戏、软件等数字服务新模式提供数据产品和服务跨境交易。另一方面，数据的跨境流动难免会导致用户隐私保护、企业商业网密码保护等产生安全风险。因此，要加强完善政府数据公开、数据监管沙盒①等方面的规则体系，促进数据便捷、安全跨境流动，创新数据跨境流动的安全监管制度。

（4）在个人信息保护方面，信息作为重要的价值创造来源，个人信息保护是数字治理的挑战。在数据跨境流动和数据隐私保护之间做好平衡，确定保护与监管的边界，是个人信息保护规则的重要议题。现有的贸易协定已认识到个人信息保护的重要性。例如，CPTPP、USMCA 等贸易协定会通过制定协助用户提交跨境投诉、确保个人数据保护方面的非歧视待遇等规则对个人信息进行法律保护。其中，DEPA 协定制定了更为细致的规定，即对个人信息保护规则增设了收集限制、数据质量、安全保障、透明度等基本原则，并采用数据保护信任标志②。

（5）在数字贸易环境构建方面，DEPA 涵盖了人工智能安全使用、网络安全、数字包容性等创新性议题，致力于在成员国间建立值得信任的数字贸易环境。首先，DEPA 走在数字贸易规则制定前列，明确提出构建“人工智能治理框架”，促进成员方在道德和治理层面形成规范化体系，以更安全和负责任的方式合理使用人工智能。其次，网络安全是数字经济的重要组成部分，只有预测并降低恶意网络入侵或

① 监管沙盒是指在安全可控的环境内实施监管，即在保护消费者或投资者权益、严防风险外溢的前提下，创造一个鼓励创新的规则环境。完善数据监管沙盒规则，要针对数据这一新要素，为数据保护、数据流动等跨境贸易活动提供安全隔离的环境，同时采取包容审慎的监管措施。

② 数据保护信任标志是面向企业的一项认证，用于认证已部署数据保护措施的企业。

恶意代码传播的风险，才能构建健康的互联网环境。尽管目前只有 USMCA 等少数贸易协定对网络安全进行了专门规定，DEPA 等协定仅对网络安全问题进行了软性承诺，但各方已逐渐认识到网络安全对服务贸易、数字贸易等领域发展的重要性。最后，数字经济包容性规则通过改善和消除人们参与数字经济的障碍，鼓励包括穷人、残疾人等弱势群体在内的所有人都能参与数字经济发展并从中获益，促进国际数字贸易的普惠包容增长。

8.2　服务贸易发展新态势

8.2.1　服务贸易发展新特征

1. 数字赋能汇聚新动力

以数字为生产要素、数字结算为主要特征的数字贸易正成为全球服务贸易的新特征（孙立行和沈玉良，2020）。目前，全球超过 50%的服务贸易已经实现数字化。数字技术的创新应用和数字服务贸易的兴起为服务贸易提供了全新发展动力，成为服务贸易发展的新特点。一方面，数字贸易规模不断扩大。2020 年新冠疫情暴发，但全球数字贸易出口规模仍实现了逆势增长，其对于服务贸易出口增长的贡献率接近 100%，占服务贸易的比重已超过 60%[①]。可见，疫情期间，远程医疗、在线教育、共享平台、跨境电商等服务广泛应用，加速了数字贸易的创新发展，增强了服务贸易发展的韧性和动力，使得服务贸易成本大幅降低、交易领域更加丰富、贸易范围大大拓展。另一方面，数字赋能服务贸易新特征的形成主要表现为以下三点：一是贸易对象的数字化，互联网等数字技术通过提供高效便捷的数据传输通道促进了跨境数据流动，而数据和以数据形式存在的生产要素、产品、服务即国际贸易中的贸易对象；二是贸易主体数字化，包括企业、政府监管部门、银行等所有贸易参与方均在广泛应用数字技术；三是服务贸易数字化，数字技术在服务贸易领域的应用，创新出智慧物流等多种新业态和新模式，实现了全流程和全产业链向数字化转型。

2. 科技赋能激活新引擎

随着新一轮科技革命和产业变革孕育兴起，科技创新与服务经济深度融合，服务贸易发展质量越来越取决于科技含量的大小，服务贸易个性化、多样化、高端化等发展新特征日益明显。第一，技术进步使得跨境服务贸易种类增加、范围扩大。

① 《数字开启未来　服务促进发展》，http://www.gov.cn/xinwen/2021-09/06/content_5635586.htm [2022-09-06]。

大数据、物联网、云计算、人工智能等新技术在服务业创新发展轨道上的广泛应用，为全球服务业发展提供了技术条件，使得服务贸易种类不断增加、范围不断扩大，并衍生出更多服务新业态和新模式，也进一步促进了服务贸易创新升级。第二，知识技术密集型服务在全球服务贸易结构中的地位逐渐提升，现代化高端服务贸易占全球服务贸易的比重已超过 50%，全球对现代物流、数字创意、跨境电商等新兴服务贸易的需求不断扩大。第三，技术创新推动全球产业向以智能化、数字化、服务化、绿色化为特征的新兴产业转型，价值链不断向服务环节拓展，头部跨国公司向综合一体化服务提供商转型趋势日益明显，这些趋势都为扩大全球服务贸易提供了巨大发展新空间。

3. 规则赋能拓展新空间

世界主要国家正积极推进服务贸易管理规则的完善和管理体制的变革，尤其是新兴经济体致力于打造与国际通行规则相衔接的制度和服务环境。目前，全球服务贸易规则高标准、强约束特征凸显，对标国际高标准服务贸易规则，使得中国服务贸易开放的新空间不断扩大。例如，就金融领域而言，国际金融服务规则中，“去监管化”趋势增强。同时，中国开始取消对银行、证券、期货等领域的外资持股限制，降低资产规模等股东资质方面的限制，金融服务规制不断与国际接轨，扩大金融开放空间。就数字服务贸易领域而言，数字贸易规则更多的是涉及服务贸易自由化发展的议题，传统货物贸易便利化的规则制定焦点逐渐被服务贸易新规则替代。完善涉及数字贸易和数据流动的规定，强化数字和数据作为经济新增长基点的核心作用，才能拓宽服务贸易发展的新空间。总的来说，现代重点服务业开放和数字数据自由流动是国际服务贸易新规则体系重构的焦点。数字服务贸易新规则提升服务贸易创新升级水平；“负面清单”的市场准入制度助力服务贸易更高水平开放；个人信息保护和数据流动监管一致性等规则为服务贸易参与国际分工合作提供安全可靠的发展环境。新规则体系的创新性和复杂性为服务贸易带来巨大发展空间，同时也为包括中国在内的发展中国家的服务贸易全面开放带来一定挑战和风险。

8.2.2 服务贸易发展新要求

1. 顺应服务贸易发展新规则

目前，发展中国家服务贸易的规则标准跟不上服务贸易的迅猛发展，且某些服务贸易领域的标准与国际标准存在差距。发展中国家应认识到，顺应服务贸易新规则发展态势，研究探索新规则的制定，打破被服务贸易新规则“边缘化”的困局，积极推动符合其利益的自由贸易协定，才能更好地融入全球服务贸易发展新格局。例如，以欧美为代表的发达国家已高度关注数据跨境流动自由化、监管及保护等方面的规则研究。发展中国家的服务贸易在这方面起步缓慢，数据贸易标准与国际差距较大，数据自由流动风险应对能力、国家信息安全维护能力均有待提升，导致发展中国家难以享受数据自由流动带来的贸易红利。在自然人流动方面，发达国家关注高端服务人才在世界范围内的服务畅通及流动，并针对高端服务人才自由流动制定了相关规则。而发展中国家更多关注的是中低端技术人才流动的便利化程度。由此，对于服务贸易不同方面存在的规则标准差异，中国应积极顺应新规则发展趋势，不断完善创新，力争避免在新一轮服务贸易规则重构过程中被边缘化。

在此情形下，新兴经济体应对标现有协定中高水平的经贸自由机制和实践成果，深化服务贸易体制机制改革，主动融入更高水平的对外开放中进行战略部署。积极主动加入 CPTPP 和 DEPA，以倒逼国内电子商务、数据跨境流动、自然人流动、可持续发展规则等标准高质量提升，推动更高水平的制度型开放，同时为更高水平的服务贸易开放提供安全保障，适应全球服务贸易自由化发展的新趋势。此外，要释放积极融入全球服务贸易新规则体系、降低服务贸易壁垒、放宽服务业市场准入限制、对标国际高水平服务贸易自由化标准的全面开放诚意，以更好地开拓服务领域国际市场及国际循环空间。

目前，相较于 RCEP 成员国间已有的自由贸易协定，RCEP 的服务贸易自由化水平已经明显提高。但对于形成服务贸易市场全面开放新格局、进一步扩大服务业市场准入及推动服务贸易高质量发展，中国仍需要以 RCEP 为契机，对标 CPTPP 和 DEPA 的高标准规则，加快全面开放进程，为之后中欧自由贸易协定等潜在的自由贸易协定谈判做好准备工作（王思语和张开翼，2021）。作为全球经贸规模最大的自由贸易区，RCEP 的政策红利及规则引擎效应确保得到最大化释放，缩小与 CPTPP 高标准的差距，形成区域内服务贸易开放新格局。服务贸易具有领域广、业态新、范围大的发展特征，必须充分利用区域的峰会论坛及多双边对话合作机制，加强国家间的政策协调、标准对接，凝聚广泛共识，顺应贸易规则发展新趋势。

2. 坚持创新理念贯穿服务贸易发展

服务贸易创新发展是顺应新发展格局的必然要求，也是适应科技与服务深度融合的发展需要。推进技术创新、企业创新、环境创新等工作，聚集服务贸易创新发展要素，才能构建服务贸易创新发展格局。第一，推进科技企业和服务企业的创新合作。鼓励科技企业和社会资本致力于瞄准前沿领域，针对一系列“硬科技”“黑科技”进行深入研究和探索，准确捕捉未来科技创新发展方向和驱动因素，紧跟科技创新脚步，挖掘科技创新服务与应用，为各行各业提供科技创新服务支撑，依托一系列科技创新服务为服务贸易撬动发展引擎，推动科技与服务行业的深度融合与创新。第二，营造活跃、共享、规范的创新环境，共享新兴服务贸易发展机遇。经济全球化背景下，技术创新的跨国合作需求不断加强，越来越多的国家主动融入全球创新网络。医疗设备、生物医药、新型基础设施建设、北斗系统建设等技术，只有在国家合作共享中才能不断创新升级。服贸会便是技术创新成果实现跨国界共享的重要平台。因此要打造创新共享的全球合作环境，各方应以技术创新合作开辟服务贸易发展新空间。第三，紧抓新一轮科技变革机遇，增强自主创新能力，以数字技术革新服务贸易创新力、竞争力、辐射力及风险防控能力，以创新牵引服务贸易发展质量变革、动力变革及效率变革。

3. 防范服务贸易开放新风险

相比于货物贸易摩擦，服务贸易的冲突更加激烈，且冲突的复杂化程度将随着全球服务贸易的发展而加深。进入服务贸易时代，无形的虚拟世界冲击有形的国家边界，且虚拟领域的流动性更强，有形的国境线已然阻挡不住。由此，不断扩大服务贸易开放也存在较大风险问题，需要平衡服务贸易开放与安全问题，做好风险防控。第一，美国等发达国家对金融服务的“去监管化”主张将给金融监管规则尚未完善和监管能力较弱的国家，特别是发展中国家带来巨大的潜在风险。因此，在加大金融市场开放、加强金融服务竞争力的同时，要注意金融风险给国内社会经济的稳定发展带来的冲击。第二，顺应数据跨境自由流动发展趋势，但要维护国家数据出境安全，保护个人信息权益，提升网络风险防范能力。在保障自身数据安全、网络安全、信息安全和国家安全下，主动融入全球数据治理格局中，争取数据流动监管主导权。第三，外国的服务经济关键部门加速进入，会对发展中国家服务贸易控制权把握和产业独立性发展带来风险。例如，教育、影视、声像等服务部门虽不是国民经济发展命脉，但属于意识形态领域，这些服务部门的开放会加大抵制外来意识形态入侵的难度。因此，需要完善产业开放分类体系，根据服务业发展需求和发展基础，有计划、分层次地对服务贸易部门进行开放（张娟等，2021）。对涉及国家安全和国民利益的服务部门坚持禁止开放态度，坚决维护国家重大核心利益；对国内处于幼稚期的服务业，坚持幼稚产业保护原则，按需谨慎扩大开放；对数字服务贸易、现代金融服务等已具备制度安全保障和风险防范能力的领域可以逐步放开，但在开放过程中要注意风险预测和监管问题。

8.3　服务贸易高质量发展新机遇

8.3.1　经济高质量发展新机遇

目前，中国已进入新发展阶段，经济也进入高质量发展阶段。中国经济高质量发展为服务贸易发展提供了良好的前提。2020 年 7 月 30 日召开的中共中央政治局会议指出，中国已进入高质量发展阶段，发展具有多方面优势和条件。这是在党的十九大后，中央首次明确中国已进入高质量发展阶段。①2019 年，中国经济总量接近 100 万亿元，人均 GDP 突破 7 万元，中国对世界经济增长贡献率达 30%左右，持续为世界经济的增长提供动力。近年来，中国一直以供给侧结构性改革为主线，以改革和创新作为“双轮”驱动力，不断推动经济结构优化，促使中国经济不断迸发出新活力。同时，民生投入的持续增加、居民收入的稳步提高、社会保障的逐渐完善都体现了中国经济的高质量发展。中国经济高质量发展为服务贸易发展奠定了良好的基础，为服务贸易提供了发展新机遇。一方面，中国作为货物贸易出口大国，有效助推服务贸易高速增长。2020 年，中国货物与服务贸易总额位居全球第一。2020 年中国的外贸规模已经达到了 32.16 万亿元，国际市场份额占 6613.70%，外贸对经济增长的贡献高达 28%。稳定增长的贸易规模为服务贸易发展奠定了坚实的基础。例如，服务于货物贸易的仓储、运输、保险、金融结算等，这些与贸易链相关的服务业得到了需求大幅增长的刺激。同时，随着家用电器、汽车等产品的大量出口，相关联的服务出口也不断增加。另一方面，高质量发展的经济为服务贸易发展提供了充足的市场和参与者，营造了良好的金融环境。中国经济在高质量发展的进程中，外贸规模不断扩大，就业人数与税收不断提高，外汇储备保持稳定。2012~2020 年，外贸累计贡献了 11%的财政总收入，带动就业 1.80 亿人，外汇储备长期稳定在 3 万亿美元左右。就业的扩大、收入的提升推动了中国中等收入群体的扩张，为服务贸易的发展提供了充足的市场与参与者。财政的扩张与外汇的稳定，为服务贸易的发展提供了充足的资金支持与良好的金融环境。

8.3.2　数字化发展新机遇

数字技术的兴起推动传统贸易革新，突破了服务的不可贸易性，推动服务贸易范围与规模迅速扩张，对中国经济高质量发展具有重要意义。在数字技术改变服务生产和交付方式的过程中，数字技术颠覆性地创新了服务贸易的商业模式和服务提供方式，服务贸易方式多元化发展，催生出诸多服务贸易领域的新业态、新模式，进一步促进新发展格局的形成。

1. 数字化提升了服务的可贸易性

物联网、大数据、云计算等数字技术的兴起与发展，通过提供更多元化的可服务类型和提高企业的服务外包质量，有效提升了服务的可贸易性。例如，在数据存储技术和移动互联网的支持下，国际教育等服务实现了在线化发展；再如，随着大数据、云计算等信息技术的不断深入发展，一些企业已将这些信息技术应用于科学

① 《为什么说中国经济已进入高质量发展阶段》，http://paper.ce.cn/jjrb/html/2020-08/14/content_425693.htm[2022-08-14]。

分析目标市场的潜在客户需求，更精准地为潜在客户提供定制化服务，从而提高服务质量和扩大市场占有份额。随着数字经济时代的到来，过去无法离岸进行贸易的服务正向可贸易化倾斜，转变成可贸易化产品，全新的服务模式应运而生，以技术密集型为主的新兴服务贸易正快速发展。

2. 数字化提高了服务贸易的便利化水平

服务贸易便利化水平提升是服务贸易创新发展的重要路径。数字经济具有便捷与高效的独特优势，是推进服务贸易通关监管模式等制度改革、提升服务贸易便利化水平的重要途径。服务贸易数字化，不但能够提升跨国移动支付的便捷程度，而且能够显著提高服务贸易的监管与统计效率，促进经济高质量发展。例如，在重点合作企业的运行监测系统和服务贸易企业的直报系统中运用大数据、云计算等数字技术，企业能够通过数据共享与信息交换来及时掌握竞争企业动态与国际市场动向。

3. 数字化拓宽了服务贸易的发展空间

数字经济时代，电子商务的发展为服务贸易模式创新提供了有利条件。跨境电商、区块链技术和服务贸易之间的深度融合衍生出服务贸易创新发展新模式。依托新媒体、移动互联网和虚拟社交平台等数字化平台及其提供的大数据资源，中国建立了较为完备的跨境交易质量检测与售后服务体系，同时，企业的研发、采购、生产和分销体系也日趋成熟。一方面，电商企业和服务贸易企业可以利用互联网技术进行资源与市场信息整合，通过由线下市场向线上平台的转变来实现创新发展，大幅提升企业经营绩效和服务贸易效率；另一方面，服务贸易企业可以凭借互联网进行跨境电子商务，为国际客户提供个性化与定制化的产品，有效拓宽服务贸易的发展空间，进一步推动国内国际双循环新发展格局的形成。

8.3.3 可持续发展新机遇

1. 绿色科技助推服务业转型升级

随着时代的不断发展，绿色科技不仅是全球绿色转型的关键力量，还是一个充满新机遇的前驱领域。在后疫情时代，中国政府可以凭借绿色转型的“东风”，收获新一轮技术革命的发展红利，助推传统产业转型升级，加快新业态发展，实现绿色、低碳和高质量的经济增长，从而达到经济重振、创造新一轮就业机会的效果。为了更好地保护生态环境、实现资源的持久利用和绿色开发，老式的资源消耗型经济发展模式必须立刻摒弃，这也就意味着绿色科技的快速变革与发展刻不容缓。目前，全球绿色科技竞争已经打响，许多国家都已迅猛发力，如美国的脱氨和脱硫技术、德国的污染处理技术、日本的垃圾回收处理及除尘技术等。无论是发展中国家还是发达国家都将注意力放在了计算机技术、应用生物技术、新材料技术、芯片技术等领域，以获取更多的竞争优势，力推本国在该领域获得国际领先地位，以期成为全球绿色转型中的佼佼者。而绿色科技的飞速发展为现代服务业提供了良好的技术前提，能够助推中国服务业转型升级、促进中国经济高质量发展。

2. 绿色服务拓宽服务业市场

绿色服务商机无限。对生态环境保护有利的、对资源和能源节约有利的、对人类健康有益的、无毒的、无害的、无污染的服务统称为绿色服务。其包含绿色服务设计、绿色服务选材、绿色服务产品、绿色服务营销与绿色服务消费。当今，破坏生态环境的一切行为都在被禁止。不难预见，绿色服务是未来服务业发展的必然趋势。

与此同时，随着人们生态环境保护意识的不断增强，绿色服务消费受到越来越多的消费者青睐，一股“绿色”旋风也在消费者市场悄然刮起。以“绿色、和谐、自然、健康”为宗旨的绿色消费是由消费者自我保护意识不断增强、消费水平不断提高、消费意识转变及对自然的回归渴望形成的。在不断高涨的绿色潮流中，国际市场消费需求已然发生了变化，掀起了一场绿色服务消费的新时尚。依据多项调查资料，许多消费者表示更青睐于有绿色形象的企业，更倾向于以“自然、绿色、健康”为宗旨，崇尚和消费绿色服务，减少环境污染，自觉抵制和拒绝消费对生态环境有害的服务。

3. 可持续发展为金融注入新动力

当今，可持续发展意识逐渐深入人心，越来越多国家提高了金融领域向绿色和环保的倾斜度。因此，绿色金融领域也为各国服务业的发展带来了许多新机遇。近年来，除了绿色金融领军地区和国家（包括欧盟、中国等）在不断促进绿色金融发展之外，许多新兴经济体也清晰地意识到绿色可持续发展的必要性，也在通过构建绿色金融体系、建设绿色金融市场等手段，促进本国经济发展。依据可持续银行网络（Sustainable Banking Network，SBN）发布的《可持续银行网络全球进展报告 2019》，在 2012 年 SBN 成立时，其仅有 10 个成员国，可持续金融政策仅在中国与孟加拉国正式启动。2019 年，SBN 已拥有 38 个成员国，且拥有来自新兴市场 38 个国家的 43 万亿美元银行资产。与此同时，可持续金融正在新兴市场国家加速扩张，在 38 个成员国中，可持续金融政策已经在 22 个国家中实施，通过向他国学习，成员国可实现跨越式发展（莫莉，2021）。

据统计，截至 2021 年一季度末，中国绿色贷款余额已经超过 13 万亿元。相关专家指出，碳达峰、碳中和目标的出现无疑是一个金融业的重大历史转机。在我国碳达峰和碳中和的目标实现过程中，要充分发挥绿色金融的服务与引导的双重作用，推动绿色溢价进一步降低，促进绿色低碳发展的社会主义现代化强国进一步形成。绿色金融实质是将生态环保任务转化为新时代的发展潜力（高敬和潘德鑫，2021）。据预测，需要百万亿元方可实现中国的碳中和，资金需求量大，绿色金融的发展空间也大。绿色金融在继续为污染防治服务的基础上，可以增加对绿色交通、工业节能减排、绿色建筑、可再生资源及绿色低碳技术创新等领域的支持，从而为服务业提供新的着力点和业务增长点。

4. 可持续发展带来生态旅游新机遇

党的十九大报告提出："人与自然和谐共生的现代化，要提供更多优质生态产品以满足人民日益增长的优美生态环境需要。"①可见，经济发展、美好生活、生态保护，三者无可或缺。正确处理经济发展与生态环境保护的关系是推动人与自然和谐共生的关键，也是众多政策中不断强调的关键点。认识保护环境和生产力发展的辩证统一关系是发展的关键，而生态旅游正是这个转化的最佳着力点和平衡点。生态旅游是在美丽的生态环境与和谐的人文生态的基础上，发展"生态+"教育、文化等新模式的旅游方式。其坚持可持续发展和人与自然和谐共生的理念，对推动服务贸易高质量发展、建设社会主义现代化国家具有重要意义，也为中国服务业创造了新的发展机遇。

"生态旅游"这一概念最早出现于 20 世纪 80 年代的墨西哥，该概念在提出后很快得到全球广泛关注。中国生态旅游起步较早，20 世纪 90 年代初，中国便正式引入"生态旅游"的概念，并成立了森林国际旅行社。可见，中国生态旅游发展历程几乎与国际生态旅游同步，国家对生态旅游提供了较大的政策支持力度。2008 年 11 月，国家旅游局发文，将 2009 年全国主题旅游年确定为"中国生态旅游年"。随后，国家"十二五"规划与"十三五"规划均强调要全面推动和支持发展生态旅游。

1998 年 12 月召开的中央经济工作会议中，明确将旅游业作为国民经济发展的新兴增长点。在此背景下，中国旅游经济发展迅猛，产业格局日趋完善，旅游业正在发展成为国民经济的战略性支柱产业。2016 年，中国旅游收入达到 4 万亿元左右，同比增长率为 11%，旅游对经济内需增长的贡献率高达 11%。2019 年，中国全年旅游总收入已达 6.63 万亿元，同比增长率仍保持 11%；国内旅游人数同比增加 8.4%，达到 60 亿人次；带动的劳动人口高达 7987 万人，占全国劳动总人口的比重超过 10%。其中，全国森林旅游游客量占国内年总旅游游客量的 30%，创造了将近 2 万亿元的社会综合产值。可见，森林旅游作为生态旅游的重要旅游形式，对旅游经济发展具有重要促进作用。

①《习近平：决胜全面建成小康社会 夺取新时代中国特色社会主义伟大胜利——在中国共产党第十九次全国代表大会上的报告》，http://www.gov.cn/zhuanti/2017-10/27/content_5234876.htm [2022-08-05]。

生态旅游对产业发展的推动作用较强，具体表现为以下四点。第一，作为生态环境与历史、科技、人文的融合体，生态旅游自身便能提供多元化的先进产品和服务以满足消费者的差异化需求。第二，生态旅游创新发展的过程中，对其他与其直接或间接相关的产业带动效应明显。例如，中国森林旅游不仅是森林观光这一单一发展模式，也出现了森林与健康、运动、休闲娱乐等领域结合的“森林+”新模式、新业态。第三，森林旅游还作为利用林业资源的新兴模式，重新整合了整条林业产业链环节，最大化利用林业资源调动了森林经济的发展。第四，在 2009 年，《国务院关于加快发展旅游业的意见》就已提及节能节水减排、绿色旅游等与生态旅游密切相关的措施。因此，“经济林—林下经济—生态旅游—环境保护—环保产业—绿色转型”各环节可以形成密不可分、不断延伸和升级的供应链（段军艳和黄海川，2021），其中，生态旅游更是可以成为促进地方经济转型升级与刺激消费、助力经济双循环的新引擎。2019 年，国家林业和草原局指出，森林旅游为脱贫攻坚战做出了不可替代的贡献：2016 年，有 35 万户 110 万人左右的贫困人口通过森林旅游实现了收入增长，每户的年收入平均增长了 3500 元。2018 年，获得增收的贫困人口已增长至 46.50 万户 147.50 万人，每户年收入也较 2016 年增长了 2000 元。

中国大多数欠发展地区依山傍水，拥有适宜发展生态旅游的特殊资源，并且生态旅游对从业人员要求相对较低，且参与方式多元化，适宜大多数欠发展地区发展。为贯彻落实国家“十四五”规划，国务院制定了《“十四五”旅游业发展规划》，明确生态旅游将推动中国服务业进一步发展，加速中国经济转型升级，实现经济高质量发展，同时有效衔接乡村振兴与巩固拓展脱贫攻坚成果，促进实现共同富裕。

8.3.4　服务贸易自由化新机遇

全球价值链时代，服务在经济贸易中的重要性逐渐凸显，WTO 和 OECD 等国际经贸组织相继强调服务在全球价值链中发挥着重要连接作用——有利于促进宏观经济稳定高质量发展、推动产业结构优化（赵瑾，2018）。在此背景下，中国进一步推动“一带一路”建设、积极促进国际高水平区域合作、建立自贸试验区、建设京津冀及粤港澳大湾区服务贸易开放新高地等，带来了服务贸易自由化发展新机遇。

1. “一带一路”建设

2013 年“一带一路”倡议提出后，中国以“一带一路”建设为重点，抓住新兴国家群体性崛起的机遇，积极开拓亚太与非洲地区市场，加强与“一带一路”沿线国家间的服务贸易往来，不断扩大服务贸易的市场范围。《共建“一带一路”倡议：进展、贡献与展望》报告显示，2017 年，中国与“一带一路”沿线国家的服务贸易总额达 6158.88 亿元，同比增长 18.4%。2017 年，商务部研究院国际服务贸易研究所所长李俊指出，在“一带一路”建设的重大项目落地与港口领域合作过程中，服务贸易渗透在前期基础设施建设和后期运营维护等环节，“一带一路”建设项目具有较大的服务贸易合作潜力。同时，“一带一路”沿线国家在信息技术、产能合作等领域相对落后且需求较大，而中国在这些领域存在相对优势，因此，中国与“一带一路”沿线国家间的深化合作有助于推动中国技术密集型服务出口（白舒婕，2019）。目前，全球服务贸易以亚太和欧洲地区为主要市场，而发展中国家作为推动国际经济增长的中坚力量，将是未来服务贸易市场的集中地。“一带一路”连通欧亚大陆，西连欧洲经济圈，东连亚太经济圈，将为中国服务贸易发展提供广阔的国际市场，助推中国新发展格局的进一步形成。

2. 国际高水平区域合作

为了进一步推动中国更高层次改革开放新格局的形成，近年来，中国积极促进国际高水平区域合作，为服务贸易高质量发展提供了新的机遇。

2020 年 11 月，RCEP 正式签署，中国加入全球最大自由贸易区。2021 年 3 月，商务部副部长兼国际贸易谈判副代表王受文指出，RCEP 的签订将会在三个方面大力推动国际服务贸易发展（王俊杰，2021）。第一，RCEP 将会在各国服务部门的疫后复苏过程中发挥重要作用。RCEP 在服务贸易方面制定了较高水平的开放承诺，涉及部门范围相当广泛，包含金融、研发、交通、电信、旅行等 100 多个部门，并且要求在协定生效后六年之内将正面清单转换为负面清单。这将显著降低服务贸易壁垒，有利于区域内人员流动，能够有效促进各国服务贸易进一步发展。第二，互联网赋能的服务贸易将随着 RCEP 的生效站上新风口，同时迎合了后疫情时代的跨境贸易发展要求。不可否认，疫情给跨境服务贸易带来了阴霾，但同时也催生了“互联网+服务贸易”的新业态和新模式，扩大了跨境电商、网上交易会、在线办公、在线问诊、在线教育、互联网金融等跨境和远程服务贸易的需求。RCEP 在对于依托互联网发展的服务贸易领域做出了高水平的开放承诺，以及高标准的服务贸易规则，为疫情时代服务贸易拓展了国际发展空间。第三，RCEP 的签订将进一步促进货物贸易和服务贸易深度融合，推动中国服务贸易附加值提升。得益于 RCEP 成员国间零关税承诺，货物贸易规模显著增大，推动与货物贸易相关的服务贸易增长，如服务于货物贸易的仓储、物流运输、金融结算、数字交易等，这些服务于货物贸易链的服务业将获得巨大发展红利。由此，RCEP 的全方位开放形成了货物贸易与服务贸易相互协调与相互促进的新局面。

2020 年 12 月，《中欧全面投资协定》（EU-China Comprehensive Agreement on Investment，CAI）正式签署，对促进全球贸易增长、推动投资自由化便利化、构建开放型世界经济等有重大作用。第一，CAI 大力推动中欧投资开放水平提高。CAI 采取负面清单模式，在信息技术、金融、电信和生物技术等领域开放市场准入。

①中国承诺在电信、金融等服务贸易领域大幅度提高对外开放水平。在传统服务贸易行业，中国取消了以往国际运输中对无机组人员的飞机租赁和出租的最低资本要求，同时开放了货物装卸、地面处理、海事机构、销售和营销服务等关键领域的投资；在知识密集型服务贸易行业，中国承诺取消对电信的投资禁令，以 50%股本为上限向欧盟投资者开放投资，并设立“技术中立”条款，确保对增值电信服务的股本上限要求不会应用于以互联网形式提供的其他服务，如医疗服务、金融服务等。②欧盟也承诺对中国提供高水平的市场准入，向中国除农业、渔业、公共服务、声像、能源之外的其他所有行业予以开放准入条件。③中欧双方共同承诺在大部分的经济领域中取消对出口实绩、企业数量、董事高管、总部设置等方面的限制，并在协定中有专门条款允许与投资有关的外汇进行转移，以及与投资相关的人员入境和停居留。第二，CAI 大力推动营商环境优化。坚持加强营商环境法治化原则，CAI 在补贴透明度、金融监管、技术转让、行政执法、标准制定等与企业经营相关的议题上制定了明确的规则，推动构建公平的竞争环境。第三，CAI 对标联合国《2030 年可持续发展议程》等系列国际文件，对企业社会责任及与投资相关的环境、劳工等问题做出了专门规定。第四，CAI 的国际投资争端解决制度具有相当的灵活性。其中规定：①将在协定签署后两年内停止有关投资保护和争端解决的相关谈判；②该协定的规定与现有的欧盟成员国和中国签署的双边投资保护协定规定并不冲突，不会将其自动取代。综上，CAI 进一步推动了中国投资自由化便利化发展，有利于促进服务业高水平开放、推动中国服务贸易和经济高质量发展、加速中国新发展格局的形成。

此外，CPTPP 作为国际高水平区域合作组织，对服务贸易发展也有重大意义。2020 年 11 月，习近平指出：“中方将积极考虑加入全面与进步跨太平洋伙伴关系协定”。[①]虽然目前中国尚未加入 CPTPP，但 CPTPP 在跨境金融和电信等多个服务贸易领域的详细规定及其给中国带来的机遇与挑战都推动着中国服务贸易逐渐走向成熟。第一，CPTPP 促进中国服务业开放程度提高。CPTPP 以实现各成员国间贸易自由化为目标，构建了高标准的国际贸易新规则，从而形成了贸易转移效应，使其成员国享有更加广阔的国际市场，而非成员国的利益将会遭受巨大损失。面对与 CPTPP 成员国之间减少的贸易量，中国作为世界第二大经济体首当其冲。对此，最有效的应对方法便是积极参与到全球一体化的进程中去，不断推动双边和多边贸易建设，不断提高服务贸易份额，加大投资，扩大开放，从而抵消中国与 CPTPP 成员国之间缩减的服务贸易量。第二，CPTPP 促进中国服务贸易政策国际化。CPTPP 迎合全球贸易自由化的浪潮，制定了各式高度开放的新贸易条例。在新的贸易环境下，中国为迎合时代发展需求，更好地推动中国服务贸易发展，必须对标国际高标

①《习近平：中方将积极考虑加入全面与进步跨太平洋伙伴关系协定》，http://www.xinhuanet.com/politics/leaders/2020-11/20/c_1126767335.htm[2022-09-05]。

准贸易规则和高水平贸易开放要求，根据 CPTPP 高水平服务贸易政策，正视中国服务贸易政策的不足并对其加快修订和完善，推进中国服务贸易政策国际化进程。第三，CPTPP 间接加速中国服务贸易产业结构升级。CPTPP 的建立在一定程度上阻碍了中国与其成员国之间的贸易发展，迫使中国不得不为新兴服务业注入新动力，加速新兴服务业的发展，加快推动中国服务业转型升级，促进服务贸易高质量发展。第四，CPTPP 推动中国数字贸易发展。自 2020 年新冠疫情暴发以来，数字贸易的主导地位逐步显现，成为全球服务贸易增长新引擎。根据联合国贸发会议发布的“可数字化服务贸易规模”数据，2008 年至 2019 年，全球可数字化服务的出口规模已从 13.20 万亿元增长至近 22.08 万亿元，并且占全球服务出口的比重已经过半，高达 52%。而 CPTPP 在数字贸易领域规定了禁止关税原则、非歧视性待遇及跨境数据自由流动等一系列重点条款，极大地减少了数字贸易壁垒，并且制定了数字贸易标准化规定、网络安全事务合作条款、争端解决措施等条款，能够有效促进数字贸易便利化。CPTPP 在数字贸易领域高度自由化的规则对中国数字贸易发展具有重大引导作用。

3. 自贸试验区

自 2013 年批准上海自贸试验区设立以来，中国多批次逐步扩大自贸试验区名单，截至 2020 年 11 月共批准了 21 个自贸试验区，呈现出“东西南北中协调、陆海统筹”的开放态势，推动形成了中国全面开放新格局。2017 年 10 月 18 日，党的十九大报告明确提出，要“赋予自由贸易试验区更大改革自主权，探索建设自由贸易港”[①]。随后，国家便出台政策支持各自贸试验区深化改革创新。2018 年 11 月 7 日，国务院印发了《关于支持自由贸易试验区深化改革创新若干措施的通知》，由此，各自贸试验区结合其特有的区域优势和产业优势，对服务贸易提出了更高的自由化目标。例如，2020 年 11 月，上海市政府发布《上海市全面深化服务贸易创新发展试点实施方案》，要求上海自贸试验区临港新片区发挥特殊经济功能区的先行先试优势，进一步促进服务贸易要素有序流动，率先开展科技人才、前沿技术、资金和数据等要素跨境流动便利化试点，推进世界顶尖科学家社区建设，以及互联网、金融、智慧运输、电子商务等多领域的数据跨境流动安全评估试点建立等，加速服务贸易制度创新新高地的打造。又如，《海南自由贸易港建设总体方案》以贸易投资自由化便利化为重点，针对服务贸易，提出以“既准入又准营”为基本特征的自由化便利化政策措施，实施“市场准入承诺即入制”，进一步放宽市场准入。2021 年 7 月《海南自由贸易港跨境服务贸易特别管理措施（负面清单）（2021 年版）》统一列出了对境外服务提供者在国民待遇、市场准入等方面以跨境方式提供服务的

① 《习近平：决胜全面建成小康社会　夺取新时代中国特色社会主义伟大胜利——在中国共产党第十九次全国代表大会上的报告》，http://www.gov.cn/zhuanti/2017-10/27/content_5234876.htm [2022-09-05]。

特别管理措施，进一步促进了服务贸易自由化。

同时，为推动金融、保险、软件等现代服务业快速发展，中国为自贸试验区出台了鼓励服务贸易优先发展的优惠政策，促进生产性服务业聚集，形成可复制、可操作的经验向全国推广，进一步推动了中国现代服务业和服务贸易高质量发展。

4. 京津冀服务贸易开放新高地

2019 年，河北自贸试验区正式成立，积极致力于京津冀协同发展，坚持以金融创新、产业开放、数字贸易为引领，进行首创性探索、差别化改革，为京津冀协同发展在金融开放、数据流动等多个领域奠定基础，推动京津冀三地共享时代发展新机遇、共同建设开放新高地。

在 2020 年服贸会上，天津、河北、北京以区域协作方式，举办了京津冀服务贸易协同发展联合展览，宣传推广三地服务贸易领域对外进一步开放的成果。此外，三地还在联合举办的京津冀服务贸易和服务外包协同发展论坛中，对一批京津冀服务贸易领域的重点项目达成了合作共识并进行了签约。京津冀聚力协同创新，围绕创新协同、人才协同、产业协同、交通协同，提升三地服务贸易发展水平，携手建设服务贸易开放新高地。京津冀服务贸易开放新高地的建设，打开了中国服务贸易新局面，为中国服务贸易注入了新动能，将助力中国更高层次全面开放新格局的形成。

5. 粤港澳大湾区服务贸易开放新高地

在习近平的亲自部署下，党中央做出推进粤港澳大湾区建设的重大决策，将其作为促进“一国两制”的重要实践及推动新时代中国全面开放新格局形成的重大举措，有助于内地和港澳地区交流合作进一步深化，推动港澳更好融入国家发展大局，助力港澳实现长期繁荣稳定。2019 年《粤港澳大湾区发展规划纲要》指出，粤港澳大湾区区域发展的核心引擎应为广州、深圳、中国香港、中国澳门四大中心城市，核心文化为广府文化。粤港澳大湾区不仅要成为具有重大全球影响力的世界级城市群、国际科技创新中心、内地与港澳深度合作示范区、“一带一路”建设的重要支撑，还要打造宜居宜业宜游的高质量生活圈，为优质发展树立典范。

粤港澳大湾区作为世界四大湾区之一，对中国服务业和服务贸易发展具有重大意义。从硬件条件来看，作为世界四大湾区中占地面积最大的，粤港澳大湾区拥有最多的人口和最大的空港与海港，其服务贸易总额位居四大湾区第二，仅次于纽约大湾区，同时，广深港高铁的通车与港珠澳大桥的建成及通车都为粤港澳大湾区提供了便利的交通支持；从软件条件来看，全球服务贸易的迅速发展与现代服务业的国家支持政策都为粤港澳大湾区的服务贸易提供了坚实的基础，为其注入了新的动力，粤港澳大湾区的服务业具有巨大的发展潜力，前景广阔。粤港澳大湾区不仅促进了内地和港澳的进一步合作，而且具有强有力的全球影响力，扩大了中国服务贸易范围，为中国服务贸易提供了新的发展平台，进一步推动了中国现代服务业和服务贸易高质量发展，助推新发展格局形成。

8.3.5 国际服务贸易规则重构新机遇

随着成员国的不断增加和多边管辖范围的不断扩大，多边贸易谈判的难度大幅上升。同时，在全球贸易格局与模式发生颠覆式变化的背景下，贸易保护主义抬头和反全球化浪潮都对全球多边贸易体制提出了严峻挑战。WTO 组织的多哈回合谈判多年停滞不前，各国纷纷开始积极参与双边或区域贸易谈判，以使本国利益最大化。因此，全球双边及区域贸易谈判加速推进，为国际服务贸易新规则谈判提供了广阔平台。

新一轮国际服务贸易规则重构，主要为国际服务贸易提供了以下四方面的新发展机遇。第一，新一轮国际服务贸易规则重构更加重视高标准、高水平，同时提出了一些全新的贸易议题。新的国际服务贸易协定以开放广度及力度超过当前 WTO 与其他自贸协定为目标，显著地提升了服务贸易的自由化水平。第二，协调服务和投资的关系，消除投资壁垒。为降低服务业投资壁垒，新一代区域贸易协定更新了许可程序、歧视性待遇及强制性技术转让等相关规则，从而能够改善服务业的准入条件、减少或消除壁垒、保障相关监管和执行过程顺畅。第三，消除电子商务和数字贸易壁垒。新一代区域贸易协定主张对电子商务免征关税，鼓励电子商务发展，引入“禁止要求当地存在规则”，减少跨境数据流动限制和数据本地化要求，促进电子商务和数字贸易进一步发展。第四，加强自然人自由流动。新一代区域贸易协定在自然人移动规则方面，准许商务人员临时入境，并为其入境提供便利，取消了针对性限制，从而完善了专业服务人才流动机制。

8.3.6 国内全面深化改革新机遇

1. 简政放权与税制改革

党的十九大报告明确提出“放宽服务业准入限制，完善市场监管体制”“支持传统产业优化升级，加快发展现代服务业，瞄准国际标准提高水平”[①]等要求。中国正大力推动“放管服”[②]改革，全面推进简政放权，提高政府服务能力和水平，

---

①《习近平：决胜全面建成小康社会　夺取新时代中国特色社会主义伟大胜利——在中国共产党第十九次全国代表大会上的报告》，http://www.gov.cn/zhuanti/2017-10/27/content_5234876.htm [2022-09-05]。

② “放管服”是简政放权、放管结合、优化服务的简称。“放”是指简政放权，降低准入门槛；“管”是指创新监管，促进公平竞争；“服”是指高效服务，营造便利环境。

加强对综合市场的宏观监控，从严治理乱收费等不良现象，并进一步推动税制改革，降低企业成本，为企业创造良好的营商环境，为服务贸易发展培育新的活力。

2. 全面深化改革与扩大对外开放

改革开放以来，中国遵循“先试点、后推广”的发展经验，建立服务贸易创新发展的试验基地与推广试点地区，推动中国服务贸易水平不断提高，促进服务贸易高质量发展。从 2009 年起，中国循序渐进地设立和推动服务外包示范城市发展，截至 2022 年上半年已批准北京、南京、上海、杭州、广州等 37 个城市为服务外包示范城市。2013 年以来，中国相继在上海等多个省市推动自由贸易试验区建设。中国不断深化改革，为服务贸易提供优惠政策，形成普遍可复制经验，为新形势下中国服务贸易创新发展提供新的思路，进一步提升中国服务贸易自由化、便利化水平，全面优化服务贸易开放格局。

3. 建立具有全球影响力的服务贸易交流平台

当前中国积极建立覆盖全面、各有侧重的服务贸易交流平台，推动服务业自主开放。服贸会是全球唯一国家级、国际性并涵盖服务贸易 12 大领域的综合性服务贸易交易会，为全球优秀创新服务展示提供了世界性舞台，成为联通中国服务贸易“引进来”与“走出去”的重要平台。从 2018 年起，进博会在上海正式举办，包含多个服务贸易相关展区，展示各国特色服务，有效促进了中国服务贸易进口，助推中国新发展格局进一步形成。

8.3.7　构建新发展格局新机遇

经济全球化时代，服务贸易在推动各国各地区经济发展方式转变、促进产业的创新发展和可持续发展中有着重要作用。在双循环新发展格局下，随着国内市场和国际市场相互促进、深度融合，劳动力、资本、技术等生产要素流动更加频繁，中国服务贸易的发展必将迎来新的机遇。

1. 拓宽服务贸易的渠道和范围

中国的新发展格局绝不是封闭的国内循环，而是在以国内大循环为主体的基础上，推动国内国际双循环相互促进，扩大中国经济的发展空间，同时中国经济也能为世界经济增添新的活力，助力世界经济的复苏和增长。一方面，构建新发展格局能够推动国内贸易和进出口贸易的一体化，扩大国际贸易范围，提高国际国内两个市场的资源配置效率，有利于进一步拓宽服务贸易的渠道和范围，推动服务贸易高质量发展。另一方面，伴随着信息技术的发展，贸易双方的沟通和交易成本大大降低，使得地理意义上的空间距离不再是制约国际贸易的一大因素（赵新泉等，2021），而部分服务贸易企业利用这个契机，创新服务贸易形式，将其线下服务贸易转为线上，在增加跨境服务贸易交易种类的同时还扩大了贸易的范围。由此可见，中国服务贸易的产品种类、交易渠道和贸易范围将在双循环新发展格局下得到进一步的扩展。

2. 提供“双向发展”的变革机遇

中国服务贸易与双循环新发展格局对接，迎来双向发展的机遇。在后疫情时代，中国服务贸易发展面临着机遇与挑战。一方面，因受疫情影响，2020 年，中国服务贸易的进出口总额为 45 641.42 亿元，同比下降 15.7%，遭遇沉重的被动收缩压力。另一方面，党的十九届五中全会通过的《中共中央关于制定国民经济和社会发展第十四个五年规划和二〇三五年远景目标的建议》提出，要加快构建以国内大循环为主体、国内国际双循环相互促进的新发展格局。此战略目标提出将为中国服务贸易提供主动调整结构的战略契机。通过对接新发展格局，从被动应对转向主动出击，从防范风险转向把握机遇，中国服务贸易有希望在后疫情时代开创“双向发展”的新变革（程实和钱智俊，2020）。

首先是传统服务贸易“向内发展”。我们可以将中国服务贸易划分为传统领域与新兴领域。运输服务、旅行服务等传统服务，属于劳动密集型产业，且依赖劳动力流动发展，更容易受到疫情冲击影响，其恢复速度也不及新兴服务贸易。因此，未来传统服务贸易应该积极参与中国经济的内部循环。其一，建筑及有关工程服务供给回流。根据 WTO 测算，2005 年以来，中国建筑及有关工程服务出口持续提速，其规模增速已经大大超过全球其他经济体。但因为疫情影响，建筑服务出口国外的难度增加，所以部分供给将回流国内。短期来看，中国国际一流水平的建筑及有关工程服务供给在很大程度上足够支撑中国新一轮基础设施建设的高质量扩张。而长期来看，这也是在实干中学习的过程，能够加快服务贸易出口商在新型基础设施建设领域的技术改进和经验积累，进而为主导后疫情时代全球产业数字化的基础设施建设浪潮而助力。其二，旅行服务需求向内转化。近年来，中国居民出境旅行是导致中国服务贸易逆差的最主要因素。而受疫情影响，这种旅行需求正逐步转向国内，旅行需求转向趋势和建设国际消费中心城市、海南自由贸易港等改革措施共同拉动上下游领域的消费升级。根据 2020 年劳动节、端午节假期出游的数据，旅行服务虽然在市场规模上还没完全恢复，但是在产品质量上呈现明显的上升趋势，定制旅行、文化与旅行结合、高级宾馆、小众化市场等旅行热点不断推出，而具有更高的边际消费倾向的 90 后也已成为消费主力。这一进程的深化，不仅能降低中国服务贸易逆差，同时也将为中国经济的国内循环带来新动力。

其次是新兴服务贸易“向外发展”。与传统服务贸易领域不同，新兴服务贸易具有依赖信息流动、知识密集型的特点，主要包括电信、计算机和信息服务，知识产权使用费服务、金融服务等。利用疫情带来的发展契机，中国新兴服务贸易有希望积极向外发展，提升在全球经济循环中的作用和地位。其一，要加大数字经济服务的开放程度。因为疫情影响，全球传统信息服务贸易受到了极大的限制，而新一代信息服务得到迅速发展，同时全球范围内已经启动对供应链的数字化改造。基于这一历史性的机遇，新一轮中国数字经济的开发，将有希望向深度突破，从降低生产成本、提升生产效率、促进供需双向繁荣的角度为海外客户创造价值。其二，要引进国际金融服务。在后疫情时代，中国经济金融的稳定性优势将加速中国金融市场的开放，推动双循环新发展格局进一步形成。而国际金融机构也将加快在中国境内设立分支机构，并且更加重视本土化的员工团队，有助于畅通国际资本和金融服务的跨境流动。

8.4　服务贸易高质量发展新挑战

8.4.1　国际经济社会发展新挑战

1. 逆全球化现象和新贸易保护主义

近年来，“逆全球化”趋势明显，贸易保护主义盛行，国际贸易摩擦频发，贸易环境日益复杂。由于国际竞争和意识形态不同等因素，各种贸易壁垒依然存在，在一定程度上制约了中国服务贸易的发展。一是服务业的市场准入限制，设立了服务供给的最高额度，超过此额度，外国供应者将被完全禁止进入东道国市场，只能消费东道国本土服务。例如，国外企业的投资限制、资本投入金额的限制及准入税征收等。二是人员的国际流动限制，如规定企业员工的国籍必须为东道国国籍。三是服务提供者的开业权壁垒，其限制包括服务输入禁令、东道国所有权占比等规定。例如，加拿大规定外国开业银行所占的比重在一定范围之内；澳大利亚禁止外国银行设立分支机构。四是信息、数据和技术的跨境流动限制，用以保护东道国的信息主权和安全。五是对服务产品制定不同的技术性标准，以限制服务进口。六是职业资格的认证障碍，如不承认其他国家认证的学历和职业技能证书。七是环境贸易壁垒。近年来，各国政府环保意识加强，相继颁布环境保护相关法律，实行环保措施，倡议绿色消费，针对各个行业制定了各种各样的环境壁垒，尤其是发达国家颁发了一系列环境法律法规，制约了货物贸易和服务贸易的发展。八是资本移动的壁垒。在世界金融市场日益一体化的背景下，资本移动的相关壁垒越来越严重，国际服务贸易发展深受资本移动壁垒的限制。外汇管制、浮动汇率及汇出投资收益的限制一方面削弱了消费者的购买力，另一方面增加了经营者的成本，削弱服务成本竞争优势。

2. 国际服务贸易规则重构的协调难度较大

近年来，在以美国为首的发达国家的推动下，国际经贸规则面临重构，高水平的服务业开放成为世界各国推进贸易投资自由化的新高地，给中国带来新的发展机遇的同时，也带来了压力和挑战。在服务业对外开放方面，中国政府全面履行入世承诺，逐步提高服务市场开放水平。在服务业对外开放的门类数量上，中国已远超入世承诺水平。然而，根据世界银行的服务贸易限制指数，中国的服务贸易政策友好度仍然偏低，中国服务业的真实对外开放水平远低于发达国家的平均水平（来有为，2019）。因此，在国际服务贸易规则面临重构的背景下，加大服务业开放水平，对中国而言将是一项重大挑战。

8.4.2 国内经济社会发展新挑战

1. 服务产业竞争力不强

经过几十年的努力，中国经济结构逐渐由农业经济主导转向由工业经济主导，而现今，服务经济已在中国经济结构中担任重要角色。中国服务业曾以广阔的消费市场、廉价的人力物力和优惠政策拉动国民经济飞速增长。但在飞速增长的背后，中国服务业的生产和贸易却存在着附加值较低、创新技术不足等现象，导致中国服务贸易被锁在全球价值链的低端。中国服务产业竞争力不强主要体现在以下几个方面。第一，对外开放度较低。一方面，截至 2021 年，中国服务贸易 TC 指数长期小于 0，导致中国服务贸易整体仍处在逆差范围内，且逆差持续增加。这是因为中国的服务贸易起步较晚、发展不够迅速，限制了服务贸易的市场开放。此外，对文化娱乐、金融、信息技术等行业，中国政府往往采取审慎的开放政策，这会进一步削减服务贸易企业参与国际市场竞争的积极性，不利于服务贸易的发展。另一方面，中国的服务贸易政策友好程度虽远超发展中国家的平均水平，但与发达国家差距较大。第二，中国服务贸易结构不平衡。2021 年，中国加工贸易增值率为 45%，而由外资控制的产业链上下游增值收益往往是中国加工贸易企业的十余倍，由此可以看出中国仍处于“微笑曲线”中低端，产业附加值较低。这种现象反映出，本质上中国服务贸易结构仍以低附加值的服务贸易为主，以附加值低的服务来换取发达国家高附加值的服务，简而言之，是简单劳动和复杂劳动的互换，非常不平衡。第三，中国服务业在国际分工方面的参与效率较低。由于中国高附加值服务出口不足，且服务业忽视了提升国内资源利用效率的重要性，中国高附加值服务出口占服务总出口比重较小。所以，入世以后，尽管中国服务业在全球价值链中的地位呈现逐渐上升的趋势，但与英美等主要发达国家相比，服务业发展水平仍不高，处于全球价值链中低端。

2. 服务贸易相关法律体系不健全

中国国内服务贸易的法律体系在结构上较为完善，不仅有起主导作用的各服务行业的法律法规，还有起辅助和补充作用的法律法规，同时针对自贸试验区有专门的法律法规，形成了有机统一的整体。但是，中国服务贸易相关法律体系仍不够健全，主要存在以下四个问题。第一，需要更新和扩展基本法。中国服务贸易的基本法是《中华人民共和国对外贸易法》，但其中关于服务贸易的规定较为粗略，仅可以为服务贸易提供原则性的指引，未对服务贸易做出具体、细致的调整和规制。第二，尚未制定出关于跨境交付、自然人流动、境外消费等服务贸易模式的指导性法律。2019 年颁布的《中华人民共和国外商投资法》虽在规范服务贸易商业存在模式方面取得重大进展，但是，该法律仅限于规制商业存在模式，尚未涵盖境外消费、跨境交付和自然人流动这三种服务贸易模式，相关指导法律有待健全。第三，关于数字服务贸易的法律法规较少。随着通信技术的发展和数字产品种类的增多，国际贸易中出现了有别于传统贸易方式的数字产品交易方式。由于数字服务贸易具有独特的交易规则，因此新的贸易协定开始对其做出特别规定，如 CPTPP 等大型自由贸易协定将电子商务单列为一个专门章节对其进行说明，而中国目前尚未制定针对数字服务贸易的法律法规（李震，2020）。第四，知识产权领域相关法律存在滞后性，亟待完善。改革开放以来，中国先后颁布了《中华人民共和国商标法》《中华人民共和国专利法》《中华人民共和国著作权法》等一系列法律法规，知识产权法治建设不断推进。2008 年颁布的《国家知识产权战略纲要通知》，更是进一步推动中国知识产权战略的深入实施。虽然中国已经颁布了多部法律为企业知识产权保护提供坚实的法律保障，但是由于中国在知识产权领域发展迅速且知识产权领域具有范围广泛的特点，相关法律仍存在较大的滞后性问题。除了较为重要的版权、商标、专利以外，基因、新植物品种权及和网络相关的知识产权立法仍然需要进一步完善。此外，目前中国知识产权领域的反垄断制度仍处于起步阶段，而发达国家可以通过反垄断法与反不正当竞争法对滥用知识产权的垄断行为进行一定程度的制止，相比之下，中国知识产权领域相关法律仍待完善。

3. 服务贸易营商环境有待优化

目前，改善营商环境已经逐渐成为世界各国吸引外资的主要手段，也开始成为国内各地区开展区域竞争的主要发力点。习近平指出："过去，中国吸引外资主要靠优惠政策，现在要更多靠改善投资环境。"[①]党的十八大以来，以习近平同志为核

① 《习近平在博鳌亚洲论坛 2018 年年会开幕式上的主旨演讲》，http://www.xinhuanet.com/politics/2018-04/10/c_1122659873.htm[2022-09-11]。

心的党中央不断推动“放管服”改革，集中力量不断优化营商环境，不断推动对外高水平开放，并取得了很好的成果。但是，与发达国家相比，中国的服务贸易便利化水平较为落后，营商环境优化空间仍然较大，具体来讲有以下几个方面。

第一，进出口环节费用负担重，降低了中国服务贸易便利化水平。吕大良（2018）认为影响中国跨境贸易指标排名的主要因素在于费用。第二，办理业务需凭借多种单证，程序较为烦琐，增加了企业的制度性成本，降低了贸易便利化水平，并且降低了企业获得感。第三，缺乏专业且完备的自身测评体系，难以将中国实际服务贸易营商环境情况与国际高水平营商环境进行对比，无法及时更正不适宜甚至削弱中国服务贸易便利化水平的措施，较难探索推动符合中国实际、有利于中国服务贸易便利化水平提升的措施。第四，信息化管理水平有待提升，信息技术应用尚未与海关管理业务深度融合。同时，国际贸易的“单一窗口”功能仍不够成熟，未能在通关流程实现全覆盖，“一单多报”“一站反馈”等亟须加强建设。此外，物流仓储、贸易结算等环节的电子化、无纸化水平仍有待提升，运输电子数据交换报文标准亟待完善（郭永泉，2020）。第五，缺乏相关专业人才进行科学化管理，导致中国服务贸易便利化发展受限。

4. 管理模式与监管方式有待改进

目前，中国对服务贸易的管理模式与监管方式还未能完全适应国际服务贸易的发展趋势，并且难以适应跨境电子商务、数字贸易、检测和维修服务等新业态的发展需要（来有为，2019），这阻碍了中国双循环的新发展格局的进一步形成。此外，在文化、电子商务、商务服务和物流运输等综合性、跨界性、混业性的服务贸易领域中，如果企业经营的业务涉及多个不同环节，就要接受多个政府部门的监管，可能面临政出多门、多头管理的情况。现阶段，中国国际服务贸易的协调管理工作主要由中央部委和相关关键部门承担，这虽然能够在大方向上保证中国服务贸易的平稳发展，但是基于GATS的具体要求，中国在管理的实际执行方面仍然存在着较大的进步空间。例如，中央和地方政府在制定国际服务贸易规章与政策时出现的矛盾及差异会给政策执行与落实造成困难；同时，服务业各管理职能部门之间存在职责交叉部分，易造成“好事争着管，难事无人管”的局面，给垄断企业制造可乘之机。

5. 服务贸易高端复合型专业人才稀缺

当前，中国专门从事传统服务贸易领域的专业型技术人才队伍相对饱和，而具备跨行业知识技能的复合型专业人才严重不足，无法满足新时代服务业实现跨行业发展的需求，难以迎合经济高质量发展的要求。以服务外包产业为例，近年来其凭借自身的产业活力和前景，吸引了大量以大学毕业生为主的专业技术人才，但是其中能够了解国际市场动向、精通外语并掌握互联网数字技术的国际化经营管理人才依然十分稀缺。在软件与信息服务领域中，项目管理与系统设计师、软件架构师等高层次人才不足，同时软件蓝领等基础型人才数量也存在严重缺口，但系统工程师等处于行业中间水平的人才队伍则相对过剩。这种呈现两极分化特征的人才结构同样存在于金融服务行业，如承接离岸服务外包管理的中高级经营管理人员稀缺，而普通技术人员的过剩现象却十分普遍。

新一代的信息技术在国际服务贸易领域的应用和创新发展，推动着服务贸易加快数字化发展进程，而中国服务贸易产业却缺乏云计算、互联网金融及大数据等数字技术人才。数字技术逐渐改变了服务外包的就业形势，传统服务贸易外包业务在人工智能技术的支持下变得更加规范化，对一般技术人才的需求日渐减少，而在研发、设计、管理等方面对创新型、复合型数字人才的需求日益增大。高素质人才成为服务贸易企业的核心竞争力，只有他们能够带领服务贸易向数字化转型和发展，增加国际竞争优势。因此，中国服务贸易行业要想获得高质量发展，需要不断扩大复合型新兴技术人才队伍，从而为中国服务贸易领域的创新发展提供有力的支撑。

第 9 章　中国服务贸易高质量发展

9.1　服务贸易高质量发展的必要性

我们要深入学习贯彻习近平关于贸易强国建设及服务贸易高质量发展的重要讲话及重要论述的精神，要深刻认识到服务贸易高质量发展的重大意义。随着经济发展方式的不断创新升级，服务贸易已成为全球贸易最具活力的重要组成部分。实现服务贸易高质量发展，将对贸易强国建设、社会经济高质量发展、世界经济复苏稳定、人类命运共同体构建都具有重要意义。

9.1.1　是中国迈向贸易强国的重要组成

在贸易强国建设的总体格局中，货物贸易处于基础性地位，服务贸易则处于核心地位，对中国从贸易大国迈向贸易强国起到关键性作用（李俊，2018）。放眼全球，世界主要贸易强国无一例外都是服务贸易强国。一方面，以创新为主要驱动力的高质量服务贸易，在中国向全球中高端价值链迈进过程中起关键作用，是贸易强国建设的重要动力。德国和日本等制造业强国背后就有强大的生产性服务业支撑，可见，服务业为制造业的发展提供了强大助力。由此，加强金融、研发设计、品牌管理、大型设备的嵌入式软件和信息服务等知识技术密集型服务业发展，对中国抢占智能生产的制高点、发展高端制造业具有重要推动作用，进而推动中国加快向贸易强国转变。另一方面，服务贸易发展水平逐渐成为衡量贸易强国的关键指标，中国应极力打造一批世界知名服务品牌和服务型跨国公司，积极参与国际服务贸易规则的制定，营造有利于促进服务贸易发展的优越的制度和政策环境，从而实现服务贸易高质量发展，加快贸易强国建设，提升中国的国际地位。

9.1.2　是新发展格局构建的重要支撑

2021 年服贸会全球服务贸易峰会上，习近平指出："服务贸易是国际贸易的重要组成部分和国际经贸合作的重要领域，在构建新发展格局中具有重要作用。"[①]随

① 《习近平在 2021 年中国国际服务贸易交易会全球服务贸易峰会上的致辞（全文）》，http://m.news.cn/2021-09/02/c_1127822209.htm[2022-08-11]。

着国家服务贸易创新发展试点工作的深入推进，服务贸易对当前中国立足新发展阶段、贯彻新发展理念、构建新发展格局具有支撑作用。由此，把构建新发展格局作为服务贸易发展的主要方向，对做实做强新发展格局战略支点、应对世界百年未有之大变局至关重要。第一，服务贸易有利于牢牢把握扩大内需这一战略基点，通过挖掘内需市场巨大潜力、优化内需市场结构，畅通经济循环，构建完整的“内循环”支撑体系。一方面，充分利用引进的优质服务的外溢效应和示范效应，加快中国现代服务业和服务贸易创新升级的步伐。服务行业和服务贸易的提质增效，将进一步提高中国经济运行效率，建设涵盖高标准市场体系、交通运输承载体系、金融服务体系和信用体系等内容的现代化流通体系，为构建“内循环”的支撑体系提供更加坚实的保障。另一方面，增加高端优质服务产品供给，能够提升政府公共服务质量，优化生产性服务和生活性服务品质，以高端化的服务质量培育国内消费新增长极，促进国内消费市场结构优化升级。第二，中国融入国际经济大循环的水平随着服务贸易的高质量发展而不断提升，有利于加快中国向全球价值链分工高端攀升进程。丰富的劳动力资源曾是中国参与国际产业分工的重要比较优势，同时，利用外资和发展加工贸易也能带动国内产业参与国际分工并获取国际分工利益。但这样参与国际经济循环的模式，使得中国在由发达国家跨国公司主导的国际产业分工体系中，并不能占据有利的国际分工地位。目前，在全球价值链分工体系中，服务贸易已成为不同分工环节联系的桥梁和纽带，也是全球价值链各环节的主要价值来源。由此，加快服务贸易高质量发展能有效提升中国参与国际分工的地位，增强中国参与国际经济循环的抗风险能力，以服务贸易高质量发展稳固供应链、延伸产业链、提升价值链、拓展“朋友圈”。第三，服务贸易高质量发展将推动中国经济内外循环良性互动发展，有利于更好利用“外循环”提高“内循环”发展水平（黄繁华，2021）。中国正在进入发展更高水平开放型经济的新阶段，服务贸易开放创新发展将带动中国服务贸易增长迈上新的台阶，从而为“外循环”驱动“内循环”创造新动力；同时，深度参与更高水平“外循环”，将有效增强对优质外资等资源要素的吸引力，进而驱动“内循环”升级优化。服务贸易自由化提升，是联动国内国际两个市场和两种资源、促进国内国际双循环相互促进的重要支撑，能够极大地促进全球人才、资本、技术、数据等高端要素集聚和优化，从而不断提升国内资源要素质量和配置水平。

9.1.3　是社会主义现代化国家建设的新动力

推动服务贸易高质量发展，将从经济、科技、生态文明等方面助力中国建设社会主义现代化国家、实现第二个百年奋斗目标。第一，一国服务贸易总量与该国服务业发展水平息息相关，而服务业的发展水平则被视为衡量一个国家或地区经济发展水平的重要指标（魏作磊和陈丽娴，2014）。由此，高质量的服务贸易是经济实力的新增长点，有助于中国社会经济行稳致远。第二，服务贸易高质量发展能够不断提升服务行业高科技水平，进而有效提升中国科技水平与管理能力。根据国际经验，在服务贸易往来中，常带有技术研发与管理经验上的国际交流，服务贸易成为科学技术与管理经验的有效引进渠道。如此，服务贸易的壮大必然间接为中国带来前沿的技术研发理论及先进成熟的管理方式，有助于增强中国科技实力，建设服务型和创新型国家。第三，壮大研发设计、数字金融、智慧物流等现代服务业，推动现代服务贸易高质量发展，能够加快产业结构由劳动密集型产业占优势转向资本技术密集型产业占优势，推动产业结构实现高附加值化、高加工化、高技术化和高信息化，从而加快构建现代产业体系，打破产业结构低端锁定，推动经济体系优化升级，加快现代化经济体系高质量建设。第四，教育、文化、医疗健康等生活性服务贸易高质量发展，能够加快国际优质高端服务引进，推动国内服务业企业提升服务高端化水平。由此，高质量的服务贸易将是健康强国、文化强国、教育强国、体育强国建设的新动力，从而推动中国社会文明生态不断升级和美丽中国建设目标加快实现。第五，着力实现服务贸易高质量发展，将更好地发挥规模效应和集聚效应，形成一批现代服务业和贸易发展的新增长极，从而能在很大程度上破除地域限制和体制壁垒，改善收入和财富分配格局，推动实现共同富裕的伟大事业。

9.1.4 是全面深化改革开放的新领域

新时代新形势下，服务贸易开放将成为全面推进改革开放进程的发展重点和新契机，我们应深刻认识到服务贸易高质量发展对全面深化改革开放、建设更高水平开放型经济新体制的重要意义，强化贸易强国建设、服务贸易高质量发展与改革的联动，在中国服务贸易高质量发展过程中持续塑造中国对外开放新优势，建设更高水平开放型经济新体制。一方面，服务贸易开放试点工作的深入推进，推动中国对外开放不断向边境内拓展，对中国从要素开放转向制度开放产生了强有力的促进作用。2020 年 8 月，商务部服务贸易和商贸服务业司司长冼国义表示，中国新一轮服务贸易创新发展试点任务全面深化，更加突出深层次改革、高水平开放、全方位创新，相应的政策举措内容更加丰富，涉及面更广。可见，服务贸易逐渐成为当今中国改革开放的重要议题。由此，推动以服务贸易为重点的自贸试验区建设，创新负面清单管理制度，加快推进区域服务贸易一体化发展进程，能够在更高层次、更高起点、更高目标上实现服务贸易的高质量发展，从而推动形成改革开放新格局，以及改革开放全面深化（迟福林和郭达，2020）。另一方面，在如今的消费新时代，以服务业市场全面开放为重点进一步深化供给侧结构性改革，吸引更多的境内外资源要素投入，能够带来新市场、拓展新机遇、促进新兴服务贸易发展，从而有效破解“有需求、缺供给”的矛盾，不断提升产品与服务的供给水平。这既是满足服务型消费需求的重大举措，也是将内需潜力转化为产业变革优势的重大举措，有助于开创全面深化改革开放新局面。

9.1.5　是社会经济高质量发展的新引擎

新时代推动服务贸易高质量发展，对于扩大对外开放、转变经济贸易发展方式、稳定增长、促进就业、改善民生、推动现代社会文明进步、增强国家软实力都具有重要意义，服务贸易的创新发展正成为社会经济高质量发展的新引擎。一方面，服务业作为满足人民美好生活需求的“幸福产业”，在很多方面比传统工业具有更多的优势和竞争力。由此，将中国对外服务贸易高质量发展与创造高品质生活结合起来，利用内需拉动进口需求，同时促进外需增长，释放新兴消费潜力，培养消费新增长极，能有效推动优质生活性服务贸易高质量发展。另一方面，服务贸易具有就业容量大、资源消耗低、环境污染小、附加值高等优势。中国在有效吸纳全球服务贸易升级发展的新理念、新技术、新业态、新模式后，资源配置将更加有效，经济发展模式将更加灵活，本国企业的竞争力将不断增强，从而助推产业全要素生产效率提升，促进服务业部门乃至整个经济部门高质量发展。

9.1.6　是构建人类命运共同体的新路径

入世以来，中国一直以实际行动为世界经济增长、国家治理、社会治理、国际多边合作等方面贡献力量。服务贸易的高质量发展，正好为中国融入全球价值链分工、参与构建人类命运共同体注入新的动力。第一，在开放包容中推动全球服务贸易发展繁荣，是新冠疫情冲击下世界经济复苏的关键所在。近年来，全球发展不平衡、世界经济增长疲软、逆全球化思潮和贸易保护主义升温，叠加新冠疫情全球大流行，人类生产生活遭遇前所未有之挑战。而服务业具有轻资产、软要素等独有特点，实现服务贸易高质量发展，能够打破地域限制，促进国际经济贸易关系更加紧密，打造全球开放、透明、包容和非歧视的发展生态。第二，中国服务进出口贸易是全球服务贸易增长的动力源，面向世界开放中国市场、分享中国机遇，可以助推经济全球化朝着更加开放、包容、普惠、平衡、共赢的方向发展。稳定、广阔、多样的中国服务需求市场推动全球服务供应商不断创新、提升交付水平、畅通全球产业链和供应链体系。尤其是在 2008 年全球金融危机后，中国需求被纳入推动世界经济复苏的稳定预期。中国在全球抗疫中充分体现了大国担当，新冠疫情发生后积极筹备及主办全球服务贸易峰会，充分彰显了中国坚定不移扩大高水平对外开放的决心，以实际行动不断为世界经济增长注入新动能，为恢复世界经济秩序、构建人类命运共同体做出积极的贡献。第三，中国积极顺应服务贸易发展新趋势，完善区域服务贸易规则协调机制，支持组建全球服务贸易联盟，通过深化国际合作、融入全球价值链，促进数字经济、共享经济等蓬勃发展，努力同各国一道不断完善全球经济治理、促进世界经济包容性增长、推动世界经济不断焕发生机与活力。

9.2 服务贸易高质量发展理念、目标与思路

9.2.1 发展理念

1. 创新驱动

坚持以“创新”理念为驱动，助推服务贸易高质量发展。在 2019 年 3 月 5 日第十三届全国人民代表大会第二次会议上，政府工作报告将“推动服务贸易创新发展”列为促进中国全方位对外开放、培育国际经济合作和竞争新优势的重要抓手。2020 年服贸会上，习近平指出，“共同激活创新引领的合作动能”①。2021 年服贸会上，习近平提出：“深化新三板改革，设立北京证券交易所，打造服务创新型中小企业主阵地。”②随着中国服务贸易的不断发展，创新的重要性日益凸显。基于此，中国应大力引入各种新技术以推动传统服务业转型升级，以数字化助推服务贸易创新发展，加速新产业、新业态、新模式进一步形成，使国内大循环活力更加强劲。同时，应加大对新兴服务贸易的支持力度，推动数字贸易、研发设计和知识产权等知识密集型服务贸易的发展。除此之外，为顺应数字化、网络化、数据化的新时代发展趋势，中国应坚定与世界各经济体共同消除“数字鸿沟”，积极主动与各国在数据本地化、数字跨境流动、个人信息保护、知识产权保护等新兴领域开展国际合作交流，加速服务贸易的数字化进程。

2. 以人民为中心

坚持以人民为中心，助推服务贸易高质量发展。党的十九大报告提出，新时代下，坚持和发展中国特色社会主义的基本方略包含“坚持以人民为中心”。显然，坚持以人民为中心也是发展服务贸易必须贯彻的基本方略。能否坚持好以人民为中心、满足人民日益增长的美好生活需要对中国服务贸易的发展发挥着关键作用。以人民为中心不仅是一种先进的发展理念，更是在实践中能够转化为以人为本的社会

① 《习近平在 2020 年中国国际服务贸易交易会全球服务贸易峰会上致辞》，http://www.xinhuanet.com/politics/2020-09/04/c_1126454690.htm[2022-09-11]。

② 《习近平在 2021 年中国国际服务贸易交易会全球服务贸易峰会上的致辞（全文）》，http://m.news.cn/2021-09/02/c_1127822209.htm[2022-09-11]。

发展秩序，能够助推中国服务贸易高质量发展及社会主义现代化国家建设。服务贸易与人民的生活息息相关，教育、医疗、旅行等生活性服务业对外开放，可以让人民有更多的优质服务进行选择，电信、计算机等生产性服务业对外开放能不断提高社会生产效率。基于此，在服务贸易发展的过程中，中国应当坚持以人民需求为导向，加快惠民利民具体措施的设计、出台与落实，不断开放与人民生活密切相关教育、医疗等服务领域，加快高质量服务供给，让人民能切实享受到服务贸易发展带来的红利。

3. 开放发展

坚持以“开放”理念面向世界，引领中国服务贸易高质量发展，助力双循环新发展格局建设。在 2019 年 5 月的服贸会开幕式中，习近平强调：“坚定支持多边贸易体制，将在更广领域扩大外资市场准入。”[①]在 2020 年服贸会全球服务贸易峰会上，“共同营造开放包容的合作环境”居习近平视频致辞中的三大倡议之首。在 2021 年的服贸会全球服务贸易峰会上，习近平再次强调开放的重要性，郑重地向全世界宣告中国将继续扩大服务贸易市场开放，并提出了四项促进服务贸易开放的重大措施。基于此，中国将坚定不移地构建全面对外开放新格局，进一步完善跨境服务贸易“准入前国民待遇+负面清单”的管理制度；大幅提升服务业开放水平，大幅削减服务业市场准入限制；在全国各地打造一批以服务贸易为重点的高水平自贸试验区和数字贸易示范区，推动服务贸易开放创新发展试点平台和示范区的建设，加强服务贸易领域制度建设。

4. 包容合作

坚持以“合作”理念面向世界，引领中国服务贸易高质量发展，助推双循环新发展格局进一步形成。新冠疫情发生以来，“合作”的重要性日益凸显。当前，全球疫情导致世界经济也跌入低谷，复苏脆弱乏力。在和平与发展的背景下，团结合作是应对共同挑战的最好方法。在 2020 年服贸会全球服务贸易峰会的致辞中，“合作”是习近平每一条倡议的关键词。在 2021 年服贸会全球服务贸易峰会的致辞中，“合作”一词被习近平四次提到。他特别强调，破解当前世界经济、投资和国际贸易所面临难题的金钥匙唯有和平、发展、合作、共赢。近年来，中国不断深化合作，在更广更深领域优化外资市场准入管理制度，推动世界级一流营商环境建设；不断提高服务业开放程度，成立多个自贸试验区；积极打造与利用进博会、服贸会等各类平台，开展政策和经验交流。中国积极推动全球服务贸易联盟建立，与世界分享市场机遇，与各国人民共享服务贸易的增长成果。

---

① 《习近平向 2019 年中国国际服务贸易交易会致贺信》，http://www.gov.cn/xinwen/2019-05/28/content_5395375.htm[2022-09-12]。

5. 互利共赢

坚持以“共赢”理念面向世界，引领中国服务贸易高质量发展。在疫情全球流行的时期，远程教育、远程医疗、跨境电子商务、跨境网络交易等服务方式广泛应用，在稳定经济和贸易、国际合作抗疫中发挥着重要作用。在服务领域开展合作，取得共赢是大势所趋。在经济全球化的今天，各国经济彼此依存、产业相互交织、利益彼此交融，普惠共享是全球经济可持续发展的根本之计，开创互利共赢的合作局面尤为明智之举。2019 年服贸会中，习近平提出：“中国愿同各国深化服务贸易投资合作，促进贸易和投资自由化便利化，推动经济全球化朝着更加开放、包容、普惠、平衡、共赢的方向发展。”①各国应加速服务贸易的发展对接，对合作方式进一步创新，在更深的领域展开合作，积极主动探寻发展利益的最大公约数，不断将“蛋糕”做大。中国应依托进博会、服贸会等各类平台，积极进行政策和经验交流，加速政府、商协会、国际组织及企业间多元化伙伴关系的建立，不断开拓合作共赢新局面，形成双循环新发展格局，使各国人民共享服务贸易的增长红利。以开放促进合作发展，通过合作共享发展机遇，最终实现共赢。

9.2.2　发展目标

1. 构建以服务贸易为重点的高水平对外开放新格局

顺应经贸规则重构新态势与服务贸易发展新趋势，加快构建以服务贸易为重点的高水平对外开放新格局。第一，实现服务业市场全面开放新态势。明确新时代中国高水平开放的新目标和新要求，实现更大规模和更大程度的服务业对内对外全面开放，从根本上推动服务贸易高质量发展，构建双循环新发展格局。由此，将开放重点从制造业领域拓展到服务贸易领域、破除服务业市场行政垄断格局、实现服务业市场全面开放是构建以服务贸易为重点的对外开放新格局的重要发展目标。第二，全面培育中国服务贸易竞争新优势。推动服务对外贸易向高附加值领域跃进，向全球价值链高端攀升。目前，中国服务贸易仍集中于传统服务行业。要打破中国服务贸易处于全球价值链低端的困局，应加快实现现代化高端服务贸易提质增效，尤其要培育数字服务贸易竞争优势，赶超全球平均发展水平。第三，构建高标准服务贸易营商环境。构建以服务贸易为重点的高水平对外开放新格局，离不开更高水平开放环境的支撑。而深化服务贸易体制改革，是形成以服务贸易为重点的高水平对外开放新格局的基本要求。由此，推进监管标准等与国际高水平对接，形成与高水平开放形态相适应的服务贸易市场化、国际化与法治化的营商环境，成为服务业

---

①《习近平向 2019 年中国国际服务贸易交易会致贺信》, http://www.gov.cn/xinwen/2019-05/28/content_5395375.htm[2022-09-18]。

对外开放新阶段的重要发展目标。

2. 打造以服务贸易为重点的制度开放新高地

全面深化服务贸易创新试点工作，稳步推进一批高水平自贸试验区建设，培育开放型制度体系新优势，打造以服务贸易为重点的制度型开放新高地。第一，携手横琴和前海“双合作区”实现粤港澳服务贸易一体化。以粤港澳大湾区建设为依托，扎实推进横琴粤澳深度合作区、前海合作区建设，加快实现粤港澳服务贸易一体化，是建设以服务贸易为重点的开放层次更高和辐射作用更强的开放新高地、引领全国区域性服务贸易高质量发展的重要目标。三地体制机制的差异是制约粤港澳服务贸易一体化的突出障碍，故充分发挥横琴、前海在进一步深化改革、扩大开放、促进合作中的试验和示范作用，打破体制机制和政策壁垒，实现粤港澳服务业市场一体化、服务业领域全面开放、管理体制机制全面对接，将有效推动粤港澳服务贸易一体化（曾志敏，2018）。第二，以制度创新为重点实现上海自贸试验区临港新片区服务贸易对外开放。2018 年，上海率先发布了《中国（上海）自由贸易试验区跨境服务贸易负面清单管理模式实施办法》和《中国（上海）自由贸易试验区跨境服务贸易特别管理措施（负面清单）》，表明上海自贸试验区开放创新的重点转向了服务贸易领域。上海自贸试验区衔接长江经济带国家区域发展战略，应该充分发挥临港新片区作为特殊经济功能区先行先试的优势，率先试点服务贸易更高程度、更深层次的对外开放，打造服务贸易制度开放新高地。第三，高标准打造海南自由贸易港服务贸易新高地。中央明确将旅游业、现代服务业及高新技术产业作为海南自由贸易港建设的主导战略产业，意味着海南自由贸易港建设将以服务贸易为重点。习近平曾在海南建省办经济特区 30 周年大会上指出：“加快服务贸易创新发展，形成以服务型经济为主的产业结构。”[①]基于此，海南应发挥服务贸易在自由贸易港建设中的先导作用，打造面向全球开放的、以服务贸易为重点的制度创新型的自由贸易港。第四，打造京津冀服务贸易协同发展的高水平平台。2020 年 9 月，北京自贸试验区正式揭牌，国家赋予北京自贸试验区以科技创新、服务业开放、数字经济为核心构建京津冀协同发展高水平开放平台的重要使命，服务贸易高质量发展成为京津冀协同发展的重要战略定位。京津冀地区应从制度创新引领、品牌影响、辐射带动及要素汇聚枢纽四个维度出发，打造全国乃至全球的服务贸易发展新高地。

3. 建立以服务贸易为重点的现代产业体系

新时代背景下，加快构建以服务贸易为重点的现代产业体系，打造具有更强创新力、更高附加值、更安全可靠的现代化产业链，更好支撑社会主义现代化国家建

① 《习近平出席庆祝海南建省办经济特区 30 周年大会并发表重要讲话》，http://www.gov.cn/xinwen/ 2018-04/13/content_5282295.htm[2022-09-18]。

设。第一，建成优势服务产业高地。围绕旅游业、高新技术产业、现代服务业发展，筑牢服务贸易发展的产业基础，构建现代化产业体系。形成一批引领现代产业发展、国际市场占有率高、具有较强国际竞争力的大企业集团和创新型服务领军企业，建成一批现代服务业集聚发展示范区。第二，建设现代产业融合发展高地。推动现代服务业与先进制造业、新兴服务业与现代农业、服务业之间、服务业跨区域实现深度融合，形成一批创新活跃、效益显著、带动效应突出的深度融合发展企业、平台和示范区。第三，建成产业创新创业高地。显著提升服务业自主创新能力，优化创新创业环境，持续增强市场活力，在服务业前沿技术、高端产品和细分领域争取取得重大突破，推动数字产业化和产业数字化水平大幅提升，进而明显提升服务业新业态和新模式占比。

4. 构筑以服务贸易为重点的高水平自由贸易网络

坚持开放、共享的发展理念，以服务贸易为重点，构筑面向全球的高标准、高水平自由贸易网络，为中国与世界各国在服务贸易领域深化合作创造有利条件。第一，在“一带一路”建设中打造服务贸易全方位合作新局面。目前，中国与“一带一路”沿线国家间的贸易往来仍以货物贸易为主，服务贸易占比较小。在 2021 年服贸会全球服务贸易峰会上，习近平提出“加大对共建‘一带一路’国家服务业发展的支持”①。高质量推进“一带一路”建设，应提升中国与沿线国家和地区服务贸易合作水平，实现主要合作创新领域由传统服务贸易转向现代新型服务贸易，构建全方位、深层次的服务贸易合作新局面。第二，形成中欧服务贸易合作新格局。中欧合作互补性较为明显。一方面，服务贸易自由化带来的竞争效应和技术外溢效应将加速产业结构升级转型，为中国服务贸易高质量发展提供契机（白云旭等，2019）。中国应充分借鉴欧盟国家的前沿技术理论、研发应用及先进管理经验，实现服务经济和服务贸易转型升级的重大新突破。另一方面，欧盟总体已进入后工业化时期，中国的服务业大市场将为欧盟国家服务贸易发展提供较大的合作空间，促进其实现可持续发展。深化中欧合作要顺应大趋势，把握新机遇，建设以服务贸易为重点的中欧自由贸易区，形成中欧服务贸易合作大格局，为发达经济体与新兴经济体的合作提供蓝本，也为全球经济贸易的可持续发展和治理做出贡献。

9.2.3 发展思路

1. 增强服务贸易竞争力

构建特色鲜明、结构优化、竞争力强的现代服务产业新体系，不断满足服务产

① 《习近平在 2021 年中国国际服务贸易交易会全球服务贸易峰会上的致辞（全文）》，http://m.news.cn/2021-09/02/c_1127822209.htm[2022-09-18]。

业转型升级需求，全面增强服务贸易国际竞争力。

1）坚持全局性谋划，实现服务业重点突破

全局性谋划服务业发展，着力巩固传统服务贸易根基，瞄准带动力强、创新优势突出的新兴服务行业，集中力量培育服务贸易的竞争新优势。一方面，培育传统服务新业态，增强传统服务出口竞争力。推进传统服务贸易转型升级，对传统服务业企业进行技术改造，向国际高端环节延伸拓展服务产业链。另一方面，聚焦战略性新兴服务产业，建设一批高端服务业重点集聚区。着力发展新型金融、大数据、文化创意等高附加值的现代服务业，培育资本、知识、技术密集型服务业的对外贸易竞争优势，推动服务贸易高质量发展。

2）以国际市场需求为导向，优化服务产品质量

以国际市场需求为导向，顺应服务产业转型和消费升级趋势，建设高标准服务市场体系，提升服务企业供给质量。以品牌建设、质量升级、标准规范为核心，抓好服务企业技术改造工作，加快实现产品设计、专业化经营和品牌建设等环节的新突破，构建具有特色比较优势的服务产业体系，着力塑造“中国服务”国际品牌新形象。

3）促进服务贸易要素流动，优化资源要素投入结构

优化服务贸易资源要素投入结构，促进资源要素跨国流动，进而扩大服务贸易发展空间，提升服务贸易竞争力。一方面，健全服务贸易资源要素跨境自由流动的长效机制，大力引进国际化人才，加强尖端技术国际合作，促进大型跨国企业资本流动。另一方面，汇集政府、创新型企业、现代科研院所、高等学校、科技中介服务机构等的人才、技术、资本、数据信息，建立发展现代服务业的多元化要素投入体系，同时加强服务产业和服务贸易优质资源要素投入结构优化的政策保障。

2. 以制度创新为引领优化服务贸易发展环境

加快完善自贸试验区布局，将重要的服务贸易开放设施及功能区域纳入自贸试验区，深入推进制度创新，全面优化服务贸易发展政策环境。

1）加快服务贸易领域改革开放进程

强化公平竞争政策的基础性地位，为内外资企业公平参与市场竞争提供切实保障，为服务业，尤其是新兴服务业的发展营造统一开放的市场环境。同时，顺应国际服务贸易自由化的趋势，衔接 RCEP 开放标准、对标 CPTPP 高标准规则，稳步推进中国服务贸易便利化和自由化试点工作。

2）全面统筹服务业开放发展与经济安全

借鉴发达国家成熟的国际经验，严格构建服务贸易风险防范和监管体系，多措并举统筹服务业开放发展与经济安全。对接国际监管标准，聚焦新兴服务贸易领域，筑牢防范化解金融风险的防线，完善数据流动安全制度，构建海外服务业投资风险

防范机制。

3）构建规范化、国际化、法治化服务贸易营商环境

第一，以依法行政为基础，推动服务业管理体制进一步深化改革。依照“责任清单”“权力清单”和“负面清单”，对管理体制和模式进行进一步创新，简政放权，优化营商环境。第二，改善政府部门的横向协调机制。服务产业的发展需要多个行业主管部门的共同参与。在对外投资、吸收外资与开展服务贸易除了需要商务主管部门，还需要其他多个部门通力配合和协调。因此，不断改善政府部门的横向协调机制是服务业实现进一步开放的必然要求。

3. 推动沿海和内陆地区服务贸易联动协调发展

步入新发展阶段，中国服务贸易迎来了新的历史机遇。为全面推动全国各地区服务贸易高质量发展，要根据沿海与内陆地区不同的产业基础和资源优势，优化服务贸易协调发展机制。第一，推动沿海地区现代服务贸易开放创新发展。沿海地区应当加快提升知识密集型服务贸易在服务贸易结构中的占比，使沿海地区成为高技术含量、高附加值、高生产率、高水平开放的新型服务产业和贸易集聚区。第二，稳步提升内陆地区高端服务贸易比重。不同于传统的商品贸易，现代服务贸易不需要物质形态上的运输，而是利用 ICT 线上直接交付。这将使传统贸易中地理位置这一要素的相对重要性降低，进而导致东部地区的比较优势将持续弱化，中西部地区的服务贸易发展将不再受限于不利的地理位置。因此，为把握发展开放型经济所带来的新机遇，中西部地区应加快研究促进服务贸易发展的关键因素，根据自身资源要素禀赋优势，选择服务贸易细分领域，整合优势产业，形成服务贸易集聚区。第三，强化东部与西部试点示范地区合作机制。继续实施东部引领、东北振兴、中部崛起、西部开发的区域发展总体战略，不断完善东、中、西部地区服务贸易区域协同创新机制，形成辐射有力的服务贸易网络。

4. 拓展服务贸易国际合作发展新空间

面对越来越多的国际摩擦，应坚持“有所作为”原则，充分利用国际社会各种资源和制度优势。顺应服务贸易区域一体化发展趋势，以自由贸易区建设为载体，区域贸易协定规则为核心，拓展服务贸易国际合作新空间。第一，稳定区域服务贸易合作关系，扩大服务业海外生产规模和经营范围。紧抓 RCEP 和 CAI 的签署机遇，加强中欧、中国与东盟国家等服务贸易合作区建设，实现服务贸易国际市场多元化。第二，紧抓国际经贸规则重构的新机遇，主动参与全球服务贸易和数字贸易规则制定，争取规则制定的话语权，全力推进中国服务贸易强国建设。第三，继续大力改善中国同周边国家及地区的政治、经贸关系，建立有效的国际宏观经济政策协调机制，缓解地缘政治冲突，营造更加有利的周边环境，为中国拓展全球服务业经贸关

系奠定基础。

9.3　服务贸易高质量发展路径

9.3.1　大力发展现代服务产业，推进服务贸易转型升级

1. 重点发展知识、技术密集型服务产业

1）推进以金融业为核心的现代服务业发展

金融业是现代社会经济发展的核心，对推动科技创新、产业升级等具有重要的加速器功能（涂永红和刁璐，2020）。所以，要强化金融业在现代服务业中的核心地位，优先开放发展金融业。第一，强化供应链金融[①]发展，做优做强供应链产品，保障国内产业链供应链安全。聚焦医药、新型技术设备、生物研发等高端先进产业，构建完整的金融服务生态圈，为企业“走出去”提供相应融资支持、优惠补贴；提升银行等金融机构行业一体服务方案的设计能力，推动供应链金融业务做大做强，打造医药、汽车等行业竞争新优势。第二，创新跨境金融产品，进一步推动服务贸易结算及投资便利化。一方面，扩大微信、支付宝等移动支付方式在跨境支付中的应用，实施与跨境服务贸易配套的跨境支付结算制度，提高离岸金融、新型离岸国际贸易结算等业务规模。另一方面，利用上海自贸试验区临港新片区、粤港澳大湾区等的政策红利，为“走出去”企业和境外机构提供特色跨境金融服务及综合性的专业服务。第三，积极落实外资机构有序进入中国金融市场相关工作，扩大外资银行机构经营范围。加大在风险管控、信用评级、消费金融、养老保险、健康保险等方面有专长的外资机构的引进力度，促进中国金融机构创新金融产品和服务，激发国内金融市场活力。第四，推动金融机构实施数字战略，要求金融业牢牢把握数字驱动、智慧为民、绿色低碳、公平普惠等发展要求，以加快推进金融机构数字化转型为主线，深度融合科技与金融。一方面，完善金融科技生态圈，探索设立金融科技示范区。商业银行应致力于利用自身的区域网络优势、完整的金融产品线及在数字领域的丰富经验，建立以金融科技为主线的市场化企业支持体系，提供更加便捷、高效、灵活的金融产品和服务。另一方面，健全金融科技治理体系，推动金融数据合法化开放、合规化利用及有序化流动。

2）集中资源提升计算机和信息服务创新能力

集中创新资源突破关键技术方面的“卡脖子”困境，提升信息技术自主创新能

① 供应链金融是指商业银行以供应链上的核心企业与上下游企业之间发生的真实贸易关系为基础，以核心企业信用等级为支撑，以真实贸易的预期现金流为保障，结合商业银行短期金融产品所创新出的供应链融资模式。

力，推动计算机和信息服务贸易高质量发展。第一，打造计算机和信息服务业企业技术创新合作平台，打造软件和信息技术服务企业集聚高地。一方面，为中小企业的技术创新提供完善的政策支持。加强孵化器、众创空间、科技园区的服务体系建设，加大税费减免范围和政府奖补力度，大力扶持中小企业开展技术创新活动，推动新的信息技术的研发与应用。另一方面，通过开通研发资金融资绿色通道、政府财政补贴、税收优惠等措施，积极引导头部科技企业承担"卡脖子"技术的研发工作，增强企业技术创新积极性，加快培育一批拥有较强自主创新能力及先进信息技术的计算机和信息服务企业，进一步鼓励企业进行全球知识技术研发布局，并使用先进技术吸引外资合作。第二，出台跨境技术合作的激励政策和科技资料开放共享政策，建立跨境科研合作常态化机制，推动技术创新要素自由流动和创新链条融通。紧密跟踪全球软件技术和产品主流的技术创新路线，尤其要强化与发达经济体在新一代计算机与信息技术领域的基础研究与开放应用合作，加快对全球先进技术的吸收和应用，借鉴国际相关标准、协议，加快完善中国软件和信息技术服务业标准。第三，最大限度利用国际先进企业和研发机构的技术外溢效应，增强服务业跨国公司资本和业务集聚。建立基础技术研发和开发成果应用的跨境共享与转移机制，优化跨国公司技术转移与共享的制度环境。吸引全球科技巨头来华设立海外数据中心、技术研发机构等，并鼓励更多国际顶尖人才参与国家信息技术领域的重大科技攻关项目。

3）提升中华文化创意产业国际竞争力

第一，从长远发展战略上注重培育和发展高附加值的新文化贸易产业。一方面，通过产品开发和服务设计，强化产品的文化价值和文化内涵，推动文化产品在数量和质量上实现高水平发展。例如，在文化产品中合理加入中国历史文化元素，不仅有利于提升产品的出口附加值，而且有利于传播中国文化。另一方面，推动影视产品、出版物等核心文化产业高质量发展，逐步增加知识、技术密集型产品的贸易比重。第二，实现文化与科技深度融合。加强企业与高等院校及科研院所的合作关系，提升文化企业运用现代化高科技手段提炼中国传统文化符号的能力，对文化资源进行再加工和创新设计，推动文化传承、科技创新和文化创意有机结合，实现"文化+""数字+"等多种文化传播模式创新；加快制定融资优惠、税收减免等政策，促进科研机构和文化企业加大对文化技术的研发投入，提高自主创新能力；培养精通文化艺术和管理的高素质人才，高等院校应加快开设文化管理、国际文化贸易经营等新专业，并与文化贸易企业合作，建立人才培养基地，为文化贸易企业培育高级后备力量，并通过一系列优惠政策吸引海外国际文化贸易和文化专业管理高级人才，为国内文化服务产业带来成熟的经营理念和新的创意。第三，打造中华文化品牌，推动文化产业集群发展。增强企业对文化产品的品牌意识，竭力打造一批实力雄厚、世界知名的文化企业集团，通过整合国内外文化产业链，推动文化产业集群发展形成具有全球影响力的自主文化品牌。第四，完善文化产业相关制度，加强文化版权保护和管理，尤其是数字化文化产品与服务的版权保护和管理，同时也要防止过度的版权保护对文化产业链各环节良性耦合的抑制作用。

4）立足数字经济培育经济增长新引擎

支持企业运用数字技术提升服务效能，推进数字技术对产业链、价值链的协同与整合作用，发展服务贸易新业态。第一，顺应产业跨界融合发展新趋势，加强数字贸易竞争力。一方面，推动“互联网+”和运输、金融、旅行、医疗健康、会展商务等重点服务领域融合发展，推动服务贸易向新领域、新业态发展，持续增强数字贸易发展动能和国际竞争力。另一方面，推动先进制造业与现代服务业深度融合，将国际金融结算、现代物流、技术研发等生产性服务贸易与高端制造业生产过程相融合，加速中国产业链、价值链向中高端攀升。第二，加快数字技术与服务贸易发展深入融合，打造数字商务新优势，拓展贸易发展新空间。充分发挥数据要素作用，促进新型先进技术在生产性、生活性服务业领域的创新应用，推动服务贸易领域产业数字化和数字产业化交融发展，推动服务贸易全链条数字化水平提升。第三，深度参与国际数字化领域合作，积极探索跨境数据安全流动模式，开展数字贸易和数字货币的跨境支付试点，探索以数字货币的方式助力人民币跨境使用，打造符合数字贸易特征的支付结算体系，不断优化跨境贸易公共服务平台身份认证、企业备案、商品备案等流程和功能。第四，创新数字贸易治理模式，提高数字治理能力。一方面，稳步推进“互联网+政务服务”，推动政务信息化建设和公共数据共享，提升数字贸易治理智能化水平。另一方面，完善数据安全管控、个人信息保护等方面的法律法规，依据数字经济开放程度，科学构建可视化、可量化的数字经济运行监测预警系统。

5）着力发展语联网和语言服务产业

由于中文和英语等语言的巨大差异，为增强世界与中国的沟通和交流，大力发展语联网[①]势在必行。语联网等语言文化产业不仅是未来中国现代服务业发展的重点产业，也是目前中国大力发展服务贸易的基础。应以人工智能技术为支撑，以拥有自主的语言资源和能力为核心，以推动跨语言、跨文化交流为目标，加强语联网建设，将语言服务业发展成为经济、政治、文化领域国际交流的基础性支持产业。第一，积极开拓并整合多语种服务资源。有效完成基于不同场景的多语信息服务需求与译员资源的快速、精准、高效匹配，整合翻译过程中积累形成的海量术语库和语料库，形成强大的语言数据资源库。同时，对译员的事前辨识、译前匹配、译中监控、译后质检等环节进行全面的跟踪把控，确保译员的专业化素养，为各大企事业单位提供专业优质的语言服务。第二，创新多种语言服务方案。随着跨境电商蓬

① 语联网是实现快速无障碍中外沟通的多语智慧网络，是对外开放的新一代第四方服务平台，通过对资源、技术和服务能力的有机整合来满足对外交流的市场需求。语联网是语言技术、翻译技术及云计算技术和社会化网络服务（social networking service，SNS）模式的集成与扩展。

勃发展，国际贸易往来自由化提高，语言服务将促进国际商贸交流与合作。一方面，将翻译服务嵌入各领域的全球化交流平台，满足不同市场需求。另一方面，创新语言服务生态链模式，延伸语言服务产业链。优化“翻译+营销”“翻译+咨询”“翻译+公关”等“翻译+”生态模式，全面提供语际信息转化服务和产品，向技术研发、工具应用、资产管理、教育培训等专业化服务业延伸语言服务。

2. 积极开展知识产权等技术服务贸易

推动知识产权等技术服务贸易发展，健全技术服务贸易促进体系，支持成熟的产业化技术出口。第一，逐步形成完整的技术服务贸易综合管理体系及配套服务体系，拓展国际技术服务贸易交流渠道，推动知识产权等技术服务贸易向市场化、高端化、专业化转型，抢占高科技服务贸易国际市场份额。第二，支持企业引进、消化、吸收、再创新，发挥市场机制作用，推动国内科技巨头企业通过引进国际先进技术、国际创新要素，加强技术服务贸易国际竞争优势。重点推动有条件的企业走出去，通过提供专利和专有技术对外许可、技术出境咨询等服务，推动国内先进、成熟、实用的技术站上国际舞台。第三，积极推动知识产权出口，完善海外知识产权维权援助服务体系。支持知识产权服务机构赴境外开设分支机构，研究并发布开展服务贸易和投资的主要目标国家与地区的知识产权保护制度及相关环境信息。各地方要加强海外知识产权纠纷和争议信息数据的收集与分析能力，以及纠纷应对和争端解决能力，为境内外企业提供高品质、全方位的专业化服务。第四，提高知识产权服务机构涉外事务处理能力，积极承接境外高端服务业转移。加强行业内服务专业化建设，培养专业化涉外服务团队，形成一批具有国际竞争力和影响力的知识产权服务机构。第五，高质量、高标准推进知识产权服务业集聚区建设，提升知识产权服务行业核心业务的服务能力和服务质量，积极发展医药健康等专业服务领域，拓展国际市场发展新空间。

3. 加快推进传统服务贸易转型升级

1）推动传统服务贸易数字化转型

以科技推动传统服务贸易创新升级，推动传统服务贸易产业数字化转型，巩固扩大传统服务贸易国际竞争空间。第一，构建大型高效的现代跨境物流综合运输枢纽，提高物流运输服务的运营精细化、技术智能化、运输网络化水平，加强国际运输服务市场分工协作能力。首先，推动海运企业建设规模管理、数字驱动、生态共享、价值提升、创新运营的智慧物流体系，创新现代化海运系统服务网络。其次，整合中国航线、空域、机场等资源，协调推进空运航线优化，提升运行效率，助力国内重要航空公司加快形成大范围、大规模、高密度的全球航线网络。最后，依托大数据、物联网、移动互联网、云计算等新兴技术，鼓励境内外的物流、电商等龙头企业联动打造境外仓储物流配送中心和跨境电商物流服务平台，提升跨境运输便利化程度。第二，大力发展数字建造或数字建筑，形成“建筑业+互联网”创新发展模式。鼓励建筑企业深入研究大数据、建筑信息模型（building information modeling，BIM）、物联网等技术在建筑服务中的创新应用，探索“互联网+”形势下的新管理模式，实现建筑与工程服务跨越式发展。第三，为适应国际旅游消费需求品质化、发展全域化趋势，着力打造国内旅行服务精品，促进旅行服务产品结构的升级优化。一方面，提炼中国文化符号，推动旅行产品和服务品牌化及高端化发展，进一步加大对境外游客的吸引力。另一方面，推动旅行与医疗、康养、教育等领域的深度融合，形成一系列“旅行+”产业发展新模式和新业态，打造一批康养旅游示范基地、医疗服务知名品牌等。

2）将特色服务产业培育成战略性新兴产业

增强服务业企业特色发展优势，聚焦服务业重点领域，培育战略性新兴服务产业。第一，在互联网、电信、保险等领域，做优做强一批区域和行业影响力较大、产业优势明显、技术水平领先的大型服务贸易企业。推动国内服务贸易企业通过跨地区、跨行业的兼并重组，强强联合，优化配置产业链、价值链资源。第二，加快布局数字基础设施建设，增强现代服务贸易竞争优势。紧抓“新基建”契机，加快推进 5G 网络基础设施基本覆盖建设，推动 5G 网络与智慧城市、智能制造、远程医疗等领域的深入融合。要以新一代信息基础设施建设引领服务贸易发展，形成新一代信息技术产业集群。第三，积极扶持特色鲜明的创新型中小微服务企业发展。首先，鼓励创新型、创业型中小微服务企业走“专、精、特、新”发展道路。其次，在生态旅游、文化娱乐、教育、医疗、法律等服务贸易行业，积极培育一批具有独特竞争优势、国际市场外向度较高的中小型服务贸易企业，支持其融入国际贸易价值链分工格局中，以其独特的竞争优势在国际分工中占据一席发展之地。最后，支持中小型服务贸易企业开展横向联合，以搭建公共服务平台、开展服务贸易知识共享、建立产业联盟等方式，吸引社会第三方力量为中小型服务贸易企业提供政策辅导、资质认证、市场开拓能力提升、品牌建设等一系列服务，提高中小型企业的国际市场竞争力。第四，加强特色优势服务产业集聚区建设。引导各地方政府结合自身区域特点，打造旅行、中医药、体育、高端劳务、创新设计、软件研发等特色服务出口基地，形成专业化的服务贸易示范区。鼓励制造业企业和服务业企业联动建设信息技术、检测维修、工业设计、现代金融等服务中心，打造立足全国、辐射亚洲的现代服务中心。

4. 强化新兴服务外包与高端制造业融合

以数字技术为支撑，加快服务外包创新发展，向数字化、智能化、高端化、融合化转型升级。强化新兴服务外包与制造业深度融合，贯彻落实产业和贸易高质量发展战略。第一，培育数字化服务外包平台，探索以高端服务为导向的“数字+服务”新模式，积极推动重点领域服务外包向高技术和高附加值转型。一方面，支持云外包、平台分包等新模式的发展，认定一批以 5G、云计算、大数据、区块链等新兴技术为支撑的服务外包示范项目，探索形成以数字技术提供外包服务的交付标准，推动生产性服务领域的外包标准建设。另一方面，鼓励信息技术、生物医药研发等领域的外包企业与科研机构、重点高校等合作，推动跨境生物医药和信息技术等协同研发项目落地，提升服务外包发展效能。第二，重点强化服务外包企业核心能力建设。首先，引导服务业企业通过并购、合作、新设等方式开展境外投资合作，形成包括品牌、技术、渠道等的综合优势，提高组织运营的国际化水平和对供应链、价值链的掌控力；其次，支持企业在境外开展技术研发投资合作，带动中小企业进入全球价值链分工网络，创建国际化营销网络和知名品牌，着力提高大企业承接高附加值服务和全球交付的能力，增加境外商业存在；最后，努力打造中国服务外包高端化品牌，认定一批服务水平高、交付质量好、技术能力强的供应商打造“中国服务”品牌。第三，拓展全球服务外包网络。支持企业同“一带一路”沿线国家的市场合作，鼓励服务外包企业在海外设立服务网点，提供便利化的“近岸服务”。第四，切实把握制造型企业服务化、数字化转型方向，培育一批技术外包和高端制造业融合发展的示范型企业，提升高端技术创新能力和全球价值链分工地位，通过提升技术服务、工业设计、品牌营销等生产性服务外包竞争力，增强对高端制造业自主创新、品牌塑造、价值链升级等的支撑。

9.3.2 打造改革开放新高地，培育服务贸易竞争新优势

1. 增强三大服务贸易集聚区引领作用

1）加快推进粤港澳大湾区服务贸易一体化

（1）推动粤港澳三地服务业错位发展。从粤港澳服务业及服务贸易发展的基础条件出发，鼓励、引导各地区依据自身比较优势和产业发展基础确立不同的发展重点，谋求区域优势发展的新突破，根据区域发展规划和产业发展规划着力推进资源集聚，形成若干个现代服务业的产业集聚带和集聚区，带动大湾区现代服务业的高质量发展。

广东要充分发挥自身的比较优势，有选择、有重点、分层次地推进现代服务业重点领域改革与发展。把金融业、文化创意产业、软件产业作为发展现代服务贸易的突破口，将其定义为战略性新兴产业加以发展。

中国香港的经济目前已发展成为充满活力的现代化服务型经济，其在金融服务和商务服务等领域保持较强的竞争优势。在未来，中国香港应该加快培育在资本、知识、技术密集型服务行业的竞争优势，加强现代服务业的产业链分工合作，构建粤港澳错位发展、优势互补、协作配套的现代服务业体系。

中国澳门的服务贸易发展应合理利用当前旅游业的比较优势，把握内地与香港

CEPA 升级与建设粤港澳大湾区的机遇，同时重视并紧跟内地服务业的市场需求，加强与内地省市的交流合作，大力发展观光旅游相关产业和其他服务贸易新兴产业，推动服务贸易向知识密集型产业延伸，坚持适度的经济多元化，不断优化升级服务贸易结构，实现高质量发展（徐先航，2019）。

（2）建立三地市场协同管理体系与资格互认体系。与中国香港和中国澳门相比，珠三角地区现有的市场经济体制仍需完善，较高的边境后壁垒仍限制着粤港澳大湾区服务贸易自由化水平的提升。粤港澳三地实行的市场管理规则相互之间存在差异，使得服务贸易产业中的人力资源、技术、信息等中高端生产要素难以在大湾区自由流动。因此，为建立粤港澳三地市场协同管理体系与资格互认体系，提升三地服务贸易一体化程度，广东应全面推行企业线上自主登记便利措施，允许与港澳标准相符的服务企业和具备相关专业资质的人员，在粤有关部门备案审核后直接进行业务活动，为三地服务贸易高质量发展提供前提。

（3）加快三地通关电子平台建设。一方面，坚持“一签多行”的政策原则，推进三地通关信息的互换、争端纠纷的互联、执法层面的互助。另一方面，着力推进粤港澳三地电子通关监管服务一体化。出台预约通关、担保放行等便民措施，依据法律法规灵活解决个别出现的紧急通关需求，合理调整通关流程，优化通关环境。

（4）加强三地在金融服务领域的合作。第一，充分发挥广东自贸试验区先行先试的优势，大幅提升对中国港澳地区银行业的承诺开放水平，放宽银行业的市场准入条件，并出台相关政策支持符合条件的港澳银行在深圳前海、广州南沙、珠海横琴设立分支机构。第二，在一定范围内适当放宽对中国港澳地区金融机构在内地的资产总额、收入数量及持股比例等方面的市场准入限制要求，支持粤港澳金融机构联动推进跨境电子结算、电子账单缴费、支付软件跨境使用等金融科技创新，协同解决跨区域医疗保险、线上跨境交易、跨境机动车保险等民生问题。第三，建立粤港澳三地的金融市场协调管理体系，处理粤港澳三地在有关互设金融机构、防范金融风险等方面的事务，促进粤港澳金融服务一体化高质量发展。

（5）深化前海合作区建设。第一，通过企业合营，促进服务贸易产业结构升级。中国香港的服务企业可以在前海合作区与深圳的服务企业以合营的方式经营，深圳的企业可以通过合营学习到中国香港服务企业的管理经验及国际视野，进而提高自身的管理水平与市场竞争力。此外，合营企业还可将其经验推广到其他关联企业，或利用其合营企业的优势发展壮大，提升国内市场占有率。这样就可以培育起一批在国际服务贸易中有竞争优势的本土现代化服务企业，为产业结构升级奠定坚实基础，为未来中国服务贸易市场的扩大开放做好准备。

第二，打造开放型经济新体制，建设社会主义现代化国家。当今前海合作区的发展应该着眼于加快转变政府职能，在依托中国香港的同时，借鉴国际通行的投资贸易规则，用开放倒逼改革，打造开放型经济新体制，加快社会主义现代化国家建设。这不仅涉及对外资的负面清单管理、贸易便利化的提升、贸易新模式的构建等，还涉及知识产权保护、电子商务、竞争政策、政府管理新模式等。首先，建立民营和外资企业权益的保护机制，用足用好经济特区立法权，在服务贸易领域深入研究，制定符合前海发展的投资者保护法规；其次，利用深圳区域性国资国企综合改革机遇，坚持构建以法治化、专业化、国际化、市场化为发展导向的营商环境，推进国有资本运营公司改革试点工作，实现政资分开、政企分开；最后，进一步建立健全竞争政策框架和实施机制，坚持竞争中立的监管原则，加快成立以公平竞争委员会为代表的议事协调机构，以第三方身份来评估和审查三地企业的公平竞争问题。综上，前海作为“特区中的特区”，应聚焦打造开放型经济新体制，持续推进国际投资及贸易便利化，加快培育中国参与国际合作和竞争的新优势。

第三，要发挥前海在国际经济合作中的“窗口”作用。要实现“引进来”与“走出去”相结合，需要有高效的金融服务、一流的法治环境等要素作为支撑。而近年来中国引进外资和对外投资大多都是经由中国香港实现的，因此要想发挥好前海在国际经济合作中的“窗口”作用，必须与中国香港紧密合作。

第四，打造服务型政府，加快创新合作区治理模式。转变政府职能，把探索服务管理新模式与深化体制机制改革有机结合起来，依照《全面深化前海深港现代服务业合作区改革开放方案》，创新以法定机构承接政府区域治理职能的机制，推动法定机构法人管理模式、职能设置和治理机构进一步优化。建立粤港澳职业共同体交流发展平台，再造政务服务流程，实现政务服务智能化、移动化、规范化和数字化。除此之外，还应当参照《前海深港现代服务业合作区总体发展规划》，加强前海的开发管理与深港合作，充分依照生产性服务业的产业特点和利用好产业发展规律，进一步创新开发管理模式，实现高标准建设与高效能管理。

第五，扩大前海合作区对中国港澳地区服务领域的开放。在行业管理、资格认证、服务标准等领域，大力鼓励前海合作区对接港澳规则；支持前海合作区引入中国港澳和国际知名大学开展高水平合作办学，打造粤港澳大湾区青年教育和人才培养高地；统筹重点服务贸易领域的风险防控和审慎监管，为前海建造面向国际市场的服务贸易基地提供保障。

（6）推动横琴粤澳深度合作区建设。第一，设立深度合作示范区，建立与中国澳门一体化的高水平开放体系。建设高度开放、实行国际通行规则的粤澳深度合作示范区，促进粤港在经济、技术、文旅、居民生活等方面的深层次融合，在合作区内形成一个贸易投资环境与中国港澳趋同、自由贸易政策效果辐射内地、政治与法律由内地主导管控的特殊发展区域。适度促进中国澳门服务经济向多元化、高层次发展，激发珠江西岸城市群经济增长潜能，进而促进粤港澳大湾区发展新空间的拓展。提高人员流动便利度，在安全的基础上，双方协商一致，联合推动“一线”实行合作查验、一次放行通关模式，“二线”则不限制人员进出。加速在澳门大学横琴校区和横琴粤澳深度合作区之间建立新型智能化、信息化口岸，为澳门大学师生进出合作区提供高度便利的专用通道。加快与中国港澳离岸金融市场联动创新跨境金融服务，在合作区内率先试点金融市场的全面开放。加快推动市场主体准入"承诺即入制"在合作区内落地生效，逐步放宽对在合作区开展投资与贸易的主体限制，着力施行高度便利的市场准入制度。促进互联网数据跨境流动，在确保个人信息和重要数据安全的基础上，激励中国澳门的高校和科研机构与内地跨境互联互通科学研究数据。

第二，建设"一河两岸"休闲旅游区。根据 2011 年签署的《粤澳合作框架协议》，充分发挥中国澳门作为世界旅游休闲中心的重要作用，以横琴国际休闲旅游岛建设作为发展节点，深度挖掘中国澳门特色文化资源及广东旅游资源，设立国际化的休闲旅游区和现代商业合作贸易服务平台、科创和文创教育培训产业园等具有旅游休闲、文化娱乐与科创教育功能的特色小镇（杨道匡等，2020），实现粤澳两地文旅资源优势互补，共同打造粤澳文旅产业高质量发展的新模式和新业态，共建具有"一河两岸"特色的"世界旅游休闲中心"。

第三，完善粤澳合作开发管理新体制。一方面，持续完善合作区内共商共建共管共享新机制。推动合作区建设完善管理委员会、执行委员会、省派出机构等多领域跨机构联动协作机制，在贸易便利化、数据流动自由化等方面，建立多项跨机构联动的服务贸易工作机制。另一方面，建立健全合作区常态化评估机制，根据合作区产业合作发展的实际情况，优化创新关于合作区经贸的数据统计方式，编制适宜合作区产业多元发展的新指标体系，对合作区进行深度评估，全面真实反映合作区发展成效，为合作区服务贸易的进一步发展提供指引。

2）加强长三角服务贸易创新发展示范区建设

以长三角区域一体化发展战略为依托，发挥上海龙头带动作用，推动长三角区域服务贸易功能集聚效应增强，以更高水平和更大力度推进服务贸易开放，在建设现代化产业体系、促进区域一体化、推动高质量发展上发挥好长三角地区的排头兵作用。

（1）打造长三角服务贸易集聚区。发挥苏、浙、皖、沪的比较优势，完善优势服务贸易领域布局，合力打造面向全球的服务贸易发展新高地。第一，紧抓上海自贸试验区临港新片区建设机遇，着力提升其中心城区的集聚辐射功能，发展文化旅游、金融、科技、创意设计、现代物流等重点领域，强化中心城区的服务业核心功能承载区地位，建成长三角现代服务业特色高地。第二，积极开展区域品牌提升行动，协同推进服务标准化建设，在研发设计、供应链服务、绿色节能、工业互联网等领域，打造一批展示长三角服务形象的高端服务品牌。第三，打造一批高水平服务业功能性平台。加快建设虹桥进口商品展示交易中心、虹桥海外贸易中心、长三角区域城市展示中心、长三角电子商务中心、世界物联网博览会等功能性平台，聚焦发展总部经济、创新经济，加快提升优质公共服务供给能力。

（2）共同打造数字长三角。统筹规划建设长三角数据中心，推进区域信息枢纽港建设，实现数据中心和存算资源协同布局，加快长三角地区政务数据资源实现共享共用，提高政府公共服务水平。合力打造新一代互联网产业生态，推进以“互联网+先进制造业”为特色的工业互联网发展，打造国际领先、国内一流的跨行业、跨区域的工业互联网平台。

（3）协同推进服务贸易开放合作。第一，积极引进境外专业服务，有序推进服务贸易创新发展试点，完善跨境交付、境外消费、自然人移动等模式下服务贸易市场准入制度，提升服务贸易自由化便利化水平。第二，加快服务外包产业转型升级，建设具有国际竞争优势的服务外包产业基地。第三，联合开展具有长三角品牌特色的海外文化贸易交流活动，推动优秀的文学作品、影视产品走出去，深化科技、教育、医疗等领域的国际合作，加强高端智库的国际交流。

3）以北京核心功能区带动京津冀服务贸易协同发展

（1）发挥比较优势，错位发展。京津冀三地区应注重地区之间的统筹协调和错位发展，发挥各自不同的比较优势。北京的优势在于具有高附加值的现代服务业，如保险、建筑、知识产权使用费、咨询和信息等；天津的优势仍是传统服务业，其作为首都经济圈的港口城市优势在于物流运输业和观光旅游业；河北的优势在于具备特色的旅游资源和充裕的人力资源，可开展不同于京津两地的旅游服务，形成京津冀三地间旅游业的互补发展。此外，京津冀可利用一体化的区域交通运输优势，提高与服务贸易产业相关的货物周转效率，从而推动京津冀地区的服务贸易高速增长和高质量发展（刘红，2020）。

（2）重视产业梯度转移，释放正溢出效应。根据增长极理论，增长极对周边地区具有扩散的正效应与极化的负效应。当前，北京已在京津冀经济圈中形成了明显的极化效应。河北省和天津市需通过河北自贸试验区雄安片区与天津自贸试验区建设来升级改造旧产业集群，形成产业新增长极，从而推动服务贸易产业结构升级和整体水平提高。同时，为承接北京大量的高素质人才转移，河北、天津两地要着力完善医疗保险、义务教育、公共服务等软硬件基础设施和服务，打造宜居环境，由此缓解目前京津冀三地人才分布不均衡、津冀缺乏高端人才的问题。唯有河北和天津进一步提升服务产业承接能力，才能推动北京现代服务业的经济增长正效应向河北和天津扩散，最终促进京津冀三地服务贸易的协同发展。

（3）厘清货物贸易对服务贸易的带动关系，充分发挥货物贸易发展与服务贸易发展的协同作用。天津优良的港口资源对货物贸易的发展有着极强的促进作用，而货物贸易的飞速发展必然带动对物流运输、保险及信息技术等服务需求的增加，由此带动京津冀地区加快完成服务业的产业结构转型升级。

（4）建立健全服务贸易标准体系建设。应加强与服务贸易相关国际标准制定的组织、机构的交流和合作，对标现有国际标准修订和完善中国服务贸易标准。其后，应通过积极参与国家、地区间关于服务贸易标准体系的讨论，或通过对外劳务服务合同的履行，将中国专业化完善后的服务贸易行业标准向国际市场推广，为中国在参与国际服务贸易标准制定时增加话语权。此外，还应发挥京津冀地区高端人才集聚的优势，培养一批熟知国际服务贸易市场标准体系及发展动态的行业人才，提升京津冀地区参与国际服务贸易市场竞争的软实力（刘红，2020）。

（5）打造京津冀服务贸易数据共享平台。改造升级服务贸易的统计监测系统，增强天津、河北相关统计数据的准确度和及时性，同时对统计数据进行进一步的分类和细化。目前，京津冀应针对其服务贸易统计数据编制不全面的问题，完善其统计制度，加快建立国际化的统计分析制度，完善其统计标准和统计口径，为高校及有关研究机构提供准确的基础数据和分析报告。此外，建设依托线上平台的京津冀服务贸易信息共享机制，除了有助于向社会各界提供政策和项目等的综合数据信息，便于开展数据分析和咨询活动，还有助于实现京津冀三地在人才、资本、技术等生产要素资源方面的共享，进而降低三地要素资源流通的成本，形成高效便捷的服务贸易要素资源市场，实现京津冀三地服务贸易的联通发展。

2. 加快自贸试验区建设，打造服务贸易开放新高地

截至 2021 年中国已经建成包括海南自由贸易港在内的 21 个自贸试验区。各个自贸试验区基于其地理优势和产业特点构建的功能定位都独具特色。因此加快国内自贸试验区转型发展，就要在更大范围突破服务业对外开放限制，推动服务贸易开放先行先试，打造服务贸易开放新高地。

1）支持自贸试验区推动服务贸易功能集聚

（1）加强服务贸易自由化和便利化。第一，资本流动自由。在风险可控的前提下，对标国际金融监管规则，进一步简化优质企业人民币跨境结算流程，推动跨境金融服务便利化。探索区内资本自由流动和自由兑换。支持区内企业参照国际通行规则依法合规开展跨境金融活动。第二，人才、技术等要素流动自由。对接高标准国际经贸规则，加快自然人流动、竞争中立、电子商务、知识产权保护、监管一致、可持续发展等领域的改革，推动人才、技术等要素跨境自由流动。第三，有条件的自贸试验区应率先探索服务贸易和数字贸易发展新规则，完善服务贸易事中事后监管新模式。一方面，在跨境电子商务规则制定、互联网资讯开放、个人信息保护、跨境数据自由流动、数字知识产权保护、网络风险预警监测等方面先行先试。另一方面，按照监管一致性原则，以同等的内资监管要求，建立大数据监管平台，加强对外资的全过程监管，完善不可靠实体清单、国家技术安全清单等制度。

（2）开放离岸服务贸易。第一，扩大开放，为离岸贸易发展打造更高效、便捷的营商环境。从国际贸易发展趋势上看，优先发展离岸贸易，把离岸贸易的地位提

升到与转口贸易相同的位置，将贸易信息传输和贸易结算等具有高附加值的职能留在国内，削弱货物贸易额占全球的比重降低导致对全球贸易控制力下降的负面影响，这样才能将自贸试验区建设成有全球影响力的服务贸易发展高地。

第二，提升离岸服务贸易结算的便利化水平，加强金融市场的开放。随着越来越多的跨国企业选择在北京、上海、广东等自贸试验区设立中国区、亚太区甚至全球总部，中国自贸试验区承担的离岸贸易订单和离岸贸易结算数额将大规模增加。但中国金融市场总体开放程度偏低，资金在离岸贸易专用账户和在岸账户间流动会受到一定程度的限制。因此在目前的制度背景下离岸贸易专用账户的资金就失去了保值增值的功能，较低的资金使用效率使得许多参与国际贸易的企业会选择在新加坡和中国香港等贸易便利化程度更高的地方进行离岸贸易结算。

第三，落实离岸服务贸易政策扶持计划。中国应借鉴纽约、新加坡、中国香港等其他现代服务贸易先进地区的发展经验，在有条件的自贸试验区内推行有针对性的税收激励计划，对有意开展离岸服务贸易活动并符合条件的企业给予较低的企业所得税率，增加对跨国服务贸易中间商和本土服务贸易中间商的吸引力。

第四，强化集约有效监管，为离岸贸易发展创造安全环境。首先，加大海关与外汇监管部门的信息数据交换力度，全面拓展现有合作备忘录的广度和深度，打造融合海关、外汇监管部门等的数据库，建立贸易信息和结算信息相互比对的贸易行为监管分析体系。其次，拓宽海关的统计服务职能，加快建立离岸贸易统计体系。一方面，中国内地可以通过引进中国香港的抽样调查方法，以离岸贸易为切入点，掌握有效的离岸贸易统计方法，进而提升中国内地海关的统计效率。另一方面，在官方统计中纳入离岸贸易信息，既能协助海关监管，又能将其作为评价离岸贸易城市的贸易参与、转型程度等方面的重要依据。最后，建设离岸贸易海关监管链条，创新海关监管理念。整合部门间的管理资源，做到风险预警、风险防控、企业稽核检查等环节紧密相扣，建立完整的信息闭环，实现对离岸贸易的高效监管（黄丙志，2020）。

（3）加强运输服务贸易发展。在上海、广东等运输服务发达的自贸试验区，拓展全球运输枢纽功能，提高对货物资源的集聚和运输配置能力。第一，促进海运服务和海运金融的结合。坚持“产融结合”理念，立足海运金融，打造融资租赁服务平台，助力海运融资租赁服务发展，形成全球一流综合“物流+金融”供应链服务生态。在风险可控前提下，拓展海运公司对外业务，开发涉及海运价格的衍生品，提高海运服务企业的市场开拓力度及风险应对能力。第二，在海运服务贸易领域，培养金融、法律、技术等方面的高端人才，为建设高端海运服务业做好储备。第三，提升海运服务的便利化水平。应参照新加坡的模式，通过设计专项发展计划，支持建立全国统一的港口管理系统、海运物流系统及单一窗口系统，做到公平与效率的兼顾、便捷与安全的统一。第四，谨慎对待沿海区域运输权的开放。应在开放中对外籍船舶沿海运输权和允许其采用集装箱进行沿海运输捎带等问题上持谨慎态度。

（4）开放和监管高端维修服务贸易。第一，完善全球维修的正面清单制度，提高开放水平，助力双循环新发展格局的构建。了解上海自贸试验区临港新片区先进制造业发展现状，建立相关的高端检测维修的正面清单，开拓飞机整机及部附件拆检维修、高端医疗器械维修、大型通信设备等维修服务贸易发展空间。在一定范围内降低保税检测和维修的门槛，降低对原产地、厂家品牌、专利商标等的限制，扩大片区内维修服务的经营范围。第二，改良服务贸易相关货物通关监管流程。一方面，在区内对有关货物实行“一线放开”的监管制度的同时，创新其他区域海关查验作业的方式，推动货物和服务贸易的通关一体化改革。另一方面，以智能化和数字化大平台的同步建设为切入点，完善新型信息基础设施的建设，优化自贸试验区的营商环境。第三，广泛吸引人才，支持开展研发活动，鼓励产学研深度融合。通过提供专项资金和输送尖端人才，支持高校、研发机构及龙头企业共同开展高端设备维修技术的研发活动，形成高端维修技术创新链条。第四，形成服务贸易产业集群。天津、厦门等自贸试验区都在发展其高端维修服务业的过程中形成了典型的服务贸易产业集群，产业集群会促进本产业及上下游相关产业的发展。

（5）优化专业服务贸易。第一，制定长期性发展策略推动服务贸易高质量发展。应考虑到专业服务贸易的发展具有长期性和持续性特征，积极探讨和反复论证专业服务贸易相关的机构设置、扶持政策、重点发展方向、营商环境优化、专业人才队伍培养、数据统计完善等议题。第二，加强对专业服务贸易的协调监管。针对各专业服务业分别设置专项监管机构，并通过设立协调机构来协调各专项监管机构间的矛盾。第三，大力培育本土专业服务贸易企业，扩大专业服务贸易的出口比重，减少贸易逆差。第四，重视对专业服务贸易的数据统计。建立科学的专业服务贸易分类和统一的统计体系，高质量的数据统计工作将会为服务贸易决策提供更加可靠的现实依据。第五，允许具有境外职业资格的金融、建筑、专利代理等服务领域专业人才经备案后为区内企业提供服务。例如，鼓励跨境电商企业在区内建立国际配送平台。

2）以服务贸易为主导建设海南自由贸易港

（1）完善以服务贸易为导向的负面清单框架。推动企业营商环境进一步优化，加速跨境服务贸易负面清单制度的制定。《海南自由贸易港建设总体方案》中明确提出，将基本特征为“既准入又准营”的便利化自由化政策应用于服务贸易，以提高海南服务贸易自由度及便利度，采用跨境服务贸易负面清单制度，突破各种存在于当前服务贸易模式中的壁垒，推动服务贸易市场准入制度进一步完善。当前，从海南实际情况出发，海南可以以全国另外 28 个服务贸易创新试点地区和 20 个自贸试验区（数据截至 2021 年）的发展经验为基础，考虑运用其跨境服务贸易部门实施的政策措施，并基于海南自由贸易港建设的总体要求，结合自身实际情况，按计划分批有序地削减服务贸易限制，大力放宽在旅游、医疗、文化、教育等领域的市场准入条件，形成更为开放、透明的跨境服务贸易制度。

（2）加强服务业特色优势。第一，以特色优势产业为重心，巩固发展好海南特色、优势和核心产业，如旅行、运输等。其中，旅行服务出口作为海南服务贸易收入的主要来源，亟须不断巩固与发展。培育发展壮大会展、金融、医疗健康、互联网等现代服务业。推动生态环保、新能源汽车、生物医药占主导地位的先进制造业的发展，为先进制造业发展补齐短板。第二，关注新领域新业态的发展，促进以“互联网+”为引领的新兴服务产业出口，构建现代产业体系。重点推动研发设计、维修、数字产品与服务等特色服务出口基地发展。促进服务贸易数字化，将数字技术与服务贸易相结合，进一步提高服务的可贸易性，促进以数字技术为支撑、以高端服务为先导的“服务+”的整体出口。

（3）设立多样化金融机构及交易平台。海南需积极主动向国际标准看齐，可以以海南实际情况为前提，参考新加坡、迪拜等国际自由贸易港政策，适时引进金融监管规则和制度，重点突破金融服务业，适当将零关税政策应用于与服务贸易产业相关的设施和物品，构建相应的财税收支体系。以不发生系统性金融风险为底线，海南相关部门应当以实现服务贸易结算便利化程度和跨境支付服务效率提高为目的，积极探寻相关可行措施，完善资金跨境自由流动管理制度，使要素最终实现自由流动。同时，在依法合规、风险可控的基础上，海南本土金融机构需积极推进保单融资、仓单质押贷款等新型业务的开展，凭借金融创新等方式，在金融领域全方位保障跨境服务贸易，初步建立海南自由贸易港的金融框架和体系。

（4）加速产业集成和基础设施建设。加速基础设施建设，推动产业集成与发展，促进服务贸易高质量发展。海南可以以高标准重点建设海南自由贸易港生态软件园等国家数字服务出口基地、三亚市中医院等国家中医药服务出口基地，助推全岛文化、娱乐、教育、体育等基地建设，加速岛内产业集成。同时，在对风险有效防控的基础上，海南可发行政府专项债券，借助公私合作（public-private partnership，PPP）等模式，着力加强港口、机场、桥梁、道路等基础设施建设，提升适宜自由贸易港发展的基础设施服务能力。例如，加速完善海南自由贸易港与粤港澳大湾区之间的综合交通网络体系。加速发展珠三角城市与海南邮轮客运港口的航运业务，增加从深圳、广州等珠三角地区到三亚、海口等城市的航班和航线，加快湛江至海口高铁项目和琼州海峡跨海隧道项目等的建设（李汐和陈新宇，2020），以形成互联互通的粤港澳大湾区与海南自由贸易港之间的包含高铁、机场和港口等的综合运输系统，缩短两地之间的时空距离，进一步促进旅行、运输等服务贸易的发展，推动现代产业体系优势互补、关键要素资源自由流动的现代流通经济圈形成。

（5）与粤港澳大湾区联动发展。首先，凭借毗邻中国港澳地区的独特区位优势，海南可以基于内地与香港、澳门 CEPA 的框架制度，进一步对东南亚地区、中国港澳地区及内地的服务贸易产业加大开放，全面加强与邻近的粤港澳大湾区的合作，尤其在旅行、教育等领域可以深入合作，充分利用中国港澳地区丰富的资源来推动海南服务贸易的进一步发展。

其次，以广东自贸试验区平台为依托，利用在建筑、知识产权使用费等生产性服务贸易中，广州等国家级服务贸易创新发展试点平台的产业体系优势，以及海南封关运作和优胜的“零关税”的政策红利优势与储量充足的可开发土地资源，以服务贸易的目录和细则为中心，展开对接，主动探寻广东自贸区和海南自由贸易港的优良合作模式，促使平台之间形成深度战略协作关系，达成两地之间的同频共振，建造具有独特优势和较强国际竞争力的服务贸易中心区域，推动海南服务贸易高质量发展。

最后，海南需大力扶持生产性服务贸易的发展，激励检测、维修、再制造等业务的发展，完善技术贸易促进体系和技术进出口管理制度。同时，海南应在服务贸易领域重点推广应用云计算、大数据、人工智能等新兴技术手段，全力发展商务服务和数字经济等新兴贸易形态，进一步推动服务贸易标准和规范的完善。

（6）加大人才引育体制机制改革力度，多措并举培育服务贸易专业人才。首先，基于《海南自由贸易港建设总体方案》的要求，为了广泛吸引各方精英来琼就业，亟须提高人员进出的自由化便利化程度，采用更为开放的人才政策，赋予境外服务提供者国民待遇，筑造海南人才集聚高地，为海南服务贸易高质量发展注入新动力。具体来讲，对于服务贸易领域的高层次人才和专业人才，海南需推行更加优惠开放的人才和停居留政策，对自然人自由进出政策和大多数外籍人员旅行入境免签或落地签政策逐渐放宽，在控制风险的基础上，实行更加便利自由的人才出入境管理政策。其次，要加速人才服务管理体制机制的建立，推动个人所得税实际税负降低，确保来琼人才的合法权益得到充分保障。对于境外人才，应提高外国人才工作的便利化程度。施行与国际接轨的全球人才招聘制度和对外国高技术人才具有吸引力的管理制度，推动外国高端人才服务“一卡通”试点的开展，建立健全其子女入学、医疗保险和住房保障服务通道（陈新年，2020）。最后，促进人才引育体制机制改革进一步深化，突破影响人才流动的体制性障碍。激励“产学研用”相结合，推动建立企业、科研院所、职校、高校、政府联合培养人才的机制，借助高水平中外合作办学等方式，引入境外优质教育资源，着力发展教育事业，培育满足市场发展需求的专业人才，提升企业创新活力，为海南服务贸易的发展提供源源不断的专业人才支撑。

3. 健全服务贸易区域分工协作体系

1）推动区域差异化发展，避免重复竞争

为了更深层次提高试点地区改革成效，为全国服务贸易的创新发展探索变革路径和创新模式，有关部门应以各试点城市和地区的特色产业或发展重点为出发点，支持各创新发展城市和区域错位发展其特色服务贸易（聂平香和李俊，2020）。选取一到两个重点领域开展针对性的试点工作，对于发展难题及制约因素，更深层次地探索实现创新发展的体制机制、开放路径和政策措施等。

相比中西部地区，东部地区更具有发展服务贸易的实力。目前，东部地区各省市需要对特殊功能区域进行整合，创新出口加工区、国家级经济技术开发区、高新技术产业开发区等特殊功能区域的发展模式，营造优良的国际化服务业发展环境，建设一批面向全球的服务业中心，全面提升承接服务产业外包和转移的能力。在服务产业的空间布局上，应当先从长三角城市群、珠三角城市群及环渤海经济圈等制造业和服务业发展水平较高的区域开始布局，不断提升服务贸易占比，同时发挥这些区域对周边城市经济的影响力，通过与周边城市建立起长效合作机制，带动周边城市实现服务贸易高质量发展。此外，由于中西部地区、东北地区与东部地区的经济发展水平及服务业优势差异较大，可以在中西部和东北地区分别设立侧重于旅行服务、文化创意、物流运输、劳务合作、工程承包等领域的服务贸易示范区，发挥各地比较优势，有重点、有层次地规划和实施服务贸易的错位发展（李杨和张汉林，2009）。

2）建立统一明确的区域性服务贸易战略规划，优化资源配置

首先，应更深层次地理顺中央和地方开放平台之间的管理体制，完善部际、部委与地方开放平台之间的定期协调机制，提高统筹规划水平，根据制度革新需要，加大部委权力下放力度，充分调动地方政府对服务业改革的积极性和创新性，优先解决多双边自由贸易协定谈判中关于重点开放平台的先行先试问题和处理专业服务资质、标准提升等焦点议题。其次，实行开放平台改革创新容错纠错机制。再次，支持各开放平台间开展组织制度创新研究、经验分享和培训等交流活动。最后，将北京市服务业扩大开放综合试点纳入自贸试验区工作部际联席会议制度，加强对比试验和互补试验，合作解决各开放平台在服务业改革试验中遇到的难题，及时评估和总结试点经验，提出可推广、可复制的措施建议（国务院发展研究中心市场经济研究所课题组，2020）。

3）畅通东部带动中西部地区服务贸易发展渠道

打造以城市群、都市圈、中心城市为主要形态的服务贸易发展新格局，立足东、中、西部各区域自身区位优势、要素禀赋、资源优势和产业基础，形成东、中、西部优势互补、协同发展的服务贸易供应链、产业链和价值链合作体系。

第一，以京津冀、长三角、珠三角三大城市群为核心，以京津冀协同发展、长三角区域一体化及粤港澳大湾区建设三大国家战略为引领，推进东部沿海地区服务贸易开放创新发展试点工作。发挥北京市国家服务业扩大开放综合示范区开放与创新先行先试优势，打造中国服务贸易发展的新增长点。以长三角区域一体化发展战略为优势，整合区域内部资源，建设对全球服务贸易具有广泛影响力的世界级城市群。深化粤港澳三地在金融、文化创意、知识产权、通信信息、医疗、教育等领域

的合作，推动大湾区服务贸易融合发展（王晓红，2021）。

第二，在服务贸易领域，东部地区和中部、西部、东北地区应开展具备深度与广度的合作，共同助推服务贸易高质量发展。在引导东部地区服务业企业到中西部和东北地区进行投资的同时，鼓励其将先进的技术和企业管理经验带过去，从而促进中西部和东北地区服务贸易的升级。此外，在服务贸易专业人才的培养方面，中西部和东北地区应加强与东部地区的交流，使其相关从业人员学习东部地区先进服务贸易企业的经验，从而促进中西部和东北地区服务贸易的发展。

第三，推动服务贸易产业梯度转移，促进东部与中西部区域的链式互动。由于地理因素对现代服务贸易的影响变小，而中西部地区的服务贸易要素充裕，逐渐出现东部服务贸易产业向中西部地区转移的现象，应鼓励沿海发达地区的总部企业将企业经营中的营销管理、技术研发、财务管理等环节逐步转移到中西部，带动该地区服务贸易产业的转型和升级，推动区域错位协同发展，形成东部和中西部地区的链式创新带动、服务产业网络协作的经济联动格局，确保不同区域都能获得新发展机遇，从而畅通国内经济循环。

4. 把握服务贸易规则制定的话语权和主动权

当前，新贸易保护主义表现形式多样化，知识产权壁垒、绿色壁垒、技术壁垒等非关税措施阻碍了服务贸易全球化发展。而相关国际服务贸易规则制定较为滞后，进一步限制了国家间跨境服务贸易合作。由此，推动国际服务贸易规则重构，是服务贸易全球化发展的必然要求，也是中国服务贸易高质量发展的内在需求。目前，欧美国家已经抢先通过与其他国家进行双边、多边、区域谈判，掌握了制定服务贸易规则的主动权。作为最大的发展中国家，中国应发挥服务贸易和数字贸易大国优势，发挥中国智慧，在国际服务贸易规则制定中积极谋求引领者地位，推动双循环的新发展格局进一步形成。

1）参与贸易规则新议题谈判，积极提出“中国方案”

以推动服务贸易和数字贸易开放为重点，在规则制定方面与欧美发达国家相向而行，制定既符合中国优势又具有普遍适用性的高标准规则，切实把握服务贸易国际规则制定的话语权和主动权。第一，依托 G20 和亚太经济合作组织（Asia-Pacific Economic Cooperation，APEC）等多边机制，主动加入 CPTPP、DEPA 等协定，积极参与国际组织关于服务贸易和数字经济新议题谈判过程，及时提出中国方案，发出中国声音。鼓励政府机构、科研院所、高校等系统和深入分析 CPTPP、DEPA 等贸易协定中关于数字贸易规则的条款，剖析现有服务贸易和数字贸易发展面临的国内外挑战，研究出一套符合中国发展特色的、能最大限度平衡不同国家间、不同行业间利益需求和政策诉求的服务贸易规则文本。同时，在中国—东盟自由贸易区 3.0 版建设中，积极谋求服务贸易规则制定的引领地位，推动形成合作共赢、利益互惠的国际服务贸易新规则。第二，中国作为电子商务领域发展的领先者，应率先对接国际高标准的跨境电商规则，建立一套符合新兴经济体发展利益的跨境电商规则标准体系，在全球支付信用体系、互联网用户信息保护、数字化产品税收、跨境电商规范经营等方面贡献中国方案，加强规则制定主导权（王晓红，2021）。

2）完善数据跨境流动制度，抢占全球数据战略发展先机

作为数据大国，在全球数据跨境规则的制定中，中国应当积极参与，完善数据跨境流动制度，推动中国数据立法，尽量在全球数据战略中抢占发展先机。

第一，面对《通用数据保护条例》（General Data Protection Regulation，GDPR）较高的充分性认证条件，当今世界最主流的两种数据跨境规则体系是美国主导下的APEC跨境隐私规则体系和欧盟的企业约束规则。不同于欧美国家，我国互联网起步与发展较晚，近年来，数据立法才刚刚开始，面对欧美强大的跨境隐私规则体系和企业约束规则，我国应当坚定地维护数据自主权，健全独有的数据分级分类制度，明确规定不可以跨境传输与国家安全密切相关的数据和可以跨境传输的数据，有效避免同一数据被审查机构重复审查，提高工作效率，为审查机构减负，科学制定数据跨境规则，平衡好社会经济利益与数据安全。

第二，充分利用现有的高标准贸易协定规则，完善中国跨境数据流动制度。例如，GDPR第四十四条规定就十分值得我国参考借鉴：对第三国采取充分性认定，严禁向数据保护水平比我国低的第三方国家或国际组织进行数据跨境流动。同时，GDPR第四十五条也十分值得参考借鉴，其详细地规定了第三方的资质认定标准、认定后的周期性审查及特殊情况下的应对措施等。除此之外，为了切实保障企业数据跨境流动的安全与利益，我国也可以巧妙参考GDPR中的企业约束规则和标准合同条款的规定，以及美国主导的APEC跨境隐私规则，进一步改进我国数据立法领域的重要数据境内储存、数据主体审核和数据跨境流动审查等制度，为我国的数据主权和数据法律的域外效力提供坚实的保障。

第三，加快数字贸易协定谈判进程。目前国际上的贸易协定关于数字贸易的多项议题谈判尚未形成共识，中国应以RCEP和DEPA等协定中的数字贸易条款为基础，加快与其他亚太国家在互联网信息保护、跨境数据流动、跨境电商等多项数字贸易议题上达成共识，建设和完善负面清单模式，优化跨境服务贸易市场准入、国民待遇等管理机制，推动亚太地区数字贸易协定谈判进程。

9.3.3　深化区域经济一体化，推动服务贸易国际合作

1. 将服务贸易与“一带一路”建设深层次融合

1）提升服务贸易在“一带一路”建设中的战略地位

在“一带一路”沿线国家的经济与中国服务贸易快速增长的背景下，现代服务

贸易高质量发展能不断提升中国在“一带一路”建设中的地位和作用。因此，应强化沿线各国服务贸易发展战略规划与“一带一路”倡议的对接，提升服务贸易的战略意义（张琼，2019）。随着全球步入新服务经济时代，应着力推动为“一带一路”建设提供的发展新思路和新方向的服务贸易高质量发展，将服务贸易作为“一带一路”沿线国家与中国经济贸易互联互通的重要内容和“一带一路”建设中双边多边自由贸易的战略重点。尤其在世界经济亟待复苏的困难阶段，远程医疗、在线教育、跨境电商等数字服务，突破“一带一路”沿线国家的贸易合作时间、空间和语言限制，最大限度地释放了数字贸易发展新动能。可见，现代服务贸易逐渐成为推进“一带一路”建设中双边多边自由贸易发展的重要突破口。

2）打造面向“一带一路”的“中国服务”品牌

在中国服务贸易优势领域，打造“中国服务”国际品牌，带动“一带一路”沿线国家该领域服务贸易不断发展。第一，要充分发挥中国新兴服务领域的创新优势，利用现有服务业在“一带一路”沿线国家市场的空白点，加快发展知识产权服务、科技金融服务、信息服务等高附加值的现代服务贸易，优化中国服务贸易市场的海外空间布局，拓展国际市场覆盖范围。同时，避免在个别服务贸易交易制度不成熟、法律不规范的国家开发市场和运营业务时带来的风险。第二，大力发展人民币结算、支付体系创新等金融服务贸易合作。尤其要发挥中国金融科技优势，鼓励金融企业依托网络服务场景优势，提升中国金融服务贸易国际竞争力，并带动“一带一路”沿线国家创新金融产品和服务（李钢和张琦，2019）。第三，“一带一路”沿线国家多为发展中国家，产业发展仍处于信息化和工业化初期阶段，对服务外包的需求量相对较大。中国应加快服务外包在“一带一路”沿线国家的市场布局，拓展国际市场空间，推动中国品牌、标准和技术“走出去”。

3）加快构建“一带一路”自由服务贸易大网络

经济全球化新形势下，应以构建自由服务贸易大网络为重点，强化“一带一路”沿线国家服务贸易合作。第一，通过建立示范区，加强境外服务贸易合作。以与毗邻国家的服务贸易合作为重点，开展生态旅游、跨境运输、文化休闲等领域的合作。同时，重点关注东盟和中东欧地区的服务贸易发展合作现状。东盟和中东欧两地区有良好的区域经济产业基础，有基础和条件开展服务贸易合作，可利用中国与中东欧国家“16+1 合作”框架和 CAFTA，在相关服务领域开展合作。第二，“一带一路”沿线各国应加强同国际经济组织的多样化合作，发展与国际经济组织的服务贸易合作伙伴关系。要加强与世界银行、国际货币基金组织、亚洲基础设施投资银行、非洲开发银行、欧洲复兴开发银行、WTO 等的合作，在基础设施建设、经贸投资、文化和人才等多个服务贸易领域对标国际标准，并发挥各类国际专业人才和组织机构的支撑作用，提高“一带一路”沿线国家服务贸易的专业化和高端化水平。第三，携手“一带一路”沿线国家打造现代服务业示范园区，实施一批重大现代服务贸易示范项目。以融合化、创新化、开放化、集群化、品质化为发展导向，打造集现代物流、文化创意、金融科技、健康养老等现代服务业聚集发展的示范区，形成制造业与服务业“双轮驱动”的产业融合发展新格局。

4）积极推动“一带一路”服务贸易规则制定

主动掌握“一带一路”重点服务贸易领域规则制定话语权，加强“一带一路”服务贸易高质量发展引领作用。第一，本着互利共赢的基础和原则，依托“一带一路”倡议下的行动框架和达成的发展共识，抓住多双边贸易协定谈判的机会，在国际组织的帮助下，降低服务贸易领域的投资壁垒，积极倡导服务贸易领域规则和技术标准的建立。第二，对“一带一路”沿线的俄罗斯、印度等对数字服务贸易规则的态度与中国较为接近的国家，加快数字服务贸易协定谈判，签订关于消费者保护、数据本地化、跨境数据流动等一揽子协定，实施数字旅游、数字医疗、数字教育等服务贸易项下的自由服务贸易大网络政策。第三，聚焦高端服务业尤其是金融、信息技术、法律服务等，按照国际最高标准做好贸易规则和监管制度对接。

5）加强服务贸易各领域平台建设

在不同服务贸易领域加强平台建设，形成有助于服务贸易业态创新的多元化、高效能、可持续发展模式。第一，深化服务贸易创新发展试点，建设服务外包示范城市，推动服务外包产业转型升级，完善国家文化出口基地建设，积极拓展文化贸易，建立一批在文化服务、中医药服务、数字服务等领域新的特色服务贸易基地，形成“多基地、一示范、一试点”的开放发展新格局。第二，建立“一带一路”沿线国家服务贸易交易平台及大数据共享平台。一方面，探索建立基于数字技术的知识产权融资服务平台和数字资产交易平台，打造数字技术高端合作交流平台，推动区块链等数字技术在政府服务、金融服务等领域的创新应用，提升中国数字产业的国际影响力。另一方面，针对“一带一路”沿线国家服务贸易数据缺失问题，建议整合多个服务贸易领域专业数据，拓展指标体系和资料来源，形成包括服务外包、能源环境、文化旅游、信息服务等公共性基础数据共享中心。第三，基础设施建设服务要向基础设施运营维护服务升级。打造金融、电信等基础设施服务平台，构建从基础设施建设到运营的产业链，大力发展基础设施服务贸易。推动企业在“一带一路”沿线重点国家的节点城市建设交通枢纽、物流仓储基地和分拨中心，从而完善区域营销和售后服务网络。

2. 以服务贸易丰富中欧战略合作关系内涵

1）共同催化中欧服务贸易的产业融合

加快中欧服务贸易产业链、创新链融合发展。第一，构建现代服务业产业体系，促进生产性服务业产业结构升级，为与欧盟国家实现高端产业链合作提供有力支撑。以中欧服务业产业内贸易为研究重点，加强以水平型产业内贸易为重点的服务贸易合作。一方面，中国应着力培育金融科技、数字创新、节能环保、新一代信息技术等现代新兴服务产业集群发展体系；另一方面，应完善现代服务业发展政策规划，对服务业产业园和创新园内的智能软件、技术研发更新等生产性服务业实行税收优惠、财政补贴等政策试点，同时，适当增加对社会公共服务业、教育、医疗卫生、养老等生活性服务业的补助措施，支持普惠性生活服务发展。第二，在中欧合作中形成完整的服务贸易创新全链条模式。聚焦服务贸易领域，通过加强中欧企业合作投资、高校人才交换、研发机构共同研发等，提升中欧服务贸易创新创意水平。例如，两大经济体可以依托人工智能、大数据等最新技术，共建跨境的新型基础设施。此外，5G 通信等新型基础设施建设和应用程序决定互联网金融、文化创意、医疗、信息技术等现代服务业领域的发展水平，因此，中欧双方应加强移动通信技术合作、提速建设相关产业链。第三，拓宽中欧服务贸易合作领域，强化服务贸易在可持续发展领域作用。在绿色发展领域，中欧双方在低碳生态城市建设、跨境碳市场交易体系、新型能源技术研发、生态保护治理等方面仍有较大合作潜力；在医疗卫生服务领域，中欧双方在公共卫生紧急事件处理、新药物开发、重症疑难疾病技术协作等方面存在较大合作空间。中欧双方应秉持创新、协调、绿色、开放、共享的新发展理念，加强在可持续发展领域的服务贸易合作（刘曙光，2020）。

2）加快构建中欧服务贸易合作的制度框架

立足中欧一体化大市场，以服务贸易高质量发展为核心，加快形成中欧贸易合作的制度框架。第一，尽快推动中欧自由贸易协定谈判，完善以服务贸易为核心的中欧自由贸易协定。在具体议题设置上，设计较为完整的平衡双方发展利益的服务贸易合作条款文本，针对更多细节问题优化跨境服务贸易合作制度安排。同时，基于 CPTPP、RCEP、DEPA 等协定的现有成果，聚焦服务贸易领域，更深层次探索服务市场开放、非关税壁垒削减、数字贸易等方面的规则设定，寻求达成标准更高、包容性更强、内容更务实的中欧自由贸易协定。第二，将中欧关系纳入“一带一路”建设。借鉴“一带一路”倡议“五通”的成功经验，将新型软硬基础设施联通建设、高端服务贸易畅通合作、跨境数据流通、资金融通等具体内容纳入中欧自由贸易协定谈判，实现规则化约束服务贸易合作，提高中欧服务贸易合作效益。

3）深入拓展中欧服务贸易合作

在单边主义抬头、贸易保护主义盛行的复杂国际形势下，推进中欧开放合作，促进双边多边服务贸易及投资自由化和便利化，向全球释放中欧支持自由贸易发展的信号，持续增强世界经济复苏的信心和动力。第一，充分借鉴 CAI 成功签订的经验，以 CAI 加强双方经贸合作，为启动中欧自由贸易协定谈判做好铺垫。同时，中欧双方应利用好彼此战略对接的已有成果，以及中欧跨国企业技术磋商的机会，加快中欧自由贸易区谈判进程，共同推进互利合作。第二，鉴于“一带一路”倡议下中欧合作的双层次特点，可以开放、透明和可持续发展为原则，加快更多“一带一路”倡议与欧亚互联互通战略对接的重大项目落地。欧盟在跨境、区域和全球互联互通网络及相关规则、制度建设上有许多实践经验。从长远出发，应尽快研究形成“一带一路”倡议与欧亚互联互通战略对接的重大项目清单和时间表，通过以点带面的方式将与单个国家的谈判成果推广至整个中欧两大经济体及“一带一路”沿线国家。第三，在合作对话机制方面，完善中欧峰会及各层级合作对话机制，确保中欧双方在自由贸易协定谈判中，达成确立服务贸易发展新规则、解决服务贸易发展新挑战的共识。

4）提升中欧班列数字化水平，赋能服务贸易发展

在信息化的时代背景下，中欧班列发展应顺应数字科技发展趋势，将数字化与中欧班列的优势相结合，扩大中欧班列的数字服务贸易规模。将数字化融入中欧班列运营当中，运用数字技术实现中欧物流运输信息同步传送。整合物流、班列等一系列信息，实现集约化和数字化发展，联通物流信息与贸易信息，为中欧进出口贸易实现数字化赋能。地方政府间建立国际陆港联动智能场站平台，实时动态显示境内外班列运输数据，提供共享境外段班列运行信息、货物追踪等专业化服务，推动物流通道的畅通，构建从起点到终点的全程信息链条，实现各类数据透明化、各类操作联通化和高效化。

3. 在 RCEP 框架下搭建服务贸易发展新平台

1）建立面向 RCEP 成员国的数字贸易试验区

数字技术的发展促进了新兴服务贸易的发展，目前中国与其他国家在数字技术，尤其是关键核心技术的合作仍然较少，应加强与技术先进国家的数字技术合作，培育数字贸易新优势。完善面向东盟地区的数字贸易试验区建设，推动成员国数字产业更好更快融入国际数字贸易市场。第一，在区块链、大数据等技术支持下，以国家数字服务出口基地为依托，中国应加快推进 RCEP 下成员国间数字贸易数据的互通安排，完善国际数据服务特区建设，充分解决离岸贸易、数字贸易等发展面临的真实性难题，优化企业跨境数字贸易发展环境，切实扩大数字服务出口。在此基础上，优化数字交易、金融结算等功能，使中国跨境贸易的主要职能由港口物流中心转向贸易结算和金融中心。第二，推动数据要素供给市场建设。研究制定数据自由流动和交易规则，探索数据跨境流动新机制，引导数据要素供给市场依法合规开展数据交易，在国际市场上整合数据生产链和贸易链，构建数据全价值链运营服务体系。第三，积极承接国际数据产业转移，打造数据产业及其相关产业集聚高地，提升成员国数据存储、传输、分析、挖掘等业务能力，对标 DEPA、CPTPP 等贸易协定，探索形成高水平的跨境数据自由流动开放体系。第四，构建适应数字经济开放需求的数据治理体系，深入研究数据流动监管治理的逻辑和原则，完善对跨境数据、数字服务的监管，争取全球数字贸易新规则制定权，构建有益于新兴经济体数字服务贸易发展的国际规则环境。

2）全面深耕服务贸易的专业化领域

全面加强服务贸易专业化发展，与 RCEP 成员国高效开展经贸合作。例如，在金融服务领域，实现区域内金融市场高水平开放，联合 RCEP 成员国的政府、行业协会、企业建设服务于区域内的供应链和产业链金融平台，为成员国提供综合性金融服务。紧跟国际市场需求和动向，以绿色、科技赋能金融产品和服务创新发展，提高跨境金融产品及其衍生品的绿色化、电子化、信息化水平，为个人和企业提供便捷高效的金融服务。在文化和语言服务领域，打造面向 RCEP 的文化出口基地，依据 RCEP 成员国的语言差异化需求，建立语言服务大数据平台和语言标准体系，提升区域内语言服务便利化水平，进而促进地区经贸合作和文化交流。

3）加快货物贸易与服务贸易产业链深度融合

货物贸易和服务贸易作为新发展格局构建的两大重要组成部分，加速二者深度融合，对中国形成高水平对外开放新发展格局具有重要意义。第一，从全球价值链视角来看，应推动数字服务深度参与制造业生产过程，为制造业服务化提供发展新模式，实现制造业生产高度标准化、模块化、系列化、一体化。第二，依托人工智能、云计算等前沿技术大力发展数字经济，广大科技创新市场主体应协同推进数字产业化和产业数字化转型升级，打造数字经济新优势，赋能实体经济发展，建设世界级的数字经济产业集群。第三，创新开发与融资、租赁、保险、外汇结算、跨境交付等有关的多种优势金融产品和服务，发挥金融的加速器功能，以金融创新为货物贸易提供更多高效、便利、安全的产品和服务。第四，以服务贸易健全区域实体经济合作的供应链、产业链和价值链，推动主要国家形成面向全球的生产、投资、贸易、服务网络布局。加快中国实现从生产制造为主向服务型制造转型发展，以服务型制造的新业态和新模式参与 RCEP 区域内产业链、供应链合作，促进形成“服务+制造”的全球产业发展布局。

9.3.4　加强服务贸易政策保障，健全贸易安全监管体系

1. 以政府职能转变为抓手增强企业竞争优势

1）转变政府职能，增强服务贸易竞争力

进一步提高政府的保障和服务功能，集中政府力量增强服务贸易竞争力。第一，围绕中国政府中心任务，倡导通过友好对话和有效的沟通协商与谈判途径和平解决国际争端，调解贸易纠纷，尤其要建立同周边国家的睦邻友好与经贸合作关系，促进服务贸易的发展。第二，从优化资源配置入手，由政府带头，在各大服务企业及行业协会间搭建有效的联系网络，构建现代服务贸易协调合作协会，形成多部门跨区域的综合性服务贸易促进体系，在市场竞争行为规范、企业权益保障等方面发挥指导协调作用。第三，政府部门要提供快捷、高质量的服务，建立和完善促进服务

业与服务贸易发展的管理协调机制。通过高效率的政府服务，搜集经贸情报，争取签订经济合作合同，扩大中国服务贸易规模，促进对外经贸发展和经济增长。搭建跨境服务贸易大平台，如服务贸易信息统计平台、服务贸易产业标准规范平台、服务贸易培训平台、网络服务贸易交易平台等，积极同国际同行建立合作关系，发挥行业协会和相关组织机构作用，促进资源共享平台建设，开展公平公正的良性竞争。简化跨境服务贸易各环节审批流程，为企业走向国际市场提供最大便利，如简化知识、技术服务方面对外贸易的合同备案手续等。

2）继续支持企业创新发展

推动各部门的统筹协调机制不断健全，突破部门分割与条块利益，建立机制化、全覆盖、系统性的服务贸易促进政策框架，重点关注财政、国际市场开拓、金融、税收、便利化和统计监测六个方面。加快推进服务出口增值税零税率制度并不断拓宽零税率适用范围，对于不同行业分布情况实施免税制度或免抵退税制度。利用财政资金的导向作用，进一步优化资金安排结构，不断创新与完善财政支持方式，努力吸引更多资金流向服务贸易领域，大力支持企业加快提高创新水平，推动服务贸易高质量发展。探索增设服务贸易创新发展引导基金，为服务贸易提供更多的融资渠道，支持服务贸易企业进一步发展壮大。金融机构应当结合中国实际情况，以商业可持续、风险可控为导向，积极创新金融产品与服务，进一步给中小型企业提供融资便利。推动新三板改革进一步深化，以北京证券交易所为依托，进一步扩大中国金融开放，为中小企业创新发展提供直接融资的强大助力。

3）完善政府和企业协调发展体系建设

坚持以政府为指导、企业为主体，协调政府与企业的联动发展。第一，坚持市场导向与政府调控相结合。在遵循产业发展规律、发挥市场在资源配置中的决定性作用的基础上，充分发挥政府的组织协调、规划和指导作用。第二，推进现代服务业发展的关键是坚持企业的主体地位，达成这一目标需要政府各部门间加强协作，共同整合公共资源，积极扶持服务贸易出口重点领域的企业，扩大服务出口额；同时，需要以大企业为依托，构建一批国际市场推广平台、项目对接平台、共性技术支撑平台等公共服务平台，积极服务中小企业，对善于创新的中小企业给予支持，进一步引导中小企业融入全球价值链，促进双循环新发展格局形成。第三，政府应当坚持科学规划、合理布局，促进服务贸易企业的发展。现代服务业具有在中心城市高度集聚的特性，其产业集聚带来的互补、共享等外部经济效益十分显著。因此，政府要根据城市发展规划和产业发展规划，着力推进资源集聚，形成若干现代服务业的产业集聚带和集聚区。

2. 加强服务贸易领域创新资源的流动和集聚

1）加强高端人才培育与引进体系建设

现代服务业作为技术和知识密集型产业，主要依赖于人力资本的投入。因此，从本质上讲人力资本是现代服务业内生发展的关键因素。第一，应多层次培养和集聚现代服务业所需的各类人才，特别是能够适应现代服务业发展要求、精通国际金融、国际运输、国际商法等业务的复合型人才。第二，利用海南自由贸易港、上海自贸试验区、粤港澳大湾区等的政策优势，打造全球服务贸易人才集散地。例如，建立国家级自贸试验区国际人才资源产业园区等，通过引进优秀的人力资源公司，解决地区服务贸易人才紧缺问题。第三，建立健全人才引进机制，提高服务贸易人员跨境往来自由化水平。一方面，充分利用电子化和智能化手段简化外籍高端人才出入境手续。放宽服务业人才引进限制，以及外籍人才境内创业、就业限制。另一方面，实施“全球顶尖科学家及其创新团队引进计划”，在全球范围引进诺贝尔奖获得者、首席科学家等世界顶尖人才和团队。在人事、财务、业务等方面赋予法定机构充分自主权，包括薪酬制定权和分配权、国际人才选聘权等，支持法定机构探索更多吸引各类高端人才的创新方式，充分利用市场力量吸引人才。第四，建立并完善国际化人才服务体系，完善各地移民事务管理机构建设，通过开设绿色通道、服务窗口等一系列举措，吸引服务贸易领域的国际高尖端人才来华工作。

2）建立境内外技术研发合作平台

境内外技术研发合作平台是拓展及畅通技术资源渠道、吸引海内外前沿科技创新成果的重要载体，建立并完善境内外技术研发合作平台，将充分发挥高层次科技人才在现代服务业的引领带动作用。第一，支持优势服务企业融入全球创新网络。对接全球先进技术研发合作机构，与外资创投机构、国际科研机构、名牌大学建立战略合作关系，组织企业参与国（境）内外科研成果项目对接活动，为国内技术研发项目投资、对接、引进与产业化搭建渠道。第二，在海外设立研究中心、技术转移平台、创新创业孵化平台，兼并重组境外优势科技型服务企业，连接优势创新资源，提升中国现代服务业附加值率。积极参与“科技伙伴计划”，推进双边或多边政府间科技合作，促进世界前沿的高新技术在中国落地转化。第三，建立科技资源共享和尖端人才流动服务平台。一方面，促进区域内科技成果库、专家库、项目库和人才库等科技创新资源共享，对标 CPTPP 等区域贸易协定的自然人自由流动规则，促进高端技术人员境内外流动便利化和自由化水平提升。另一方面，联动 RCEP 成员国、“一带一路”沿线国家，办好科技共享交流大会，联合建设一批技术研发机构、技术转移中心、技术示范推广基地等科技创新国际合作平台，并在各重点服务业领域建设共性技术研发平台。

3）完善服务业资本自由流动体系

增强优质服务业外资集聚能力，推进引进外资结构向数字型、高端型和智能型转变，优化优质外资引进机制。第一，根据区位优势、要素禀赋优势的差异发展特色产业，打造一批主导产业突出、创新能力强、体制机制灵活的服务业贸易园区和特色服务出口基地，引进一批科技型、税源型、创意型、总部型企业和机构入驻。

加强与国际企业合作，吸引全球资金管理总部、采购中心、物流中心、外包中心、清算中心、研发中心、品牌培育中心、分销中心、境外大型企业运营总部等到中国投资，提高服务业整体质量。第二，积极鼓励地方引资结构转型升级，不断推进产业链现代化，加强科技研发力度，形成高质量、高标准的现代化产业布局，推动产业链不断完善，引导产业转型升级，形成具有新技术的新产品试验场，增强创新型服务产业吸引能力，利用资本市场推进高质量引资。第三，加强外资企业与本地企业经贸关联性，增强外资对中国服务业发展信心。一方面，政府要充分利用外资，与有资金和技术的大型跨国公司合作，建立跨国公司的国外服务业发展基地，使其成为跨国公司整个国际生产线中的一个环节和国际服务网络的一部分。加强境内外企业效益联系，这样才能不断吸引外资企业提供最新的技术、最新的管理方式，中国的现代服务业发展才能跟上全球产业更新发展的潮流。另一方面，政府应增强外资企业对中国高技术服务业在全球竞争力不断提升的信心，持续在增值税改革等方面扩大高端服务业开放力度。第四，推动优质资本向有优势的服务型企业聚集。加强资金保障，增加银行等金融机构对服务业企业的信贷投放，着力解决资金紧缺问题。鼓励国内企业创新经营模式，通过内联外引、挂大靠强、兼并重组等方式，引进先进的服务业运营模式和管理方式，提高企业的经营管理水平，带动服务业企业扩大规模。

4）完善多元化服务贸易机构合作模式

引导和支持创新型企业、科研院所、高等院校、大型跨国公司等各类创新主体加强协同创新，促进服务业发展。第一，加强各机构间的双向和多向交流，建立各级政府机构、商会协会、科研院所、投资机构、高校、企业等常态化的沟通机制，形成基于市场机制的多元化合作模式。在金融支持、贸易便利化等方面，由政府部门牵头、各类主体积极参与，制定适合服务贸易发展的政策举措。例如，在金融政策方面，加强中国人民银行、商务部等相关部门与金融机构等相关主体的协商交流，制定符合金融服务企业和行业发展的举措。第二，以互联网技术为依托，汇集企业、政府、行业协会针对服务贸易高端化发展主题，开展云对接、云交流、云推介三大活动，打造一个与服务贸易相匹配、成效更好的专业化、常态化、信息化的“三化”交流平台，及时、有效对接各类服务业主体的发展规划。

3. 完善服务贸易管理和政策促进体系

1）创新服务贸易便利化政策

探索创新更好的服务贸易便利化政策，进一步提高服务贸易便利化水平。创新监管模式，不断改善服务贸易的海关监管模式和口岸通关模式，在特定产品和区域落实全过程保税，加速服务贸易“电子口岸”的建设，提高服务贸易企业的通关便利程度。探索有利于促进跨境电子商务、供应链管理等便利化发展的新型服务管理模式，以海关特殊监管区域为依托，积极推动特色服务出口。促进专业人才在境内外流动便利化，进一步为境内外专业人才在中国工作提供便利。

为服务贸易企业拓宽融资渠道，鼓励和推进人民币结算与计价。针对中国服务贸易企业的风险特点，鼓励保险公司根据中国实际情况，灵活变通，开发相关保险产品，扩大服务企业出口信用保险的覆盖面。完善企业关于服务贸易国际市场开拓资金的管理体系，在税务、法律、购汇等方面支持并协助企业完成海外并购等国际市场开拓活动，提高服务贸易便利化水平。

2）提高服务业开放水平

积极扩大服务业的双向开放力度，不断减少服务贸易壁垒。第一，出台更全面的跨境服务贸易负面清单，推动农业、制造业、工商业进一步开放，在标准、规则、管理等方面加大制度型开放。第二，依据各地区的产业特色，逐步对外开放商贸物流、育幼养老、金融、文化、会计审计、医疗、教育等行业，特别需要对知识密集型服务行业的准入与其他的限制性要求进行放宽，如教育、医疗、金融、研发设计、电信等行业，进一步提升服务贸易的价值链地位。对于研发设计、法律服务、信用评级、资产评估、商贸物流、旅游等领域，大力激励这些领域的企业开展跨国经营，更深地开拓广阔的国际市场。第三，坚持深度结合制度型开放和要素型开放、协调开放和监管、衔接准入前和准入后的基本原则，有秩序、有计划、分步骤地拓宽开放领域；围绕新兴服务业开放，在试点地区开展压力测试，进一步寻找制度开放的合适路径。

3）优化服务贸易营商环境

完善服务贸易营商环境的基本原则是国际化、市场化、法治化，导向是市场主体的具体需求，核心是转变政府职能，这要求中国不断改进体制机制、加强协同联动和法治保障，向国际先进水平看齐，打造透明、稳定、公平的营商环境。通过衔接国际服务贸易通行规则，并结合中国实际情况，构建中国服务贸易监管与促进一体化体系，探索新型服务贸易体制机制。

第一，强化服务贸易领域制度建设，构建可操作的、统一的法治体系。推动电子商务相关法律法规进一步完善，加快制定电子商务基本法。加速商品流通法的制定，稳定市场秩序，发挥市场失灵时政府的干预作用。对中国目前服务贸易情况进行精准定位，推动旅行、金融、运输及知识产权使用服务的相关立法不断完善。对于外商投资采取国民待遇原则，实施注册制取代审批制（董彪和李仁玉，2016）。政府依照法律要求适时干预，实现高效、合理的市场监管。推动劳动仲裁和商事仲裁制度改革，进一步构建多样化解决企业纠纷的机制，改善总法律顾问与公司律师制度，探索完善专业法庭和巡回法庭制度，减少企业解决纠纷所需成本。对北京等地开展与国际高水平自由贸易协定对接的先行先试鼎力支持，推动中国服务贸易领域的法律国际化进程。

第二，积极探索服务贸易领域地方性法规立法。中国应以维持民营经济市场公平地位作为重要立足点，增设优惠待遇，鼎力支持中小微企业，推动其健康发展。不断完善为中小微企业与民营企业提供帮助的制度，改进融资增信支持，畅通企业与政府的沟通渠道，更直接有效地为中小微企业提供实质性帮扶，进一步促进其蓬勃发展。

第三，全面统筹协调，构建服务贸易多部门协调机制，有效衔接产业、投资与贸易政策。打造政府、企业、协会、高校多方协作的服务贸易促进体系，并聚焦服务贸易构建主体联系制度。省级政府应当以一体化在线政务服务平台为基础，不断推动全省政务服务“一网通办”。先统一全省标准，再各省联合共同推动全国标准的统一。

第四，打造以包容、效率、开放为价值核心的国际化营商环境，推动服务业高质量发展。严禁以权谋私、利用权力进行寻租，大力保护产权，为企业经营发展营造适宜的外部环境。不断加强投资目录建设，依据法律严令限制政府的权力，促进市场活力释放，推动企业转型升级。此外，自贸试验区建设的重心应为政府“负面清单”制度建设，以期激活市场，加快与国际社会接轨。

4）健全服务贸易统计体系

健全服务贸易的统计监测、运行和分析体系，进一步拓宽基础数据的来源范围，对各个部门的统计信息进行整合，推动实现共用共享、互联互通的体系。创新数据采集方式，促进统计方法的改进，完善企业数据直报工作流程，进一步扩大统计的覆盖面，努力实现应统尽统。创新构建与服务贸易四种模式相匹配的全口径统计。

中国可构建接轨国际的先进的服务贸易统计分析制度，并在自贸试验区内先行先试。第一，提高统计的权威性和数据的保密性。进一步修订《中华人民共和国对外贸易法》，明确将服务贸易统计列为强制性规定，同时明令要求调查数据只能由指定的政府机构专员在合乎法律的前提下，应用于统计和分析。第二，明确服务贸易统计监管部门监管独立性的权利。鼓励监管部门依法界定权力清单，设定有限的前置性审批，强化事中和事后监管力度，改善现有以行政审批为基础的市场监管模式，强化服务贸易监管的独立性与有效性。第三，积极完善统计标准和统计口径。在自贸试验区试点阶段，应该由服务贸易主管部门统一指导，统一所有附属机构服务贸易统计数据，形成一套完整的服务贸易统计制度，待机制成熟后，可推广至全国。第四，实行定期发布制度。应当规定每月、每季、每年以公告形式公布服务贸易相关数据，为学术研究与行业发展提供基本数据和分析报告（张娟，2014），以使多双边谈判及政策制定更加有效，以及服务业企业的市场调研和出口经营决策能力进一步提高。

4. 建立服务贸易安全监管体系

1）维护国家金融安全

增强金融风险意识，结合发达国家做法与中国实际情况，改进外资安全审查等机制，多措并举提高中国金融安全性，坚守金融开放的安全防线。第一，必须树立风险防范和安全意识，设立安全网，守住安全底线，设立应急预案应对特殊情况。第二，参考发达国家做法，通过成熟的法律法规和经典的商业案例，采取“因人而异、因事而定”的针对性方法（叶辅靖，2018），结合中国实际情况，与历史文化传统、社会环境等方面相结合，制定国家安全保护方案。规定境外期货交易所等金融机构向境内提供服务，以及境内外交易者跨境交易应当遵循的行为规范，在坚持维护消费者合法权益、保护个人隐私信息等不具有商业动机性的正当诉求的基础上，构建境内外金融市场互联互通的制度体系，维护中国金融开放安全。第三，在实践中对外资安全审查等机制进行检验与完善，建立金融风险监测预警机制，健全金融监管体系，掌握控制和化解风险的主动权。值得注意的是，要坚持积极正确的安全观，在竞争和发展中维护金融安全。但安全问题不可被泛化，以安全为幌子，对行业过度保护、为企业谋求私利更是不被允许的。要科学地进行分类，对不同的行业进行针对性的管理，推动服务贸易高质量发展。

2）健全数据安全法律体系

在数据开放与数据安全之间寻找最佳平衡点，完善中国数据相关立法，维护中国数据安全。作为数据安全领域的基本法律，《中华人民共和国数据安全法》（以下简称《数据安全法》）以原则性规定为主，发挥指导后续立法的作用。相比起步较早的欧美国家，我国在数据安全领域的法律体系还不成熟，要加速制定《数据安全法》的相关配套法律法规，推动《数据安全法》的实施。同时，我国应从国际层面出发，衔接《数据安全法》与国际社会现有立法，明确数据接口，避免与国际现有立法出现严重的冲突。同时，积极依托博鳌亚洲论坛、“一带一路”倡议等国际合作平台，增强数据安全方面的国际合作与协调，利用数据安全保护多边合作协议将数据安全保护域外效力细化（曾磊，2021）。

3）完善服务贸易风险防范机制

加快构建信息共享体系，提升负面清单服务架构，构建海外统一投保平台，完善服务贸易风险防范机制。第一，建立信用信息共享平台，将服务贸易市场主体的信用情况纳入其中，推动服务型企业共享互联互通的电子信息。联动市场监管、海关、税务等多部门构建信息共享平台，提高对服务贸易企业主体经营资质核查效率，加强企业的资质安全检查。进一步加速服务贸易企业平均放行和结关体系化、电子化建设，提高检查标准规范化和公布机制透明化水平。至于单证内容和有效期规范方面，相关部门应当积极地为涉及服务贸易的暂时进口货物单证制度拓宽适用范围，并尽可能延长单证册的有效期。此外，为了有效解决经营主体资质不健全问题，应当推动汇总征税、建立电子证照等有利于通关便利化的措施进一步落实。对于一些经营资质短缺且经常“有照无证”的服务贸易企业，监管部门应当加大处罚力度，并在各部门信息协同系统中进行通报。

第二，促进负面清单服务架构进一步提升，降低负面清单实施风险。目前，我国存在自贸试验区负面清单架构不够明确和行业限制形式不够规范的问题，这极大地加大了服务贸易开放时面临的负面清单实施风险。为此，我国应当对负面清单架构进行扩充，对负面清单准入阶段后的相关措施进行增设，充分借助负面清单的积极作用，全面发展服务贸易。与此同时，基于负面清单准入的复杂性，相关部门应当在上海、广东等自贸试验区展开局部试点工作，并对注意事项进行标注。对于外资企业，可以增加设置最惠国待遇，对于不同类型服务贸易企业，可以完善最惠国待遇标准，对于不同类型的服务贸易企业，可以采取不同的限制措施，进一步降低负面清单实施风险。

第三，构建海外投资统一投保平台，切实保障服务贸易企业的资金安全。如何应对来自各方资金的安全威胁是自贸试验区开放和服务贸易发展的一大难题。各政府部门应当积极发挥作用，激励保险机构加速构建自贸试验区服务贸易的统一投保平台，对保单融资形式进行进一步探索，为服务贸易的开放与发展提供坚实的保障。同时，应加快设立服务贸易监管机构，我国可以参考美国农业信贷管理局（Farm Credit Administration，FCA）的资金保证措施，在确保服务贸易双方实现资金分离与独立的基础上，多一层资金补偿保证，保障双边贸易的资金安全；也可以借鉴英国的金融补偿计划，利用基金补偿服务贸易领域的资金流动风险（周杰，2019），为服务贸易高质量发展提供安全保障。

参 考 文 献

白洁, 苏庆义. 2019. CPTPP 的规则、影响及中国对策：基于和 TPP 对比的分析[J]. 国际经济评论, (1): 58-76.

白舒婕. 2019. 服务贸易激发“一带一路”合作潜能知识密集型高端服务出口成亮点[EB/OL]. https://msri.hqu.edu.cn/info/1055/3647.htm[2019-06-08].

白云旭, 吴明杭, 孟祥月. 2019. 新常态下中国外贸与国际竞争力提升[M]. 上海: 同济大学出版社.

波特 M E. 2002. 国家竞争优势[M]. 李明轩, 邱如美, 译. 北京: 华夏出版社.

曹文超. 2022. 金砖国家的国际服务贸易[J]. 商展经济, 2: 63-66.

陈飞翔, 吴琅. 2006. 由贸易大国到贸易强国的转换路径与对策[J]. 世界经济研究, (11): 4-10.

陈华. 2005. 求解贸易大国变为贸易强国之路[J]. 经济与管理研究, (7): 48-51.

陈卫东. 2019. 全面评估中国金融业开放：“引进来”和“走出去”[J]. 新视野, (1): 56-62.

陈新年. 2020. 海南自贸港建设背景下打造服务贸易新高地的思考和建议[J]. 中国经贸导刊, (17): 20-23.

程大中. 2008. 中国生产性服务业的水平、结构及影响——基于投入—产出法的国际比较研究[J]. 经济研究, 1: 76-88.

程实, 钱智俊. 2020. 中国服务贸易“双循环”的层次[EB/OL]. https://opinion.caixin.com/m/2020-07-09/101577409.html[2020-07-10].

迟福林. 2019. 促进粤港澳大湾区建设提升服务贸易自由化水平[J]. 财经界, (10): 59-61.

迟福林, 郭达. 2020. 在大变局中加快构建开放型经济新体制[J]. 开放导报, (4): 27-36.

丁玉龙. 2021. 数字经济的本源、内涵与测算：一个文献综述[J]. 社会科学动态, (8): 57-63.

丁志帆. 2020. 数字经济驱动经济高质量发展的机制研究：一个理论分析框架[J]. 现代经济探讨, (1): 85-92.

董彪, 李仁玉. 2016. 我国法治化国际化营商环境建设研究——基于《营商环境报告》的分析[J]. 商业经济研究, (13): 141-143.

段军艳, 黄海川. 2021. 十四五 绿色发展新目标与生态旅游新机遇[J]. 绿色中国, (1): 56-59.

范鑫. 2020. 数字经济发展、国际贸易效率与贸易不确定性[J]. 财贸经济, 41(8): 145-160.

付鑫. 2020. 中国服务贸易现状及促进高质量发展对策[J]. 中国发展观察, (Z3): 81-84.

高敬, 潘德鑫. 2021-07-21. 绿色低碳之路上的新机遇[N]. 中华工商时报, 8.

郭永泉. 2020. 我国口岸营商环境及贸易便利化研究[J]. 中国口岸科学技术, (1): 23-27.

国家统计局统计科研所信息化统计评价研究组, 杨京英, 熊友达, 等. 2011. 信息化发展指数优化研究报告[J]. 管理世界, (12): 1-11.

国务院发展研究中心“面向大数据时代的数字经济发展举措研究”课题组, 马骏, 马源. 2018. 数字贸易国际规则: 美国动向与我国策略[J]. 发展研究, (11): 4-8.

国务院发展研究中心市场经济研究所课题组. 2020. 以制度型开放促进服务业改革深化的思路和建议[J]. 中国经济报告, (5): 35-57.

何传添, 郭好杰. 2010. 广东现代服务业发展现状与路径——基于广东服务贸易竞争力的比较研究[J]. 国际经贸探索, 26(10): 33-39.

何传添, 潘瑜. 2012. 中国文化贸易的国际比较及其产业调整[J]. 中央财经大学学报, (12): 85-90.

何传添, 杨励. 2015. 国际服务经济组织与管理概论[M]. 北京：经济科学出版社.

何树全, 赵静媛, 张润琪. 2021. 数字经济发展水平、贸易成本与增加值贸易[J]. 国际经贸探索, 37(11): 4-19.

何枭吟. 2005. 美国数字经济研究[D]. 吉林大学博士学位论文.

何新华, 王玲. 2000. 比拼经济实力——对外经济贸易强国主要特征和指标分析研究[J]. 国际贸易, (12): 14-18.

赫尔普曼 E, 克鲁格曼 P R. 2009. 市场结构和对外贸易：报酬递增、不完全竞争和国际经济[M]. 尹翔硕, 尹翔康, 译. 上海: 上海人民出版社.

贺少军. 2020. 中国贸易强国建设的理论逻辑、关键突破和实现路径[D]. 中国社会科学院研究生院博士学位论文.

洪毅, 高占元. 2001. 国际服务贸易与我国的贸易强国之路[J]. 经营与管理, (9): 22-24.

胡晓鹏, 李庆科. 2009. 生产性服务业与制造业共生关系研究——对苏、浙、沪投入产出表的动态比较[J]. 数量经济技术经济研究, 26(2): 33-46.

黄丙志. 2020. 上海自贸试验区新片区服务贸易开放与监管国际借鉴[J]. 科学发展, (6): 40-49.

黄繁华. 2021. 发展服务贸易赋能新发展格局[J]. 人民论坛, (20): 82-86.

霍建国. 2019. 改革开放与贸易强国[M]. 广州: 广东经济出版社.

贾怀勤. 2014. 从统计规则辨析中国 2013 年货物贸易总值是否超美——兼论中国建设贸易强国[J]. 国际贸易, (2): 10-15.

贾怀勤. 2019. 数字贸易的概念、营商环境评估与规则[J]. 国际贸易, (9): 90-96.

经济合作与发展组织. 2015. 衡量数字经济：一个新的视角[M]. 张晓, 译. 上海: 上海远东出版社.

荆文君, 孙宝文. 2019. 数字经济促进经济高质量发展：一个理论分析框架[J]. 经济学家, (2): 66-73.

康铁祥. 2008. 中国数字经济规模测算研究[J]. 当代财经, (3): 118-121.

来有为. 2019. 中国服务贸易的发展态势、发展机遇与发展政策[J]. 中国外资, (5): 38-40.

李长江. 2017. 关于数字经济内涵的初步探讨[J]. 电子政务, (9): 84-92.

李翀. 2006. 马克思主义国际贸易理论的构建[M]. 北京: 中国财政经济出版社.

李钢. 2018. 中国迈向贸易强国的战略路径[J]. 国际贸易问题, (2): 11-15.

李钢, 张琦. 2019. 培育中国金融服务贸易竞争新优势的机理及对策——基于金融科技视角[J]. 国际贸易, (10): 80-89.

李钢, 张琦. 2020. 对我国发展数字贸易的思考[J]. 国际经济合作, (1): 56-65.

李江帆, 朱胜勇. 2008. “金砖四国”生产性服务业的水平、结构与影响——基于投入产出法的国际比较研究[J]. 上海经济研究, (9): 3-10.

李俊. 2018. 建设服务贸易强国的战略思考[J]. 国际贸易, (6): 4-8.
李为人, 刘绍坚. 2012. 危机影响下国际服务贸易发展趋势及中国的路径选择[J]. 国际贸易, (11): 34-39.
李汐, 陈新宇. 2020. 推动粤港澳大湾区与海南自由贸易港服务贸易协同发展研究[J]. 产业科技创新, (19): 79-80.
李杨, 张汉林. 2009. 中国服务贸易区域协调发展的政策措施[J]. 国际贸易, (9): 42-47.
李震. 2020. 中国国内服务贸易规则体系完善的建议[J]. 海关与经贸研究, 41(1): 108-123.
梁明. 2018. 推进新时代中国特色社会主义贸易强国建设[J]. 国际贸易, (4): 7-12.
梁瑞, 黄玉丽. 2010. 国际服务贸易发展趋势与我国战略选择——以北京、上海和广州为例[J]. 河南社会科学, 18(6): 98-101, 234.
刘宝荣, 李健. 2000. 从贸易大国迈向贸易强国——未来 10 年我国对外经济贸易发展趋势分析[J]. 国际贸易, (11): 22-24.
刘国斌, 王达. 2020. 新型城镇化与信息化融合发展研究[J]. 情报科学, 38(1): 132-139.
刘红. 2020. 基于灰色关联分析法的京津冀服务贸易竞争力影响因素研究[J]. 现代营销（下旬刊）, (6): 146-147.
刘宏杰. 2008. 中国石油业对外直接投资的完全经济效应分析——基于投入产出模型的研究视角[J]. 青岛科技大学学报（社会科学版）, 24(4): 40-45.
刘华芹. 2018. 以改善营商环境为突破口提升“一带一路”国际经济合作水平[J]. 国际商务财会, (2): 3-7, 33.
刘淑春. 2019. 中国数字经济高质量发展的靶向路径与政策供给[J]. 经济学家, (6): 52-61.
刘曙光. 2020. 中欧经贸合作：成效、挑战与机遇[J]. 当代世界, 463(6): 39-47.
刘巍. 2012. 计量经济史研究中的“上位前提假设”刍议——经济学理论框架应用条件研究[J]. 广东外语外贸大学学报, 23(2): 5-11.
刘晓阳, 黄晓东, 丁志伟. 2019. 长江经济带县域信息化水平的空间差异及影响因素[J]. 长江流域资源与环境, 28(6): 1262-1275.
刘莹, 张宇宁, 张蒙, 等. 2016. 计算机与信息服务产业现状趋势分析与结构调整建议[J]. 中国建设信息化, (3): 67-70.
龙娟, 彭美秀. 2020. 中美贸易不平衡的表现及原因透析[J]. 北方经贸, 12: 30-32, 89.
陆燕. 2011. 世界服务贸易发展结构和趋势[J]. 国际经济合作, (8): 11-16.
吕大良. 2018. 营商环境视角下, 我国跨境贸易便利化政策思考[J]. 国际贸易, (7): 22-25, 57.
马克思, 恩格斯. 1960. 马克思恩格斯全集(第三卷)[M]. 中共中央马克思恩格斯列宁斯大林著作编译局, 译. 北京: 人民出版社.
马克思, 恩格斯. 1965. 马克思恩格斯全集(第二十一卷)[M]. 中共中央马克思恩格斯列宁斯大林著作编译局, 译. 北京: 人民出版社.
马克思, 恩格斯. 1971. 马克思恩格斯全集(第二十三卷)[M]. 中共中央马克思恩格斯列宁斯大林著作编译局, 译. 北京: 人民出版社.
马克思, 恩格斯. 1995. 马克思恩格斯选集(第一卷)[M]. 中共中央马克思恩格斯列宁斯大林著作编译局, 译. 北京: 人民出版社.
马述忠, 房超, 梁银锋. 2018. 数字贸易及其时代价值与研究展望[J]. 国际贸易问题, (10): 16-30.

莫兰琼. 2017. 迈向世界贸易强国的中国实践[J]. 上海经济研究, (3): 49-57.
莫莉. 2021-05-13. 全球绿色转型孕育新机遇[N]. 金融时报, 8.
聂平香, 李俊. 2020. 加速推进中国服务贸易创新试点[J]. 国际经济合作, (3): 47-54.
孟 T. 1959. 英国得自对外贸易的财富[M]. 袁南宇, 译. 北京: 商务印书馆.
潘广云, 车丽娟. 2008. 俄罗斯服务贸易的发展现状及其国际竞争力分析[J]. 俄罗斯中亚东欧市场, (1): 1-7.
裴长洪, 刘洪愧. 2017. 中国怎样迈向贸易强国：一个新的分析思路[J]. 经济研究, 52(5): 26-43.
裴长洪, 倪江飞, 李越. 2018. 数字经济的政治经济学分析[J]. 财贸经济, 39(9): 5-22.
齐俊妍, 任奕达. 2020. 东道国数字经济发展水平与中国对外直接投资——基于“一带一路”沿线 43 国的考察[J]. 国际经贸探索, 36(9): 55-71.
钱海章, 陶云清, 曹松威, 等. 2020. 中国数字金融发展与经济增长的理论与实证[J]. 数量经济技术经济研究, 37(6): 26-46.
曲如晓. 2005. 中国成为贸易强国的战略路径[J]. 经济理论与经济管理, (9): 21-25.
任保平. 2020. 数字经济引领高质量发展的逻辑、机制与路径[J]. 西安财经大学学报, 33(2): 5-9.
尚庆琛. 2017. 中印服务外包产业国际竞争力比较研究[J]. 南亚研究, (3): 49-63, 152.
盛斌. 2014. 迎接国际贸易与投资新规则的机遇与挑战[J]. 国际贸易, (2): 4-9.
盛斌, 魏方. 2019. 新中国对外贸易发展 70 年：回顾与展望[J]. 财贸经济, 40(10): 34-49.
舒燕, 林龙新. 2011. 服务贸易促进政策的比较研究及对我国的启示[J]. 生产力研究, (9): 135-136, 162.
孙杰. 2020. 从数字经济到数字贸易：内涵、特征、规则与影响[J]. 国际经贸探索, 36(5): 87-98.
孙立行, 沈玉良. 2020. 中国与“一带一路”沿线国家贸易投资报告（2019）[M]. 上海: 上海社会科学院出版社.
涂永红, 刁璐. 2020. 以金融创新推动服务贸易高质量发展[J]. 债券, (10): 7-10.
汪尧田, 周汉民. 1992. 关税与贸易总协定总论[M]. 北京: 中国对外经济贸易出版社.
汪毅夫. 2005. 贸易大国走向贸易强国的政策选择[J]. 中国对外贸易, (4): 70-71.
王卉. 2019. 贸易强国建设路径及中国选择的研究[D]. 江西财经大学博士学位论文.
王俊杰. 2021. 商务部：RCEP 将重振国际服务贸易发展[EB/OL]. http://expo.ce.cn/gd/202103/29/t20210329_36420855.shtml[2021-04-05].
王克玲. 1985. 试论马克思对商品概念的三次扩大[J]. 经济研究, (7): 62-65, 39.
王龙杰, 曾国军, 毕斗斗. 2019. 信息化对旅游产业发展的空间溢出效应[J]. 地理学报, 74(2): 366-378.
王思语, 张开翼. 2021. RCEP 与 CPTPP 协定下中国服务业开放路径研究[J]. 亚太经济, (6): 108-118.
王拓. 2019. 数字服务贸易及相关政策比较研究[J]. 国际贸易, (9): 80-89.
王晓红. 2021. “十四五”时期推动我国服务贸易创新发展的主要思路[J]. 发展研究, 38(5): 52-60.
王小玲. 2019. “一带一路”背景下中国服务贸易的新特征及发展策略[J]. 国际经济合作, (3):

43-52.
王雪坤. 2000. 迈向贸易强国——新千年我国外贸发展展望[J]. 国际贸易, (1): 15-17.
魏作磊, 陈丽娴. 2014. 中国服务业发展物化消耗的国际比较——基于 1995—2011 年间的投入产出分析[J]. 经济学家, (9): 96-102.
习近平. 2017. 习近平谈治国理政[M]. 第二卷. 北京: 外文出版社.
夏天然, 陈宪. 2015. 多部门视角下的服务贸易壁垒度量[J]. 上海交通大学学报（哲学社会科学版）, 23(2): 76-86.
谢绚丽, 沈艳, 张皓星, 等. 2018. 数字金融能促进创业吗?——来自中国的证据[J]. 经济学（季刊）, 17(4): 1557-1580.
辛大楞, 李建萍, 吴传琦. 2020. 信息化的农村减贫效应及区域差异——基于中国 273 个地级及以上城市数据的实证研究[J]. 商业研究, (10): 127-133.
熊励, 刘慧, 刘华玲. 2011. 数字与商务[M]. 上海: 上海社会科学院出版社.
徐先航. 2019. 澳门服务贸易发展趋势及对策研究[J]. 北方经贸, (9): 14-16.
许唯聪, 李俊久. 2020. 中国服务贸易的发展现状、问题及对策[J]. 区域经济评论, (5): 122-130.
许宪春, 张美慧. 2020. 中国数字经济规模测算研究——基于国际比较的视角[J]. 中国工业经济, (5): 23-41.
续继. 2019. 国内外数字经济规模测算方法总结[J]. 信息通信技术与政策, (9): 78-81.
薛荣久. 1993. 国际贸易[M]. 成都: 四川人民出版社.
薛荣久. 2013. 马克思主义国际经贸理论探究[M]. 北京: 中国商务出版社.
杨晨, 王海鹏, 韩庆潇. 2017. 基于 SNA 方法的国际服务贸易网络结构特征及其影响因素识别——来自亚太地区的经验证据[J]. 国际商务（对外经济贸易大学学报）, (6): 65-75.
杨道匡, 骆伟建, 李可, 等. 2020. 实施高度开放自由港政策推动横琴粤澳深度合作区建设[J]. 港澳研究, (1): 70-78, 95-96.
杨圣明. 1999. 服务贸易中国与世界[M]. 北京: 民主与建设出版社.
杨圣明. 2002. 马克思主义国际贸易理论新探[M]. 北京: 经济管理出版社.
杨圣明. 2011. 中国走向贸易强国的新战略——马克思国际价值理论中国化探索[J]. 中国社会科学院研究生院学报, (4): 46-59.
杨圣明, 冯雷, 夏先良. 2017. 马克思国际贸易理论研究[M]. 北京: 当代中国出版社.
杨圣明, 刘力. 1999. 服务贸易理论的兴起与发展[J]. 经济学动态, (5): 50-55.
姚枝仲. 2019. 贸易强国的测度：理论与方法[J]. 世界经济, 42(10): 3-22.
叶辅靖. 2018. 我国服务业扩大开放的主攻方向[J]. 国际贸易, (12): 44-47.
易纲. 2018. 在全面深化改革开放中开创金融事业新局面——纪念改革开放 40 周年暨中国人民银行成立 70 周年[J]. 中国金融, (23): 15-21.
逸潇, 邵寒冰. 2021. 互联网外包：“新灰领”时代来了[J]. 企业家信息, (9): 68-74.
余芳东, 寇建明. 2001. 我国与世界贸易强国差距有多大[J]. 中国国情国力, (6): 33-34.
俞晓松. 2003. 中国离贸易强国还有多远?[J]. 中外管理, (12): 50-52.
原帅, 何洁, 贺飞. 2020. 世界主要国家近十年科技研发投入产出对比分析[J]. 科技导报, 38(19): 58-67.
曾磊. 2021. 数据跨境流动法律规制的现状及其应对——以国际规则和我国《数据安全法（草

案)》为视角[J]. 中国流通经济, 35(6): 94-104.
曾志敏. 2018. 粤港澳大湾区论纲[M]. 广州: 华南理工大学出版社.
詹小琦, 林珊. 2020. 中国服务贸易高质量发展研究[J]. 亚太经济, (4): 109-118, 151.
张二震. 2016. 从贸易大国走向贸易强国的战略选择[J]. 世界经济研究, (10): 6-8.
张家平, 程名望, 潘烜. 2018. 互联网对经济增长溢出的门槛效应研究[J]. 软科学, 32(9): 1-4.
张娟. 2014. 服务贸易：新常态下创新路径[J]. 开放导报, (6): 23-27.
张娟, 李俊, 李计广. 2021. 从 RCEP、自贸试验区到 CPTPP：我国服务贸易开放升级路径与建议[J]. 国际贸易, (8): 62-69.
张莉. 2011. 入世十年我国服务贸易发展成就及未来取向[J]. 中国经贸导刊, (11): 29-31.
张琼. 2019. 服务贸易助推"一带一路"高质量合作的思路与对策[J]. 国际经济合作, (6): 62-70.
张小锋. 2018. "贸易强国"写入十九大报告意味着什么?[J]. 国际贸易问题, (2): 24-28.
张雪玲, 吴明. 2018. 网络时代下地区信息化发展空间关联分析——基于探索性空间数据分析(ESDA)方法的应用[J]. 浙江学刊, (1): 132-138.
张勋, 万广华, 张佳佳, 等. 2019. 数字经济、普惠金融与包容性增长[J]. 经济研究, 54(8): 71-86.
张幼文. 2016. 以要素流动理论研究贸易强国道路[J]. 世界经济研究, (10): 3-6.
张于喆. 2018. 数字经济驱动产业结构向中高端迈进的发展思路与主要任务[J]. 经济纵横, (9): 85-91.
赵蓓文. 2013. 实现中国对外贸易的战略升级:从贸易大国到贸易强国[J]. 世界经济研究, (4): 3-9, 87.
赵瑾. 2018-11-22. 以高水平开放促进服务贸易发展[N]. 经济日报, 15.
赵仁康. 2005. 论中国对外经贸发展战略的整合——基于实现贸易强国目标的战略思考[J]. 财贸经济, (12): 82-85.
赵涛, 张智, 梁上坤. 2020. 数字经济、创业活跃度与高质量发展——来自中国城市的经验证据[J]. 管理世界, 36(10): 65-76.
赵新泉, 张相伟, 林志刚. 2021. "双循环"新发展格局下我国数字贸易发展机遇、挑战及应对措施[J]. 经济体制改革, (4): 22-28.
赵旸頔, 彭德雷. 2020. 全球数字经贸规则的最新发展与比较——基于对《数字经济伙伴关系协定》的考察[J]. 亚太经济, (4): 58-69, 149.
郑宝银. 2006. 从贸易大国走向贸易强国的历史必然[J]. 国际贸易问题, (5): 1.
郑吉昌, 朱旭光. 2009. 全球服务产业转移与国际服务贸易发展趋势[J]. 财贸经济, (8): 74-79, 137.
郑伟民, 黄苏. 1998. 衰落还是复兴——全球经济中的美国[M]. 北京: 社会科学文献出版社.
周杰. 2019. 中国自由贸易试验区服务贸易开放风险问题[J]. 对外经贸实务, (4): 46-49.
周念利, 陈寰琦. 2018. 数字贸易规则"欧式模板"的典型特征及发展趋向[J]. 国际经贸探索, 34(3): 96-106.
周念利, 陈寰琦. 2020. RTAs 框架下美式数字贸易规则的数字贸易效应研究[J]. 世界经济, 43(10): 28-51.

周少芳. 2014. 世界服务贸易的发展特征及中国的对策[J]. 国际经贸探索, 30(4): 54-64.

周少芳, 何传添. 2011. 中国服务贸易发展国际比较与提升竞争力之见解[J]. 现代财经(天津财经大学学报), 31(2): 51-57.

周少芳, 谢璇. 2011. 粤港协同发展现代服务业的基础探析[J]. 特区经济, (11): 16-18.

朱福林. 2020a. 中国贸易强国建设面临的重大挑战及关键路径[J]. 现代经济探讨, (8): 9-17.

朱福林. 2020b. 中国服务贸易发展70年历程、贡献与经验[J]. 首都经济贸易大学学报, 22(1): 48-59.

庄惠明, 陈洁. 2010. 我国服务业发展水平的国际比较——基于31国模型的投入产出分析[J]. 国际贸易问题, (5): 53-60.

邹薇. 2007. 发展经济学：一种新古典政治经济学的研究框架[M]. 北京：经济日报出版社.

Choi C, Yi M H. 2009. The effect of the Internet on economic growth: evidence from cross-country panel data[J]. Economics Letters, 105(1): 39-41.

Coffin D, Streatfeild J, Angle J, et al. 2017. Global digital trade1: market opportunities and key foreign trade restrictions[R]. Washington, D.C.: United States International Trade Commission.

Feketekuty G. 1988. International Trade in Services: An Overview and Blueprint for Negotiations[M]. Lexington: Ballinger Pub Co.

Fletcher J, Snee H R. 1982. The service industries and input-output analysis[J]. Service Industries Review, 2(1): 51-78.

Grubel H G. 1987. All traded services are embodied in materials or people[J]. The World Economy, 10(3): 319-330.

Haltiwanger J, Jarmin R. 2000. Measuring the digital economy[M]//Brynjolfsson E, Kahin B. Understanding the Digital Economy. Cambridge: MIT Press: 13-33.

Henry D, Cooke S, Montes S. 2016. The emerging digital economy[R]. Washington, D.C.: U.S. Department of Commerce.

Kim B, Barua A, Whinston A B. 2002. Virtual field experiments for a digital economy: a new research methodology for exploring an information economy[J]. Decision Support Systems, 32(3): 215-231.

Krugman P. 1994. The myth of Asia's miracle[J]. Foreign Affairs, 73(6): 62-78.

Lane N. 1999. Advancing the digital economy into the 21st century[J]. Information Systems Frontiers, 1(3): 317-320.

Melitz M J. 2003. The impact of trade on intra-industry reallocations and aggregate industry productivity[J]. Econometrica, 71(6): 1695-1725.

Miller P, Wilsdon J. 2001. Digital futures—an agenda for a sustainable digital economy[J]. Corporate Environmental Strategy, 8(3): 275-280.

OECD. 2017. OECD Digital Economy Outlook 2017[M]. Paris: OECD Publishing.

Park S H, Chan K S. 1989. A cross-country input-output analysis of intersectoral relationships between manufacturing and services and their employment implications[J]. World Development, 17(2): 199-212.

Rumana B, Richard H. 2018. Defining, conceptualising and measuring the digital economy[J].

International Organisations Research Journal, 13(2): 143-172.

Sampson G P, Snape R H. 1985. Identifying the issues in trade in services[J]. The World Economy, 8(2): 171-182.

Stamps J, Coffin D, Jones L, et al. 2014. Digital trade in the U.S. and global economies, part2[R]. Washington, D. C.: United States International Trade Commission.

Stamps J, Lawless M, Bloodgood L, et al. 2013. Digital trade in the U.S. and global economies, part1[R]. Washington, D. C.: United States International Trade Commission.

Tapscott D. 1995. The Digital Economy: Promise and Peril in the Age of Networked Intelligence[M]. New York: McGraw-Hill.

Zimmerman H D. 2000. Understanding the digital economy: challenges for new business models[C]. Americas conference on information systems in 2000. Boston.